वाजिद रचनावली

वाजिद रचनावली

सम्पादक
गोविंद रजनीश

वाणी प्रकाशन

वाणी प्रकाशन

4695, 21-ए, दरियागंज, नयी दिल्ली 110 002

शाखा

अशोक राजपथ, पटना 800 004

फ़ोन: +91 11 23273167 फ़ैक्स: +91 11 23275710

www.vaniprakashan.in
vaniprakashan@gmail.com

WAZID RACHANAWALI
Edited by Govind Rajneesh

ISBN : 978-81-8143-643-6
Rachanawali

प्रथम संस्करण

मूल्य : ₹ 500

हर्ष प्रिंटर्स, दिल्ली-110 093 में मुद्रित

वाणी प्रकाशन का लोगो मक़बूल फ़िदा हुसेन की कूची से

भूमिका

मध्यकालीन सन्त कवियों का काव्य वह नवनीत है, जो अनभै के कठोर मंदराचल द्वारा मथित होकर भारतीय संस्कृति के महासागर की अतल गहराइयों से सहज ही ऊपर उठ आया है। उनके विचारों का मूल उत्स साधनामूलक सहज जीवन है। उनकी वाणी का एक-एक शब्द पाठकों और श्रोताओं को सीधे प्रभावित करता है। यदि इन जन-कवियों का अभ्युदय न हुआ होता तो भक्ति आन्दोलन एक सीमित दायरे में बँधकर रह जाता। असन्दिग्ध रूप से भक्ति-काव्य के विकास में इनका योगदान महत्त्वपूर्ण है।

इन्होंने परम तत्त्व को अलख, निरंजन, अनादि, गुणातीत, अप्रमेय, समग्र, एक रस और निराकार माना है। समस्त निर्गुण पंथी सन्त कवियों के आध्यात्मिक अग्रज कबीरदास का इस सम्बन्ध में कथन है—

अलख निरंजन लखै न कोई, निर्भय निराकार है सोई।
सुनि अस्थूल रूप नहीं देखा, द्रिष्टि अद्रिष्टि छिप्यौ नहीं पेखा॥

उनके राम, कृष्ण, गोविंद और हरि, परमब्रह्म के वाचक शब्द हैं। ब्रह्म के अनन्त नाम और अनन्त संज्ञाएँ हैं। इसलिए दादूदयाल ने कहा था—

दादू सिरजनहार के केते नाम अनन्त।
चित आवे सो लीजिए, यों साधू सुमिरैं सन्त॥

वाजिद ने अपने लघु काव्य 'गुन नाम माला' में कर्त्ता, करीम, अल्लाह, राम, निरंजन, अन्तर्यामी, श्याम, दीनदयाल, जगदीश, रणछोड़, वनमाली, रघुनाथ, माधव, करुणामय, अविनाशी, मनमोहन, दामोदर, धरणीधर, गोविन्द, जगन्नाथ, चतुर्भुज, नारायण, पुरुषोत्तम और मुरारी आदि अनेक नामों से सम्बोधित किया है। इन नामों के साथ उनके वैशिष्ट्य को दिखाते हुए, उनके स्मरण करने की अनिवार्यता को भी व्यक्त किया है। ये नाम कवि के व्यापक और उदार मनोवृत्ति के परिचायक हैं। वे उस निर्गुण-ब्रह्म के सम्बोधन हैं, जिसकी व्याप्ति पूरे ब्रह्माण्ड में है। वह घट-घट वासी है। वह सबमें है, सब उसमें हैं। उन्होंने उस ब्रह्म के साथ गुरु, पिता, माता, स्वामी, मित्र व पति के रूप में सम्बन्ध जोड़ा है। कृष्ण-भक्त कवियों तथा सूफी-कवियों की

तरह दाम्पत्य-प्रेम, माधुर्य-भाव तथा आध्यात्मिक-मिलन व विरह के रस-भीने पदों की रचना की तथा नामदेव की तन्मय मूलक-भक्ति को आत्मसात् किया था।

इन कवियों के काव्य का अनुशीलन करने पर यह स्पष्ट प्रतीति होती है कि भले ही उन्होंने पाठशालाओं में विधिवत् शिक्षा न पाई हो, किन्तु ज़ीवन की पाठशाला, सत्संग और स्वाध्याय से जो कुछ अर्जित किया उसके महत्त्व की समता तथाकथित उथली ज्ञान-शून्य-शिक्षा या भाव-शून्य-ज्ञान से नहीं की जा सकती। यद्यपि वाजिद ने 'विद्या, वेद, पुराण पढ़ै ते बावरे' कहकर उसी ज्ञान-शून्य-शिक्षा की निन्दा की थी तथापि 'गीत कवित सलोक प्रबंध बखानिये, तिन में हरि को नाम निरंजन आनिये' कहकर सृजनात्मक विधाओं को हरि-भक्ति से जोड़ने का आग्रह भी किया था। वैसे भी वाजिद सन्त कवियों में सुन्दरदास की तरह अपवाद रहे हैं। उन्होंने वेद, पुराण, रामायण, महाभारत, गीता, अष्टांग-योग, हठ-योग और षट्-दर्शनों का अध्ययन किया था, यह उनके काव्य की विषय-वस्तु से स्पष्ट हो जाता है। ब्रह्म, जीव, सृष्टि, माया, प्रकृति और ब्रह्माण्ड की समग्र चेतना तथा लोक-चेतना, लोक-जीवन, लोकाचारों, लोक-मनोविज्ञान लोक-रीतियों और लोक-परम्पराओं से गहरा संसर्ग और सम्यक् जानकारी थी।

प्रायः सभी कवियों ने शास्त्रीय-ज्ञान की अपेक्षा गुरुमुख ज्ञान तथा अनभै पर अधिक बल दिया है। इन दोनों की महत्ता को प्रत्येक सन्त-कवि ने रेखांकित किया है। ये पूरी तरह भारतीयता में रंगे और बसे थे। वेदों-शास्त्रों का विरोध उनमें निहित खोखले कर्म काण्डों के कारण किया था। इनका विरोध उपनिषद्-काल से चला आ रहा था।

सन्त कवियों का प्रमुख लक्ष्य ऐसी सामान्य-भक्ति और विश्व-धर्म की प्रतिष्ठा थी जिसमें ऊँच-नीच, वर्ग-भेद, जाति-भेद और सम्प्रदाय-भेद को भुलाकर ईश्वर-भक्ति का मार्ग सभी के लिए उन्मुक्त करना था। यही कारण है कि तत्कालीन समाज में व्याप्त साम्प्रदायिकता, वर्ग-भेद और जाति-भेद के विरोध में इन कवियों द्वारा पर्याप्त मात्रा में काव्य लिखा गया। मुसलमानों और हिन्दुओं की विसंगतियों को उभार कर उनकी कटु आलोचना की। उनके पाखंडों, बाह्याचारों और कुरीतियों पर तीखे प्रहार किए। ये सन्त, जाति, वर्ग और सम्प्रदाय के सामान्य धरातल से ऊपर उठे हुए थे। इनमें कबीर का स्वर सर्वाधिक प्रखर था। दादूदयाल और उनके अनुयायियों ने भी 'निष्पक्षता' के महत्त्व को प्रतिपादित किया था–

जे गाड़े ते तुरक कहावैं, जे जाले ते हिंदू।
दादू न्रिपख साहिब सुमिरे, समझै नहीं सो भोंदू ॥

बखना ने भी कहा था–

एकै खांनां एक ही माटी, एक ही घडनैंहारा।
एकै चाक परि सबै उतारया, सारा सकल पसारा ॥

इनसे पहले नामदेव कह चुके थे—हिन्दू पूजे दे हुरा मुसलमाणु मसीत। नामे सोइ सेविआ जह देहरा न मसीत।' कबीर ने भी अनुभव कर लिया था कि अल्लाह और दशरथ-सुत का झगड़ा मनुष्य-मनुष्य के बीच साम्प्रदायिक-दीवार खड़ा कर रहा है। इसलिए उनकी लौ इन दोनों से परे परम-तत्त्व पर लगी हुई थी—'अलह राम की गम नहीं, तहाँ कबीर रहा ल्यौ लाय।'

वाजिद ने साम्प्रदायिक चिह्नों को छोड़कर अपनी 'निष्पक्षता' को आचरण व रहन-सहन से सिद्ध कर दिया था तभी सहधर्मी और सहकर्मी बखना ने उनके बारे में कहा था—

नैंक जना कै चोटी चूड़ा, डाढ़ी तुरक पिछांनि।
दोऊ नहीं बाजीद कै, कहा दिखायौ आंनि ॥

पठान वंशी होते हुए भी सामाजिक-न्याय के पक्ष और हिंसा के विरोध में वाजिद की निम्न उक्तियाँ उनकी निष्पक्षता और तटस्थता की सूचक हैं—

हिंदू तुरक कहन कौं दोइ, आदि अंति मधि है सोइ।

× × ×

साहिब के दरबारि पुकार्‌यो बकरा।
काजी लीयां कमर सों पकरा ॥
मेरा लीया सीस उसी का लीजिए।
परि हाँ बाजीद राव रंक का न्याव बराबर कीजिए ॥

× × ×

कानों अंगुलि मेल पुकारे दास रे।
परि हाँ दूर न होई विषय की बास रे ॥

जातिगत विसंगतियों को उभारने में भी सन्तों की अग्रणी भूमिका रही है। उनकी सामाजिक-चेतना काफी प्रखर थी। सामान्य जन की आशा-आकांक्षा, भूख-प्यास, रोदन-गायन एवं हर्ष-विषाद के उभय तटों का संस्पर्श करती हुई सन्त-काव्य की पावन-पयस्विनी में अवगाहन करके जन-मानस धन्य हो उठा था। सामान्य जीवन की दिनचर्या के पवित्र क्षणों में जो आत्मानुभूति प्राप्त हुई उसे ही सन्त-काव्य की संज्ञा मिली। महामहोपाध्याय गोपीनाथ कविराज के शब्दों में कहें तो जो सत्य स्वरूप, नित्य सिद्ध वस्तु का साक्षात्कार कर चुके हैं अथवा अपरोक्ष रूप से उपलब्ध कर चुके हैं और इस उपलब्धि के फलस्वरूप अखंड सत्य स्वरूप में प्रतिष्ठित हो गए हैं, वही सन्त हैं। सन्त ही चैतन्य स्वरूप हैं और चैतन्य ही आनन्द स्वरूप है। चेतना और आनन्द की स्थितियों से प्राप्त चिन्तन-मनन रूपी नवनीत ही सन्त-काव्य है।

सन्त-काव्य में एक ओर अध्यात्मपरक परलोकमुखी चेतावनियाँ हैं कि संसार असार व मिथ्या है। शरीर क्षण-भंगुर है। विषय-सुख तुच्छ हैं। काल-बली प्रबल है।

उसके समक्ष सभी प्रतापी, शूर-वीर और ऐश्वर्यशाली नगण्य हैं। वह सभी पर झपटा मारकर नामोनिशान मिटा देता है। संसार में जो कुछ घटित हो रहा है, वह माया जन्य या माया-प्रेरित है। लेकिन दूसरी ओर उनके भौतिक-जगत सम्बन्धी सामाजिक-सरोकार भी काफी प्रबल थे। तीर्थ यात्रा, बाह्याचार, कर्म-काण्ड, वेद-शास्त्र की दुहाई, जन्मगत उच्चता के विरोध में जो तीखे व्यंग्य किए गए, वे तत्कालीन समाज को सही दिशा देने के उद्देश्य से किए गए थे। वस्तुतः सन्त-काव्य जन-जीवन के धार्मिक और सामाजिक उन्मेष की नई लहर थी।

इन सन्तों की ऐतिहासिक भूमिका यह रही कि उन्होंने सामाजिक एवं व्यक्तिगत जीवन का नियमन किया। उनकी कथनी और करनी में कोई अन्तर नहीं था। अपने व्यक्तिगत जीवन में उच्च आध्यात्मिक आदर्शों का अनुसरण करते हुए, अपनी जाति व कुल के अनुसार कर्म करते हुए, गृहस्थाश्रम में रहकर जीविकोपार्जन किया तथा सरल, शान्त, आडम्बर-शून्य जीवन व्यतीत करते हुए, आदर्श एवं नैतिकता के प्रतिमान स्थापित किए। सूफ़ियों में आचरण की पवित्रता, निष्कलुषता, हृदय की शुद्धता तथा विश्व के कण-कण में अपने प्रियतम (ब्रह्म) का दीदार तथा प्रेम की उत्कटता आदि ऐसे तत्त्व थे जिनसे सन्त कवि प्रभावित हुए। मानसिक एवं आचरण सम्बन्धी पवित्रता को आधार बनाकर अद्वैत, विशिष्टताद्वैत, नाथ एवं सूफ़ी-सम्प्रदाय से क्रमशः तत्त्व-ज्ञान, भक्ति, योग और प्रेम की पीड़ा लेकर ऐसे मार्ग का निर्माण किया जिसमें भारत की समग्र आध्यात्मिक-पद्धतियों का सार निचुड़ कर आ गया तथा जिसके माध्यम से भारतीय संस्कृति मूर्त हो उठी।

सन्त-काव्य ने मानवीय कमजोरियों, अनैतिकताओं, पापाचारों और अनाचारों के खिलाफ़ आवाज उठाई तथा नैतिक और आदर्शगत मूल्यों पर बल देकर एक विराट आन्दोलन को जन्म दिया। इनकी शीतल-सुखद काव्य धारा से गुज़रकर आज भी बाज़ारवाद, भूमण्डलीकरण, नव-उपनिवेशवाद, आर्थिक-विषमताओं और पूँजीवाद के बढ़ते शिकंजों जैसे भव-तापों से त्रस्त व्यक्ति अनिर्वचनीय आध्यात्मिक-सुख और अपूर्व मानसिक-शान्ति का अनुभव कर सकता है। आज भौगोलिक, भौतिक, वैज्ञानिक, तकनीकी, सूचना-प्रौद्योगिकी के क्षेत्रों में जितनी तेजी से बदलाव आए हैं, उनका विस्तार हुआ है, उतनी ही तेजी से तनाव, द्वेष, कलह, अनैतिकता और अशान्ति का फैलाव हुआ है। ऐसे में सन्त-कवियों की रचनाओं की प्रासंगिकता को शिद्दत से महसूस किया जा सकता है।

वाजिद : समय की धुंध में खोया व्यक्तित्व

सन्त-परम्परा में ऐसे भी कवि हुए जिन्होंने अपने पन्थ व धारा की सीमा में रहकर भी कई मायनों में उसका अतिक्रमण करके अपनी अलग पहचान बनाने की कोशिश की। ऐसे कवियों में वाजिद अग्रणी हैं।

बहुत से सन्त-कवियों की तरह वाजिद का जीवन भी अज्ञेय रहा है। तत्कालीन इतिहासों में राज-पुरुषों के किस्से, राजवंशों के उत्थान-पतन, युद्ध और सन्धि के वृत्तान्त मिलते हैं किन्तु इन सबसे परे आत्म और जन-कल्याण में रचे-बसे सन्तों और भक्तों की प्रामाणिक जीवनियाँ प्रस्तुत करने में न तो इतिहासकारों ने तवज्जो दी थी और न भक्त-मालों के रचनाकारों ने। भक्त-मालों के रचनाकारों और पन्थ के जीवनीकारों ने किंवन्दतियों और मिथकों का ऐसा संजाल खड़ा कर दिया था कि उसमें यथार्थ को तलाश कर लेना प्रायः असम्भव हो गया है। ये भक्त और सन्त अपने और दूसरों के लिए मुक्ति और भक्ति तो चाहते रहे किन्तु स्व-प्रसंगों या आत्म-उल्लेखों से दूर रहे थे। उनका लक्ष्य आत्म एवं जगत्-कल्याण था, अतः उसमें आत्म-लिप्तता, स्वार्थपरता और अहंकारमूलक उद्बोधनों से सर्वथा परहेज रखा गया था।

अन्य सन्त-रचनाकारों के बारे में थोड़े-बहुत उल्लेख मिलते हैं किन्तु वाजिद के बारे में अन्तः और बाह्य साक्ष्य न के बराबर हैं। साम्प्रदायिक-ग्रन्थों में केवल दो उल्लेख आए हैं, वे साम्प्रदायिक रंग की हल्की झाँकी तो देते हैं किन्तु कवि के जीवन और कवि-व्यक्तित्व की समग्रता को कहीं से भी व्यक्त नहीं करते हैं।

पठान-वंशी वाजिद सन्त दादूदयाल के सामान्य शिष्य थे। माना जाता रहा है कि उनके 152 शिष्य थे। जिनमें 52 शिष्य प्रमुख या विशिष्ट थे। उनकी महंती, मठ और थांभे थे—जैसे रज्जब, प्रागदास, बनवारीदास और सुन्दरदास आदि। सौ शिष्य ऐसे थे जो सामान्य थे। उनकी न महंती थी और न थांभे और चेले। उनका लक्ष्य दादू-पन्थ का प्रचार-प्रसार था। सामान्य से विशिष्ट होने के लिए ठिकानों और मठों की आवश्यकता भी नहीं थी। वाजिद वही विशिष्टता लिये आजीवन आमेर की गुफ़ा में एकान्तवास, चिन्तन और काव्य-सृजन करते रहे थे। उन्होंने 'प्रमुखों' की तरह शिष्यों की कतार नहीं लगाई। यही कारण है कि उनका काव्य लम्बे समय तक ओझल रहा था। उसे लिपि-बद्ध करने और सुरक्षित रखने में कोताही बरती गई। वाजिद शिष्य-परम्परा के आलोचक थे—

तजि चेला पाँच पचीस महंत जी रम गया।
तीसा में सूँ पाँच कबीलै मिलि गया ॥
आसण रही भभूत गुलसफा भरथरी।
परि हाँ प्राण पुरुष झुण्ड त्याग रमि गयो दिसन्तरी ॥

यद्यपि यहाँ पाँच का अर्थ पाँचों इन्द्रियों और पच्चीस का तात्पर्य पंच भूतों की पच्चीस प्रकृतियों से है। लेकिन अभिधा से वह महंती और उनकी शिष्य-परम्परा पर व्यंग्य है।

वाजिद के शैशव और युवावस्था के सम्बन्ध में कोई उल्लेख नहीं मिलता। राघोदास के 'भक्त माल' से इतना ज्ञात होता है कि वे पठान-वंशी थे और शिकार

के बहुत शौकीन थे। एक बार आखेट के दौरान गर्भिणी हिरणी पर बाण चलाने के कारण वह तो गिरी ही और उसका गर्भस्थ छौना भी छिटककर गिर गया। दोनों अकाल मृत्यु को प्राप्त हो गए। इसे देखकर उन्हें बड़ा अनुताप हुआ और विरक्त होकर गुरु की खोज में निकल पड़े। अन्ततः खोजते-खोजते सन्त दादूदयाल के पास आमेर पहुँचे और उनके शिष्य हो गए—

छांडि कै पठांण कुल राम नांम कीन्हों पाठ।
भजन प्रताप सौं बाजीद बाजी जीत्यौ है ॥
हिरणी हतत उर डर भयौ भय करि।
सील भाव उपज्यौ दुसील भाव बीत्यौ है ॥
तोरे है कवांण तीर चाणक दियो शरीर।
दादूजी दयाल गुरु अंतर उदीत्यौ है ॥
राघो रति रात दिन देह दिल मालिक सूँ।
खालिक सूँ खेल्यो जैसे खेलण की रीत्यौ है ॥

(भक्तमाल-428)

पन्थ के दूसरे ग्रन्थ 'सुधा सिन्धु तरंग' में भी इसी प्रसंग को दुहराया गया है—

कभी-कभी दुष्कर्म से, हो उत्पन्न विराग।
मृगी हतत बाजीद को, हुआ तजा जग जाग ॥88॥

अपनी रचना 'गुण नाम माला' में उन्होंने गुरु का संकेत दिया है—

सोझा मीया सुमरे सही, जिनके दुविधा नैंक न रही।
चरन कंवल चितवत ले धरिया, सुमरै कृष्णदास कठहरिया ॥
जाति वर्ण कुल छाडि रीति, सुमरहिं सधना पर परतीति।
सन्त सन्तोषी सेवक आदू, प्रति व्रत सों सुमरे गुरु दादू ॥

यदि दादूदयाल और मुगल सम्राट अकबर की भेंट और आध्यात्मिक-संवाद की बात में सच्चाई है, तब सम्भव है सन्त दादू की प्रसिद्धि से वाजिद का झुकाव उनकी ओर हुआ होगा। बहरहाल, यह सत्य है कि सन्त दादू के आमेर-प्रवास के दौरान ही वाजिद उनके शिष्य बने होंगे। दादू के नरैना चले जाने पर वे आमेर में रहकर काव्य-सृजन करते रहे।

कहा जाता है कि एक बार वे घूमते-घामते आमेर-नरेश मानसिंह के बाग में गए, जहाँ गेंदा का सुन्दर पुष्प देखकर, उसे गुरु दादू जी को भेंट करने ले आए। तब गुरु ने उन्हें उपदेश दिया था कि मायिक वस्तुओं की सुन्दरता को देखकर मन को चंचल नहीं करना चाहिए—

मायिक वस्तुन में नहीं, सन्तन का मन जात।
बाजीद पुष्प को देख के, दादू कहा नसात ॥

(सुधा सिन्धु तरंग, 6)

इसी प्रसंग को 'श्री दादू पन्थ परिचय' के लेखक ने इस प्रकार व्यक्त किया है–

गुरु दादू आमेर में, तहाँ गयो बाजीद।
फूल सरायो देखि के, यह सब मायानन्द ॥

(श्री दादू पन्थ परिचय, अध्याय-17, पृ. 869)

किंवन्दतियों में भी कभी-कभी सत्यांश छुपा होता है। उनसे सम्बन्धित दूसरा प्रसंग निरंजन-पन्थी हरदास या हरिदास से सम्बन्धित है। हरिदास सन्त दादू के शिष्य प्रागदास के शिष्य थे। बाद में निरंजनी-सम्प्रदाय में दीक्षित हुए थे। सम्भवतया यह प्रसंग उस समय का रहा होगा जब हरिदास प्रागदास के शिष्य रहे थे क्योंकि इस संवाद में उन्होंने वाजिद को उपगुरु या काकागुरु कहा है।

सन्तों और भक्तों में संवाद-सृजन की दीर्घ-परम्परा रही है। दत्तात्रेय-गणेश, गोरख-दत्तात्रेय, गोरख-कबीर और कबीर-रैदास संवादों में इसी परम्परा का अनुपालन हुआ है। इनमें पूर्व के सम्प्रदायों की बातें कहलाकर नए सम्प्रदाय के गुरु द्वारा उनका खण्डन करा दिया जाता था। कहा जाता है एक बार हरिदास वाजिद से मिलने आमेर गए। उनकी गफ़ा का द्वार बन्द था। गुफ़ा-द्वार पर खड़े रहकर हरिदास का उनसे इस प्रकार संवाद हुआ–

हरिदास : चाल्या आया दूर से, लाँघे ओघट घाट।
सुत बाजीद पठाण का, क्यों तुम जड़े कपाट ॥
बाजीद : आया तो अच्छा किया, आव बैठ सुत जाट।
यह दरबार अतीत का, खुलसी सहज कपाट ॥
हरिदास : कद नामा पड़दे रह्या, कद छिप रह्या कबीर।
सुत बाजीद पठाण का, महरी कहूँ कि मीर ॥
बाजीद : अणबोल्या था लाख का, बोल बिगाड़ी बाट।
बाजीदा बात विवेक की, क्या कह जाने जाट ॥
हरिदास : जाट जटा से उपज्या, अबिनाशी से हेत।
बिन बाहया हीं उपज्या, धना भक्त का खेत ॥
बाजीद : खेत धना का नीपज्या, तुमको क्या भाई।
वह साहिब का लाल था, उन अपनी सु निभाई ॥
हरिदास : सांगापुर के यवन तुम, हम कापड़ोद के जाट।
तुम तो मारे मृग सदा, हम मारी नित बात ॥
बाजीद : मारी क्या अच्छा किया, अब करता को सोच।

गुरु शरणों सज राम भज, हो शूरा तज पोच ॥

× × ×

यूँ दोऊ लीला रस भीना, दिल दोनों अहंकार विहीना।
पुनि हरिदास दण्डवत कीन्हीं, उपगुरु माफ करो गति झीन्हीं ॥
तब बाजीद हँस बाहर आया, हर्षित उठाय हिय से लाया।
पुनि बैसि हिलमिल बतलाया, भक्तिज्ञान का रस बरसाया ॥
(दादू चरित्र, आत्म बिहारी, 31वाँ प्रकरण)

यह संवाद सैद्धान्तिक तर्क-वितर्क से भरा न होकर हास-परिहास मूलक है जिससे दोनों के मन की तरलता-सरलता तथा एक-दूसरे के प्रति आदर-सम्मान व स्नेह व्यक्त हुए हैं। यद्यपि इस संवाद की प्रामाणिकता सम्पुष्ट नहीं है किन्तु इससे चार बातें स्पष्ट होती हैं–

1. वाजिद पठान-कुल में उत्पन्न हुए थे। यह तथ्य अन्य स्रोतों से भी पुष्ट होता है।
2. वाजिद कुशल शिकारी थे। यह तथ्य भी अन्य स्रोतों से पुष्ट होता है।
3. दादू के नरैना चले जाने पर वाजिद आमेर की एक गुफ़ा में एकान्तवास करते रहे थे। यह तथ्य भी अन्य स्रोतों से पुष्ट होता है।
4. वे सांगापुर के निवासी थे। इस सांगापुर की भौगोलिक स्थिति क्या थी, यह अज्ञात है। निश्चय ही यह सांगानेर (जयपुर के समीप कस्बा) से भिन्न स्थान रहा होगा। रज्जब सांगानेर निवासी थे और पठान-कुल से सम्बद्ध थे। उन्होंने भी आमेर में दीक्षा ली थी। अतः इस संयोग और साम्य को पन्थ के ग्रन्थों में अवश्य रेखांकित किया गया होता।

वाजिद का जन्म और मृत्यु काल अज्ञात है। अनुमानतः उनका जन्म 1620 के आसपास हुआ होगा। अकबर और दादूदयाल संवाद संवत् 1643 में हुआ, ऐसा माना जाता है। इसके पश्चात् सन्त दादू की ख्याति दूर-दूर तक फैली। संवत् 1644 में रज्जब ने सन्त दादू से दीक्षा ली। इसके आसपास ही वाजिद ने दीक्षा ली होगी। निधन संवत् 1700 के आसपास हुआ होगा। इनकी कुछ रचनाओं का संग्रह रज्जब की 'सर्वंगी' और जगन्नाथ दास के 'गुणगंज सागर' में हुआ। अधिकांश रचनाएँ रज्जब के सन्त-काव्य-संग्रह में मिलती हैं।

वाजिद ने अपनी रचनाओं में 'बाजीद' या 'बाजीदा' की छाप दी है। कहीं-कहीं उनके नाम को बाजिद, बाजिंद भी लिखा गया है। उनका मूल नाम वाजिद था। वाजिद अरबी का शब्द है जिसके अर्थ हैं प्राप्ति कर्त्ता, आविष्कारक, नई बात कहने वाला। माता-पिता ने इन्हीं विशेषताओं को ध्यान में रखकर यह नाम चुना होगा। वाजिद ही उच्चारण-सुख व प्यार में बाजीद या बाजीदा हो गया। जबकि बाजिंद फारसी का शब्द है जिसके अर्थ–धूर्त, चालाक, ऐयार, वंचक हैं। ज़ाहिर है कोई भी

माता-पिता अपने लाड़ले के लिए ऐसा बद-सचूक नाम रखना पसन्द नहीं करेगा।

काव्य-सौन्दर्य : 'चेला-चाँटी संग न साथ' वाजिद जब ऐसा कहते हैं तो बहुत सोच-समझकर ऐसा कहते हैं। यह आत्यंतिक निर्लिप्त ही उन्हें सबसे अलग करती है। शायद सम्प्रदाय या पन्थ की सीमाओं और विवशताओं का वे बखूबी अन्वेषण कर चुके थे, इसीलिए ऐसी किसी भी सम्भावना को अपने पास ठहरने नहीं देते। अपनी रचनाओं में वे सबके बीच में बैठकर जग-मुज़रा लेते हैं और समाज, व्यक्ति, राजकाज तथा शास्त्र की गहराइयों तक पहुँचकर उनके सार-तत्त्व का ऐसा संश्लिष्ट चित्र प्रस्तुत करते हैं, जो आम से खास तक, सबको आसानी से समझ में आ जाता है, जो कई बार उनके पूर्ववर्तियों से अलग और प्रभावशाली दिखता है, जो खण्डन-मण्डन की साधु-शैली से अलग होकर भी अत्यन्त असरदार होकर साथ चलने की प्रेरणा देता है। वे एक संजीदा समन्वयकर्त्ता की तरह अपने समय तक प्रचलित सभी अध्यात्म, धर्म-सम्प्रदायों के मूल में व्याप्त एकता के सूत्रों को पकड़ते हैं और कभी अपने काव्य-कौशल से तो कभी अपनी सशक्त नाटकीयता से परस्पर-विरोधी मानसिकता के समूहों को भी अपने पीछे खड़ा कर लेते हैं। भाषा, कथ्य और काव्य-प्रस्तुति में कई बार उन्हें निपट ठेठ तो कई बार अत्यन्त गम्भीर तथा अभिनव प्रयोग करते देखकर आश्चर्य होता है। साधन-भक्ति के विभिन्न सोपानों के अनुभव-संकेत करते हुए वे समाज के निम्नवर्गीयों में प्रचलित व्यवहार, जीवन-क्रम को भी अपने दृष्टान्तों में समेटते हैं। इससे लगता है उनकी पकड़ समाज के निचले और ऊँचे, दोनों तबकों में समान थी। वर्ण-जाति में नीचे पड़े लोगों की उपेक्षा उनमें नहीं है, न ही उच्च क्रम में खड़े लोगों के प्रति तिरस्कार–

बाजीदा ऊँच नीच कासौं कहैं, जब जीव उपजै ग्यांन।
बीज एक विस्तार बहु, साख, फूल फल पांन ॥

उच्च कुल के लोगों के अहंकार के वे अवश्य विरुद्ध थे। वे चाहते थें उच्च कुल जन्मे व्यक्ति का स्वभाव, गति व व्यवहार उच्च ही होने चाहिए।

बाजीदा ऊँचा कुल किस काम का, जे चल गति ऊँच न होइ।
कनक कचोला विष भर्या, तिसहि न पीवे कोइ ॥

इससे लगता है कि जिस सामाजिक-सीढ़ी पर वे पले-बढ़े, वह सहज-सामान्य रही होगी। हो सकता है, वे सामन्ती-परिवेश से आए हों। ऐसा इसलिए भी सम्भव लगता हो क्योंकि वे वेद, कुरान, पुराण को 'पोथी पढ़-पढ़ जग मुआ' की तर्ज पर ठुकराते नहीं हैं बल्कि अपनी बातों को और वज़नदार बनाने के लिए साक्षी की तरह प्रस्तुत करते हैं। यानी जो 'मैं कह रहा हूँ, वही वेद, कुरान भी कहते हैं।' आशय यह है कि वे निपट अशिक्षित तथा केवल बहुश्रुत नहीं, बल्कि अच्छे-खासे पढ़े-लिखे रहे होंगे। उनका शास्त्रीय-ज्ञान उनके तर्कों, अनुभवों को अकाट्य बना देता है। वे

वाद-विवाद तो नहीं करते लेकिन अपनी 'सीख' को शास्त्र की चाशनी में लपेटकर उसका महत्त्व व प्रभाव बढ़ा देते हैं।

वाजिद की रचनाएँ इन प्रमुख तत्त्वों पर केन्द्रित हैं–

1. मृत्यु बोध– वाजिद ने मानव-जीवन की नश्वरता, वस्तु जगत की अस्थिरता तथा क्षण-भंगुरता पर सर्वाधिक अरिल्ल, चौपाई, दोहे व साखियाँ लिखी हैं। कवि की चेतना में मृत्यु सम्बन्धी अकथनीयता और जीवन सम्बन्धी नश्वरता बार-बार उभरकर आती है। इसके लिए विभिन्न उपमाओं, प्रतीकों और बिम्बों की सर्जना करके मनुष्य की असहायता और मृत्यु की भयावहता को उभारते हैं। उनका कहना था–जो बाँकी पाग बाँधकर शाही अन्दाज में झरोखों से झाँकते थे। शीघ्रगामी घोड़ों पर काठी कसकर चारों ओर कूदते-फाँदते थे। जिनके पीछे विजय के नगाड़े बजाती सेनाएँ चलती थीं, ऐसे सिंह के समान गर्जना करने वाले शूरवीर भी धूल में मिल गए। जो कई दीपकों का प्रकाश करके महलों में सोते तथा नारियों के साथ भोगों में लिप्त रहते थे। तेल-फुलेल से शरीर को सँवारते, सिर पर पचरंगी पाग बाँधकर, ज़रीदार वस्त्र धारण करते। हाथों में ढाल–कमाण और कमर पर तरकस धारण किए रहते थे, जो अत्यन्त शूरवीर, वैभवशाली, सुन्दर, सौष्ठवपूर्ण शरीर के स्वामी थे, वे सभी कबाड़ा बनकर रह गए। इसलिए चेताते हुए कहते हैं–

घरी घरी घड़ियाल पुकारै कहति है।
बहुत गई आव अलप ही रहति है ॥
सोवै कहा अचेत जगि जप पीय रे।
परि हाँ चलि है आजि कि कल्हि बटाऊ जीव रे ॥

वाजिद के काव्य की केन्द्रीभूत संवेदना मृत्यु-बोध है। यह जीवन का शाश्वत और अटल सत्य है जिससे बचना रावण जैसे प्रतापी, विक्रम और भोज जैसे दानशील, न्याय-प्रिय और वैभवशाली सम्राटों को भी सम्भव नहीं हो सका है। वे भी ख़ाक में मिल गए–

जिसके नैंन बिसाल जलहि ज्यौं दीया।
हाँक सुनत ही फाटि हीया ॥
सो रावन भी रहूया न जगि।
लंका जाई लगाई आगि ॥

× × ×

धन जोबन का जिय मैं हि गारा।
बिन संग्राम न कबहू हारा ॥
जिनि बसुधा बसि कीनी सारी।
सो रावन गया बजावत तारी ॥

× × ×

कहाँ गये बिक्रम भोज तपुंते तेज वै।
कहाँ चंवर डुलै दै सीस सुखासनु सेज वै ॥
जिन्हाँ मन्दिर महल करोड़ो लख वै
परि हाँ ते दिठे मसांनु बिछावै कखु वै ॥

जिन पर चँवर डुलते थे, ऐसे बड़े-बड़े चक्रवर्ती राजा, अश्वपति, गजपति, नरपति; सभी को काल ने दबोच लिया।

वह बाज की तरह झपट्टा मारकर प्राणी को तीतर की तरह उठा ले जाता है। 'चौपाई : काल के अंग में काल की प्रबलता को मिथकीय दृष्टान्तों और लौकिक प्रतीकों से व्यक्त किया है। एक चौपाई में उसने कहा है, साँस उखड़ने पर शरीर निर्जीव होकर पड़ा रह जाता है। बाद में उस पर घास उग आती है, जिसे ढोर चरते हैं। जिनकी संसार में दुहाई दी जाती थी और जो शरीर में अरगजा का लेप करते थे, अब उनके सिर पर कौए चोंच मार रहे हैं।'

नाथपंथियों में गोरखनाथ ने काल से भयभीत रहने और उसके मुगदर के प्रहार से बचने का उपदेश दिया है। कबीर ने भी 'काल भै वाण सह्या न जाइ', 'सुरनर थाके करत उपाइ', 'कंपै पीर पैकंबर देव रिषि, कंपै चौरासी जीव', 'सातौं सबद जु बाजते, घरि घरि होते राग/ते मन्दिर खाली पड़े, बैसण लागे काग', 'कबीर कहा गरबियो, ऊँचे देखि अवास, काल्हि पर्‌यूं भ्वै लेटणां, ऊपरि जामै घास' या हाड़ जले ज्यूँ लाकड़ी, केस जलै ज्यूं घास, सब जलता देखि करि, भया कबीर उदास' कहकर काल की प्रचण्डता व भयावहता को उभारा है। वाजिद ने कबीर की परम्परा को और अधिक सघन बनाया है, अधिक गहराई दी है।

काल जीवन के अन्त की चेतावनी है। वाजिद को इस बात का दुःख और मलाल है कि असावधान और अबोध मनुष्य भविष्य की चिन्ता न करके अतीत और वर्तमान में खोया रहता है। मृत्यु की अनिवार्यता को जानकर भी व्यक्ति अज्ञानी बना रहता है, इसलिए चेतावनी देते हैं—'गाफिल रहे बाजीद क्यूँ' जबकि 'मानस की साँस जुरा नित गिनत है।' काल रूपी चक्की के पाटों के बीच 'मैदा होई है' वाली दुर्गति अवश्यम्भावी है। 'यहु बूझि सकल जगु जाइगो' इसलिए 'तूं तिहि रंग न रचि' वरना 'अंत पचिताहिगौ' और उस अन्तिम समय में 'तब छल बल बुधि बिबेक, कछू न बसाइ रे'।

वाजिद के काव्य में स्थान-स्थान पर दुःख, पछतावा, अनुताप, करुणा व चेतावनी हैं। कहीं बीते हुए वर्षों और खोये हुए अवसरों की पीड़ा है। कहीं गिनी-चुनी साँसों के व्यर्थ होने का अहसास है। कहीं सम्राटों, शूरवीरों, सुल्तानों और वैभवशालियों के धूल में मिलने, उनकी खोज तक नहीं मिलने, महल-दुमहलों, अपार सुख-सुविधाओं के ख़ाक में मिल जाने की चेतावनियाँ हैं। सर्वत्र मृत्यु का ताण्डव व संत्रास है। इनके

माध्यम से कवि का लक्ष्य जन-सामान्य और साधकों को राम-नाम के स्मरण करने के लिए सचेत करना है। जीवन की निरर्थकता को सार्थकता में परिणत करना और सन्त-स्वभाव ग्रहण कराना है।

2. भक्ति चेतना –वाजिद के काव्य का दूसरा प्रमुख स्वर भक्ति-चेतना का है। मृत्यु की अनिवार्यता और जीवन की नश्वरता के बीच ही ईश्वर भक्ति को वे एक मात्र संबल मानते हैं। उनकी भक्ति-चेतना में उत्कटता, एकनिष्ठता और समर्पण है। उन्होंने अगम, गुणातीत, अपार, निरंजन, अज्ञेय ब्रह्म से एकाकार (अद्वैत) हो जाने की भावना बार-बार व्यक्त की है। एक छन्द में उन्होंने ईश्वर-विमुख प्राणी की तुलना संसार-महासागर के मँझधार में पड़ी माँझी रहित नौका से की है।

उनकी राय में यदि ईश्वर के प्रति सच्ची भक्ति नहीं है तो जटा-जूट धारण करने और भस्म-रमाने से कोई लाभ नहीं है। ऐसा व्यक्ति सुख-सेज पर शयन करके भी सुख नहीं पा सकता है। मौन धारण करके साधना का ढोंग करने तथा वाचाल हो जाने पर दोनों स्थितियों में लाभ नहीं मिलने का है। व्यक्ति चाहे महलों में सुख से रहें या वन-वन में विचरण करें, उन्हें बिना ईश-भक्ति के लाभ नहीं मिल सकता है। इसलिए वाजिद ने आग्रह किया है, 'ज्यों तूटै त्यों जोरि, प्रीति को ताग रे, मन क्रम यहु मानि दरवेश, जाहि जौ जाग रे।'

उनके अनुसार सच्चे साधक व भक्त वे हैं जो समग्र भाव से ईश्वर के प्रति समर्पित होते हैं। इस समग्र भाव को वे लौकिक दृष्टान्तों से व्यक्त करते हैं–

ज्यौं ज्वारी जूवै बंध्यौ, ज्यूं कांमीं बसि कांम रे।
ज्यूं मूरिख माया बंध्यौ, त्यौं रांम सनेही रांम रे ॥

उनकी कथनी और करनी में असंगति नहीं होती है। ईश्वर से साक्षात्कार उन्हीं को होता है जो उनके प्रेम में डूबे रहते हैं। नामदेव और रैदास की भाँति वाजिद ने भी राम के बिना 'भामिनी भोग विलास', 'इन्द्रासन इन्द्र कौ' और 'बैकुण्ठावास' सभी को निरर्थक माना है। भक्ति को सर्वोपरि मानकर शास्त्र-ज्ञान, पाण्डित्य और बाह्याचारों को तुच्छ सिद्ध किया है।

वाजिद ने सूरदास की तरह 'मो सौ पतित न तोसौ पावन' कहकर ब्रह्म की महत्ता और अपनी अस्मिता को पहचानते हुए एक पूरे काव्य की रचना कर डाली है। एक अरिल्ल में उनके सामर्थ्य का परिचय देते हुए कहा है–

तो महिमां वार न पार लोक त्रियनाथ हैं।
जल थल महि के जीव पीय के हाथि हैं ॥
कोऊ न धरे धीर कोपि जो बोलई।
परि हाँ बाजीद बिचारौ कौन प्रिथी सब डोलई ॥

सर्वात्मवाद पर आस्था रखते हुए वाजिद ने ईश्वर को सर्वव्यापी, सर्वशक्तिमान और सर्वज्ञ माना है। वह सृष्टि के कण-कण में है। विशेषकर मनुष्य के हृदय में है। उसके लिए न तो जंगल-जंगल भटकने की आवश्यकता है, न भस्म रमाकर, जटाएँ बढ़ाने और अंधारी धारण करने की। वे अनाथों के नाथ हैं। प्रबल पराक्रमी हैं। उनके सामने बड़े-बड़ों का धैर्य छूट जाता है। वे तीनों लोकों के स्वामी हैं। उनकी मर्यादा को कोई भंग नहीं कर सकता है। 'संमर्थ मेरी सांईया, बुधि बल कछू न समाइ', 'द्वारि खरे खिजमति करैं, जोगी जंगम सेख', या 'धरती अंबर आदि दै, रवि ससि पानी पौंन', 'जोति समेटहिं प्रभू जौ, जग महि रहै सु कौन' कहकर ईश्वर के असीमत्व को बार-बार उभारते हैं।

निर्गुण कवियों के अनुसार राम-दर्शन और राम-प्राप्ति का प्रमुख उपाय नाम-स्मरण है। नाम-स्मरण के महत्त्व को व्यक्त करते हुए नामदेव ने कहा था—मैं वस्त्र को रंगने और सीने का काम करता हूँ किन्तु घड़ी भर के लिए भी मुझे भगवन्नाम विस्मृत नहीं होता। जैसे बछड़े के बिना गाय, पानी के बिना मछली बेचैन हो जाती है, उसी प्रकार राम नाम के बिना व्यथित हो जाता हूँ। कबीर ने कहा, मैंने बार-बार कहा, ब्रह्मा, महेश भी कह गए हैं, राम-नाम ततसार है। वही तीनों लोकों में 'तत तिलक' और 'निजसार' है। इस जगत में 'भगति भजन हरि नाउं है, दूजा दुक्ख अपार' है। वाजिद ने भी बार-बार नाम-स्मरण की महत्ता को रेखांकित किया है—

तो जोगी जंगम सेख निस्तरे नांव ही।
एक जीव की कहा, उधरे गाँव ही ॥
जब लग सास सरीर, बिलंब न कीजिए।
परि हाँ जन बाजीद बिचारि, ऐंन दिन लीजिए ॥

सन्त दादू के समान वाजिद का भी विश्वास था कि नाम रूप से भी बढ़कर है। राम का नाम संसार में जहाज के समान है, जो भौ सागर से तुरन्त पार लगा देता है। वे यहाँ तक चेतावनी देते हैं 'नांव बिन ठांऊँ कहीं है रे तोहि'।

सगुण भक्ति के कवियों ने भी इसके महत्त्व को रेखांकित किया है। तुलसीदास ने भी 'कहउ नामु बड़ राम ते' तथा 'राम न सकहिं नाम गुन गाई,' 'देखाअहिं रूप नाम अधीना' कहकर नाम-स्मरण के महत्त्व को प्रतिपादित किया है, और इसे निर्गुण-सगुण से, ऊपर माना है। वाजिद ने उसे ही 'जाति-पाँति', 'समग्र जीवन की क्रान्ति तथा समस्त सुखों की राशि' कहकर, उसकी महिमा को और भी बढ़ाया है।

प्रायः सभी सन्त अपनी साधना और चिन्तन के दौर में हठयोग से प्रभावित हुए थे। कबीर के एक पद से व्यक्त होता है कि जीविका छोड़कर वे योग-साधना की ओर प्रवृत्त हुए थे—"कूंच मुकांम जोग के घर मैं, कछू एक दिवस खटांनां आसनि

राखि विभूति साखि दे, फुनि ले मठी उठाना।" अपनी जीविका (धुनियापन) छोड़कर दादू दयाल ने भी काफ़ी समय तक योग-साधना की थी, तब अपना नाम 'दादू अवधूत जोगेन्द्र' रखा था और इसी छाप से हठयोग का अपूर्व ग्रन्थ 'आदि सिद्धान्त बोध' लिखा था। वाजिद भी हठयोग साधना से प्रभावित हुए थे। हठयोग के प्रतीकों का प्रयोग करते हुए उन्होंने कहा था—हे अवधूत! निर्गुण ब्रह्म में अनुरक्त मेरा मन उन्मन अवस्था में अत्यन्त मग्न रहता है। इससे मुझे आवागमन (मरण-योग) से मुक्ति मिल गई है। मेरी सुरति (लय) सुषुम्ना नाड़ी के घर (आज्ञा-चक्र) में समा गई है। निरति (आसक्ति) आधारहीन हो गई है। अब सहस्रार में घनघोर रूप से अमृत बरसने लगा है। सच्चा साधक उसका पान करने लगा है। अधोमुखी (मूलाधार चक्र) प्राणवायु (कुण्डलिनी) जब ऊर्ध्वमुखी होकर ब्रह्म-रंध्र में पहुँची तो वहाँ अनहद-नाद होने लगा। इस भारी कौतुक को सच्चा साधक ही अनुभव कर पाता है। त्रिवेनी-तट (जहाँ इड़ा, पिंगला, और सुषुम्ना मिलती हैं), गंगा (इड़ा), जमुना (पिंगला), सरस्वती (सुषुम्ना), अनहद नाद, शून्य (ब्रह्म रंध्र), गगन (ब्रह्म रंध), प्राण-वायु (कुण्डलिनी), विभिन्न चक्र, अरध-उरध, उन्मन, सुरति, निरति, अवधूत, सूर्य (इड़ा), चन्द्रमा (पिंगला) जैसे हठयोग के प्रतीक प्रायः उनके काव्य में आते रहे हैं।

कवि के अनुभवों से प्रतीत होता है उसने भक्ति-रसामृत पान करने के साथ अपने 'पीव' के दर्शन पाए हैं। जब वह कहता है—'पायौ है पीव पायौ है, निरमल भयौ तबहि मन मेरौ, तिरबैनी टटि न्हायौ है' या 'जानराइ जगदीश गुसांई, कीयौ भगति कौं भायौ है', 'हरि मेरौ मरन जीवन कौ संगी, पैमु बंधनिया बंधायौ' कहकर पानी में नमक घुल जाने वाली अद्वैत स्थिति का बोध कराया है।

वाजिद ने भक्ति के क्षेत्र में एक उल्लेखनीय कार्य यह किया कि पूर्ववर्ती सन्त कवियों की समन्वयवादी दृष्टि के कारण धर्म-सम्प्रदायों में पारस्परिक असहिष्णुता कुछ कम हुई थी, उसे आगे बढ़ाया। उनका पीव; बीठल, स्याम, क्रिस्न, राम, अलेह, करीम, हर, हरि का रूप धरने में न तो तनिक संकोच करता है, न ही विलंब। ये सभी वाजिद के अलेख, अगुण और निरंजन में समा जाते हैं, फिर केवल एक ही रह जाता है, सम्पूर्ण ब्रह्माण्ड में एक रस होकर व्याप्त, घर-घर में विराजमान, आकाश, भूमि, पाताल में समाहित गुणातीत, ब्रह्म, निराकार निरंजन।

लगता है विभिन्न हिन्दू-सम्प्रदायों को साधने में उन्हें ज्यादा कठिनाई हुई होगी क्योंकि भारतीय-मिथकों और प्रसंगों का उन्होंने खुलकर प्रयोग किया है, लेकिन हिन्दू-मुस्लिम एका जरूर कठिन काम रहा होगा इसलिए वे वेद-पुरान के साथ कतेब-कुरान का और अलख के साथ अलेह का ज़िक्र करना नहीं भूलते—'वेद, पुरान, कुरान, पुकारै कहत हैं, परि हाँ चरन सरन बिन जीव कहाँ कोऊ रहत है।' ऐसा वे किसी दबाव में नहीं करते, न ही किसी की बेवजह तुष्टि के लिए करते हैं। वस्तुतः 16वीं-17वीं शती की भारतीय गरीब जनता हिन्दू और मुस्लिम दोनों प्रकार के

सामन्ती उच्चवर्गियों से पीड़ित और त्रस्त थी। वाजिद जैसे सन्तों की मानवतावादी वाणी ने उन्हें बल दिया। उनके घावों पर फाहे लगाए।

वाजिद अपनी रचना और अन्तर्मन में झाड़-बुहार में निरन्तर लगे रहते हैं। प्रभु-स्मरण में लौ लगाए रहते हैं। पीव को रिझाने की हरचन्द कोशिश करते हैं। झुँझलाते भी हैं—क्या वह निर्दयी मेरे मरने पर आएगा! उसके प्राण सजन के इन्तजार में निकलते ही नहीं, पर प्रिय को आना ही पड़ता है और वह मृत्यु से, आवागमन से अपनी प्रिया को मुक्त कर देता है। चरम और अद्‌भुत है यह मिलन। निराकार आत्मा निरंजन परमात्मा से एकमेव हो जाती है।

3. विरहानुभूति—वाजिद के काव्य में आध्यात्मिक विरह; प्रबल लौकिक-विरहानुभूति की तर्ज़ पर आया है। अन्य सन्त कवियों में यह आध्यात्मिकता के आवरण में दब गया है किन्तु वाजिद के काव्य में वह उत्कट और मर्मस्पर्शी बनकर उभरा है। विरह के सहज, उद्दीपन और अलंकृत रूप अपने पूरे वेग के साथ आए हैं। उनके विरह में टीस, वेदना, करुणा और तालाबेली है। विरह को केन्द्र बनाकर कवि ने विरह के अरिल्ल, विरह की साखियाँ, विरह के पद, 'सगुन पैम नामा', 'गुन प्रेम कहानी' और 'गुन झूलनां : विरह के अंग का' लिखे हैं। भक्ति की तरह विरह भी कवि का प्रमुख प्रतिपाद्य रहा है। विरह ही मिलनोत्कण्ठा और प्रेम की प्रगाढ़ता का सूचक बनकर आया है। विरहिणी आत्मा कह रही है—"हे स्वामी! मैं तिबारे, बाग और वन में डोलती हुई चातक की तरह पिय-पिय की टेर लगा रही हूँ। दिन भर प्रिय की सुगन्ध और प्रेम-रस (मकरन्द) पाने के लिए भ्रमर की तरह चक्कर काट रही हूँ" दूसरे स्थान पर वह कहती है, "अपनी वेदना को दूर करने के लिए मैंने अनेक वैद्यों से सलाह ली। कोई भी मेरी व्यथा का उपचार न कर सका। वास्तव में आपके प्रेम-रोग में पड़कर दीवानी हो गई हूँ।"

वह लम्बे-लम्बे उसाँस भर रही है। पूरे शरीर में विरहाग्नि लगी है। उसे प्रिय के अलावा और कोई नहीं बुझा सकता है। आहें भरने के साथ लगता है—प्राण निकल जाएँगे। वह कलपती है—क्या वह कठोर बालम मेरे मरने पर ही आएगा। कहीं वह विरह से दग्ध होकर, जोगिनी का वेश धारण करके, प्रिय को खोजते-खोजते पूरे संसार में भटक रही है। कहीं उसके नेत्र गंगा की तीव्र लहरें बन जाते हैं। सेज और घर नाव बन जाते हैं।

वह प्रकृति में बिम्ब-प्रतिबिम्ब भाव को देखती है—

तेरे विरहैं यूँ जली, ज्यूँ बन घुँघची।
आधी जलि कोयला भई, आधी लोहि माँहि ॥

कहीं-कहीं उसकी उक्तियाँ विचित्र और प्रेम-मार्गीय कवियों की तरह ऊहात्मक हो गई है—"कोयल आम्र-कुंज में शोभा दे रही है। अपनी मधुर वाणी से सारे संसार

को मोहित कर रही है। प्रिय के विरह के कारण उसके नेत्रों में लाली छा गई है और विरहाग्नि में जलकर सारा शरीर काला पड़ गया है।''

वाजिद के अनुसार प्रेम के लिए विरह अनिवार्य है। जो लोग प्रेम की नौका में नहीं बैठे हैं, वे भ्रम के संसार में फँसे रहते हैं। जब इस भव-सागर में डूबने लगते हैं तो खेवनहार को दोष देने लगते हैं जबकि वास्तविक दोष उनका होता है। इसलिए वाजिद प्रिय-मिलन के लिए चिर-विरह की अग्नि में सुलगता रहना चाहता है—

कबहूँ ऐसी होइगी, लगै विरह की आगि।
भरि-भरि नैंन बुझाइ हो, उठै सिलगि सिलगि हो ॥

यही उत्कट विरह-वेदना 'अति गति अंत क्यूँ लीजै' कहकर प्रभु से मिलन की कातर-याचना में बदल जाती है। यह याचना अन्ततः फलीभूत होती है। साधक को चिर-मिलन की अनुभूति हो जाती है। विरह में बेचैनी, व्याकुलता, तड़प, दर्द और तालाबेली का जो ताना-बाना उनकी कविता में है, वह किसी प्रेमाश्रयी कवितई से कमतर नहीं है। प्रभु को प्रियतम के रूप में देखने वाला गोपी-भाव अपनी समूची उत्कटता के साथ वाजिद की कविता में व्यक्त हुआ है।

4. नैतिक मूल्यों की स्थापना—वाजिद सन्त कवि हैं। सन्त पहले कवि बाद में। सन्त अपने समाज को और बेहतर बनाता है। वह जीवन के मूल उत्स तक पहुँचने की कोशिश करता है। भक्ति, योग, कर्म और ज्ञान के मार्ग पर खुद चलकर, आत्मानुभूति की अजस्त्र-धारा में नहाकर फिर अपने अनुभवों से नया समाज रचने की क़ोशिश करता है। नामदेव, कबीर, रैदास और तुलसीदास सबने अपने-अपने ढंग से यही कार्य किया। समकालीन सामाजिक-संरचना के अनुसार उनके स्वर थोड़े-बहुत भिन्न नज़र आ सकते हैं लेकिन उद्देश्य सबका एक ही था—समाज को जीवन की उत्कृष्टतम और एकमेव वास्तविकता की ओर सचेत करना और सामाजिक-क्रान्ति के अगुआ के रूप में अपनी भूमिका का निर्वाह करना। 'तामस त्यागिये', 'बुरी भली कह जाय उठि नहि लागिये', 'जा घर प्रगट विरोध, सो घर नीच है', ' कहि कहि वचन कठोर खरूंड नहीं छोलिये', 'सीतल अरु सम भाइ, सबन सूँ बोलिये', 'बलती में सुणि मीत न पूला दीजिए' कहकर उसी भूमिका का निर्वाह किया है।

वाजिद के काव्य में नैतिक मूल्य और रहस्यवाद के तत्त्व घुलेमिले हैं। रहस्यवाद उनके लिए आध्यात्मिक-जीवन की अनिवार्यता है तो नैतिक मूल्य सांसारिक जीवन को सहज, सुगम, समग्र, सौन्दर्य तथा आस्थामय बनाने के लिए अनिवार्य है। उन्होंने ऐसे जीवन-यापन पर बल दिया जो सामान्य और सहज हो। जहाँ धन, ऐश्वर्य तथा सम्पदा तथा अन्य सांसारिक लिप्साओं से कोई मोह न हो तथा जो सांसारिक एषणाओं और कामनाओं से रहित हो। इस क्षण-भंगुर संसार में माया-मोह क्लेश और कष्ट के कारण होते हैं। समाज में आर्थिक-विषमता के लिए

उत्तरदायी धनी-वर्ग को अपनी कृपणता के लिए उन्होंने आलोचना की। कृपण पर उसकी कंजूसी, संचय और अमानवीयता के लिए तीखे प्रहार किए। ऐसे छन्दों की संख्या भी पर्याप्त मात्रा में है। धन-संचय की निस्सारता को यथार्थ के धरातल पर चित्रित करते हुए कहा है—जमा की गई दौलत दूसरों के काम आती है—

माया मुकति राखि संग्रहै कौंन कौं।
बाजीद मुट्ठी एक धूलि सगी है पौन कौं॥
कैद करत है दांम कांम किंहि आइ है।
परि हाँ बाजीद लोग बटाऊ बीर खोलि के खाइ है॥

× × ×

कृपण अनने हाथ न कोड़ी जाच ही।
जो पायन घूंघर बाँध विधाता नाच ही॥
हाड मुड के मांहि न निकसे लोहि रे।
परि हाँ! दान पुण्य बाजीद करे क्यूँ सोई रे॥

ऐसे कृपण 'मन राखत है दिन रैंन मुलक और माल में', ऐसे लोग 'फिर फिर गाढ़ी गहे देख' 'रंग रे' खाल खिंच जाए पर भी धन का मोह नहीं छोड़ते इसलिए वाजिद सलाह देते हैं कि या तो माया राम को सौंप दो 'जाको ताकूँ सौंप क्यूँ न सुख सोव ही' या उसे गरीबों में बाँट दो। बाँटने या दान करने पर वाजिद का काफी बल रहा है—

बेगि करि हूँ पुनि दान बेर क्यू बनत है।
घास घरी पल जाम सु जौंरा गिनत है॥
मुख पर देहैं थाप सौंज सब लूटि हैं।
परि हाँ जम जालिम सू बाजीद जीव नहिं छूट है॥

दिन-रात धन जोड़ने वाले को धमकाते-डराते हैं। बार-बार चेताते हैं 'तन धन है मिजमान दुहाई राम की'। दोनों को जाना है, अतः 'दे ले खर्च खिलाय धरी किहि काम की। बचाने में सब कुछ को खोना है। बाँटने में सब कुछ को बचाना है। आड़े-टेढ़े वक्त पुण्य काम आता है। आर्थिक-विषमता को दूर करने के लिए वाजिद ने जो पुकार लगाई है वह आज के हालात में सबसे अच्छा उपाय है। अपनी तोंद फुलाने से क्या लाभ है भरी-पूरी थाली में से एक कौर या ग्रास दूसरों को भी देना चाहिए—

बाजीद कहत पुकारि, सीख यहु सुनि रे।
आडौ बाँकी बेर आइ है पुंनि रे॥
अपनो ही पेट पसार बड़ो क्यूँ कीजिए।
परि हाँ सारी महि तैं कौर और कौं दीजिए॥

× × ×

भूखो दुर्बल देख मुँह नहिं मोडिये।
जो हरि सारी देय तो तो आधी तोडिये ॥
आधी की आध आध की कोर की कोर रे।
परि, हाँ अन्न सरीखा पुंनि नहीं कोई ओर रे ॥

उनकी राय में 'बिना दीया बाजीद पावै कहाँ।' वाजिद का मत था कि नैतिक मूल्यों को अपनाकर ही आध्यात्मिक लक्ष्य को पाया जा सकता है। ध्यान, भाव, समाधि और प्रभु के साथ तादात्म्य तभी सम्भव है जब जीवन को नैतिकता और सदाचार की अग्नि में तपा लिया हो। दया, क्षमा, विनय, सहिष्णुता और उदारता ऐसे गुण हैं जो जीवन को मधुर और सार्थक बनाते हैं। उनके काव्य में निषेधों की एक शृंखला है। उनका कहना था, न किसी से कड़वा बोलो, न किसी का हृदय दुःखी करो। स्थान-स्थान पर धन-यौवन के अहंकार, मांस-भक्षण, अन्य देवी-देवताओं की पूजा, जीव-वध, बाह्याचार, पाखण्ड तथा तीर्थ-यात्रा का विरोध किया है। 'कुल अभिमान निवारि रोस, रस मगन गुन गाऊँ' तथा 'परमेसुर के जीव प्रीति सों पूजि रे' कहकर मानवों को उच्च धरातल पर पहुँचने का सन्देश दिया है।

उनका सबसे प्रबल विरोध कनक-कामिनी तथा मन-माया से था। 'कनक कामिनी दोष टलै तो टालिए' कहकर इनसे दूर रहने की चेतावनी देते हुए भक्ति व साधना के लिए इन्हें सबसे बड़ा अवरोधक माना है। अन्य निर्गुण कवियों की तरह उन्होंने मन को मतवाले हाथी की संज्ञा दी है जिसे अंकुश से वश में सलाह देने में वे चूके नहीं हैं। वे यहाँ तक कहते हैं, 'यदि तुझ में है समझ, पकड़ रह मन कूँ।' वे ज्ञान-शून्य वयोवृद्धता, सुपठित विद्वत्ता को निरर्थक मानते हैं यदि 'एक न आया हाथ पंसेरी आठ का।'

इस 'आठ पंसेरी' को उन्होंने 'गुपत गुरु' मानकर इसकी प्रकृति को रहस्यपूर्ण कहा है। कोई नहीं जानता 'करै कौन व्यौहार?' इसे 'सुधि बुधि धीरज' धरना आता नहीं। कवि ने समझा कि यह ईश भक्ति में 'मगन' रहेगा। लेकिन ठीक उल्टा हुआ यह तेली के बैल की तरह सांसारिक और मायिक प्रपंचों की एक ही धुरी में घूमता रहा

प्रायः सभी कवियों ने माया की प्रबलता को विविध रूपकों, प्रतीकों और बिम्बो के माध्यम से व्यक्त किया है। कबीर और दादू ने 'माया कौ अंग' में ढेर सारी साखियाँ तथा अनेक पद लिखे हैं। वाजिद ने उन्हीं का अनुसरण करते हुए मायाग्रस्त व्यक्ति को अज्ञानी और पागल कहा है—'माया मांहि मगन होह, जिन बाबरे।' एक स्थान पर कहा है जो व्यक्ति राम रूपी जहाज को छोड़कर माया के साथ बहता है वह आम के वृक्षों के स्थान पर बबूल बोता है। गंगा-तट पर बसकर नहाने के लिए कुआँ खुदाता है। उनकी दृष्टि में माया-ग्रस्त व्यक्ति बाहर से मोर के समान सुन्द

और भीतर से 'महा भुजंग' होता है–

बाजीदा माया महि के जीव सौं, कहु क्या कीजे संग।
बाहरि मंडि मोर से, भीतरि महा भुज़ंग ॥

वाजिद ने माया और मन के अनेक रूपक प्रस्तुत किए हैं–

बाजीदा माया मंदिर काँच का, यहु मन स्वांन समांन।
आपा पर चीन्हैं नहीं, भूसत भई बिहान ॥

वाजिद का समूचा जीवन त्याग, तपस्या, माया-मोह से अनासक्ति का रहा है। उन्होंने अपने सिद्धान्तों को जीवन में उतारा। अपने भीतर को ज्ञान-प्रकाश से भरा फिर उसे बाँटने ओर सहभोक्ता, समानधर्मी, समान चेतस् बनाने में जुट गए।

वे पाखण्ड के भी तीव्र विरोधी थे। 'पोथी पांनां खोलि पसारा मंडिया', 'समझै नहीं बबेक मेंखले मांडिया', 'कहा करै कछु और क भरूवा पेट का' कहकर उनके असली रूप को सामने ला देते हैं। कभी आखेट और जीव-हिंसा में गहरा रुझान रखनेवाले वाजिद का दादू के संसर्ग से ऐसा रूपान्तरण हुआ कि खिन्नता व्यक्त करते हुए कहने लगे, 'दुनिया सौं कछू न बसाइ', 'जिसका सांई सबन में, सो क्यूँ मांसहि खाइ' फिर उदार और दयालु बनकर अनुरोध करने लगे, 'बाजीद जीव जगदीश के, तकि न मार तू तीर।' यह रूपान्तरण अद्‌भुत और मोहक था।

कवि के पर्यवेक्षण व्यापक हैं। अनुभवों में काफी विस्तार और गहराई है। 'ज्यूँ ग्रीष्म के अन्त सुवर्षा' और वर्षा भये व्यतीत सीत मधुरात है', वैसे ही 'सुख दुख अनुक्रम लेखि है' के साथ 'साला न्यौंत जिमाय, धका दे बाप नैं' इतना ही नहीं 'करे नारी की भीड़, गालि दे बहन कूं' जैसे यथार्थांकन आज भी उतने ही सच हैं। आज के लोगों और नेताओं के चरित्रों पर उनका यह कथन सटीक बैठता है–

पाहन कोरो रह्यो बरसता मेह में।
घात घणी बाजीद दुष्टता देह में ॥
उसे अचानक आय मूंड गहि रोइये।
परि हां सरप ही दूध पिलाय क व्यर्था खोइये ॥

सर्वात्मवाद, मृत्यु-बोध की तीव्रता, आत्मा-परमात्मा का एकत्व, ईश्वर से गहन अनुराग, विरह और भक्ति-चेतना की उत्कटता, नैतिक मूल्यों का आग्रह, माया, मोह से विरक्ति ऐसे तत्त्व हैं जो कवि को सन्त कवियों में विशिष्ट स्थान प्रदान करते हैं।

काव्य-शिल्प

छन्द, रस अलंकार और भाषा वाजिद की रचनाओं में न सायास हैं और न अनायास। उनकी कविता का उद्देश्य कलात्मक-सृजन नहीं बल्कि जन-जन को जगाना था। पढ़े-लिखे और विद्वान होने के कारण कविता का शिल्प उनके भावों

और विषय-वस्तु के साथ चलता है। वे छन्द-शास्त्र के अच्छे ज्ञाता थे इसीलिए छन्दों के प्रयोग में उन्होंने बड़ी सावधानी बरती है। उनके द्वारा प्रयुक्त छन्द इस प्रकार हैं–

1. अरिल्ल–यह वाजिद का सबसे प्रिय छन्द है जो कि स्वतन्त्र रूप से और छोटी रचनाओं के बीच में भी मिलता है। अब तक उनके 192 अरिल्ल मिले हैं। संस्कृत के छन्द-शास्त्रों में इसका नाम प्लवंगम है। इस मात्रिक सम छन्द में 21 मात्राएँ होती हैं। आदि और अन्त में गुरु का होना आवश्यक है। प्रायः यति 8-13 पर होती है। 'प्राकृत पैंगलम्' (1-186) के अनुसार इसके प्रत्येक चरण में 21 मात्राएँ और अन्त में लघु गुरु (। ऽ) होता है। भिखारीदास ने (छन्दोर्णव, पृ. 28) अन्त में जगण और गुरु (। ऽ। ऽ) का होना बताया है। भानु (छन्द प्रभाकर, पृ. 55) ने भी भिखारीदास के समान इसका लक्षण अन्त में जगण और गुरु होना माना है और 8-13 पर यति होने का उल्लेख किया है। सुन्दरदास ने 11, 10 पर यति होने का उल्लेख किया है। सुन्दरदास से पूर्व वाजिद ने 21 मात्राओं और अन्त में लघु गुरु का प्रयोग करते हुए 11, 10 पर यति दी है, जैसे–

ऽ। ।ऽऽ ऽ।=।। ।।ऽऽ ।।।ऽ
रैंनि सवाई बीर, पपईया रटत है। 11+10
ऽ ऽ ।।ऽ ऽ। ।ऽऽ ।।।ऽ
ज्यूँ ज्यूँ सुनिये कालि, करेजा फटत है ॥11+10
ऽ। ऽ। ऽऽ। ।ऽ। । ऽ।ऽ
खान पान बाजीद, सुहात न जीव रे। 11+10
ऽ। ऽऽ।। ऽ।।ऽ ऽ ऽ।ऽ
(परि हाँ) फूल आये सम सूल बिना वा पीवरे ॥ 12+10

कुछ में जगण के नियम का भी पालन किया गया है–

ऽऽ ऽ। ।ऽ। ।ऽ ।। ऽ।ऽ
लंबे लेइ उसांस, हियौ भरि आवई। 11+10 ऽ। ऽ
।ऽ ।।। ऽ ।।। । ऽऽ ।ऽ।ऽ
लगी बिरह की अगनि, सु कोऊ बुझावई ॥11+11
ऽ। ।।। ऽ ऽ। ।।। ऽ।ऽ
आह करत ही जीव, निकसि कैं जाइ है।11+10
।।ऽ ।।। ऽ।।। ऽऽ ऽ ऽ। ऽ
परि हां बलम बेमिहरि मूवैं ही आइ है ॥12+11

कहीं-कहीं आनुप्रासिक-सौन्दर्य और भाव-लालित्य के लिए मात्राओं की घट-बढ़ करके छन्द संरचना को तोड़ा भी है। अपने सभी अरिल्लों में वाजिद ने 'परि

हां' की छाप दी है।

2. कुण्डलिया—यह मात्रिक विषम छन्द है। छह पंक्तियों के इस संयुक्त छन्द में प्रथम दो दल दोहे के और चार दल रोला के होते हैं। दोहा पूर्वार्द्ध में और रोला उत्तरार्द्ध में होता है। दोहे के प्रथम चरण को रोला के अन्तिम चरण में दोहराया जाता है और दोहा के अन्तिम चरण को रोला के प्रारम्भ में दोहराया जाता है। वाजिद ने अपनी कुण्डलियों में छन्द-शास्त्र के नियमों का पूरी तरह पालन किया है—

ऽऽऽ। ।ऽ। ऽ ऽ।।ऽ।। ऽ।
नैंना गंग तरंग लौं, सेज भई घर नांव। 13+11=24
ऽ। ।ऽऽ ।।।ऽ ऽ। ।ऽऽ ऽ।
प्रांण पयांनौ करत हैं कंत बहेला आव ॥ 13+11=24
ऽ। ।ऽऽ ऽ। ऽ। ।। ऽ।। ऽऽ
कंत बहेला आव, चाव चित देखन तेरा। 11+13
।ऽ ऽ। ऽ ऽ। ।।। ऽ। ।। ऽ। ऽऽ
तजी लोक की लाज, रहिसि नहीं घट माहि घेरा ॥=26
।। ।। ।। । ।ऽ। ।।ऽ ऽ।।।ऽ ऽ
घर बन कछु न सुहाइ, विरहा अंतरदई हौं।=24
ऽ। ।ऽ ।। ऽ। ऽऽ ऽ। ।ऽ। ऽ
सेज भई घर नाव, नैंना गंग तरंग लौ ॥=24

इसमें दोहे के प्रथम चरण—'नैंना गंग तरंग लौ' की आवृत्ति रोला के अन्तिम चरण में हुई है और दोहे के चौथे चरण 'कंत बहेला आव' को रोला के प्रथम चरण में दोहराया गया है। उपदेशों के लिए यह छन्द उपयुक्त माना गया है। केशव ने 'रामचन्द्रिका' में, जटमल ने 'गोरा बादल' और सूदन ने 'सुजान चरित्र' में इसे वीर रस के लिए प्रयुक्त किया है। गिरधर कवि की कुण्डलिया हिन्दी साहित्य में प्रसिद्ध रही हैं। वाजिद की कुल 25 कुण्डलिया प्राप्त हुई हैं।

3. साखी—दोहे का समानार्थक यह शब्द 'साक्षी' से बना है। जो बात साक्ष्य के रूप में कही जाती है, वही साखी है। सिद्ध-कवि जालन्धरपाद से इसका प्रयोग होने लगा था—'साखि करब जालन्धर पाएँ।' बाद में इसे नाथों और निर्गुण पंथियों ने अपनाया। वाजिद की कुल 173 साखियाँ प्राप्त हुई हैं जिनको विरह, भक्ति-चेतना, आत्म-निवेदन, नैतिक मूल्य, मृत्यु-बोध, मन, माया, भक्त व सन्त, सत्संग, अनुभूति एवं चेतावनी तथा दुर्जन आदि शीर्षकों में विभक्त कर दिया गया है। इसमें दोहे की तरह प्रथम चरण में 13 और दूसरे चरण में 11 मात्राएँ होती हैं—

।। ।।ऽ ऽऽ। ऽ ।।ऽ ।ऽ ।ऽ।

सब तुमको मालूम है=13, कहिये कहा बनाइ=11।

।। ।।।। ऽऽ। ऽ ।।। ।।।ऽ ऽ।

बिन दरसन बाजीद को=13, जनम अविरथा जाइ=11 ॥

।।ऽ ऽऽ ऽ।ऽ ।ऽ ।।। ऽ ।ऽ

कबहूँ अैसी होइगी=13, लगै विरह की आगि=11

।। ।। ऽ। ।ऽ। ऽ ।ऽ ।।। ।।। ऽ

भरि भरि नैंन बुझाइ हो=13, उठै सिलगि सिलगि हो=11 ॥

4. पद-शैली—वाजिद के 63 पद प्राप्त हुए हैं। पद-शैली का प्रारम्भिक रूप चर्या-गीतों और लोक गीतों में मिलता है। हिन्दी के मध्य काल में इस शैली का बहुतायत से प्रयोग हुआ है। राम-भक्त और कृष्ण-भक्त कवियों तथा निर्गुण पंथी कवियों ने पद-शैली अपनाकर विभिन्न प्रयोग किए हैं। पदों की संरचना में टेक का महत्त्व सर्वाधिक होता है, वही पूरे पद का निष्कर्ष-सूत्र होता है। प्रायः पद गेय और विभिन्न राग-रागिनियों में निबद्ध होते हैं। वाजिद ने केदारो, विहाग, मारू, गौड़ी, श्री, आसावरी, मलार, देव गंधार, कल्याण, कनड़ौ, सींधूड, भैरूं, टोडी, मालश्री और धनाश्री में निबद्ध किया है। वाजिद के पदों में गम्भीर एवं सघन भावाभिव्यक्ति तथा काव्यात्मकता पाई जाती है। कवि ने हठयोग के प्रतीकों, साधक शूर के सांगरूपकों और उलट-वाँसियों की रचना पद-शैली में की है।

5. चौपई—यह मात्रिक सम छन्द है। 'प्राकृत पैंगलम्' के चउपइयाँ छन्द से इसका सम्बन्ध जोड़ा जाता है। भानु के अनुसार इस छन्द का प्रत्येक चरण 15 मात्राओं का होता है और अन्त में गुरु-लघु का विधान होता है।

वाजिद से पूर्व इस छन्द का प्रयोग चन्दबरदाई ने 'पृथ्वीराज रासो' और सूरदास ने 'सूर सागर' में किया है। वाजिद ने 15-14 व 14-15 का विधान रखते हुए अन्त में गुरु-गुरु का प्रयोग किया है—

ऽ। ऽ। ऽ। ।। ऽऽ ।ऽऽ ऽ। ।। ऽऽ

पीय पीय रैंनि दिन बोलौं, तिबारी बाग वन डोलै।15+14

ऽऽ ।।ऽऽ ऽऽ ऽऽ ।। ऽ। ऽ ऽऽ

क्रिया कबहुंगे सांई, भ्रमौ दिन भौंर की नांई ॥14+15

× × ×

ऽ ऽ।। ऽ।ऽऽऽ । ऽऽ ।।। ऽ ऽऽ

तौ साहिब है सही साचा कि दीनी मिलन की बाचा। 15+14

।ऽऽ ऽ। । । ऽऽ । ।।ऽ ऽ। । । ऽऽ

पियारे पीय बिन मांई, सु जियरा रैंनि दिन जाई ॥14+14

6. चौपाई—यह हिन्दी का प्रबन्ध-रचना के लिए सर्वाधिक प्रयुक्त मात्रिक सम छन्द है। चौपई से भिन्न इस छन्द के प्रत्येक चरण में 16 मात्राएँ होती हैं। तुलसीदास ने 'रामचरितमानस' को दोहा-चौपाई शैली में लिखा था। भानु द्वारा संकेतित सम-सम, विषम-विषम सम-सम, विषम-विषम सम का प्रयोग तुलसी ने बड़ी कुशलता से किया था। चन्दबरदाई, जायसी, कुतबन, मंझन, सूरदास और नन्ददास ने भी इस छन्द को अपनाया था। नन्ददास की तीनों मंजरियों में अन्त में लघु-गुरु आए हैं।

सुन्दरदास ने 15 मात्राओं के चरण में लघु-गुरु और गुरु-गुरु दोनों का प्रयोग किया है। इस छन्द में सभी रसों को अभिव्यक्त करने का वैशिष्ट्य पाया जाता है। वर्णनात्मकता के लिए यह छन्द सर्वथा अनुकूल है। वाजिद की चौपाइयों में कहीं 16 व कहीं 15 मात्राओं का प्रयोग हुआ है—

।।।। ।।।। ।।।। ऽऽ ऽ। ।ऽ।। ऽ।। ऽऽ

असपति गजपति नरपति राजा। सेज सुखासनु मंदिर छाजा ॥16+16

।। ऽ।। ।। ।।ऽ ऽ। ।ऽ ।ऽ ।। ऽ ऽ।

जम जालिम जब पकरै बांह। छूटे नहीं छत्रु की छांह ॥15+15

7. दोहा—इसकी व्युत्पत्ति 'द्विपद' शब्द से मानी जाती है। यह मात्रिक अर्द्धसम छन्द है। 'प्राकृत पैंगलम्' (1:78) के अनुसार इस छन्द के प्रथम तथा तृतीय चरण में 13-13 तथा दूसरे और चौथे में 11-11 मात्राएँ होती हैं। यति पादान्त में होती है। विषम चरणों के आदि में जगण नहीं होना चाहिए। अन्त में लघु होता है। तुक प्रायः सम चरणों में होती है।

प्राकृत साहित्य में जो स्थान गाथा (गाथा सप्तसती, वज्जालग्ग) का है, अपभ्रंश और हिन्दी में वही स्थान दोहे का है। अपभ्रंश में इसका प्रयोग रामसिंह, देवसेन और बौद्ध-सिद्धों ने किया है। स्वयंभू के 'पउमचरिउ' में भी इसका प्रयोग मिलता है। हिन्दी को यह छन्द अपभ्रंश से मिला है। तुलसी (रामचरितमानस), जायसी (पद्मावत), सूर (सूर सागर) ने इस मुक्तक प्रधान छन्द का प्रयोग किया है। सूक्ष्म, प्रखर भावाभिव्यंजना तथा प्रभावी बिम्बधर्मिता इसकी प्रमुख विशेषताएँ हैं। वाजिद ने अपने कई लघु-काव्यों में इसका प्रयोग किया है—

।। ।। ।। ऽऽ ।ऽ ऽ।। ।ऽ। ऽ।

सुर नर मुनि जोगी जती, संकर लहै न भेव। =13,11

ऽ। ऽ। ।।ऽ। ।। ।ऽ।ऽ।।ऽ।

आदि अंति मधि मूल बिन, नमो निरंजन देव॥ =13,11

इन छन्दों के अतिरिक्त वाजिद ने झूलना तथा अन्य छन्दों का भी प्रयोग किया है। निष्कर्ष यह है कि उन्हें छन्दों का अच्छा ज्ञान था, इसलिए वे पद, साखियाँ, कुण्डलियाँ, दोहे, चौपाई आदि में अपनी सघनता के साथ प्रस्तुत होते हैं। छोटी मात्राओं के छंदों में भी वे बहुत शक्ति, तीक्ष्णता और गहनता के साथ व्यक्त हुए हैं। कहीं-कहीं साधक साध्य तक पहुँचकर मौन हो जाता है, इस मौन की अभिव्यक्ति सूत्रात्मक होती है इसलिए दोहे-साखियों में वे ज्यादा भाव-सम्पन्न दिखाई पड़ते हैं।

अलंकार विधान—वे सायास अलंकारों को गढ़ते नहीं हैं। ऐसा जान पड़ता है कि आनुप्रासिकता उनकी वाणी में ही है। 'सहज सील सन्तोष सलिलता', 'चोवा चन्दन चरचि पेखसि परमानन्द', 'मुख-मोनि', 'मन्दिर-मधि', 'माया माहि मगन', 'पंच-परपंच पचीस', 'मोर करत अति शोर', 'उमड़ चले दोऊं नैन चैंन नहिं चितजी', 'कायर क्रूर बहु कुटिल कांमी' या 'जेते जग के जीव जरत है धूप में' जैसे प्रयोग सहज, सुबोध, सुखद और सुन्दर लगते हैं। उपमाओं की जैसे लड़ी उतरती चली आई है। 'सींचनहार सुदूर सूक भई लकरी', 'दुनिया रंग कसूम्ब गहे क्यू हाथ रे', 'यह दुनिया बाजींद बाट की दूब है', 'यह संसार रैंनि कौ सौ सुपिनौ', 'रोहिड़े का फूल बना मैं फूलिया', 'परदेसी की प्रीति फूस का तापणां, 'जरै द्यौस अरु रैंणि कड़ाई तेल है' जैसी उपमाएँ; 'इक तो कारी रैंणि ऐन मनो सांपनी', 'दाना घेरा भूत लगे सब ओर सूँ' तथा 'जल अंजलि को बीर ज्यूं तन ही जात है' जैसे उत्प्रेक्षा काव्य को रमणीक बना देते हैं। दृष्टान्तों के लिए निर्गुण पंथियों में दादूदयाल, रज्जब और वाजिद ने एक से बढ़कर एक दृष्टान्त दिए हैं। वाजिद के दृष्टान्त उनके जगत्-पर्यवेक्षण की गहराई को व्यक्त करते हैं—

मधु माखी संच्यो दे न हंस खेल के।
परिहाँ लोक बटाऊ लेत धूर मुखि मेलि के ॥

'बिछुरै मिलन बहुरि नहीं ह्वै है, ज्यौं तरवर के पांन', 'परि हाँ बहते पांणी बीर पखाले हाथ रे', 'पथर की नाव पार गयो कौन रे', 'अंत लुणें बाजींद नैंक नहीं बिछुरु, ज्यौं बछा संगि गाइ', 'फूल धूल में धरै न फैले बास रे', 'कंचनवर्णी देह पड़ाके फूट सी', 'जीवन बादर की छाँह जात नहीं बेर है', 'चाकी के मुख धरे सु मैदा होई है', 'लोहा को सो ताव चल्यौ यू जात है' जैसे दृष्टान्त कथ्य को प्रभावी बनाने में सहायक हुए हैं। वाजिद अलंकारों को ठूँसते नहीं, जो अपने आप आ जाएँ, उनसे चूकते नहीं।

वाजिद का सबसे प्रभावी अलंकरण सांगरूपकों में बन पड़ा है। एक सांगरूपक में कवि ने साधक पर पक्षी का आरोप करते हुए पूरी सहज-साधना-प्रक्रिया और उसके प्रभाव को व्यक्त किया है—

पंखी पायो अविचल राज।
राग दोष दोउ बिवरजित, जुरा न जम की गाज ॥टेक॥

जीव पंखी सुन्यं तरवर, ताकि बैठ्यौ जाइ।
सुरति साखा नांम फल, तहाँ निरखि नीकैं खाइ ॥1॥
जहाँ काल ब्याल न जाल जिय कौ, करत पंखी केल।
गंगा ति जमुना सुरसती, भयौचन्द सूरज मेल ॥2॥
अचल भये चित क्यों चलै, जब मूल लागै बंध।
पैमु पानी पीयौ पंखी, कीयौ अबिचल कंध ॥3॥

उनकी प्रतिभा और रचना-कौशल उन सांगरूपकों में दिखाई पड़ता है जो उन्होंने साधक-सूर के लिए बाँधे हैं। उन्हें युद्ध, उसमें प्रयोग होनेवाले आयुधों तथा संघर्ष की प्रचंडता के रूपकों को रचने का अच्छा-खासा कौशल प्राप्त था। 'राम सनेही दूरिवां रे, रहे नवेली वोट।' सिर बाँधे पत राख सों, नेजे पाड़ै चोट,' इस भीषण युद्ध में सूरमां निश्शंक होकर 'चुन चुन मांझी मारि' डालता है। 'सूर चढ़्यो संग्राम नै रे, करै न जीव का लोभ, यहाँ कोई नहीं हाँसी का खेल। 'स्वाम हेत रहे खेत' का भाव लेकर वह साधन-समर में मार-मार बोलता है। 'महा, मीर हंनहिं तीर, तेगनि सिर टूटै' और 'तुपक चलै उड़हि घनै, चलनी है अंगा', इस तरह वह 'मरै तौ पावैं मुकति फल रे, जीवै ते जग मैं सोभ' मिटकर पीव को पा लेता है। युद्ध के परिवेश से उठाए गए ये सांगरूपक वाजिद ने जिस तरह साधे हैं, वह बेमिसाल हैं और इनके सटीक निर्वाह से लगता है कि वे सत्ता, राजपरिवार या सामन्ती-परिवेश के बहुत करीब रहे हैं।

भाषा संरचना—वाजिद की भाषा बोलचाल की ब्रज भाषा है उसमें देशज शब्दों का अनूठा प्रयोग है। ऐंठ, ऐन, ठौर, तपै, खोट, नीको, उघारे, बेर, मांडिके, छेह, हेरि, पोर, डिगतो, ढोंकिये, आड़ी, खोखी, मरोड़ि, सांथरा, झूइहीं, छाजा, ढोर जैसे शब्द चार सौ वर्षों के बाद आज भी ब्रज-प्रदेश के ग्रामीण अंचलों में प्रचलित हैं। ये शब्द भाषिक-सौन्दर्य का अंग बनकर आए हैं। यह समझना भूल होगी कि उनकी भाषा ठेठ ब्रज-भाषा है। स्थानीय-संसाधनों के वे कुशल पारखी और प्रयोक्ता अवश्य हैं, भाषा में तत्समों और तद्भवों का प्रयोग कहाँ किया जाना चाहिए, इससे वे अच्छी तरह परिचित हैं। इसलिए प्रत्यक्ष श्रवण, नित्य, पंथ, तज, ओट, पांय, अतीत, अभ्यागत, दीन, तिमिर, वासर, सुकृत, अम्बर, कूप, थल, वृथा, अमृत, स्वभाव के साथ-साथ वे भौन (भवन), गौन (गमन), बीतती (व्यतीत), पीव (प्रिय), बावरी (बावली), समर्प्यो (समर्पित), दरसण (दर्शन), चींत (चिंत्य), दोस (दोष), जरिबरि (जलना बलना), ग्रहो (ग्रहण), दुरगति (दुर्गति), जरद (जर्द), धणी (धनी), लूंण (लवण), कपरा (कपड़ा), अगनि (अग्नि), मूवा (मृत्यु), निस (निशि), द्यौस (दिवस), और भभूत (विभूति) जैसे तद्भव शब्दों का बहुतायत से प्रयोग करते हैं। संस्कारवश उर्दू-फारसी के गुलक, हुरम, रिजकन, गाफिल, करीम, सेख, अलहु, कुतब, गौस, पीर,

काजी, पैगम्बर, मसकीन, दीवान, दरगाह जैसे शब्द आए हैं लेकिन ब्रज-बोली में वे गुँथे-बुने लगते हैं।

उनका भाषा-सौन्दर्य ब्रज के आंचलिक शब्द-विन्यास में ही नहीं, लोकोक्तियों और मुहावरों में भी है—'सब सालन का स्वाद वो इक नून सूँ', 'फूल भये सम शूल बिना वा पीव रे', 'सोये पाँव पसारि खाय धनी को लूण, हाथ बिकायो नाथ', 'बैठी धोयब हाथ आपने जीव सूँ', 'दीपक ले दोऊँ हाथ परत है कूप में', 'लाख बजावो गाल', 'राई घटै न मेर होय', 'लिख्यो कलम की कोर, वोही पुनि पावही', 'काग ही कहा कपूर खुवावे कोय रे, कागा होय न हंस दूध सों धोइये', 'लूण पपईया देत है', 'अंधे आरसि दई कहो किहि काम कौ', 'घूघू अंधो द्यौस रात को सुझि है' जैसे सैकड़ों प्रयोग ब्रज-समाज में प्रचलित लोक-सुभाषितों पर उनकी गहरी पकड़ को दर्शाते हैं। कहीं-कहीं तो मुहावरों की लड़ी सी पिरो दी है—

पाहन पड़ गई रेख रात दिन धोव हीं, छाले पड़ गये हाथ मूंडि गहि रोव ही।
जाको जोई सुभाव जाइ है जीव सूँ, परि हाँ नीम न मीठा होय, सींच गुड घीव सूँ॥

इस प्रकार वे निपट गँवई बातचीत में प्रयोग होनेवाली ब्रज-बोली और पढ़े-लिखे समाज में बोली जानेवाली तत्समावृत्त भद्र भाषा दोनों से परिचित हैं और दोनों का ही भावानुकूल प्रयोग करते हैं। बहुत सचेष्ट होकर भाषा के साथ खेलते नहीं हैं बल्कि भाव ही अपने अनुकूल भाषा को लेकर चलते हैं। उस भाषा में मिट्टी का सौंधपन ही सबसे बड़ा आकर्षण है।

वाजिद ने काव्य-रचना में कुछ नए प्रयोग किए। 'गुन सगुन नामा' और 'गुण निसाणी' उनकी प्रयोगधर्मी रचनाएँ हैं। विरह और क्षणिक सूक्ष्माभिव्यक्ति के लिए तो दोहे अनेक सन्त कवियों ने लिखे हैं लेकिन दोहों के जरिए कथा कहने की क्षमता का प्रदर्शन कर वाजिद ने अपनी शास्त्रीय समझ का परिचय दिया है। 'सगुननामा' में अन्धे और कूबड़े की कहानी है। दोनों का शरीर-दोष भगवत्कृपा से जाता रहता है। इसी प्रकार 'श्री मुख नामा' में वे कृष्ण द्वैपायन की शैली का परिचय देते हैं। 'मन बच क्रम मौकों भजै, गांजि न सकई कोइ।' जैसे कृष्ण अर्जुन को गीता में 'मैं' शैली में उपदेश देते हैं, वैसे ही वाजिद के 'अलख निरंजन मुख नामा' में 'खंभ मांझ नरसिंह है' प्रकट होते हैं, 'भगत सु मेरी आत्मा' का उद्घोष करते हैं, 'आन देव की सेवा तजि मोहि नवायो माथ' की सलाह देते हैं। 'सर्वान धर्मान परित्यज्य मामेक शरणं ब्रज' की तरह 'परित्राणाय साधुनां' की तर्ज़ पर 'जौ ब सतावै साध कौ...गहि करि गर्दन मारिहों' की बात करते हैं। मैं 'गुन अतीत निराधार हूँ, निगम कहत मोहि नेत', 'साधु सु मेरौ शरीर है, हौं संतनि कौ जीव', 'धरती अम्बर आदि दैं, रवि ससि पानी पौंन' सब मैं ही हूँ। गीता देखिए तो वाजिद अनुवाद करते दिखाई पड़ते हैं। यह अद्भुत और आश्चर्यजनक लगता है। इससे वाजिद की ज्ञान-ग्राहकता प्रमाणित

होती है।

'अलख निरंजन' के लक्षणों का संकेत करते हुए 'गुण निसाणी' में उनकी शब्द-सम्पदा, संक्षिप्ति, भाषा-अधिकार का सौष्ठव दिखाई पड़ता है। वाजिद ने आत्मनिष्ठ सन्त की तरह शब्दातीत, देहातीत को शब्दों में, वाणी में व्यक्त करने की चमत्कारिक कोशिश की है, यथा—"करीमा रहीमा। सतारी अपारी। नूरी हुजूरी। नियरै न दूरी।...मोमिन न काफिर।...देई न देवा।...ताता न ठण्डा।...दुसमन न महबूब।...कड़वा न तु मीठ।...दोजक न भिस्ती।....सालिक न मालिक।....मथुरा न गंगा। गाफिल न ज्ञानी।...आबी न खाकी। जोगी न भोगी।...काबै न कासी।...।"

'गुण निसाणी' वाजिद की विद्वत्ता और समूचे ब्रह्माण्ड में व्याप्त परम तत्त्व की उनकी साफ़ एवं गहरी समझ को ज़ाहिर करने के लिए अपने-आप में पर्याप्त है। यह उनके ज्ञान और भाषा-कौशल का बेमिसाल नमूना है। केवल यही पढ़कर वाजिद के व्यक्तित्व में निहित कला, पाण्डित्य और सहज सम्प्रेषण की शक्ति को आसानी से समझा जा सकता है। कला उनकी शिक्षा में है तो सौन्दर्य उनके गहन संवेदन की सहज अभिव्यक्ति में है।

सम्पादन में प्रयुक्त हस्तलिखित प्रतियाँ

(क) यह आगरा के क.मुं. हिन्दी एवं भाषा-विज्ञान विद्यापीठ के हस्तलेख संग्रहालय की संख्या 1059 की प्रति है। इसमें प्रारम्भ और अन्त के पृष्ठ नहीं हैं लेकिन दादू की साखियों के अन्त में आई साखी से ज्ञात होता है कि इसका लेखन व सम्पादन सन्त दादूदयाल के प्रमुख शिष्य सन्त रज्जब द्वारा किया गया था—

रजब पावै हम सैं, गुर दादू की दाति।
सकल अंग अबिहड मिले, हूँ सेवग उर ताति ॥

यह अत्यन्त जर्जर एवं प्राचीन प्रति है। इसके अनेक पृष्ठ वेष्टन से पृथक् हो गए हैं। अनेक पृष्ठ कटे-फटे हैं। शीर्षकों, टेकों व संख्याओं में लाल व हरी स्याही का प्रयोग हुआ है। पृष्ठों के चिपकने व फटने से अक्षर अस्पष्ट व धूमिल हो गए हैं। लाल और हरी स्याही भी फीकी पड़ गई है जिससे अनेक अक्षर अपठनीय हो गए हैं। 398 पृष्ठों की इस पाण्डुलिपि का प्रारम्भ 'अष्टांग प्रछ्या' विचार से हुआ है। बाद में कबीर, दादू, नामदेव, रैदास, हरिदास, सूरदास, परमानन्द दास, सुखानन्द, जैमल, वेणीदास, पीपा, सोझा आदि 87 सन्तों-भक्तों की रचनाएँ दी हुई हैं। पृ. 167 से 189 तक इसमें वाजिद की रचनाएँ आई हैं।

यही एक मात्र प्रति है जिसमें वाजिद की रचनाएँ अधिकांश रूप से मिलती हैं। इसमें 12वीं शती से 16वीं शती तक प्रचलित कुटिल, टाकरी व महाजनी लिपि के अक्षरों को व्यवहृत किया गया है, जिनका 17वीं शती में प्रयोग न के बराबर रह

गया था।

(ख) सर्वंगी या सर्बांगी—रज्जब के इस सन्त-काव्य-संग्रह में 17 पद, 25 साखियाँ तथा एक पृष्ठ की रचना 'गुण-निसांणी' मिलती है। 77 पृष्ठों की यह मूल सर्वंगी है जो पाण्डुलिपि 1059 में दी गई है। लेखन व पाण्डुलिपि की स्थिति वही है जो 'क' प्रति के परिचय में दीं गई है।

(ग) सर्वंगी की यह प्रति जयपुर के दादू महाविद्यालय के बस्ता सं. 3 में मिलती है। इसके प्रतिलिपकार चरणदास हैं जिन्होंने संवत् 1819 में इसकी प्रतिलिप की थी।

(घ) सर्वंगी की यह प्रति नागरी प्रचारिणी सभा, काशी के पुस्तकालय की संख्या 1394 की प्रति है जिसको रामदास ने संवत् 1771 में किसी अन्य प्रति से प्रतिलिपि किया था। 'ग' और 'घ' प्रतियों में अंगों की संख्या में अन्तर है किन्तु पाठों में विशेष अन्तर नहीं है।

(ङ) यह दादू द्वारा नरैना के संग्रहालय की संवत् 1831 की प्रति है जिसमें पृ. संख्या 326 से 465 तक जगन्नाथ द्वारा सम्पादित 'गुण गंजनामा' दिया हुआ है। इस संग्रह में वाजिद की 60 साखियाँ दी हुई हैं। इसका प्रारम्भ 'श्री रामाय नमः ॥श्री गुरवेनमः। अथ गुन गंज नामौ लिखतं ॥' अन्त है—'गुन गंज नामों सपूरण समाप्त। अंग 180 साखी 5600॥'

प्रति लाल बूटेदार पट्ठे में है किन्तु अत्यन्त जीर्ण-शीर्ण हो चुकी है।

अनुक्रम

अरिल्ल*

॥ सुमिरण कौ अंग ॥

1. अरघ नांव[1] पाषाण तिरे नर लोई रे
तेरो नाम कह्यो[2] कल मांहि न बूड़े कोइ रे ॥
करम किते इक बार बिलै हो जायंगे।[3]
परि हाँ बाजीद हस्ति के असवार न कूकर खांहिगे ॥

पाठा.–1. नाम, 2. कहत, 3. कर्म सुंकृति इक बात, 4. वाजिंद

भावार्थ–राम नाम के आधे भाग से (रकार मात्र से) नल-नील आदि वानरों ने समुद्र में पाषाण-खण्डों को तैरा दिया। इस कलियुग में आपके नाम का स्मरण-मात्र करने से कोई भी व्यक्ति संसार-सागर में नहीं डूब सकता है तथा दुष्कर्म व पाप सब धुल जाएँगे।

जैसे हाथी पर सवार व्यक्ति का कुत्ते कुछ नहीं बिगाड़ सकते हैं वैसे ही नाम-स्मरण करने वाले साधक का मायिक-प्रपंच और विषय-वासना रूपी कुत्ते कुछ नहीं बिगाड़ सकते हैं।

2. रांम नांम की लूट फबी है जीव कूँ।
निस बासुरि बाजीद सुमर ताहि पीव कूँ ॥
यही बात[1] परसिध[2] कहत सब गाँव रे।
परि हाँ अधम अजामेल तिरयो नाराइण नांवरे ॥

पाठा.–1. ऐह बात, 2. प्रसिद्ध।

भावार्थ–प्राणियों को राम-नाम-स्मरण शोभा दे रहा है (भला प्रतीत हो रहा है) अतः रात-दिन प्रिय राम का स्मरण करते रहना चाहिए। यह सुविख्यात है कि नारायण का स्मरण करने मात्र से अजामिल जैसे पापी का उद्धार हो गया था।

3. केसो रमता रांम भजो भगवंत रे।
लागि रहे बहु संत कोटि अनंत रे ॥

---

* पाण्डुलिपि 'क' में कुछ अरिल्लों के पश्चात् अंत में आया है–'गुन अरिल्ल संपूरनं समांपतं।'

विद्या वेद पुराण पढै ते बावरे।

परि हाँ बाजीद राम भरोसो एक सो ही निज रावरे ॥

भावार्थ—प्राणी को राम का नाम स्मरण करना चाहिए। अनेक सन्त, अनन्त कोटि इसी में लीन रहे हैं। जो लोग वेदों और पुराणों को पढ़कर ब्रह्म-प्राप्ति का उपाय सोचते हैं, वे बावले हैं। हमारा तो एकमात्र भरोसा नाम-स्मरण का ही है।

गीत किवत सलोक[1] प्रबंध बखानिये

तिन में हरि को नाम निरन्तर आंनिंये।

जिन बाजीद बिचित्र दुरावै कूंन सूं।

परि हाँ बाजीद सब सालन का स्वाद लो[2] इक नोंन सूं ॥

पाठ.—1. गीता कवित्त श्लोक, 2. लगै।

भावार्थ—लोग गीतों, कवित्तों, श्लोकों और प्रबन्धों की रचना करते हैं और उनमें प्रभु का नाम निरन्तर आना चाहिए। इसमें किसी से क्या छिपावट? जिस प्रकार नमक से सभी सब्जियों में जायका आता है वैसे ही सभी प्रकार के सृजन का आस्वाद हरि नाम से ही आता है।

डाल छाडि गहि मूल मानि सिख मोर रे।

बिना रांम के नाइ भलो नाहीं तोर रे ॥

जो हमकूँ न पतियाय बूझि कहुँ गाँव मैं।

परि हाँ बाजीद जप तप तीर्थ ब्रत सकल इक नांव मैं ॥

भावार्थ—मेरी सीख मानो डाल को छोड़कर मूल को पकड़ना चाहिए अर्थात् अन्य देवी-देवताओं की उपासना छोड़कर जगत् के मूल ब्रह्म (राम) का आश्रय ग्रहण करना चाहिए। हे प्राणी! राम के नाम के बिना तेरा भला नहीं है अर्थात् तेरी कोई सार्थकता नहीं है। यदि तुम्हें मेरा विश्वास नहीं है तो पूरे गाँव से जाकर पूछ लो। जप, तप, तीर्थ, व्रत आदि से प्राप्त समग्र फल एक ही राम-नाम में समाहित है।

ज्यूँ ज्यूँ करि कैं कपट ही गोबिन्द गाइये।

राम नांम के लेत पाप कहाँ पाइये ॥

मन बच क्रम बाजीद कहै तू लागि रे।

परि हाँ पकरहुँ जांनि अंजानि जरावै आगि रे ॥

भावार्थ—जैसे बन पड़े गोविन्द के नाम का स्मरण करना चाहिए। राम का नाम लेने से पाप का अस्तित्व तक नहीं रहता है। मन, वचन और कर्म प्रभु के नाम का स्मरण करना चाहिए। जानकर या अनजान बनकर यदि अग्नि को पकड़ा जाए तो वह जला देती है वैसे ही प्राणी जाने-अनजाने माया, मोह, क्रोध, लोभ और वासना के चंगुल में फँसकर अपना विनाश कर लेता है।

ओर डोर[1] सब छाड़ि रांम कूँ गाइये[2]

मुक्ति करै पल माहि न भोजल जाइये ॥

बैसि दास के पासि हाथ ले जपनीं।

परि हाँ बाजीद भूलत है कि हि कांमि भया निधि अपनीं ॥

पाठा.—1. जोर, 2. ध्याइए।

भावार्थ—सभी प्रपंचों को छोड़कर राम के नाम का स्मरण करना चाहिए। राम-नाम का स्मरण करने वाले की पल-भर में मुक्ति हो जाती है फिर उसे संसार-सागर में नहीं आना पड़ता। अपने हाथ में नाम-जप की माला लेकर ब्रह्म के सच्चे सन्तों के पास रहना चाहिए अर्थात् सत्संग करना चाहिए। प्राणी तू भुलावे में है—यह शरीर रूपी अमूल्य निधि तुझे राम-नाम-स्मरण के लिए प्राप्त हुई है।

जन्म जात है बादि याद कर पीव कूँ।

मुसकिल सब आसान होई है जीव कूँ ॥

जाकै हिरदै रांम रैणि दिन रहत है।

परि हाँ बाजीद नहीं मुक्ति मैं फेर संत सब कहत है ॥

भावार्थ—हे जीव! तेरा जन्म व्यर्थ जा रहा है अतः तू प्रभु का स्मरण कर ले। उनका स्मरण करने से मनुष्य की कठिनाइयाँ आसान हो जाती हैं। सभी सन्तों का कहना है कि जिसके हृदय में राम रात-दिन निवास करते हैं, उसे मोक्ष मिलने में किसी प्रकार का संशय नहीं रहता है।

गाफिल रहें बाजीद कहो क्यूँ बनत है।

या मानस का साँस जुरा नित गिनत है ॥

जागि लागि हरि नांव कहाँ लगि सोइ है।

परि हाँ चाकी के मुख धरे सु मैदा होई है ॥

भावार्थ—हे भाई! तू क्यों बेखबर हो रहा है—बुढ़ापा तेरी साँसों को रोज गिन रहा है। अर्थात् तेरी जिन्दगी थोड़े ही दिनों की रह गई है। तू क्यों सो रहा है? सचेत हो जा और राम-नाम का स्मरण कर। अन्यथा काल रूपी चक्की के पाटों में तेरी मैदा (दुर्गति) बन जाएगी अर्थात् मृत्यु को प्राप्त हो जाएगा।

आज सु नहीं कालि कहत हूँ तुझ कूँ।

भावै बैरी जांणि जीव मैं मुझ कूँ ॥

देखत अपनी दृष्टि खता क्यूँ खात है।

परि हाँ बाजीद लोहा को सो ताव चल्यौ यूँ जात है ॥

भावार्थ—भले ही तुम अपने मन में मुझे अपना वैरी समझ लो लेकिन आज ही नहीं, कल भी यही कहूँगा कि अपने जानते-बूझते क्यों धोखा खाते हो? तुम्हारी

देह लोहे की गर्माहट की तरह होती है जो जैसे वह आती है, वैसे ही चली जाती है। अतः समझदारी से राम-नाम का स्मरण कर लो।

रटहो दूयोस अरु रैंणि आपणे पीव कूँ।
माया मोह जंजाल पटक मत जीव कूँ ॥
कुटुम्ब बन्धु घर धन्ध नहीं को तेर है।
परि हाँ बाजीद बादर की सी छाँह जात नहीं बेर है ॥

भावार्थ—रात और दिन अपने प्रिय (ब्रह्म) के स्मरण में लगे रहो। माया, मोह और सांसारिक माया जाल में अपने को मत उलझाओ। परिवार, बन्धु-बांधव, घर और व्यवसाय; इनमें कोई भी तेरा नहीं है। ये सभी उसी प्रकार अनित्य और क्षणभंगुर हैं जैसे बादल की छाया, जिसे जाते देर नहीं लगती है।

अजब ढाल है एक रांम के नांम की।
जै कोई जांणै दाव उसी के काम की ॥
सिव सनकादिक सेस लिये रहे वोट रे।
परि हाँ बाजीद यम टाला दे जाय लगे नाहीं चोट रे ॥

भावार्थ—राम का नाम-स्मरण विचित्र ढाल के समान है। जो उसके प्रयोग (महत्त्व) को समझता है, वह उसी के काम की है। शिव, सनक आदि ऋषियों तथा शेषनाग ने उसी का सहारा लिया था। नाम-स्मरण करने पर यमराज भी टाला (टंगड़ी) मार जाए तो भक्त को चोट नहीं लग सकती है।

॥ विरह को अंग ॥

(गुन अरिल्ल विरह के अंग का)

कहियौ जाय सलांम हमारी रांम कूँ।
नैंण रहे झड़ लाय तुम्हारे नांम कूँ ॥
कवल गया कुंमलाइ कल्याँ भी जावसी।
परि हाँ बाजीद इस बाड़ी मैं बहुरि न भँवरा आवसी ॥

भावार्थ—राम को हमारा नमन कहना। आपके विरह में विरहिणी के नेत्र आँसुओं की झड़ी लगा रहे हैं। विरह-वेदना से उसका मुख-कमल मुरझा गया है। कलियाँ भी मुरझा जाएँगी। उसकी देह रूपी बाड़ी सूख गई है, अब उसमें भौंरे (बहार या जीव) नहीं आएँगे।

चटक चाँदणी राति बिछायाँ ढोलिया।
भर भादव की रैंणि पपईया बोलिया ॥

कोइल शब्द सुणाय रांम रस लेत है।
परि हाँ बाजीद दाज्यो ऊपरि लूंण पपईया देत है ॥

भावार्थ—चटकीली चाँदनी रात में मैंने प्रिय की प्रतीक्षा में पलंग बिछाया (पर प्रिय नहीं आए) भादों की भरपूर रात्रि में चातक बोलकर मुझ विरहिणी की विरह-वेदना को उद्दीप्त कर रहा है। आम्र-कुंजों में मंजरियों का रस-पान करती कोयल मधुरवाणी में बोलकर मेरे दुःख को सघन बना रही है। ऊपर से चातक पी-पी की टेर लगाता हुआ, विरहाग्नि से दग्ध मेरे ज़ख़्मों पर नमक छिड़क रहा है।

रैंणि सवाई बीर[1] पपईया रटत है।
ज्यूँ ज्यूँ सुणिंये कांनि करेजा फटत है ॥
खान-पान बाजीद सुहात न जीव रे।
परि हाँ फूल भये सम सूल बिना वा पीव रे ॥

पाठा.—1. बार।

भावार्थ—रात लम्बी हो चुकी है। चातक (लगातार) पी-पी रट रहा है। जैसे-जैसे उसके करुण क्रन्दन को कानों से सुनती हूँ—वैसे-वैसे मेरा कलेजा फटता जा रहा है। विरह-वेदना के कारण (उसकी तीव्रता के कारण) मुझे खाना-पीना अच्छा नहीं लग रहा है। प्रिय के बिना फूल अब शूल के समान प्रतीत हो रहे हैं।

धाइ धाइ मोहे खाइ सेज नहीं राम है।
दीपक मन्दिर बारि सु बिरथा कांम् है ॥
हार डार सिंणगार[1] तैल तमोल है।
परि हाँ बिना कंत कै मिलण सबै ही शूल है ॥

पाठा.—1. शृंगार।

भावार्थ—राम मेरे पास नहीं है। प्रिय के बिना शय्या मुझे दौड़-दौड़कर खा रही है। उनके बिना घर में दीपक जलाना भी सुहा नहीं रहा है। अर्थात् निरर्थक प्रतीत हो रहा है। प्रिय-मिलन के बिना हार पहनना, शृंगार करना, तेल लगाना और पान खाना सुखद न लग कर शूल के समान दुःखदायी प्रतीत हो रहे हैं।

इक तो कारी रैंणि-ऐन मनो साँपनीं।
दूजी चमकै बीज डरावै पापनीं ॥
हाँ हाँ हूँ बलि जाऊँ मिलावै पीव कूँ।
परि हाँ बिना नाथ के मिले चैन[1] नहिं जीव कूँ ॥

पाठा.—1. मिल्या सुख।

भावार्थ—एक तो घनी काली रात जो कि बिल्कुल सर्पिणी की तरह (त्रासद) प्रतीत हो रही है। दूसरे (ऊपर से) पापिनी बिजली चमक-चमक कर डरा रही है।

ऐसे मैं जो मुझे प्रिय से मिलाएगा, मैं उस पर बलिहारी जाऊँगी। बिना स्वामी के मुझे (पल भर के लिए भी) चैन नहीं है।

मोर करत अति रोर[1] चमकति रही[2] बीजरी।
जाकै पीय परदेसि[3] ताहि कहाँ तीज री ॥
बदन मलिन मन सोच खान नहीं खात है।
परि हाँ चिहुर चिकट तन छीन[4] रहति इहिं भाँति है ॥

पाठा.—1. शोर, 2. चमक रही, चमकत बीजरी, 3. जाको पीव बिदेस, परदेस, 4. हरि हाँ बाजीद अति उनमन तन क्षीण, चहूँर बटै तन खींन।

भावार्थ—मोर अत्यधिक शोर कर रहा है। (ऊपर से दईमारी) बिजली चमक रही है। जिसके प्रिय परदेश में हैं उसे तीज (सावन सुदी तीज का त्योहार) मनाने का होश नहीं रहता है।

उस विरहिणी का चेहरा मुरझाया रहता है। मन सोच में डूबा रहता है। खाना खाने से उसका जी उचाट हो गया हैं वह इतनी बेसुध रहती है कि उसके बाल बिखरे हुए रहते हैं। शरीर क्षीण हो रहा है। विरह-पीड़ा से त्रस्त वह इस प्रकार किसी तरह जी रही है।

पंथी एक संदेस कहो उस पीव सौं[1]।
बिरहनि है बेहाल जाइगी जिय सौं ॥
सींचनहार सुदूरि सूकि गई लकरी।
परि हाँ बाजीद[2] घर माँहि[3] बन कियौ बिबोगनि[4] बपुरी ॥

पाठा.—1. पीव सूँ, 2. वाजिद, 3. ही मैं, 4. वियोगिन।

भावार्थ—हे पथिक! मेरे उस प्रिय से एक सन्देश कहना कि आपके विरह में विरहिणी बदहाल हो चुकी है। उसके प्राण छूटने वाले हैं। उसे प्रेम-जल से सींचने वाला बहुत दूर बसा हुआ है इसलिए वह सूखकर लकड़ी की तरह दुबली हो गई है। उस बिचारी (विरहिणी) ने अपने घर को ही वन बना दिया है।

बिरहा बुरी बलाय दुहाई राम की।
लीन्हीं ऐंठ मरोड़ि काया ऐह चांम की ॥
जकि थकि रहीयौ[1] जीव चलत नहिं ठोर सूँ।
परि हाँ बाजीद दाना देव स भूत लगे सब ओर सूँ ॥

पाठा.—1. जब तक लागत।

भावार्थ—राम की सौगन्ध! विरह बड़ी बला (आफत) है। इसने चमड़े की काया को तोड़-मरोड़ कर रख दिया है। हार-थककर वह ऐसी जड़ हो गई है कि अपने स्थान से हिल नहीं पा रही है। ऐसा प्रतीत होता है मानो उसे चारों ओर से देव-दानों

और भूतों ने घेर रखा हो।

बालम बस्यो बिदेस भयावह भौंन है।
सोवै पाँव पसारि जु ऐसो कौन है ॥
अति ही कठिन यह रैंणि बीतती जीव कूँ[1]।
परि हाँ बाजीद है कोई चतुर सुजान कहै जाय पीव कूँ ॥

पाठा.–1. ऐह कठिण सब रैंणि जाति है जीव कूँ।

भावार्थ–मेरे प्रिय परदेस बसे हुए हैं। उनके बिना यह सूना घर भाँय-भाँय करता हुआ भयानक प्रतीत हो रहा है। विरह की ऐसी कठिन घड़ी में पाँव पसार कर (निश्चिंत होकर) कौन (अभागी) विरहिणी सो सकती है?

विरह की यह रात बड़ी कठिनाई से व्यतीत होती है। क्या कोई ऐसा चतुर और समझदार है जो मेरी इस विरह की दशा को प्रिय तक कह दे या पहुँचा दे।

पीव बस्या[1] परदेस क जोगणि मैं भई।
उनमनि मुद्रा धारं फकीरी मैं लई ॥
ढूँढ्या सब संसार क अलख जगइया।
परि हाँ बाजीद वै सूरत वै पीव कहूँ नहि पाइया ॥

पाठा.–1. जावै।

भावार्थ–प्रिय परदेश में बस गए हैं। उनके विरह में, मैं जोगिन हो गई हूँ। उनके विरह से व्यथित होकर मैंने उन्मनी मुद्रा (हठयोग की पाँच मुद्राओं में से एक) धारण करके फ़कीरी ले ली है। उनको खोजती हुई सारे संसार में फिर रही हूँ। स्थान-स्थान पर अलख जगा रही हूँ लेकिन कहीं भी उस प्रिय की सूरत को देख नहीं पा रही हूँ।

पीव तुम हूँ कूँ[1] जीव तपै दिन राति है।
कह्या तैं को[2] पतियाइ दुखी विललात है[3] ॥
भरि भादों की रैंनि[4] दमकति दांमनी[5]
परि हाँ बाजीद जाकौ पीय[6] परदेस, मरै कैसे कांमनी[7] ॥

पाठा.–1. पीव जी तुम बिन, 2. कहौ ता कौ कहै कौन, 3. दुखनि बिहाति है, 4. रैंणि, 5. दमकत दांमणी, 6. पीव, 7. क्यू भामिणी

भावार्थ–हे प्रिय! आपके बिना मेरे प्राण रात-दिन जल रहे हैं। अपनी व्यथा कहूँ तो कौन विश्वास करेगा! मैं दुःखी होकर विलाप करती फिर रही हूँ। भर भादौं की रात को बिजली चमक रही है। जिस का प्रिय परदेश में है, वह विरहिणी प्रिय के लौटने की आशा में कैसे प्राण छोड़ सकती है? अन्यथा वेदना इतनी तीव्र है कि उसे प्राण छोड़ देने चाहिए।

पत्री हू हम पासिन आवै रावरी।
दृगन बहै बहु नीर कहैं सब बावरी ॥
कौन[1] जिये में जियौं हानि है नेह में।
परि हाँ निस दिन तलफै प्राण रहे क्यूँ देह में ॥

पाठा—1. कूंन।

भावार्थ—हम विरहिणियों के पास आपकी पत्री (समाचार) भी नहीं आती है। नेत्रों से लगातार आँसू बहते रहते हैं। सभी लोग हमें पागल कहने लगे हैं। यह जीना (प्रिय के बिना) कोई जीना है! प्रेम करने में दुर्दशा ही दुर्दशा है। विरह-पीड़ा से प्राण रात-दिन तड़पते रहते हैं। भला, वे इतना सहकर शरीर में कैसे कायम रह सकते हैं?

उमंगि चलहि[1] दोऊ नैंन चैंन नहिं चितु रे[2]।
प्रिय तिहारौ पंथ निहारौ नित रे[3] ॥
अब जिनि करिहु अधीर, आइ मिल मुझकौ[4]।
परि हाँ बाजीद तन मन जोबन प्राण प्रांन समर्प्यो तुझकौं ॥

पाठा—1. उमड़ चलहि, 2. चितु रे, 3. हरि जो तुम्हरो पंथ निहारूँ नित्त जी, 4. मोहि कूँ।

भावार्थ—विरह वेदना के कारण हमारे दोनों नेत्रों से अश्रु-धाराएँ उमड़ रही है। चित्त को चैन नहीं पड़ रहा है। हे प्रभु! मैं आपका रोज रास्ता देखती रहती हूँ। अब मुझे अधिक बेचैन मत कीजिए। आकर मुझसे मिलिये। मैं आप पर तन, मन, यौवन और प्राण समर्पित कर दूँगी।

लंबे लेइ उसाँस हियौ भरि आवई[1]।
लगी बिरह की अगनि[2] सु कोऊ बुझावई[3] ॥
आह करत हीं[4] जीव निकसि कैं[5] जाइ है।
परि हाँ बलम बेमिहरि[6] मूवैं[7] ही आइ है ॥

पाठा.—1. आइ है, 2. अग्नि, 3. कूंन बुझाइ है, 4. है, 5. ही, 6. बालम बिछुरे बीर, 7. मूवा।

भावार्थ—विरह में मैं लम्बे-लम्बे उसाँस भर रही हूँ। मेरा हृदय रुदन से भर गया है। पूरे शरीर में विरहाग्नि लगी हुई है। उसे प्रिय के अलावा और कोई नहीं बुझा सकता है। आहें भरने के साथ ही लगता है कि प्राण निकल जाएँगे। क्या वे निर्दयी बालम मेरे मरने पर ही यहाँ आएँगे?

निस नहिं आवे नींद अन्न नहिं खात है।
पल पल परै न चैन जीव यह जात है ॥

तुम तरवर हम छाँह फेर क्यूँ कीजिए।
परि हाँ बाजीद घर पर अन्तर खोल क दरसण दीजिए ॥

भावार्थ—विरह-वेदना के कारण मुझे रात भर नींद नहीं आती है। पीड़ा के कारण भूख मर चुकी है। प्रत्येक पल बेचैन रहती हूँ—लगता है प्राण छूटने वाले हैं। हे प्रिय! आप (महा) वृक्ष हैं, हम उसकी छाया हैं (हमारा सम्बन्ध अद्वैत है)। फिर आप मुझसे क्यों विमुख हो रहे हैं? आप मेरे घर आइए और दिल खोलकर दर्शन दीजिए।

जब तैं कीनौं गौन भौन नहीं भावई[1]।
भई छमासी रैनि नींद नहिं आवई[2] ॥
मीत तुम्हारी च्यंत है[3] मोहि रैंनि दिन जीव कूँ।
परि हाँ बाजीद वो दिन कैसा होइ मिलो हरि पीव कूँ ॥

पाठा.—1. नहि भाव ही, 2. रैंणि नींद नहिं आवही, 3. चींत रहत है।

भावार्थ—हे प्रिय! जब से आपने प्रस्थान किया है तब से घर सुहाता नहीं है। रात छह माह के समान लम्बी हो गई है और विरह-पीड़ा के कारण रात में नींद नहीं आती है। हे मित्र! मेरे जी को सदैव रात-दिन तुम्हारा ध्यान बना रहता है। जिस रोज अपने प्रिय को मिलूँगी, वह दिन कैसा (सौभाग्यशाली और सुखद) होगा।

काजल तिलक तंबोल तुम्हारा नांव है[1]।
चोवा चन्दन[2] अगर इसहि कहाँ ठाँव है[3] ॥
हार हमेल स्यंगार[4] न सोहे राखरी[5]।
परि हाँ बाजीद जीब[6] लग्या पीव और की[7] आखरी

पाठा.—1. तुम्हारो नांम है, 2. चंदण, 3. इसी का काम, 4. सिंगार, 5. राखड़ी, 6. जीव लागै, 7. क्या।

भावार्थ—काजल, तिलक, ताम्बूल, चोवा (कपूर, खस, चन्दन का लेप), चन्दन, अगर, हार, हमेल, शृंगार और पहुँची—ये सभी आपके बिना सुहाते नहीं हैं। जब हृदय प्रिय (ब्रह्म) के ध्यान में लीन रहता है, तब और किसी की चाहना नहीं रहती है।

कहिये सुणिये रांम और नहीं चिन्त रे।
हरि चरणन को ध्यांन सु धरिये नित्य रे ॥
जीव बिलंव्या पीव दुहाई रांम की।
परि हाँ सुख सम्पत्ति बाजीद कहो किस काम की ॥

भावार्थ—राम का नाम सुनना और लेना चाहिए। किसी और का ध्यान नहीं करना चाहिए। प्रभु के चरणों में रोज ध्यान लगाना चाहिए। राम की दुहाई (सौगन्ध) है कि अपने मन को प्रिय में लगाना चाहिए। प्रिय (ब्रह्म) के बिना सुख और सम्पत्ति

किसी काम की नहीं होती।

बदन बिलोकत[1] नैंन भई हूँ बावरी।
झोरी डंड विभूति[2] पगनि दोउँ पाँवरी ॥
करि जोगनि[3] कौ भेस[4] सकल जग डोलि हौं।[5]
परि हाँ इहै सु मेरैं नैंम पिय पिय बोलि हौं[6] ॥

पाठा.—1. तुम ही बिलोकत, 2. विभूति, 3. जोगण, 4. भेस, 5. हौं, 6. बाजीद ऐसो मेरो नेम राम मुख बोलि हूँ।

भावार्थ—अपने नेत्रों से आपका मुख देखकर (अद्भुत सौन्दर्य और नूर को देखकर) मैं पागल हो गई हूँ। झोली, डंडा (अधारी) धारण करके, शरीर में भभूत रमाकर, पैरों में खड़ाऊँ धारण करती हुई, आपकी खोज में संसार भर में भ्रमण करूँगी। मैंने प्रण कर लिया है कि अब केवल राम के नाम का ही स्मरण करती रहूँगी।

नैंना गंग तरंग सेज घर नाव रे।
परि हौं हियरौ फरिकत घरि आव रे ॥
घरी बरिष बरजाई कहौ किम जीजिए।
परि हाँ नागर चतुर सुजांन बिलम्ब न कीजिए ॥

भावार्थ—मेरे नत्रों से आँसुओं की धारा गंगा की तरंगों की तरह उमड़ रही है। शय्या और घर उसमें नाव बने हैं। मेरा हृदय धड़क रहा है। हे प्रिय! घर आइए। प्रत्येक पल वर्ष भर के समान लम्बा और दुःखदाई हो रहा है। भला, ऐसी हालत में, मैं कैसे जी सकती हूँ? हे चतुर और समझदार प्रिय! अब मिलने में देर न कीजिए।

चात्रिग चितु उदास, अध निसि बोलिया।
थरहरि कंपी देह, हीया पुनि डोलिया ॥
बिरहैं बारी अगि, नैंन झर लाइया।
परि हाँ देखहु कंत अयन अजौं नहीं आइया ॥

भावार्थ—विरहिणी की तरह चातक का हृदय उदास है। आधी रात को वह प्रिय-प्रिय की टेर लगा रहा है। उसकी टेर सुनकर विरहिणी का शरीर दहलकर काँप रहा है। हृदय डाँवाडोल (विचलित) हो रहा है। विरह ने सारे शरीर में आग लगा दी है। विरह-वेदना की तीव्रता के कारण नेत्रों से अश्रुओं की झड़ी लग रही है। वह कह रही है—मैं (अभागी) प्रिय की राह देख रही हूँ। वे अभी तक नहीं आए हैं।

उहि बलम कैं दुख दिवांनीं हूँ भई।
लोक-लाज कुल कांनि, सु तौ तन तै गई ॥
घर घर अंगन बारि, अलख जगाइया।
परि हाँ उहि मुद्रा उनहारि, उहि पैं पाइया ॥

भावार्थ—मैं प्रिय के विरह में पागल हो रही हूँ। लोक की लज्जा, कुल की मर्यादा सभी को मैंने छोड़ दिया है। घर-घर, आँगन-आँगन, दरवाजे-दरवाजे मैं (जोगिन बन कर) अलख जाऊँगी। प्रिय का प्रिय वेश (उनके अनुकूलवेश) धारण करके उन्हें प्राप्त करूँगी।

हौं रन बन भ्रमैं उदास, कत तुम्ह बरनैं।
बैठयौ सौंह दिवाइ, सु बिरहा बारनैं ॥
निसि बासुरि खिनु एक, नहीं चितु चैंनुरे।
परि हाँ बाजीदा बलि जाइ, सुनावहु बैंन रे ॥

भावार्थ—हे प्रिय! मैं आपको क्या बताऊँ, आपके विरह में, मैं रन-बन सभी स्थानों में खोजती हुई उदास घूम रही हूँ। मेरे शरीर को जलाने के लिए जैसे विरह ने सौंगध खाई है। रात-दिन एक पल के लिए भी मेरे हृदय को चैनी नहीं मिल रहा है। हे प्रिय! आप अपनी वाणी मुझे सुनाइये। मैं आप पर बलिहारी जाती हूँ।

सूनी तेज सताय, सु तौ कहि को सहे।
यहु मन मूरखि जांनि, अजहु जौ तन रहै ॥
कंत कबहि सहाइ, कहौ किनि सो धरी।
परि हाँ बाजीदा बेहाल, बिरह भीं बहु जरी ॥

भावार्थ—हे प्रिय! आपके बिना मुझे सूनी सेज यातना दे रही है। आप ही बताइए, इस यातना को कैसे सहा जाए? मेरा यह हृदय बड़ा मूर्ख है जो प्रिय के बिना अभी तक शरीर में बना हुआ है। हे प्रिय! वह कौन-सी घड़ी होगी (पल होगा) जब आप मुझे दर्शन देंगे। इस प्रकार विरहिणी विरहाग्नि से अत्यन्त संतप्त होकर बदहाल हो रही है।

नैंन श्रवहिं नितु नीर, धीरु चितु ना धरै।
बिसर्‌यौ सकल सरीर, सिंगारहि को करै ॥
बाजीदा बिस्तार, बहुत कहा बांनिये।
परि हाँ लग मरम की चोट, तबहि पहिचानिये ॥

भावार्थ—हर रोज नेत्रों से आँसू बहते रहते हैं। हृदय तनिक भी धैर्य धारण नहीं कर रहा है। मैंने अपने समस्त शरीर की सुधि-बुधि बिसरा दी है। ऐसी स्थिति में श्रृंगार का किसे ध्यान रहता है! अर्थात् ध्यान नहीं रहता। कहने को तो बहुत-सी बातें हैं, पर क्या कहा जाए? जिसके दिल को चोट पहुँचती है वही उसकी वेदना को अनुभूत कर पाता है।

॥ पतिव्रता कौ अंग ॥

सूर कमल बाजीद न सुपनैं मेल है।
जरै द्यौस अरु रैंणि कड़ाही तेल है ॥
हम ही सब खोट दोस नहि स्यांम कूँ।
परि हाँ बाजीद ऊँच नीच सौ बन्धे कहो किंहि काम कूँ ॥

भावार्थ—सूर्य और कमल आपस में स्वप्न में भी मिलते नहीं हैं किन्तु कमल सूर्य को देखकर ही खिलता है (प्रेम करता है) कड़ाई में तेल की तरह रात-दिन जलता है। वास्तव में हम में ही दोष है। श्याम (ब्रह्म) में कोई खोट नहीं है। वे ऊँचे हैं, हम नीच हैं (दोषी हैं), फिर भी न जैसे कैसे प्रेम के बन्धन में बँधे हुए हैं?

आवैंगे किहि काम पराई पौरि के।
मोती जरि बरि जाहु न लीजे और के ॥
परिहरिये बाजीद न छूवे माथ को।
परि हाँ पाहन नीको बीर नाथ के हाथ को ॥

भावार्थ—पराये घर की चीजें (अन्य देवी-देवता, मायिक जंजाल) किसी काम की नहीं (निरर्थक) होती हैं। दूसरों के मोती जड़े, किन्तु पहरे हुए आभूषणों को माथे पर धारण नहीं करना चाहिए। अपने स्वामी के हाथ का दिया हुआ पत्थर भी अच्छा होता है।

गहो क छाड़ो हाथ नाथ तुम लोई रे।
बिन पीव या जीव सरण नहीं कोई रे ॥
चरण कंवल को ध्यान रैंणि दिन धरैंगे।
परि हाँ और जोर बाजीद कहो क्यूँ करैंगे ॥

भावार्थ—हे स्वामी! चाहे आप हमारे हाथ पकड़िये या छोड़िए। लेकिन यह निश्चित जान लीजिए कि आपके अलावा मेरा और कोई आश्रय नहीं है। मैं तो रात-दिन आपके चरण-कमलों पर ही ध्यान केन्द्रित करूँगा। फिर दूसरों से नाता क्यों रखूँगा? अर्थात् दूसरों से नाता नहीं रखूँगा।

भूखे भोजन देय उघारे कपरा।
खाय धणी[1] को लूंण जाय कहाँ बपरा ॥
भला बुरी बाजीद सबै ही सहेंगे।
परि हाँ दरगह को दरवेश यहाँ ही रहेंगे ॥

भावार्थ—भूखों को भोजन और नंगों को तन ढँकने के लिए कपड़े देना चाहिए। जिस मालिक का दिया खा रहे हैं उनका हमें नमक अदा करना चाहिए।

भला-बुरा जो भी होगा, उसे हम सहेंगे। हम ईश्वर के घर के फ़कीर हैं, उन्हीं के दर पर हम पड़े रहेंगे।

दूर न जइये मीत, रहो पग मांडि कै।
कहो कहा कुसलात धणीं कूँ छाडि कै ॥
लाख बजावो गाल आपणां दास सूँ।
परि हाँ बाजीद हाथ बिकायो नाथ जाय क्यूँ पास सूँ ॥

भावार्थ—हे मित्र (जीवात्मा)! दूर नहीं जाना। प्रभु के दरबार में पैर रोपकर (स्थिर होकर) रहो। स्वामी को छोड़कर कहीं कुशलता नहीं है। आप अपने भक्त से कितना ही बढ़-चढ़कर बातें बनाओ किन्तु हे स्वामी! मैं तो आपके हाथों बिक गया हूँ फिर आपसे दूर कैसे जा सकता हूँ?

धणी धणी किन कहो सकैं क्यू बोलि कै।
जाणें सकल जहान लियो है मोलि कै ॥
जदपी जन बाजीद खसै बहु गौंड ही।
परि हाँ! तदपि पिव के पाँव नहीं तू छौड ही ॥

भावार्थ—तुम स्वामी का नाम-स्मरण क्यों नहीं कर पा रहे हो? तुम्हें क्या संकोच है? सारा संसार जानता है कि हम प्रभु के खरीदे हुए दास (भक्त) हैं। यद्यपि प्रभु अपने पैरों को पकड़वाने से कितना ही बचना चाहें लेकिन हे साधक! तुम अपने प्रिय (ब्रह्म) के पैरों को पकड़े रहना। छोड़ना नहीं।

दरगह बडो दिवान न आवे छेह जी।
जे सिर करवत बहे तो कीजे नेह जी ॥
हरि तें दूर न होय दर कूँ हेरि के।
परि हाँ बाजीद जान राय जगदीश निबाजै फेरि कै ॥

भावार्थ—दरगाह (मकबरे) में शाश्वत प्रभु का बड़ा दरबार है। उनसे प्रेम करते रहना चाहिए। भले ही सिर पर आरा ही क्यों न चल रहा हो। अर्थात् कितने ही संकट या कष्ट आएँ, प्रभु से नाता नहीं तोड़ना चाहिए। प्रभु का दरवाजा झाँककर (दहलीज पर पैर रखकर) उनसे दूर नहीं होना चाहिए। यह सुनिश्चित है कि सर्वज्ञ प्रभु बदले में कृपा अवश्य करेंगे।

॥ साध कौ अंग ॥

एक रांम को नांम लीजिये नित्य रे।
और बात बाजीद चढै नहिं चित्त रे ॥
बैठे धोयव हाथ आपणें जीव सूँ।

परि हाँ दास आस तज और बँधै है पीव सूँ ॥

भावार्थ–रोज केवल राम का नाम लेना चाहिए। किसी अन्य बात से सम्बन्ध नहीं रखना चाहिए। प्राणों का मोह छोड़कर अपने प्रिय (ब्रह्म) की आराधना करते रहना चाहिए। सांसारिक-प्रपंचों और अन्य देवी-देवताओं से आशाएँ रखना व्यर्थ है अतः उनसे लगाव नहीं रखना चाहिए।

जग के औरों देव निजर नहिं आवही।
बिना आपणें ईस सीस नहिं नावहीं ॥
साध रहे सिर टेक प्रभू के पोर सूँ।
परि हाँ! दास पास दिवान बिन्धे क्यों और सूँ ॥

भावार्थ–सच्चे सन्त को प्रभु (ब्रह्म) के अतिरिक्त और कोई देवता (आराधना के लिए) नज़र नहीं आता है। वे अपने प्रभु के अतिरिक्त और किसी को सिर नहीं झुकाते हैं। वे केवल अपने प्रभु के दरवाजे पर सिर टेक कर रहते हैं। इनका सम्बन्ध केवल प्रभु के दरबार से रहता है। वे कभी भी किसी और देवता से नाता नहीं जोड़ते हैं।

अविनासी की ओट रहत है रैंनि दिन।
बिना प्रभु के पाँय भजै नहिं एक छिन ॥
जेते जग के जीव जरत है धूप में।
परि हाँ! दीपक ले दोऊँ हाथ परत है कूप में ॥

भावार्थ–सच्चे सन्त प्रभु के आसरे रहते हैं और एक पल के लिए भी प्रभु का स्मरण नहीं भूलते हैं। लेकिन मूर्ख संसारी मायिक-प्रपंचों की तेज धूप में जलते रहते हैं। दोनों हाथों में (सहज सुलभ) प्रभु-स्मरण और प्रभु-चिन्तन रूपी दीपक होते हुए भी माया से अन्धे बने हुए वे संसारी अन्ततः पतन और काल रूपी कुएँ में जा गिरते हैं।

भगत जगत में बीर! जानिये ऐन रे।
श्वास सरद मुख जरद निर्मले नैंन रे ॥
दुरमति गई सब दूरि निकट नहिं आवहीं।
परि हाँ साध रहे मुख मौन क गोविंद गावहीं ॥

भावार्थ–हे भाई! इस संसार में सच्चे भक्तों (सन्तों) की श्वास शरद ऋतु के समान सुखदायी, प्रभु-विरह में मुख पीला और नेत्र स्वच्छ (निर्दोष) होते हैं। दुर्बुद्धि उनके पास तक नहीं फटकती है। ये सन्त मौन भाव से गोविंद के नाम का स्मरण करते रहते हैं।

कुँजर कीरी आदि सर्व सूँ हेत है।
हिरदै उपजै ग्यान दुःख नहिं देत है ॥

दया मया मुख मीत! अल्यो नहिं बोलि है।
परि हाँ! उन साधन के साथ नाथ ज्यूँ डोलि है ॥

भावार्थ–सच्चे सन्तों का चींटी से लेकर हाथी तक सभी प्राणियों से प्रेम होता है अर्थात् उन पर ममता करते हैं। उनके संसर्ग में ज्ञान का प्रादुर्भाव होता है। वे किसी प्राणी को दुःख नहीं देते हैं। उनके हृदय में दया, ममता और मैत्री भाव होता है। कभी भी बुरे शब्द (कटु और क्रूर) नहीं बोलते हैं। इन गुणों के साथ प्रभु के समान विचरण करते हैं।

कहा वरणें बाजीद बड़ाई जन की।
काम कल्पना दूर गई सब मन की ॥
अष्ट सिद्धि नव निद्धि फिरत है साथ रे।
परि हाँ दुनिया रंग कसूम्ब गहे क्यूँ हाथ रे ॥

भावार्थ–सन्तों की कहाँ तक बड़ाई की जाए? अर्थात् उनके यश का जितना वर्णन किया जाए, वह थोड़ा है। उनके मन में विषय-वासना की कल्पना तक नहीं आती है। ऐसे सन्तों के पीछे-पीछे आठों सिद्धियाँ (अणिमा, महिमा, गरिमा, लघिमा, प्राप्ति, प्राकाम्य, ईशित्व, वशित्व) और नौ निधियाँ (पद्म, महापद्म, शंख, मकर, कच्छप, मुकुन्द, कुन्द, नील और खर्व) फिरती रहती हैं। यह संसार उनके लिए कुसुंभी रंग का है, वे उसे हाथ भी नहीं लगाते हैं।

॥ उपदेश कौ अंग ॥*

परतखि[1] देखै नैंन श्रवनहु सुनत है[2]।
ऊसर बाहै[3] बीज कहाँ सौ लुंनत[4] है ॥
देहु चरन[5] कंवल चित देहु[6] नेह तजि और स्यौं[7]
परि हाँ! बाजीद तोरैं बनत न बीर[8] स्याम सिरमौर स्यौं ॥

पाठ.–1. परतखि, 2. श्रवण पुनि, 3. बोवै, 4. कहाँ सू लुंनत है, 5. चरण, 6. देय, 7. सूँ, 8. तो देखै ये नैंन।

भावार्थ–जिनके प्रताप से अन्धों को दिखाई और बहरों को कानों से सुनाई पड़ने लगता है। जैसे ऊसर (अनुर्वर) भूमि में बीज डालने पर फसल नहीं काटी जा सकती है वैसे ही मायिक-प्रपंचों में पड़कर उद्धार की आशा नहीं की जा सकती है। प्रभु के चरण-कमलों पर अपना ध्यान केन्द्रित करके और देवी-देवताओं तथा

---

*(पाण्डुलिपि) 'क' में इसका शीर्षक दिया हुआ है–'गुन अरिल्ल : उपदेश के अंग का'।

सांसारिक-प्रपंचों से नाता तोड़ लेना चाहिए। मैं तो यही चाहता हूँ कि संसार के शिरोमणि प्रभु को अपने नेत्रों से निहारता रहूँ। उनसे सम्बन्ध तोड़े नहीं बनता है।

हरिजन बैठा होय तहाँ चलि जाइये।
हिरदै उपजै गयांन[1] रांम गुण गाइये[2] ॥
परिहरिये वह ठांम भगति[3] नहिं रांम की।
परि हाँ बाजीद बीन बिहूणी जान कहो किस कांम की ॥

पाठा.—1. ज्ञान, 2. रांम ल्यौ लाईए।

भावार्थ—जहाँ सन्त बैठे हों (सत्संग हो रहा हो), वहाँ ही जाना चाहिए। सत्संग से ज्ञान उत्पन्न होता है और राम के गुण गाने में रुचि बढ़ती है। अतः उनके गुणों का स्मरण करते रहना चाहिए। जहाँ राम की भक्ति न हो, उस स्थान को छोड़ देना चाहिए। बिना प्रियतम (प्रभु) के ये प्राण किसी काम के नहीं हैं! अर्थात् जीवित रहने की सार्थकता प्रभु के नाम-स्मरण में ही है।

साधाँ सेती स्नेह[1] लगै तो लाइये।
जे घर होवै हानि तहु न छिटकाइये ॥
जे नर मूरिख जांणि सो तो मन मैं डरै।
परि हाँ बाजीद सब कारज सिधि होय क्रिपा जो वै करै ॥

पाठा.—1. बेर।

भावार्थ—सन्तों से प्रेम करना चाहिए। यदि सन्तों के हित-साधन में घर-सम्पत्ति आदि का नुकसान हो रहा हो तब भी सत्संग नहीं छोड़ना चाहिए। वे लोग मूर्ख हैं जो ऐसा करने से डरते हैं। प्रभु की कृपा होने पर साधकों और सन्तों के सभी कार्य सिद्ध (अनुकूल) हो जाते हैं।

मन कुँजर महमंत मरे तो मारिये।
कनक कांमणीं दोष[1] टलै तो टालिये ॥
साधों सेती प्रीति पलै तो पालिये।
परि हाँ बाजीद राम भजन में हाड[2] गलै तो गालिये ॥

पाठा.—1. कलंक, 2. देह।

भावार्थ—मतवाले हाथी रूपी मन को यदि मार सकते हो तो अवश्य मार देना चाहिए। स्वर्ण और सुन्दरी के संसर्ग से दोष या कलंक लगता हो तो उसे अवश्य दूर कर देना चाहिए। अर्थात् उनका साथ छोड़ देना चाहिए।

यदि सन्तों के प्रति प्रेम उमड़ रहा हो तो अवश्य ही उसे उमड़ते रखना चाहिए। यदि राम-भक्ति में शरीर को अर्पित करना पड़े तो अवश्य अर्पित कर देना चाहिए।

डिगतो देवल देख दूर सूँ ढोकिंये।
नृप अनीति जांणि नगर कूँ छोड़िये ॥
सिंघ सरप सुनार छंड़ै तो छाड़िये।
परि हाँ बाजीद सिला तले को हाथ कढ़े तो काढ़िये ॥

भावार्थ—यदि मन्दिर गिरता दिखाई पड़े तो दूर से ढोंक देनी चाहिए। यदि राजा अन्यायी हो तो नगर को छोड़ देना चाहिए। सिंह, सर्प और सुन्दर स्त्री को छोड़ सको तो अवश्य छोड़ देना चाहिए। यदि चट्टान के नीचे दबे हुए हाथ को निकाल सको तो अवश्य निकाल लेना चाहिए।

वा सरवर की पालि कवंल कुमलांयगे।
रैंणि लेत बिसराम भोर उठि जायंगे ॥
मार्‍या मींडक जिन्द काग पुनि खांहिगे।
परि हाँ बाजीद भयंकर लगै वा ठौर संत रमि जायंगे ॥

भावार्थ—सरोवर किनारे के कमल मुरझा जाते हैं। रात को सराय में विश्राम लेने वाले लोग प्रातः होते ही उठकर चले जाएँगे। मरे हुए मेंढक को जिन्दा काग ही खाते हैं। जो स्थान भयंकर प्रतीत होता है। (साधना और भक्ति के प्रतिकूल प्रतीत होता है।) सन्त उस स्थान को त्याग देते हैं।

परमेसुर के जीव प्रीति सौं[1] पूजि रे
अतीत अभागित[2] देख न आंनि दूजि रे ॥
गरद माँझ[3] है फेर[4] नहिं चूखि रे।
परि हाँ बाजीद अपनी सक्ति समान मेल्हि कछु मुखि रे ॥

पाठा.—1. सूँ, 2. अभ्यागत, 3. मांहि, 4. कदर।

भावार्थ—समस्त जीव परमेश्वर के बनाए हुए हैं, उनसे प्रेम करना चाहिए। निरभिमानी गरीब अतिथि को देखकर (पराया समझकर) अन्यथा व्यवहार नहीं करना चाहिए। जो मर्द (शूरवीर) धूल में सने या लिपटे हैं उनकी इज्जत करने से नहीं चूकना चाहिए। यथा शक्ति दूसरों की सहायता करनी चाहिए।

माया मुकति[1] राखि संग्रहै कौंन को[2]।
बाजीद मुट्ठी एक धूलि[2] सगी है पौन कौ[3] ॥
कैद करत है दांम कांम किंहि आइ है।
परि हाँ बाजीद लोग बटाऊ बीर खोलि के खाइ है ॥

पाठा.—1. मुक्ति, मुक्ती 2. धूर, 3. कूँ।

भावार्थ—माया से छुटकारा पा लेना चाहिए। उसे किसी के लिए संचित नहीं करना चाहिए। देह के लिए मुट्ठी-भर धूल सगी होती है। जो दौलत को अपने यहाँ

कैद (गाढ़) करके रखते हैं, वह उनके किस काम की है? उसे तो राहगीर (अन्य लोग) ही खुलकर इस्तेमाल करते हैं।

बेगि करिहूँ पुनि दान बेर क्यू बनत है।
द्यौस घरी पल जाम सु जौंरा गिनत है ॥
मुख पर दे हैं थाप सौंज सब लूटि हैं।
परि हाँ जम जालिम सूँ बाजीद जीव नहिं छूट हैं ॥

पाठा.–1. जुरा सु।

भावार्थ–दान-पुण्य शीघ्र करने चाहिए। उनके लिए देर नहीं करनी चाहिए क्योंकि काल (बुढ़ापा) आपके दिन, घड़ी, पल और याम की गणना करना रहता है। समय पूरा होते ही यमदूत आकर मुँह पर थप्पड़ देंगे और सभी सामग्री को लूट ले जाएँगे। निर्दयी यम से जीव को छुटकारा पाना असम्भव है।

रात्यों पसर चराय द्यौस हल हाँकणाँ।
नैंणा आवैं नींद ऊणींदा झाँकणाँ।
अधि जीम्यौं उठि जाय सर्यौ नहिं काम रे।
परि हाँ दुरिस कहै बाजीद भज्यो नहिं रांम रे ॥

पाठा–1. दिवस।

भावार्थ–रातों में पशु चराते हैं। दिन में हल चलाते हैं। आँखों में नींद भरी रहती है। उनींदे-उनींदे रहते हैं। जिन्हें काम के बिना कुछ सरता नहीं। यहाँ तक कि काम के पीछे अधूरा भोजन करते हैं। ऐसे नीच (दुष्टात्मा या कुत्सित विचारों वाले) काम के चक्कर में राम-नाम का स्मरण नहीं करते हैं।

पवनों[1] लगे न ताहि तहाँ ले गोबई।
रीते हाथों न जाय जगत सब जोवई ॥
यहु माया बाजीद चलत कहाँ साथ रे।
परि हाँ बहते पांणीं बीर पखाले[2] हाथ रे ॥

पाठा–1.पवन हू, 2. पखारहु।

भावार्थ–व्यक्ति अपने धन को वहाँ ले जाकर गाड़ता है, जहाँ हवा भी न लगे। सारा संसार देखता है कि वह रीते हाथ की चला जाता है। यह माया साथ नहीं जाती है, इसलिए व्यक्ति को चाहिए भी वह बहते पानी में अपने हाथों को धो ले अर्थात् दान-पुण्य करने से चूके नहीं।

बाजीद कहत पुकारि[1] सीख यहु[2] सुनि रे।
आडौ बांकी बेर[3] आइ हैं पुंनि रे ॥
अपनो ही पेट पसार बड़ो क्यूं कीजिये।

परि हां सारी महि[4] तैं कौर और कौं[5] दीजिये ॥

पाठा.—1. कहै बाजीद पुकार, 2. एक, 3. बार, 4. मैं, 5. क्यू।

भावार्थ—मैं पुकार कर कह रहा हूँ। मेरी सीख सुनो। आड़े-टेढ़े (विपत्ति में) वक्त में पुण्य ही काम आता है। अपनी तौंद को फुलाकर बड़ा नहीं करना चाहिए। पूरी थाली में से एक कौर या ग्रास दूसरों को भी देना चाहिए।

धन तो सोई जांण धणी के अरथ है।
बाकी माया बीर पाप को गरथ है ॥
जो अब लागी लाय बुझावै भौन[1] रे।
परि हाँ बाजीद बैठ[2] पथर की नाव पार गयो कौन रे ॥

पाठा—1. कूंन, 2. चढ़ि।

भावार्थ—धन वही सार्थक है जो प्रभु के निमित्त काम आए। हे भाई! यह माया (धन-सम्पत्ति) पापों का गर्त (विष) है। जो आग अब लगी है, उसे प्रातः बुझाना वैसा ही मूर्खतापूर्ण कार्य है जैसे पाषाण की नौका पर बैठकर संसार-सागर को पार करना। अर्थात् माया के फेर में पड़ना वैसा ही मूर्खतापूर्ण कार्य है।

जो ब[1] होय कछू[2] गाँठि खोलि कै दीजिए।
साँई सब ही माँहि नाँहि क्यूँ कीजिए ॥
जाकौं ताकौं[3] सौंप क्यूँ न सुख सोवई।
परि हाँ अंत[4] लुनैं[5] बाजीद खेत जो बोवई ॥

पाठा.—1. भी, 2. कुछ, 3. जाको ताकूँ, 4. अंति, 5. लुणें।

भावार्थ—जो भी बन सके गाँठ खोलकर (दिल खोलकर) दान करना चाहिए। प्रभु सभी के हृदय में स्थित हैं, किसी को दान देने में कंजूसी नहीं करनी चाहिए। जिस मालिक का दिया हुआ धन है उसी के निमित्त लगाकर सुख की नींद लेनी चाहिए। जो जैसा बोता है, अन्त में वैसा ही काटता है। अर्थात् दान-पुण्य करने का अच्छा फल प्राप्त होता है।

अरथ लगावहु[1] रांम दांम तुम अपनैं।
बिछुरें मिलन न होइ भया सुनि सुपनैं ॥
माया चलती बेर हाथ किन पकरी।
परि हाँ बाजीद खोखी हांडी हाथ भरोटा[2] लकरी ॥

पाठा.—1. लगावो, 2. बटोरे।

भावार्थ—अपनी धन-सम्पत्ति को प्रभु के निमित्त लगाना चाहिए। जिससे एक बार विछोह हो जाता है फिर उससे स्वप्न में भी मिलना नहीं होता है वैसे ही माया (धन-सम्पत्ति) के चले जाने पर फिर वह लौटकर नहीं आती है। इसलिए चलते

समय (मौत के समीप पहुँचकर) माया को कोई भी अपने साथ नहीं ले गया है। साथ जाती है अग्नि रखी हांडी और एक भरोटा (गट्ठर) लकड़ी।

धरम करत बाजीद बेर क्यूँ कीजिये।
दुनिया बदले दीन नेग उठि लीजिये ॥
भरि भरि डारहु वाथ नाथ के नाव रे।
परि हाँ जड काटत फल होइ कहत सब गाँव रे ॥

भावार्थ—धर्म (पुण्य) करने में देर नहीं लगानी चाहिए। संसार भले ही अपना धर्म छोड़ दे, उससे पहले वहाँ से हट जाना चाहिए। ईश्वर का नाम लेकर दोनों हाथों में भर-भर कर धन-सम्पत्ति को दान कर देना चाहिए। सारा गाँव (सभी लोग) कहते हैं कि जड़ काटने पर (धन-सम्पत्ति बाँटने पर) फल (भक्ति) की प्राप्ति होती है।

जोध मुँये ते गये रहे ते जायंगे।
धन संचत दिन रैंणि कहो कुंण खाँयगे ॥
तन धन है मिजमांन दुहाई रांम की।
परि हाँ दे लै खरचि खिलाय[1] धरी किंहि काम की ॥

पाठा.—1. खुवाइ।

भावार्थ—जो शूरवीर थे (सच्चे दानी-परोपकारी) वे मर गए। जो बचे हैं वे काल का ग्रास बन जाएँगे। रात-दिन जो धन संचित करते हो, पता नहीं उसे कौन खाएगा? राम की दुहाई देकर कहता हूँ कि यह शरीर और संचित धन थोड़े दिन के मेहमान (क्षण-भंगुर) हैं। संचित किया हुआ धन किसी काम का नहीं होता। अतः संचित धन को देकर, खिलाकर, खर्च कर देना चाहिए।

निस बासर बाजीद संचै धन बावरो।
साँझ परी तब बीर कहाँ गयो ताँवरो ॥
कीड़ी कियो कलेस ब्रिथा ही लोय रे।
परि हाँ तीतर तल चुग जाय कहत सब कोय रे ॥

भावार्थ—अरे पागल! रात-दिन तुम धन संचित करते रहते हो। जब बुढ़ापा आता है तब तुम्हारा वह ताप (ज्वर, गर्मी) कहाँ चली जाती है। सभी लोग कहते हैं कि तीतर तलछट को भी चुग लेता है। अतः चींटी व्यर्थ में ही दुःख मनाती है। अर्थात् काल रूपी तीतर जब कुछ झाड़-बुहार लेता है फिर मनुष्य रूपी चींटी को दुःख मनाना व्यर्थ होता है।

अटक नदी बहै असराल अडेरी आकरी[1]।
धुरि काबलि की म्होम धर्णीं की चाकरी ॥
बीच-बीच चौधार चलत जल सिन्धु का[2]।

परि हाँ बाजीद सो नर उतरै पार होय हरि का पका[3] ॥

पाठा.—1. अकराल अजब है आकरी, 2. चार धार चहुँ ओर जलाल्या सूँध का, 3. थका।

भावार्थ—अटक नदी विकराल रूप से तेज बह रही है। स्वामी की चाकरी (भक्ति) का ही उसमें सहारा है। बीच-बीच में सागर के जल की चारों ओर से धाराएँ चल रही हैं। जो प्रभु के सच्चे व दृढ़ भक्त हैं, वे ही इस संसार-सागर को पार कर सकते हैं।

गहरी राखी गोय कहो किस काम कूँ
यो माया बाजीद समर्प्यो[1] रांम कूँ ॥
कांन अँगुली मेल्हि पुकारै दास रे।
परि हाँ! फूल धूल में धरै न फैले[2] बास रे ॥

पाठा.—सुमरयो पीव कूँ, 2. फूटै।

भावार्थ—जमीन में गहरी गाड़ी हुई सम्पत्ति किसी काम की नहीं होती है। इस माया (सम्पत्ति) को प्रभु (के चरणों) को समर्पित कर देनी चाहिए। यह प्रभु का दास बाजीद खूब चिल्ला कर कह रहा है—जैसे मिट्टी में दबा देने से फूल की सुगन्ध नहीं फैलती, वैसे ही धन गाड़ देने या छिपाकर रखने से यश व लाभ नहीं मिलता है।

॥ चिन्ताबणि कौ अंग ॥

आब बँधी बाजींद एक ही मालि[1] सूँ।
रुधिर मांस अरु हाड पलट्याँ खाल सूँ ॥
चुपरै तैल फुलैल काया ऐह चांम की।
परि हाँ देह खेह होइ जाय दुहाई रांम की ॥

पाठा.—1. भाल।

भावार्थ—आयु एक ही शृंखला (शैशव, यौवन, वृद्धावस्था और मृत्यु) से बँधी है। मानव देह रक्त, मांस और हाड़ से बनी और खाल से मढ़ी हुई है। जो लोग चमड़ी की इस काया को चमकाने के लिए तेल-फुलेल का प्रयोग करते हैं, राम-दुहाई ऐसे लोगों की देह अन्ततः राख हो जाती है।

खीर खाँड अरु घीव जीव कूँ देत है।
पांन फूल की बास रैणि दिन लेत है ॥
तातै पांणी नहाय चुपरि है देह रे।
परि हाँ सो तन जन बाजीद होय है[1] खेह रे ॥

पाठा.—1. होइगी।

भावार्थ—आत्म-सुख और देह को चमकाने के लिए (शौकीन) लोग दूध, खाँड और घी का भरपूर सेवन करते हैं। रात-दिन पान-फूल से उसे सुगन्धित रखते हैं। गर्म पानी से स्नान करके देह को इत्र, तेल-फुलेल से चुपड़ते हैं। वह पाला-सँवारा शरीर अन्त में धूल और राख हो जाता है।

सायर सूक्यौ जबहि कंवल कुमिलाइगौ[1]।
हंस बटाऊ बीर तुरत उड जाहिंगे ॥
साहिब अपनौं सुमिरि बिलम क्यौं[2] कीजिये।
परि हाँ मिहदी होइ पिसाइ कंत के कारनैं[3] मीत कोटि जो जीजिये ॥

पाठा.—1. सरवर सूकै जबै कंवल कुम्हलाहिंगे, 2. नहिं, 3. हरि हाँ बाजीद निहचै मरिबौ।

भावार्थ—जैसे सरोवर के सूख जाने पर (आयु के क्षीण हो जाने पर) कमल रूपी शरीर मुरझा जाते हैं। हंस रूपी प्राण वहाँ से पलायन कर जाते हैं। (देह निर्जीव हो जाती है) इसलिए अपने प्रभु का नाम-स्मरण करने में देर नहीं करनी चाहिए। हे भाई! मृत्यु तो अवश्यम्भावी है किन्तु दीर्घ जीवन जीना है तो प्रभु के नाम का स्मरण करते रहना चाहिए। प्रेम का प्रगाढ़ रंग पाने के लिए (प्रिय के लिए) मेहंदी को बारीक पीसना पड़ता है। अर्थात् सूक्ष्म और सहज साधना करनी पड़ती है।

कहाँ गए बिक्रम[1] भोज तपंते तेज वै[2]।
कहाँ चँवर ढुलै दे सीस[3] सुखासनु सेज[4] वै[2] ॥
जिन्हा[5] मंदिर महल[6] करोड़ों लख वै[2]।
परि हाँ ते दिठे घरे मसांनु बिछायै कखु वै[7] ॥

पाठा.—1. भीष्म, 2. रे, 3-4. लख घरि सिंहासन, 5. मैंडी, 6. माल, 7. वे नृप गये मसांण कहूँ गई खख रे।

भावार्थ—जिनका तेज तपता था ऐसे विक्रम और भोज जैसे शूरवीर और प्रतापी राजा न जाने कहाँ विलीन हो गए। जिनके सिर पर चँवर डुला करते थे। सुखासन (सिंहासन) ही जिनकी शय्या थी जिनके (पाठा. से बड़े-बड़े मण्डप) ऊँचे-ऊँचे महल, भव्य प्रासाद करोड़ों की संख्या में थे। (पाठा. से जिनके महलों में लाखों-करोड़ों की सम्पत्ति थी—ऐसे ऐश्वर्यशाली-प्रतापी राजा भी अन्ततः श्मशान में जाकर राख हो गए।

टेढ़ी पगड़ी बाँध झरोखा झाँकते।
ताता तुरता पलांणि[1] चौहटे[2] डाकते ॥
लारे चढ़ती फौज नगारा बाजते।

हरि हाँ बाज़ीद वै नर गये बिलाय ज्यूँ गाजते ॥

पाठा.—1. पिलांण, 2. चहुँटे।

भावार्थ—जो बाँकी पाग बाँधकर (शाही अन्दाज में) झरोखों से झाँकते थे। शीघ्रगामी (तेज) घोड़ों पर काठी कसकर चारों ओर कूदते-फाँदते थे। जिनके पीछे-पीछे युद्ध और विजय के नगाड़े बजाती हुई सेना चलती थी, ऐसे सिंह की तरह गर्जना करने वाले शूरवीर (राजा, सम्राट, सामंत) भी धरती की धूल में समा गए।

दोइ दोइ दीपक जोय सु मंदिर मैं पौढ़तें
नारी सेती नेह पलक नहीं छोडते ॥
तैल फुलैल लगाय क काया[1] चांम की।
हरि हाँ बाजीन्द मरद गरद मिल गये दुहाई राम की ॥

पाठा.—1. शरीर।

भावार्थ—जो अपने महलों में दो-दो दीपक जलाकर सोते थे। नारियों से अपने लगाव को पल-भर के लिए भी नहीं छोड़ते थे। शरीर की चमड़ी को तेल-फुलेल लगाकर चमकाते-दमकाते थे, वे शूरवीर भी, राम-दुहाई मिट्टी में (धूल में) मिल गए।

सिर पचरंगी पाग क जांमां जरकसी।
हाथों ढाल कमाण कमर में तरकसी ॥
जो घरि चंगी नारि दिखावै आरसी।
परि हाँ बाजीद वे नर चले मसांण पढंता फारसी ॥

भावार्थ—जो सिर पर पचरंगी पगड़ी और शरीर पर ज़रीदार वस्त्र धारण करते थे जिनके हाथों में ढाल और धनुष तथा कमर पर तरकश होता था। जिनके अन्तःपुर में दर्पण को भी लज्जित करने वाली सुन्दर स्त्री होती थी ऐसे व्यक्ति (शूरवीर, वैभवशाली) फ़ारसी पढ़ते-बोलते (बघारते) श्मशान में खो गए।

ताता तुरी पलांणि चहुँटै कूदणा।
टेढ़ी पाग झुकाय छाँह को निरखणा ॥
रूप रंग अरु राग पवन ज्यूँ बह गया।
परि हाँ बाजीद केता करूँ बखान कबाड़ा रह गया ॥

भावार्थ—जो तेज घोड़े पर जीन कसकर चारों दिशाओं में कूदते-फाँदते थे। टेढ़ी पाग को झुकाकर अपनी परछाईं को मुग्ध होकर निहारते थे। ऐसे गर्वीले शूरवीरों का रूप, रंग और प्रेम सभी उस प्रकार उड़ गए जैसे हवा बहकर निकल जाती है। ऐसे लोगों का कहाँ तक बखान करूँ, उन सबका कबाड़ा बनकर रह गया।

बार बार समझायहुँ अँधा चेत रे।
कांकड अभी फौज बुहारे खेत रे ॥

दारु गोला नाल अराबा छूट सी।
परि हाँ बाजीद कंचन वरणी देह पडाके फूट सी ॥

भावार्थ—हे मूर्ख (अंधे)! बार-बार समझा रहा हूँ—तू अब भी चेत जा। सीमा पर दुश्मन (माया) की फ़ौज खड़ी है, तू अभी तक रण क्षेत्र को बुहार रहा है। अर्थात् अभी तक (सहज-साधना) से सन्नद्ध नहीं है। तोप गाड़ियों पर रखी तोपों से गोले-बारूद छूट रहे हैं (मायिक प्रपंच) प्रबल हो रहे हैं जिससे तेरी सोने के रंग वाली देह पटाखों की तरह फूट रही है।

घरी-घरी घड़ियाल पुकारै कहति है।[1]
बहुत गई आव अलप ही रहति है[2] ॥
सोवै कहा अचेत जागि जप पीय[3] रे।
परि हाँ चलि है आजि के कल्हि[4] बटाऊ जीव रे ॥

पाठा.—1. घड़ी-घड़ी घड़ियाल पुकारृया कहति है, 2. आव गई सब बीत अल्प सी रहति है, 3. पीव, 4. चलणा आज कि काल।

भावार्थ—घड़ी-घड़ी (पल-पल) घड़ियाल* पुकार रहा है कि समस्त आयु बीत गई, थोड़ी ही शेष है। अरे अज्ञानी! तू क्यों अचेत बना हुआ है। जागकर (सहज-साधना तथा नाम-स्मरण करके) प्रिय (ब्रह्म) की आराधना क्यों नहीं कर लेता? तू इस संसार में पथिक के समान है। तुझे इस संसार से आज या कल चल देना है।

भज लै तोता रांम कि बैठा ताक में।
ऐ दिनां च्यारि का रंग मिलैगा खाक मैं ॥
साँईं बेगि सम्हालि जम सूँ राड़ि है।
परि हाँ बाजीद जम के हाथ गिलोल पटीका पाड़ि है ॥

भावार्थ—हे जीव रूपी तोते! तू राम का नाम स्मरण कर ले अन्यथा काल रूपी मार्जारी तेरी घात में बैठी है। चार दिन (क्षणिक या क्षण-भंगुर) की यह रौल-चौल (रौनक) एक दिन खाक में मिल जानी है। अतः शीघ्रता से प्रभु का नाम-स्मरण कर लो क्योंकि तुम्हें काल से लोहा लेना है। यमराज के हाथों में गिलोल है, वह पटा (तलवार जैसा छोटा हथियार) से आघात करेगा।

सिर परि लम्बे केस चले गज चाल सी।
हाथ गह्याँ शमसेर ढलकती ढाल सी ॥
एता यह अभिमान कहाँ ठहरांयागे।
परि हाँ बाजीद ज्यूँ तीतर कूँ बाज झपअ ले जाँयगे ॥

---

* घण्टा या प्रहर बताने वाला घण्टा, जिसका उपयोग पुराने समय में घड़ी के रूप में किया जाता था।

भावार्थ—जो सिर पर लम्बे-लम्बे केश रखकर, गर्व से भरे हुए हाथी जैसी चाल चलते थे। जिनके हाथों में तलवार ढाल की तरह हिल-डुल रही थी। उनके अहंकार का कोई ठौर-ठिकाना नहीं था। उन अभिमानियों को काल रूपी बाज तीतर के समान झपट कर ले जाएगा।

रोहिडे[1] सा फूल बना मैं फूलिया।
झूठी माया माँहि भजन क्यूँ भूलिया ॥
माया अर्थ[2] लगाय पवन ज्यूँ पेखणा।
परि हाँ बाजीद दुनियाँ में दिन च्यारि तमासा देखणाँ ॥

पाठा.—1. रोइसड़ा, 2. अरथि।

भावार्थ—संसार रूपी वन में गूलर के फूल (निस्सार मायिक प्रपंच और विषय-विकार) खिले हुए हैं। गूलर के फल जैसी मिथ्या माया के चक्कर में प्रभु की आराधना को तू क्यों भूल रहा है? माया हवा के झोंके की तरह आती-जाती है और इस मायावी संसार के सारे कार्य-व्यापार व मानव-जीवन चार दिन (क्षण-भंगुर) का तमाशा भर है फिर उसका अस्तित्व नहीं रहता। अतः इस क्षणभंगुर को त्यागकर (उसमें लिप्त न होकर) शाश्वत प्रभु का आश्रय ग्रहण कर ले।

पातशाह की सेझ पथरणा पाट का।
हीरा जड्या जडावक पाया काठ[1] का ॥
हुरमां खड़ी हजूरि करत है बंदगी।
परि हाँ बिना भज्या भगवान पड़ैगा गंदगी ॥

पाठा.—1. खाट।

भावार्थ—जिन बादशाहों की सेज पर रेशम का बिछौना है। जिनके सुखासन के पाये हीरों से जड़े हुए हैं। जिनकी सेवा में सुन्दर दासियाँ खड़ी हुई बंदगी करती रहती हैं। इतने वैभव और ऐश्वर्य में रहते हुए भी, बिना प्रभु की भक्ति के अन्ततः उन्हें नारकीय यातनाओं और गन्दगी को झेलना पड़ता है।

दासी ऊभी बारक डोढयाँ रावली।
परह्याँ दखणी चीर फिरत उतावली[1] ॥
गहली कियौ गुमांन क गंदी देह को।
परि हाँ बाजीद नीर निवाण्याँ गयौ क पांणी मेह कौ ॥

पाठा.—1. फिरै उतावली।

भावार्थ—अन्तःपुर की दासी बार-बार अन्तःपुर के दरवाजे पर खड़ी हो रही है फिर दक्षिणी चीर पहनकर अपने को व्यस्त होने का नाटक करती हुई इधर से उधर घूम रही है। वह पागल और घमण्डी औरत अपनी गंदी (विकार ग्रस्त) देह पर निरर्थक

घमण्ड कर रही है। बरसात का पानी निकल जाने पर निवार (एक प्रकार का धान) के लिए पानी कैसे जुटाया जा सकता है। अर्थात् कैसे पैदा किया जा सकता है उसी प्रकार यौवन के बीत जाने पर देह का सारा घमण्ड निरर्थक हो जाता है।

ऊँचा मंदिर महल क नीचा मालिया।
बैठि राज कुवारि क पड़दा डालिया ॥
गल सोने का हार कान में बालियाँ।
परि हाँ बाजीद करत पिया सूँ बात क दे दे तालियाँ ॥

भावार्थ—महल ऊँचे-ऊँचे हैं लेकिन मालगुज़ारी (राज्य की) बहुत कम है। राजकुमारी उसमें पर्दा डालकर बैठी है। उसके गले में सोने का हार और कानों में सोने की बालियाँ (कुण्डल) हैं। वह तालियाँ दे-दे कर अपने प्रिय से रस-भरी बातें कर रही है। अर्थात् उसे राज्य की कम आय (आर्थिक दशा) की कोई चिन्ता नहीं है।

कारीगर करतार क हून्दर हद किया।
दस दरवाजा राखि सहर पैदा किया ॥
नख सिख महल बनाइक दीपक जोइ दिया।
परि हाँ भीतरि भरी भंगारक ऊपरि रंग दिया ॥

भावार्थ—सृष्टिकर्त्ता रूपी कारीगर ने अपनी कारीगरी (हुनर) में हद कर दी है। इस शरीर रूपी शहर (नगर) के दस दरवाजे (दसों इन्द्रियाँ) बनाए हैं। नख से लेकर शिखा तक विभिन्न अंगों की संरचना रूपी प्रासाद खड़ा कर दिया है। उस प्रासाद को सजीव व सुन्दर बनाने के लिए उसमें प्राण रूपी दीपक को जला दिया है। (प्राण-प्रतिष्ठा कर दी है)। लेकिन उसके भीतर पापों, दुष्कर्मों और विषय वासना रूपी कचरा भर दिया है। ऊपर से उसे सुन्दर और सौष्ठवपूर्ण बनाने के लिए उसे सुन्दर रंग (त्वचा) से रंग (मढ़) दिया है।

फरहरते नीसांण नगारा बाजते।
आंण फिरै चहुं ओर चले नर गाजते ॥
हाथों दिया जु दान कह्या मुख रांम रे।
परि हाँ बाजीद सो सुख न जण्यां देख भजन का कांम रे ॥

भावार्थ—जिनके भवनों पर पताकाएँ फहराती थीं। उनके द्वार पर नगाड़े बजते थे। उनकी चारों ओर आन (दुहाई) फेरी जाती थी। वे सिंह की तरह गर्जना करते हुए चलते थे। लेकिन उन्होंने कभी भी अपने मुँह से राम-नाम का उच्चारण नहीं किया और न कभी अपने हाथों से दान करने का सुख नहीं पाया। ऐसे लोगों का ऐश्वर्य, प्रभाव और शौर्य निरर्थक हो गया।

मुख सूँ कह्या न रांम दिया नहीं हाथि रे।
घर में नांही अन्न फिरै काहु साथि रे ॥
दै दै माथै बोझ दूर कूँ तांणिंया।
परि हाँ बाजीद बिना भज्यां भगवान अठै ही जांणिया[1]॥

पाठ—1.भगवत यांहीं पिछाणियाँ।

भावार्थ—जिन्होंने न कभी राम का नाम लिया और न कभी हाथ से दान दिया। घर में खाने को अन्न नहीं है, थोड़े अन्न के लिए दूसरों के साथ फिरते रहते हैं। अपने माथे पर बोझ उठाकर जो दूर-दूर तक ले जाते रहे या खींचते रहे। वे लोग बिना ईश-भक्ति के यहीं पर देखे-पहचाने गए अर्थात् आवागमन के चक्र से फँसे रहे।

ये मोटा उमराव बड़ी सिरकार का ।
हाथां तीर कवांण भलका सार का ॥
नौ लख चढ़ते लार[1] सवा लाख सूर रे।
परि हाँ सो नर मार्या काल होइ गये धूरि रे ॥

पाठ.—1.चढ़ता गैल।

भावार्थ—वे बड़े सरकार (बादशाह) के सामंत थे जिनके हाथों में तीर-कमान और लोहे के भाले रहते थे। जिनके साथ के सवा लाख शूरवीर नौ लाख शत्रुओं पर टूट पड़ते थे (भारी पड़ते थे) ऐसे शूरवीर सामंत-सेनापति भी काल के ग्रास बनकर धूल में मिल गए।

लंगर लीया जाय क नेजा फरहरै।
बाजि रही करनालि नगारा घरहरै ॥
परदेसी की प्रीति फूस का तापणां।
परि हाँ बाजीद उठि चल्या अधराति कदे नहीं आवणां ॥

भावार्थ—जिनके साथ लंगर चलते थे। जो अपने भाले चमकाते हुए जाते थे। जिनकी करनाल (एक प्रकार की तोप) गर्जना करती थीं और बड़े ढोल (नगाड़े) गम्भीर ध्वनि में गड़गड़ाते थे (वे सभी अन्ततः काल के ग्रास बन गए।)

परदेसी का प्रेम फूँस को जलाकर तापने के समान होता है। अर्थात् अल्पकालिक होता है। वह आधी रात को उठकर फिर नहीं आता है। ऐसे ही व्यक्ति इस संसार में परदेसी-पथिक के समान आता है और आधी रात (यानी आयु पूरा होने पर) को ही चल देता है।

हुये हैं राणे राव किते ही जायंगे।
किते हुए पातिसाह कमाई खायंगे ॥

किते फँसे गढ़ लुकाई ज्यांन की।
परि हाँ बाजीद सप्तदीप नवखण्ड दुहाई रांम की ॥

भावार्थ—कितने ही राणा व राव हुए, वे सब चले गए। कितने ही बादशाह हुए जो दूसरों की कमाई पर सुख भोगकर चले गए।

कितने ही राणा, राव और बादशाह अपनी जान की रक्षा करने के लिए गढ़ों, सप्त द्वीपों और नवखण्डों में छिपे हुए हैं, राम की सौगन्ध वे भी सब चले जाएँगे। अर्थात् मृत्यु को प्राप्त हो जाएँगे। काल से बचना किसी का भी असम्भव है।

तजि चेला पाँच पचीस महंत जी रमि गया।
तीसा मैं सूँ[1] पाँच कबीलै मिलि गया ॥
आसण रही भभूत गुलसफा भरथरी।
परि हाँ प्राण पुरुष झुण्ड त्याग रमि गयो दिसन्तरी ॥

पाठा.—1. तीसा मा सू।

भावार्थ—महंत (चेतन मन) अपने पाँच शिष्यों (पंच भूतों) और पच्चीस (पंच भूतों की पच्चीस प्रकृतियाँ) प्रशिष्यों को छोड़कर (उनसे अनासक्त होकर) ब्रह्म-आराधना में लीन हो गए। उन तीसों में से पाँच (ज्ञानेन्द्रियाँ) अपने कबीले (मायिक-प्रपंचों) में घुल-मिल गए। भरथरी के आसन पर सबकुछ साफ़ हो गया, केवल भभूत शेष रह गई और प्राण पुरुष समूह को छोड़कर शून्य में रम गया अर्थात् ब्रह्म रंध्र में पहुँच गया।

जल की उतपनि जांनि जिनूंका[1] तन किया।
पींड्या जांघां जोड़ि चलण कूँ पग दिया ॥
कड़-धड़ पांसू जोड़ि अनामत[2] कर लिया।
परिहाँ वा साहिब की प्रीति बिसरे क्यूँ भया ॥

पाठा.—1. उत्पत्ति नीर तिनूंका, 2. अन्यांमत।

भावार्थ—जिस ईश्वर ने जी (जल तत्त्व, वीर्य) से जिनके शरीर की रचना की। पिंडली और जाँघ से जोड़कर चलने की शक्ति दी। धड़ और पसलियाँ जोड़कर निरोग कर दिया। उस प्रभु ने इतना सब किया, किन्तु वह (नादान) उनकी भक्ति को ही भूल गया।

मेटै पुंनि[1] की रेख क दौड़े पाप नैं।
साला न्यौंत[2] जिमाय धका दे बाप नैं ॥
करे नारी की भीड़ गालि[3] दे बहन कूँ।
परि हाँ बाजीद सो नर नरकां जाय ठौर नहीं रहन[4] कूँ ॥

पाठा.—1. पुण्य, 2. नौंति, 3. धका, 4. जीव।

भावार्थ—सांसारिक प्राणी सांसारिकता के फेर में पुण्य-कार्य की अपेक्षा पाप

करने लग गया। बाप को धक्का देकर साले को आदर के साथ आमंत्रित करके भोजन कराने लग गया और अपनी स्त्री की सेवा-चाकरी में लगकर अपनी बहिन को गाली देने लगा। ऐसे लोगों को रहने के लिए कोई ठौर भी नहीं मिलेगी। वे निश्चय ही नरक-यातना को भोगेंगे।

भूल्यौ माया मोह मौत नहिं सूझि है।
सुत दारा धन धाम, आप नहिं बूझि हैं ॥
हरि कौ नांम अज्ञान न हिरदै[1] आन ही।
परि हाँ बाजीद दीया सो बूझि जाय भया येहू मांन ही ॥

पाठा.—1. हिरदै नहीं।

भावार्थ—माया-मोह में ऐसा डूब गया कि उसे काल का भी भय नहीं रहा। पुत्र, स्त्री, धन-धाम के फेर में आत्म-तत्त्व को भी भूल गया। वह इतना मूर्ख है कि उसके हृदय में प्रभु का नाम नहीं आने लगा। अन्ततः उसकी यह गति हो गई जैसी बुझे हुए दिए की होती है।

या कलि मैं बाजीद कहाँ कोऊ रहत है।
मनहूँ बटेरी बाज ऐंच गहि लहत है ॥
कुरलावै ज्यूँ कुंज सुनै किन रोज रे[1]।
परि हाँ गैंवर गये गुडंत नहीं खुर खोज रे ॥

पाठा.—1. नैंक न रोज रे।

भावार्थ—इस कलयुग में कोई कहाँ अमर रहता है! काल उसे खींचकर ऐसी दुर्गति कर देता है जैसे शिकारी बाज झपटकर बटेर (तीतर से मिलता जुलता पक्षी) को दबोच लेता है। काल की पकड़ में वैसे ही चिल्लाने लगता है जैसे क्रौंच पक्षी कुरलाता है। कागज की हथिनी पर मुग्ध हुआ हाथी धूल में लुढ़क जाता है और उसका खुर खोज भी नहीं मिलता है।

॥ काल कौ अंग ॥

काल फिरत है हाल रैंणि दिन लोइ रे।
हनैं राव अरु रंक गिणैं नहि कोइ रे ॥
यह दुनियाँ बाजीद बाट की दूब है।
परि हाँ पांणीं पहिली पालि बन्धै तो खूब है ॥

भावार्थ—हे लोगो! काल रात-दिन घूमता फिरता है। वह न राजा को छोड़ता है और न रंक को छोड़ता है। उनमें कोई अन्तर नहीं करता। यह संसार रास्ते की

दूब के समान है जिसे सभी कुचलकर चलते हैं। पानी के मिलने पर वह खूब हरी-भरी रहती है अन्यथा सूख जाती है।

जुरा बडा यह[1] ख्याल रहै क्यूँ जग में
बाजीद बटाऊ लोग पनह नहीं पग में ॥
राजा राणा राव छत्रपति लोय रे।
परि हाँ जोगी जंगम सेख सभी दिन दोय रे[2] ॥

पाठा.—1. जौंरा जीए, 2. देखि दिन दोइ रे।

भावार्थ—काल बड़ा दुःखदायी और बलवान है। यह किसी का लिहाज नहीं करता। इसकी यातनाओं से बचना वैसे ही मुश्किल है जैसे राहगीर का बिना पनही (जूतों) के नंगे पैर ऊबड़-खाबड़ जमीन पर चलना। राजा, राणा, राव, छत्रपति, जोगी, जंगम और शेख सभी यहाँ दो दिन के मेहमान होते हैं।

परैं काल कै जाल जीव किंहि काम कूँ।
तज रे! माया मोह रटै किन रांम कूँ ॥
मोटो मुगदर हाथि साथि जमदूत है।
परि हाँ भ्रात मात पितु बन्धु कूंन को पूत है ॥

भावार्थ—माया-मोह में फँसे लोग काल के जाल में फँसकर किसी काम के नहीं रहते। यदि वे माया-मोह को छोड़ दें और राम के नाम का स्मरण करने लगें तो काल-जाल से छुटकारा पा सकते हैं। यमदूत अपने हाथों में मोटा मुगदर (मोंगरी) लिए साथ-साथ फिर रहा है (वह कभी भी प्रहार कर सकता है।) इस संसार में भाई, माता-पिता, बन्धु और पुत्र इनमें से कोई भी सगा नहीं है। अतः इनसे मोह करना व्यर्थ है।

प्रगट बोलै झूठ नैंक नहिं सरम रे।
माल मुलक बाजीद कोण की हुरम रे ॥
मरण माँझि नहिं फेर जीव की बात है।
परि हाँ हाथी घोड़े ऊँट कूट है जात है ॥

भावार्थ—लोग साफ़ तौर पर झूठ बोलते हैं। झूठ बोलते समय उन्हें जरा भी शर्म नहीं लगती है। सम्पत्ति, राज-पाट, बेगम या रानी—ये किसी के नहीं होते। मृत्यु के बीच में जीवन की बात करना व्यर्थ है। हाथी, घोड़े, ऊँट और बैल सभी काल-प्रवाह में बहे जा रहे हैं। कोई भी प्राणी तथा जीव काल बली से नहीं बचा है।

मैं कहियो बाजीद तोहि बार बीस रे।
करि हैं खंड बिहंड हाथ पग सीस रे ॥
जुरा बड़ी बलाय न छाडे जीव कूँ।

परि हाँ दूरि मूरि जिनि जाइ पकड़ि रहै पीव कूँ ॥

भावार्थ—मैंने तुझसे बीसों (अनेक) बार कहा है। काल बहुत बड़ी बला है। वह प्राणी को नहीं बख्शता। उसके हाथों, पैरों और शीश के टुकड़े-टुकड़े कर देगा। अरे मूर्ख इधर-उधर क्यों भटकता है? अभी भी समय है तू सृष्टि के मूल प्रभु की भक्ति में अपनी लौ लगा ले। उन्हीं को पकड़े रह, तभी काल-ब्याल से मुक्ति पा सकेगा।

सुकृत लीनौं साथ पड़ी रहि मातरा।
लाम्बा पाँव पसारि बिछाया साथरा ॥
लेय चल्या बनवास लगाई लाय रे।
परि हाँ बाजीद देखै सब परिवार अकेलो जाय रे ॥

भावार्थ—धन-सम्पत्ति साथ नहीं जाती है, यहीं धरी रह जाती है। केवल अच्छे और पुण्य कार्य ही साथ जाते हैं। अन्त में लम्बे पैर करके, अर्थी पर लिटाकर उसे अग्नि को सौंप दिया जाता है। सारा परिवार देखता रह जाता है और वह अकेले ही महाप्रयाण पर चल देता है।

॥ विश्वास कौ अंग ॥

हिरदै न राखी बीर कलपना कोय रे।
राई घटै न मेर होय सो होय रे ॥
सप्त द्वीप नव खंड जोय किन ध्यावही।
परि हाँ लिख्यो कलम की कोर तो ही पुनि पावही ॥

भावार्थ—हे भाई! हृदय में कोई रंज या मलाल नहीं रखना चाहिए। जो नियति में या ललाट-लिपि में बदा है (लिखा है), वही होकर रहेगा। न उसमें राई भर घटेगा और न पर्वत के समान वृद्धि होगी। सातों द्वीपों (पृथ्वी के सातों खण्ड) और नौ खण्डों में देखकर क्यों न विचार कर लो कि जो भाग्य-लेख (ललाट-लिपि) में लिखा गया है, वही उसे प्राप्त होगा।

जो कुछ लिख्यो ललाट सोई परखाइये।
काहू कूँ बाजीद आन कूँ जाइये ॥
कूप माँहि भर लेह ताल का तीर रे।
परि हाँ ठाँव प्रमाण सहज आइ है नीर रे ॥

भावार्थ—जो भी ललाट (भाग्य-लिपि) में लिखा है, वही प्राप्त होगा। दूसरों की ओर क्यों मुखातिब होते हो? सरोवर के किनारे स्थित कुएँ सरोवर के जल को अपने में मिला लेते हैं। वह अपने स्रोत का प्रमाण बन जाता है।

खोल खजानों देह आपणों लोइ रे।
बुरो भलो बाजीद गिणै नहिं कोइ रे ॥
साहब के सब एक हंस कहा बग रे।
परि हाँ लिये एक ही पीव जीव सब जग रे ॥

भावार्थ—हे लोगो! अपने खजानों से दिल खोलकर दान करना चाहिए। दान करते समय बुरे-भले का विचार नहीं करना चाहिए। प्रभु के बनाये सभी प्राणी समान हैं। उनके लिए हंस और बगुले में कोई भेद नहीं है। सारे संसार के प्राणियों के लिए प्रभु ही एकमात्र प्रियतम हैं।

यदि तुझमें कुछ समझ पकड़ रह मन कूँ।
निपट हि हरि को होय जाँच मत जन कूँ ॥
प्रीति सहित बाजीद राम मुख बोलहीं।
परि हाँ रोटी लीयाँ हाथ नाथ संग डोलहीं ॥

भावार्थ—यदि तुझमें कुछ समझ है तो मन को पकड़कर रखना चाहिए। अर्थात् नियंत्रित करके रखना चाहिए। जो प्रभु का सच्चा भक्त है उसकी परख मत करो। प्रेम पूर्वक राम-नाम का स्मरण करना चाहिए। हाथ में रोटी लेकर (जीविका और उदर-पूर्ति से निश्चिन्त होकर) प्रभु की भक्ति में लीन रहना चाहिए।

रिजकन राखी राम सबन को पूरहीं।
काहे को बाजीद वृथा तू झूरहीं ॥
जन्म सफल कर लेय क गोबिन्द गाय के।
परि हाँ जाके ताके पास रहेगी आय के ॥

भावार्थ—राम ने सभी के लिए जीविका उपलब्ध करा दी है फिर तू उसके लिए क्यों व्याकुल होता है? तू जीविका से निश्चिन्त होकर, प्रभु के गुण गाकर अपने जीवन को सफल व सार्थक बना ले। जिसके भाग्य में जो जीविका लिखी है, वह उसे मिलकर रहेगी।

काम कल्पना बीर हृदय की धोय रे।
गहि कर पाँच पचीस सुखा रे सोय रे ॥
जल थल नभ के जीव स्याह हो श्वेत रे।
परि हाँ बाजीद चोंच समाना चून सबन को देत रे ॥

भावार्थ—हे भाई! जीविका की चिन्ता मत कर। पाँच-पच्चीस जो भी मिल जाएँ, उसी से सन्तुष्ट रहकर, सुख की नींद सोना चाहिए। जल, थल और आकाश के जितने भी जीव हैं, चाहे वे श्याम वर्ण के हों या श्वेत वर्ण के, ईश्वर ने पेट भरने लायक चून (भोजन) सभी को उपलब्ध करा दिया है।

बिन माँग्या ही बीर सबै कुछ लहत है।
तू काहे को दौड़ दुनी सूँ कहत है ॥
देय कथन[1] बाजीद बुरो है लोइ रे।
परि हाँ! या माणस को धरम रहै नहिं कोइ रे ॥

पाठा.—1. बचन।

भावार्थ—हे भाई! ईश्वर की भक्ति करने पर बिना माँगे ही सब कुछ मिल जाता है। तू क्यों दुनिया भर के पास जाकर माँगता फिरता है? जो वचन देकर भी नहीं देते हैं, वे बुरे (दुर्जन) लोग हैं। ऐसे लोगों में मानव-धर्म (मानवीयता) नहीं पाया जाता है।

जहाँ रवि होत उदोत तहाँ नहिं रहे तिमिर बल।
वासर भये व्यतीत तुरत ही होय निशा भल ॥
धीर गहो उर बीर दुःख की करो न रचना।
परि हाँ अपनी बेर सु नाटक नच्चना ॥

भावार्थ—सूर्य के उदित होने पर अन्धकार का साम्राज्य समाप्त हो जाता है। दिवस का अवसान होने पर रात्रि का आगमन हो जाता है। हे भाई! हृदय में धैर्य धारण करो। दुःखी मत हो। जैसे उपर्युक्त नैसर्गिक परिवर्तन अवश्यंभावी हैं। वैसे ही अपनी-अपनी बारी से सभी को अनिवार्य रूप से (दुःख-सुख) का खेल खेलना होता है।

ज्यू ग्रीष्म के अन्त सु वर्षा आत है।
वर्षा भये व्यतीत सीत मधु रात है ॥
ऐसे ही सुख-दुःख अनुक्रम लेखि है।
परि हाँ कबहूक दई सुदृष्टि हम हू पर देखि हैं ॥

भावार्थ—जैसे ग्रीष्म के अन्त में सुखद वर्षा आती है। पावस ऋतु बीत जाने पर शरद और शरद के बीत जाने पर वसंत आता है, वैसा ही क्रम सुख-दुःख का होता है। कभी तो ऐसा सुअवसर आएगा जब विधाता हम पर कृपा-दृष्टि करेंगे।

॥ कृपण कौ अंग ॥

भली बुरी क्यूँ कहो न दमरी देत है।
माया सूँ बाजीद कृपण को हेत है ॥
पाहण को सो हियो कियो है जिन रे।
परि हाँ हरिजन आवो कोटि न रीझें मन रे ॥

भावार्थ—कंजूस को कितना ही भला-बुरा कहो, वह अपने पास से किसी को

भी दमड़ी* नहीं देता है। उसका लगाव अपनी माया (धन-सम्पत्ति) से होता है। कंजूसों का हृदय पाषाण के समान कठोर होता है (वह कभी पिघलता नहीं है)। चाहे करोड़ों प्रभु के भक्त (उसके दरवाजे पर) आएँ, लेकिन उसका मन कभी भी द्रवित नहीं होता।

कृपण अपने हाथ न कोडी जाच ही।
जो पायन घूँघर बाँध विधाता नाच ही ॥
हाड मुड के माँहि न निकसे लोहि रे।
परि हाँ! दान पुण्य बाजीद करे क्यूँ सोइ रे ॥

भावार्थ—यदि विधाता भी अपने पैरों में नूपुर बाँधकर नृत्य करें और कंजूस को रिझाने की चेष्टा करें, तब भी कंजूस अपने हाथ से एक कौड़ी (पुरानी मुद्रा) भी दान में नहीं देता है। उसके हाड़ों को निचोड़ लो, फिर भी उनमें से खून का एक कतरा भी नहीं निकलेगा। ऐसे व्यक्ति दान-पुण्य करने की सोच भी नहीं सकते हैं।

इत उत चले न चित्त नित्य ढिंग रहत है।
दान पुण्य की बात न मुख सूँ कहत है ॥
छाती तल हरि धरी न दे कहुँ सुपने।
परि हाँ बाजीद पंखी मानो सेवत अंडा अपने ॥

भावार्थ—जिनके चित्त इधर-उधर न भटककर रोज माया के पास रहते हैं। दान-पुण्य की बात केवल मुँहजबानी करते हैं। छाती के नीचे दबाई सम्पत्ति को स्वप्न में भी किसी को नहीं देते हैं। वे कंजूस अपनी धन-सम्पत्ति को ऐसे सेते हैं जैसे पक्षी अपने अण्डों को सेते हैं।

कहाँ लो खोदि कोई निपट ही दूर है।
या मानस को काम सु तो नहिं मूर है ॥
बैठ गये बहु हार करहु जिन आस रे।
परि हाँ बाजीद कृपण माया धरी जाय जल पास रे ॥

भावार्थ—कहाँ तक बखान किया जाए, वह (कंजूस) लोगों की पकड़ से काफी दूर रहता है। उसका मन कभी भी उसे अच्छे कार्य के लिए प्रेरित नहीं करता है। जिन लोगों ने उससे कुछ पाने की आशा लगाई थी, वे भी हारकर थक गए हैं। ऐसे कंजूसों की जोड़ी-गाँठी माया पानी की तरह बह जाती है।

चूक्यो भारी घात दुहाई नाथ की।
बिलै न जासी बीर दई या हाथ की ॥

*पुराना सिक्का, छदाम।

पाहण को सो हियो कियो इन लोय रे।
परि हाँ बिन बोये बाजीद लूणे कहा सोय रे ॥

भावार्थ—राम दुहाई—कंजूस भलाई के लिए मौकों को गँवा देते हैं। ऐसों का हाथ का दिया कभी सार्थक नहीं होता है। इन लोगों ने अपने हृदय को पाषाण के समान कठोर कर लिया है। जैसे बिना बोए फसल को काटा नहीं जा सकता वैसे ही बिना परोपकार व दान किए ऐसे लोग पुण्य कैसे कमा सकते हैं? अर्थात् उन्हें अपने जीवन में पुण्य-लाभ नहीं मिल सकता है।

मन राखत दिन रैंन मुलक अरु माल में।
कृपण पड़्यो बाजीद काल के गाल में ॥
फिर फिर गाढ़ी गहे देख तूँ रंग रे।
परि हाँ खाल हूँ लैहैं खींच न जैहैं संग रे ॥

भावार्थ—जो रात-दिन धन-सम्पत्ति और राज-पाट में चित्त को लगाए रखते हैं, ऐसे कंजूस (शीघ्र ही) काल के गाल में समा जाते हैं। उनके रग-ढंग को देखो कि वे काल के गाल में जाते-जाते भी धन-सम्पत्ति को मज़बूती से पकड़े रहते हैं। भले ही खाल खिंच जाए किन्तु वे माया का साथ नहीं छोड़ते हैं।

चौकी पहरा देत दिवस अरु रात है।
जल अंजलि को बीर ज्यूँ तन ही जात है ॥
हाँडी मार के हाथ नहीं को छूट ही।
परि हाँ बाजीद चोर जाय चमकाय किराना लूट ही ॥

भावार्थ—जो रात और दिन धन-सम्पत्ति पर पहरा देते रहते हैं, उनका शरीर अंजलि के पानी के समान बह जाता है। काल के हाथों कोई नहीं छूटा है। चोर (काल) तो किराना लूटकर (प्राणों को छीनकर) चला ही जाता है।

ज्यूँ की त्यूँ ही कही सत्य सुन लोय रे।
मन गाढ़ो करि रहे न माँगि है कोय रे ॥
क्रिपण अपने हाथ न कौड़ी देयगो।
परि हाँ मणि है माथे सरप मारि कोऊ लेयगो ॥

भावार्थ—हे लोगो! जैसी वस्तु स्थिति है, उसे मैं यथावत् वर्णन कर रहा हूँ। अपने मन को दृढ़ करके (नियंत्रित करके) कंजूस से कोई माँग नहीं करनी चाहिए। कंजूस कभी भी अपने हाथ से कौड़ी नहीं देगा। धन-सम्पत्ति तो उसके लिए सर्प के मस्तक की मणि के समान है जिसे मारकर ही उसे प्राप्त किया जा सकता है।

या को यों ही अरथ जीव में जाणिये।
बाजीद दूसरी बात हृदय क्यूँ आनिये ॥

मधु माखी मधु संच्यो दे न हँस खेल के।
परि हाँ! लोक बटाउ लेय धूर मुख मेलि के ॥

भावार्थ—कंजूस के प्राण-धन-सम्पत्ति में ही बसते हैं। उसके हृदय में धन-सम्पत्ति संचय के सिवा दूसरी बात आती नहीं है। मधुमक्खी अपने छत्ते में शहद को संचित करके रखती है लेकिन वह हँस-खेलकर (प्रसन्नता से) किसी को नहीं देती। राहगीर उस पर धूल डालकर शहद को प्राप्त कर लेते हैं। उसी प्रकार कंजूस धन-सम्पत्ति संचय करके रखता है लेकिन वह अपने मन से (खुशी होकर) उसे किसी को नहीं देता। बटमार या डकैत उसे घायल कर अन्ततः उससे सारी सम्पत्ति को छीनकर ले जाते हैं।

॥ दातव्य को अंग ॥

भूखो दुर्बल देख मुँह नहिं मोड़िये।
जो हरि सारी देय तो आधी तोड़िये ॥
आधी की आध आध की कोर की कोर रे।
परि हाँ अन्न सरीखा पुंनि नहीं कोई और रे[1] ॥

पाठा.—1. और नहीं कोइ रे।

भावार्थ—भूखे और कमजोर को देखकर कभी भी उनकी सहायता से जी नहीं चुराना चाहिए। यदि ईश्वर भरपूर धन दे तो उसमें से आधा हिस्सा करके उन भूखे और गरीबों को दे देना चाहिए। आवश्यकता पड़े तो आधे में से आधा यानी एक चौथाई और चौथाई के भी टुकड़े करते रहना चाहिए। अन्न-दान से बढ़कर (इस संसार में) कोई पुण्य नहीं है।

दे कछू दाहिनैं हाथ नाथ कै नांव रे।
बिलै न जैहै बीर, रहैगों ठाँव रे ॥
सुफल होइ बाजीद सुमर ज्यौ पीव कौ।
परि हाँ आडो बाकी बेर आवई जीव कौ ॥[1]

पाठा.—इसका पाठांतर इस प्रकार भी मिलता है—

दे कछू अपनैं हाथ नाथ के नांम रे।
सुफल सोई बाजीद चलेगो साथ रे ॥
दीज्यो नित ही बीर सुमर कर पीव कूँ।
परि हाँ आडो बाकी बेर आइ है जीव कूँ

भावार्थ–प्रभु के नाम पर अपने हाथ से दान करना चाहिए। जो साथ चलेगा (प्रभु के अनुकूल रहेगा, वही सफल व सार्थक होता है। अपने प्रिय (ब्रह्म) का स्मरण करके रोज दान-पुण्य करना चाहिए। यह दान-पुण्य आड़े व कठिन (बुरे) समय में प्राणी को काम आता है।

खैर सरीखी और[1] न दूजी बसत[2] है।
मेल्हे बासणं माँहि कहा मुँह कसत है ॥
तू जिनि जानें जाइ रहैगो ठांम[3] रे।
परि हाँ माया दे बाजीद धणीं के कांम रे ॥

पाठा–1. खूब, 2. बस्त, 3. ठाँव।

भावार्थ–खैरात या दान देने के समान दूसरी श्रेष्ठ वस्तु नहीं है। उसे बर्त्तन में रखकर उसका मुख नहीं बाँधना चाहिए। तुझे पता भी नहीं चलेगा कि वह अपने स्थान पर रहेगी या नहीं। लोगों को चाहिए कि वे अपनी माया (धन-सम्पत्ति) को प्रभु के हित में लगा दें।

मंगण आवत देखि रहै मुँह गोय रे।
जदपि है बहु दाम नहिं लोय[1] रे ॥
भूखे भोजन दियो न नागां कपरां।
परि हाँ बिन दीया बाजीद पावै कहा बपरा ॥

पाठा.–1. दांम कांम कहि लोइ रे।

भावार्थ–यद्यपि कंजूसों के पास धन-सम्पत्ति की कोई कमी नहीं होती है फिर भी वे याचक को देखकर मुँह चुराते हैं। यदि भूखे को भोजन और नंगे को पहनने के लिए कपड़ा नहीं दिया तो वह अभागा बिना दिए पा कैसे सकता है?

॥ दया कौ अंग ॥

जल में झीणा जीव थाह नहिं कोइ रे।
बिन छाण्यां जल पियां पाप बहु होइ रे ॥
गाढ़ै[1] कपड़े छांणि नीर को पीजिये।
परि हाँ बाजीद जीवाणीं जल मांहि जुगति सूँ कीजिये ॥

पाठा.–1. काठै।

भावार्थ–जल में सूक्ष्म जीवों की संख्या अनन्त होती है। यदि बिना छाने हुए जल पीया जाये तो बहुत पाप लगता है। अतः मोटे कपड़े से छानकर पानी को पीना चाहिए। जल में बहुत से सूक्ष्म जीव होते हैं इसलिए छने हुए जल को भी बड़ी

सावधानी से पीना चाहिए।

बुरे भले को न्याव गुसंईंया माँग सी।
पग में रसड़ी डारि ऊँधे मुख टाँगसी[1] ॥
मोकम[2] देसी मार आँख[3] भर लोंन सों।
परि हाँ मिजमान दिन च्यारि बिगारें कून सों ॥

पाठा.—1. ऊरध मुख टाँकसी, 2. मोहकम, 3. नैन।

भावार्थ—प्रभु कसाई से भले-बुरे (पाप-पुण्य) का ब्यौरा माँगेंगे। उसके पापों का दंड देने के लिए रस्सी से पैर बाँधकर उल्टे मुँह लटका देंगे। खूब मार पड़ेगी और आँखों में नमक छिड़का जाएगा।

प्राणी (कसाई) को सोचना चाहिए वह इस संसार में चार दिन का मेहमान है फिर यहाँ किसी, से क्यों बिगाड़ा जाये।

साहिब के दरबारि पुकार्‍याँ बकरा।
काजी लीयाँ कमर सो पकरा ॥
मेरा लीया सीस उसी का लीजिये।
परि हाँ बाजीद राव रंक का न्याव बराबर कीजिये[1] ॥

पाठा.—1. अदलि ही कीजिये।

भावार्थ—प्रभु के दरबार में बकरे ने जाकर पुकार की—काजी को कमर से पकड़ लेना चाहिए। उसने मेरा सिर काटा है। बदले में आप भी उसका सिर काटिए। आप राव (राजा, अमीर और अन्यायी) और रंक (गरीब, कमजोर) के साथ बराबर का न्याय कीजिए।

॥ अज्ञान कौ अंग ॥

कहा करे उपदेश अज्ञानी जीव कूँ।
भाई जनम की भूल जपे किन पीव कूँ ॥
सृष्टि भली न बाजीद दुहाई राम की।
परि हाँ अन्धे आरसि दई कहो किहि काम की ॥

भावार्थ—अज्ञानी (मूर्ख) को उपदेश देना व्यर्थ है। वह जन्म भर मूर्खता के काम में फँसा रहेगा। सांसारिक-प्रपंचों में फँसकर वह प्रिय (ब्रह्म) का स्मरण नहीं करेगा। राम-दुहाई यह संसार भला (सुखद, अच्छा) नहीं है। मूर्ख को सांसारिक-आसक्ति से छुटकारा पाने का उपदेश देना, वैसे ही मूर्खतापूर्ण कार्य है, जैसे किसी अन्धे को दर्पण दिखाना।

प्रमोदत भई साँझ तोहि या जन कूँ।
देखो सोच विचार रही को मन कूँ ॥
बाजीद बस्तु अमोल वृथा क्यूँ खोइये।
परि हाँ कागा होय न हंस दूध सों धोइये ॥

भावार्थ—मूर्ख व्यक्ति को समझाते-समझाते (ज्ञान का उपदेश देते-देते) संध्या हो गई है। मन में किसी प्रकार का संकल्प-विकल्प शेष नहीं रहा है। ऐसे व्यक्ति को समझाने की प्रक्रिया में अपनी अमूल्य वस्तु (ज्ञान व धैर्य) को व्यर्थ गँवाना नहीं चाहिए। ऐसे मूर्खों को ज्ञान का उपदेश देना उसी प्रकार की मूर्खता है जैसे कौए को दूध से धोकर हंस बनाने का यत्न करना।

जहाँ जगत की झूँठ तहाँ मुख देत है।
मन में आवत ज्ञान विषय सूँ हेत है ॥
नख सिख कोरो मूढ अबहु कछु जोय रे।
परि हाँ काग ही कहा कपूर खुवावे कोय रे ॥

भावार्थ—इस संसार की जितनी असत्य (मायिक-प्रपंच, विषय वासना) वस्तुएँ हैं, उन्हीं में मुँह मारता है। उन्हें ही प्रिय समझता है। ज्ञान की बातों से उसे कोई लगाव नहीं होता। ऐसी बातें उसके मन में नहीं आतीं। नख से शिख तक वह निपट गँवार (मूर्ख) होता है। उसे ज्ञान की बातें कहना और समझाना वैसा ही मूर्खतापूर्ण कार्य है जैसे कौए को कपूर खिलाना। वह कभी अपनी कर्कशता को नहीं छोड़ सकता वैसे ही मूर्ख अपनी मूर्खता को नहीं छोड़ सकता।

काहे को बाजीद सीख काहु दीजिये।
कारज सरै न कोई कैसे ही कीजिये ॥
कानों अंगुलि मेल पुकारे दास रे।
परि हाँ दूर न होई मूर विषय की वास रे ॥

भावार्थ—मूर्खों को सीख नहीं देनी चाहिए। यदि कोई काम पड़ भी जाए तो उसे दरकिनार करके किसी तरह उसे पूरा करना चाहिए। मैं कानों में अँगुली डालकर (जोर शोर से) पुकार रहा हूँ कि विषय-वासना की गंध किसी जड़ी-बूटी से नहीं जाती है।

अब क्यूँ आवै हाथ गयो जो मूल को।
पुत्र कलत्र धन धाम ध्यान है धूल को ॥
कोटि कहो किन कोय एक नहिं बूझि है।
परि हाँ घूघू आँधो दूयोस रात को सूझि है ॥

भावार्थ—जो जड़ से चला जाता है (विवेक-शून्य हो जाता है या प्रभु-भक्ति से रहित हो जाता हैं), वह फिर हाथ नहीं आता अर्थात् मूल-तत्त्व को नहीं पहचानता।

पुत्र, स्त्री, धन और धाम ये सभी धूल के समान अपदार्थ हैं (मूर्ख उन्हीं में रमा रहता है)। करोड़ों प्रकार से समझाइए लेकिन एक बार भी उनकी समझ में नहीं आता है। मूर्खों की स्थिति उल्लू की तरह होती है जिसे रात में तो सुझाई पड़ता है लेकिन दिन (ज्ञान के प्रकाश में) अन्धा बना रहता है।

पाहन पड़ गई रेख रात दिन धोवहीं।
छाले पड़ गये हाथ मूंड गहि रोव हीं ॥
जाको जोई सुभाव जाइ है जीव सूँ।
परि हाँ नीम न मीठा होय सींच गुड घीव सूँ ॥

भावार्थ—चट्टान पर पड़ गई रेखा को मूर्ख व्यक्ति रात-दिन धोता रहता है। उसके हाथों में छाले पड़ जाते हैं। वह मूंड पकड़कर रोता रहता है। जिसका जैसा स्वभाव पड़ जाता है, वह बदलता नहीं है। जैसे कड़वे नीम को कितना ही गुड़ और घी से सींचिए, फिर भी वह कड़वा बना रहता है। मीठा नहीं होता, ऐसे ही मूर्ख को कितना ही समझाइए, उसकी विवेकहीनता दूर नहीं होती।

॥ उपजण कौ अंग ॥

यह तो मेरी सीख कान किन कीजिये।
राम नाम सो सोंज वृथा क्यूँ दीजिये ॥
अमृत फल बाजीद पचे नहीं रांड को।
परि हाँ कूकर को जु स्वभाव गहेगो हाड को ॥

भावार्थ—मेरी सीख पर आप ध्यान क्यों नहीं दे रहे हैं? सभी सुखों के साधन राम नाम को क्यों भुला रहे हो? विधवा को अमृत-जल पचता नहीं है। कुत्तते का स्वभाव है कि वह हड्डी को मुँह में चबाये रखता है। ऐसे ही दुर्व्यसनी हमेशा विषय-वासना में लिप्त रहता है।

जो कुछ सुरता होय तहाँ कुछ बोलिये।
बिन गाहक बाजीद बस्तु नहिं खोलिये ॥
जाणें सकल जहान प्रत्यक है मूल की।
परि हाँ बल धन जांणे बास भया वा फूल की ॥

भावार्थ—अगर श्रोता ध्यान से सुनने वाला हो, तब ही कुछ उपदेश देने चाहिए। यदि वास्तविक ग्राहक न हो तो वस्तु को खोलकर नहीं दिखाना चाहिए। प्रभु की महिमा जग ज़हिर है। जो विवेक रूपी धन से सम्पन्न हैं, वे ही फूल की गंध (ब्रह्म के रहस्य) को पहचानते हैं।

पाहण कोरो रह्यो ब़रसता मेह में।
घात घणी बाजीद दुष्टता देह में ॥
उसे अचानक आय मूंड गहि रोइये।
परि हाँ सरप ही दूध पिलाय क ब्यर्था खोइये ॥

भावार्थ—मेह के बरसने पर भी पाषाण सूखा रहता है। इसी प्रकार दुष्ट व्यक्ति के मन में अनेक बुराइयाँ और दाँव-पेंच रहते हैं वह उन्हें करे और चलाये बिना नहीं रहता। सर्प को कितना ही दूध पिलाइए, वह व्यर्थ जाता है। वह अचानक आकर डस लेता है। तब सिर पकड़कर रोना पड़ता है अर्थात् पछतावा करना पड़ता है।

तब तक बाहे तीर किते या जन कूँ।
वृथा गुमाये बांण लगे नहिं मन कूँ ॥
फूटे बासण रान नैंन नहिं जोवहीं।
परि हाँ बाजीद टकै टाक को बीर बचन क्यूँ खोवहीं ॥

भावार्थ—मूर्ख या दुराग्रही व्यक्ति को कितने ही ज्ञान-वाण मारिए, वे सब व्यर्थ जाते हैं। अर्थात् उसके मन को छू नहीं पाते हैं। जैसे फूटे बर्तन में कोई चीज नहीं ठहरती है, वैसे ही मूर्ख व दुराग्रही व्यक्ति को बहुमूल्य वचन कहने से वे बेअसर रहते हैं।

ऊसर भूमि देख बीज नहिं बोइये।
मूरख को समझाय ज्ञान नहीं खोइये ॥
ज्ञान वृथा ही जाय नहीं वो मानि है।
परि हाँ! मूरख समझे नहीं पाप की खानि है ॥

भावार्थ—जैसे ऊसर (अनुर्वर) जमीन में बीज बोने से कोई लाभ नहीं होता है, वैसे ही मूर्ख व्यक्ति को ज्ञान देने से वह व्यर्थ जाता है। वह उसे स्वीकार (आत्मसात्) नहीं कर पाता है। ज्ञान की बातों को वह समझता नहीं। यथार्थ में वह पापों (दोषों) की खान होता है।

॥ जरणा कौ अंग ॥

सतगुरु सरणैं आय क तामस त्यागिये।
बुरी भली कह जाय ऊठि नहिं लागिये[1] ॥
उठ लाग्या में राड राड में मींच है।
परि हाँ जा घर प्रगटै विरोध सो ही घर नीच[2] है ॥

पाठा.—1. नहीं लागीये, 2. जो घट बसै क्रोध सोई घट नीच है।

भावार्थ—सद्गुरु की शरण में आकर तामसी वृत्ति को छोड़ देना चाहिए। यदि

कोई बुरा-भला कह भी जाए तो उसके मुँह नहीं लगना चाहिए (जवाब नहीं देना चाहिए) क्योंकि उत्तेजित होने या क्रोध करने से कलह होती है और कलह सर्वनाश या मौत का कारण बन जाती है। जिस घर (मन) में विरोध (पाठांतर से क्रोध) निवास करता है, वह घर नीच (हीन) होता है।

कहि कहि बचन कठोर खरुंठ नहीं छोलिये[1]।
सीतल अर सम भाइ[2] सबन सूँ बोलिये
आपन सीतल होय और भी कीजिये।
परि हाँ बलती में सुणि मीत न पूला दीजिये[3] ॥

पाठ.–1. छोलीये, 2. शीतल शांत स्वभाव, 3. बाजीद जलती में सुंण मीत न पूलौ दीजीयै।

भावार्थ–किसी को भी कठोर वचन कहकर घावों के खरुंड नहीं उलीचने चाहिए। सभी से ठंडे और शांत स्वभाव से बातें करनी चाहिए। इससे आप तो ठंडे रहेंगे तथा दूसरे भी शीतल बने रहेंगे। व्यक्ति को चाहिए कि वह जलती आग (कलह और संघर्ष) में घास का पूला (गट्ठर, उत्तेजक व्यवहार, कटुवचन) नहीं डालना (करना, कहना) चाहिए। उससे आग और भड़क उठेगी (कलह व उत्तेजना बढ़ जाएगी।)

॥ भेष कौ अंग ॥

बड़ा भया तो कहा बरस सो साठ का।
घणां पढ्या तो कहा चतुर बेद पाठ का ॥
छापा तिलक बनाय, कमंडल काठ का।
परि हाँ बाजीद एक न आया हाथि पंसेरी आठ का ॥

भावार्थ–यदि तुमने मन पर काबू नहीं किया तो एक सौ साठ वर्ष का वृद्ध होने का क्या लाभ है? अर्थात् कोई लाभ नहीं है। चारों वेदों और सभी शास्त्रों को पढ़ना भी निरर्थक हो जाता है। छापे-तिलक और कमण्डल हाथ में लेने से भी कोई लाभ नहीं है, यदि तुम्हारा मन चंचल है। अतः मन को वश में करना परमावश्यक है। उससे ही अनुभवशीलता, विद्वत्ता और धर्म-परायणता सार्थक होती है।

पोथी पांनां खोलि पसारा मांडिया।
समझै नहीं बवेक[1] भेख ले भांडिया ॥
कहै करै कछु ओर क भरुवा पेट का।
हरि हाँ महा अज्ञानी[2] जीव क पापी ठेठ का ॥

पाठ.–1. विवेक, 2. अकर्मी।

भावार्थ–यदि पोथी-पत्री फैलाकर अपने ज्ञान का झूठा प्रदर्शन किया तो उससे

कोई लाभ नहीं होता। यदि संतों का वेश धारण कर लिया और अन्तःकरण में ब्रह्म ज्ञान तनिक भी नहीं आया तो उससे संत-वेश बदनाम होता है। जो व्यक्ति प्रारंभ से ही महा अज्ञानी होता है, उस पेटू की कथनी और करनी में घोर अंतर होता है। वह ठेठ (प्रारंभ) से ही दुर्गुणी और पापी होता है।

॥ साच को अंग ॥

वै हरि मथुरा मांही वै ही द्वारिका।
पूरा रह्या भर पूर प्रेम की पारिखा ॥
राख्यो है प्रहलाद क मार्‌यौ बाप रे।
परि हाँ बाजीद तू मत जांणै और निरंजन आप रे ॥

भावार्थ—जो कृष्ण मथुरा में हैं, वही द्वारका में हैं। भगवत्प्रेम की परीक्षा लेने के लिए वे सर्वत्र विद्यमान हैं। उन्होंने ही प्रह्लाद की रक्षा की और उसके पिता-हिरण्यकशिपु का वध किया। तू यह मत समझ कि वे निरंजन कोई और हैं।

॥ अतिरिक्त अरिल्ल ॥* उपदेश कौ अंग ॥

सकल सौंज घर मांझ जीव यू बूझई।
घोर धार अंधेर नैंन नहीं सूझई ॥
लाभै लीजै कहा ढूँढ़ि फिर आवई।
परि हाँ जौ कर दिया होइ तौ ब कछु पावई ॥

भावार्थ—घर (गृहस्थी) में ही भक्ति के समस्त साधन हैं। तू निपट मूर्ख (अंधा) है जो तुझे अपने नेत्रों से ब्रह्म का ज्ञान-प्रकाश नहीं दिखाई देता। यही अवसर है जब ब्रह्म की भक्ति कर लेनी चाहिए। जो अच्छे कर्म किए हों तो अच्छे फल प्राप्त होंगे। यदि अपने हाथों से दान किया हो तो निश्चय ही उसका प्रतिफल मिलेगा।

देइ दाहिनैं हाथ, लेइसा लाख मैं।
तुम जिनि जानौं दूर धर्‌यौ है काख मैं ॥
सोई अपनौं जांनि सबनि कौं सींचि रे।
परि हाँ माया मुक्ति राखि हाथ क्यूँ भींच रे ॥

भावार्थ—दाहिने हाथ से (खुलकर) दान देना चाहिए। बदले में प्रभु लाखों देंगे। धन और सम्पत्ति को छिपाकर रखने में कोई लाभ नहीं है। सभी को अपना

---

*उपदेश कौ अंग ॥ 145 से 149 तक अरिल्ल रज्जब की सर्वंगी में मिलते हैं।

समझकर दान-परोपकार करना चाहिए। धन-सम्पत्ति छिपाने की चीज नहीं है। उसे हाथ भींच कर नहीं रखना चाहिए।

पाहन के से दाम धरे जौ गाडि कै।
गरथ अरथ यहु लाइ जाइ है छाड़ि कै ॥
अरब खरब बाजीद संचे कहि काम के।
परि हाँ प्रीति सहित पुनि पेखि सनेही राम के ॥

भावार्थ—जो माया (धन-सम्पत्ति) को पाषाण की तरह गाड़कर रखते हैं, वह सब यहीं गड़ा रह जाता है। गाड़ने वाला उसे यहीं छोड़कर चले जाते हैं। अरबों-खरबों रुपए संचित करने से क्या लाभ है, वे किस काम के हैं! हे राम के सच्चे भक्तों! प्रेम पूर्वक दान करने का पुण्य अर्जित कर लेना चाहिए।

जौरा साधे तीर रैनि दिन जीव कौं।
धनु सु धर्‍यो कहि काम, समरपौ पीव कौं ॥
दै लै खरचहु खाहु लक्षमीं लोइ रे।
परि हाँ तन मैं मन महिमांन आइ दिन दोइ रे ॥

भावार्थ—काल रात दिन जीवों का वध करने के लिए तीर साधे रहता है। रखा हुआ या गाड़ा हुआ धन किसी काम का नहीं है। उसे तो प्रभु (प्रिय) की सेवा में समर्पित कर देना चाहिए। हे लोगो! लक्ष्मी (धन और सम्पत्ति) को दान-पुण्य और खाने में खर्च करना चाहिए। इस शरीर में मन केवल दो दिन का मेहमान (क्षण-भंगुर) है अतः धन को संचित करने से क्या लाभ है?

॥ दया कौ अंग ॥

जो न जिलाया जाय सु जीव न मारिये।
सिर साटै सिर लेइ सो क्यूँ न विचारिये ॥
लेखा लेइ खुदाइ ज्वाब क्या दीजिये।
परि हाँ पीछे भारी होइ सु पहल न कीजिये ॥

भावार्थ—यदि आपमें किसी जीव को जिन्दा करने का सामर्थ्य नहीं है तो उसे मारने का क्या हक है? जब प्रभु तुम्हारे कर्मों का लेखा माँगेंगे तो क्या उत्तर दोगे? प्रभु सिर काटने के बदले में तुम्हारे सिर को लेंगे, यह तुमने क्यों नहीं सोचा? व्यक्ति को पीछे दुःख और पछतावा हो, ऐसा कोई कार्य नहीं करना चाहिए।

॥ विश्वास कौ अंग ॥

दोऊ पखि कीनीं दूरि पाप नहीं पुनि मैं।

भिख्या पवन अहार कि रहिबा सुंनि मैं ॥
अमर अर्जूनीं स्यंभू अहि निसि धाइ हौं।
परि हाँ क्रिपा करहिं गुरुदेव, तौ दरिसन पाइ हौं ॥

भावार्थ—मैंने दोनों पक्षों—हिन्दू और मुसलमान, पाप और पुण्य से अपने को दूर रखा अर्थात् निष्पक्ष रखा। सहज-साधना करते हुए पवन (प्राण-वायु या श्वास-साधना करके प्राण-वायु को ब्रह्म-रंध्र में स्थित कर दिया। रात-दिन उन अमर प्रभु की खोज और उन्हें पाने में लगा रहा। लेकिन जब गुरुदेव की अनुकम्पा होती है तभी परम ब्रह्म के दर्शनों का लाभ प्राप्त होता है।

॥ उपदेश कौ अंग ॥

चंग उपंग म्रिदंग झाँझ डफ बाजई।
सुघट घूँघरू गनिका पातुर साजई ॥
मंदल तूर हजूर प्रगट कीया पेखनां।
परि हाँ जब जिय लग्या पीव और कहा देखनां ॥

भावार्थ—चंग, उपंग (एक प्रकार का बाजा) ढोल, सांझ और ढफ बज रहे हैं। गणिका और पातुर के घुँघरू बड़ी सुघड़ता से उनका साथ दे रहे हैं। मांदल, तुरही आदि को प्रभु ने प्रत्यक्ष कर दिया है किन्तु जब प्रिय (ब्रह्म) से मन अनुरक्त हो रहा है तो इन सबको क्या देखना? अर्थात् सहज-साधना के माध्यम से सहस्रार में होनेवाले अनहद-नाद के समक्ष ये सभी बेजान हैं।

पढ़िबा गुंनिबा ग्यांन ध्यांन कोऊ किनि धरैं।
पुंनि दांन द्यौ बहुत ताप तन की हरै ॥
जप तप तीरथ ब्रते मुकति सहि पाइये।
परि हाँ जब जिय लाग्या पीव अनत कहाँ जाइये ॥

भावार्थ—पढ़ना, गुनना ज्ञान-ध्यान क्यों किये जाएँ? जबकि दान-पुण्य करने से शरीर के बहुत से विकार और दुःख दूर हो जाते हैं। प्रिय (ब्रह्म) से मन लगाने पर, जप, तप, तीर्थ-यात्राओं और व्रतों से कठिनाई से मिलने वाली मुक्ति, हाथ की हाथ (तुरंत) प्राप्त हो जाती है। अर्थात् उसके लिए अन्यत्र भटकने की आवश्यकता नहीं है।

कीरी कुंजर आदि सु सकल संमान हैं।
हाथ पाइ अरु सीस सबनि कैं कांन हैं ॥
रचना जे कछू जगि सु पान्यौं पौन की।
परि हाँ जब जीय लागा पीव तब आसा कौंन की ॥

भावार्थ—चींटी से लेकर हाथी तक जितने जीव हैं वे सभी समान हैं। सभी

के हाथ, पैर, शीश और कान होते हैं। ईश्वर ने सभी की रचना समान रूप से की है। जब प्रिय (ब्रह्म) से मन लगाया है तब फिर किसी की आशा क्यों करनी चाहिए? अर्थात् अन्य की आशा करना व्यर्थ है।

कोऊ आवो कोऊ जाव, खोरि खाली परी।
विधनां लिख्या संजोग न बिछुरै अधरी ॥
जन बाजीद निसंक सु ऊतरु देइगा।
परि हाँ जीव रहै पीव पासि, जंम कहा लेइगा ॥

भावार्थ—कोई आ रहा है, कोई जा रहा है। आवागमन जारी है। किन्तु गली खाली पड़ी है। विधाता ने हमारे भाग्य में प्रिय (ब्रह्म) से संयोग लिखा है अतः इस घड़ी उनसे हमारा वियोग न हो। ईश्वर का सच्चा भक्त सांसारिक बाधाओं और प्रपंचों का समुचित उत्तर देने में सक्षम होता है। यदि प्रिय समीप रहें (हृदय में बसे रहें) तो यमराज हमारा कुछ भी नहीं बिगाड़ पाएगा।

तौ करि साहिब स्यौ प्रीति रीति तज जीय की।
जरत अगिनि जिनि देहि अब ही पुट घीव की ॥
घर बाहिर सब ठाँऊ, नांउ जपि लीजिये।
परि हाँ आवागमन न होइ, राम रस पीजिये ॥

भावार्थ—सांसारिक प्रपंचों को छोड़कर प्रभु (ब्रह्म) से लौ लगानी चाहिए। जो लोग विषय-वासना और मायिक-प्रपंचों रूपी अग्नि में जल रहे हैं। उसे और उद्दीप्त करने के लिए विषय-वासना रूपी घी नहीं डालना चाहिए। घर में हो या बाहर सभी स्थानों पर प्रभु का नाम जप लेना चाहिए। साधक को राम-रसायन पीते रहना चाहिए, इससे वह आवागमन से मुक्त हो जाता है।

सबै बटाऊ लोग, कहै किस आपना।
तात मात भ्रात बंध, रैनि का सपना ॥
झूठी दुनिया देखि, दूर तैं भागिये।
परि हाँ परम सयानप ऐह, साच सौ भागियें ॥

भावार्थ—इस संसार में सभी प्राणी अनजाने पथिक हैं। इनमें से किसी को भी अपना नहीं कहा जा सकता है क्योंकि इनका मुकाम थोड़े समय के लिए होता है। माता, पिता, भाई-बन्धु सब रात के स्वप्न की तरह मिथ्या हैं। परम चतुराई यह है कि इस असत्य दुनिया को देखकर, इसमें लिप्त नहीं होना चाहिए। अर्थात् सांसारिक माया-मोह से दूर भागने में ही बुद्धिमत्ता है।

कोऊ धरै न धीर, आई जब जम गहै।
बेगाने सब लोग, तिनहिं अपनैं कहै ॥

जन बाजीद बिचारि, वोट गहि रांम की।
परि हाँ देखी फटकि, पिछोरि दुनीं नहीं काम की ॥

भावार्थ–जब यमराज अपनी पकड़ करता है तो किसी में धैर्य नहीं रहता। जिनको आप अपना समझते हैं, वे सब अनजाने और पराये निकलते हैं। अतः विचारशील होकर राम की ओट (आश्रय) लेनी चाहिए। मैंने सूप से अच्छी तरह फटक-पछोड़कर देख लिया है। (जाँच-परखकर देख लिया है) कि यह दुनिया और इसके सारे कार्य-व्यापार असत्य और निरर्थक हैं।

जल अंजुरी कौ जात, कहौ कहाँ बेर है।
देखहु सोचि बिचारि, बात ही फेर है ॥
मैं बकस्यौ बरबीस, खेल है धावरी।
परि हाँ जीती भावै अब हारि, रजा है रावरी ॥

भावार्थ–अच्छी तरह सोच-विचार कर देख लो कि मानव-देह अंजुरी में रखे जल के समान है, जिसे रीतने (निश्शेष होते) देर नहीं लगती है। मैंने श्रेष्ठ का वरण करके जीवन रूपी स्वच्छ व धवल खेल खेला है। हे प्रभु! आपका अनुग्रह होगा तो अपनी पराजय भी जीत में बदल जाएगी।

जौ लहु जम के दूत, लगें नहीं जीय कौं।
तौ लौं जपि किनि लेहु पियारे पीय कौ ॥
पानी पहलैं पालि, सु काहे न बाँधिये।
परि हाँ ज्यूँ-ज्यूँ तूटै तार, त्यूँ ही त्यौं संधिये ॥

भावार्थ–यमदूत जब तक आपको घेरे, इससे पूर्व प्रिय (ब्रह्म) का स्मरण कर लेना चाहिए। इससे पहले कि वर्षा का जोर हो, बाँध बना लेना चाहिए। जैसे ही तार टूटे, उसे जोड़ लेना चाहिए। अर्थात् काल के आक्रमण पूर्व ब्रह्म की आराधना कर लेनी चाहिए।

ज्यौं तूटे त्यौं जोरि, प्रीति कौ ताग रे।
मन क्रम यहु मांनि, आहि जौ जाग रे ॥
बड़े बहुत अचेत, जप्यौ नहीं पीव रे।
परि हाँ लखि चौरासी जुंनि, भटके जीव रे ॥

भावार्थ–ब्रह्म से भक्ति-प्रेम रूपी धागे में जैसे ही टूटन आये, उसे तुरंत जोड़ लेना चाहिए। साधक को सजग-सचेत होकर मन और कर्म से ब्रह्म आराधना में लीन रहना चाहिए। हे जीव! तुम बड़े अज्ञानी रहे हो जो तुमने अपने प्रिय का नाम-स्मरण नहीं किया। अब तुम्हें चौरासी लाख योनियों में भटकना पड़ेगा।

जौ मुखि रसनां रांम, लिया नहीं बोलि है।

लाख चौरासी जूंनि, भटकत डोलि है ॥
बेद पुरान कुरांन, पुकारैं कहत है।
परि हाँ चरन सरन बिन, जीव कहाँ कोऊ रहत है ॥

भावार्थ—यदि तुमने अपनी जिभ्या से राम-नाम का स्मरण नहीं किया तो तुम्हें चौरासी लाख योनियों में भटकना पड़ेगा। वेद, पुराण और कुरान सभी चिल्ला-चिल्लाकर स्पष्ट रूप से कह रहे हैं कि प्रभु के चरणों की शरण के बिना जीव का कहीं भी निस्तार नहीं है।

दसन रसन मुख देह, दई दिवांन रे।
हाथ पाइ औ सीस, सिरजिसि कांन रे ॥
जठर अगिनि प्रतिपालि, करी है जीय की।
परि हाँ जौ करनी नहीं होई, बात कहि पीय की ॥

भावार्थ—उस दीवान अर्थात् ईश्वर ने दाँत, जीभ, मुख, शरीर, हाथ, पाँव और सिर जैसे विविध और अनुपम अंगों की रचना की है। उसी ने गर्भावस्था में जठराग्नि से जीवों की रक्षा करके उनका प्रतिपालन किया है। तुम्हीं बताओ जीव (तुम्हारे) हित में ऐसा कौन-सा कार्य है, जो प्रभु ने नहीं किया है। अतः उनके उपकारों को ध्यान में रखते हुए उनके नाम का स्मरण करते रहना चाहिए।

तिन तैं हर के होइ, कहा जगु जीजिये।
तज ब सुरसुरी नीर कूप जल पीजिये ॥
करवाही कौं आदि आस तजि और की।
परि हाँ जन बाजीद बिचारि, कहीं है ठौर की ॥

भावार्थ—साधकों को ऐसे प्रयत्न करने चाहिए कि जिससे प्रभु के भक्त बने रहें। सांसारिक प्रपंचों में लिप्त रहने से कोई लाभ नहीं है। जो ऐसा करता है वह उस अज्ञानी के समान है जो गंगाजल को छोड़कर कुएँ के जल का पान करता है। प्रभु को छोड़कर और किसी से आशा नहीं करनी चाहिए। विचार करके देख लो, प्रभु के बिना कोई और ठौर ठिकाना नहीं है।

जिहि केवल निज नांव, सति करि जानिये।
भलै बुरैं कहु कोई, बिन गुन मानिये ॥
चोवा चंदन चरचि, कहा इतराइये।
परि हाँ एक बिना जगदीस मुकति न पाइये ॥

भावार्थ—प्रभु का नाम ही निधि है, इसे सत्य समझना चाहिए। भले ही कोई अच्छा-बुरा कहता रहे बिना सोचे-विचारे उस पर विश्वास नहीं करना चाहिए। सुगंधित द्रव्य और चंदन का लेप करके गर्वित होना ठीक नहीं है क्योंकि ये

विषयासक्ति के प्रतीक हैं। प्रभु की कृपा के बिना मुक्ति पाना असंभव है।

तुम हौ जान प्रबीन, कहौ कहा बोलिये।
अंतरगति क़ी गांठि एक़ यहु खोलिये ॥
झूठौ जगु सब जानि चुनौती दीजिये।
परि हाँ अबिनासी सौं रंगु रहै तिम कीजिये ॥

भावार्थ—तुम अत्यन्त ज्ञानी व चतुर हो, अतः क्या कहा जाए। मन में छुपे हुए भावों को छिपाकर ही रखना चाहिए। संसार को असत्य समझकर सांसारिक प्रपंचों और माया-जालों का सामना चुनौती देकर करना चाहिए। अविनाशी प्रभु से प्रेम बना रहे, ऐसा उपाय करना चाहिए।

नां कछू हरिष न सोग, सकल सौं सारिखा।
निसि बासुरि लवलीनहि है तिहि पारिखा।
परफूलित चित उदार, अल्यौ नहीं भाखिये।
परि हाँ अबिनासी सौं रंग रहै तिम राखियै ॥

भावार्थ—साधकों को हर्ष और शोक तथा सभी विषम स्थितियों को समान रूप से स्वीकार करना चाहिए। जो रात-दिन ब्रह्म में अनुरक्त रहता है, वही उसकी सच्ची परीक्षा है। हमेशा उदार और प्रसन्नचित्त रहना चाहिए। कटु शब्द नहीं बोलने चाहिए। अविनाशी प्रभु से प्रेम बना रहे, ऐसे उपाय करने चाहिए।

जौ अनल पंखि जिम उलटि समावहि सुनि रे।
तौ सुख दुख एक समान, पाप नहीं पुनि रे ॥
अनहद सबद अनंत उठहि झनकार रे।
परि हाँ तहाँ पेखसि परमांनंद, भजै भ्रम जार रे ॥

भावार्थ—अनल पंख एक काल्पनिक चिड़िया या शार्दूल (यह माना जाता है कि वह आकाश में ही रहता है और वहीं अंडे देता है) जिस प्रकार लौटकर आकाश में समा जाता है, उसी प्रकार साधक का मन शून्य अर्थात् ब्रह्म रंध्र में समा जाना चाहिए। उसे सुख-दुःख और पाप-पुण्य को एक समान समझना चाहिए। प्राण-वायु के सहस्रार में पहुँचने के पश्चात् साधकों को अनहद-नाद की झंकार सुनाई पड़ती है। वहीं पर परमानंद के दर्शन होते हैं। उनके दर्शन होते ही सारे भ्रम दूर हो जाते हैं।

कहा गरवत बिन ग्यांन, ग्यांन बिन गरुब का।
कहा दया बिनु ध्रमु, ध्रमु बिनु ध्यांन का ॥
कहा भाव बिन भगति, भगति बिन भाव का।
परि हाँ एक बिना जगदीस, जगत बहु आव का ॥

भावार्थ—ज्ञान के बिना गर्व करना व्यर्थ है। दया के बिना धर्म निस्सार होता है। धर्म के बिना ध्यान निस्सार होता है। भक्ति के बिना भाव और भाव के बिना भक्ति भी निरर्थक होती है। उसी प्रकार जगदीश के बिना यह संसार और उसके प्रपंच, उसमें बार-बार आना या लम्बी आयु पाना सब निरर्थक होते हैं।

कहाँ राज काज तप तेज, छाँह जौ छत्रु की।
कहाँ चौंर ढुलायें सीस, लछि जौ बहुतली ॥
अंत होइ बनबास जोर पुनि जाइ है।
परि हाँ हरि सौं हितु अयांन, बहुरि कहाँ पाइ है ॥

भावार्थ—व्यक्ति चाहे राज-काज में लिप्त रहे, तप से तेजस्वी बन जाये या सिर पर छत्र धारण कर ले, चाहे सिंहासन पर बैठकर चँवर ढुलवाये किन्तु अन्त समय में वानप्रस्थ ग्रहण करने पर उसकी सारी ऊर्जा चुक लेती है। इसलिए हे अज्ञानी! प्रभु की भक्ति कर ले फिर से यह मानव-योनि नहीं मिलने की है।

कहाँ जटा जौ केस, बिभूति लगाइये।
कहाँ सुखासनु सेज, संतोष न पाइये ॥
कहाँ मूदि रहैं मुख मौनि, कहा बहु बोलिये।
परि हाँ कहा मंदिर मधि निवास, कहा बनि डोलिये ॥

भावार्थ—यदि ईश्वर के प्रति सच्ची भक्ति नहीं है तो जटा-जूट धारण करने और भस्म रमाने से कोई लाभ नहीं है। ऐसा व्यक्ति सुख-सेज पर शयन करके भी सुख नहीं पा सकता है। ऐसा व्यक्ति यदि मौन धारण करके साधना का ढोंग करे या बातूनी हो जाये, दोनों ही स्थितियों में लाभ नहीं मिलने का है। ऐसे ही व्यक्ति चाहे महलों में सुख से रहें या वन-वन विचरण करें, उन्हें बिना ईश-भक्ति किए लाभ नहीं मिलने का है।

यहु जीवन जनम अकथ, बिना जगदीस रे।
हा हारे चित चेति, कह्यौ बरबीस रे ॥
संम्रथ साईं जांनि, तास गुन गाइये।
परि हाँ जोति हि जोति समाई, न भौजल आइये ॥

भावार्थ—श्रेष्ठ साधकों का कहना है कि बिना प्रभु-भक्ति के यह जीवन अकारथ होता है। इसलिए अज्ञानी तू चेत जा। प्रभु को सर्व समर्थ जानकर उनके यश का गान कर लेना चाहिए। इससे जीव ब्रह्म में समाकर पुनः आवागमन के चक्र में नहीं फँसता है।

॥ चिन्तावणि कौ अंग ॥

जुबन गये गँवार, अति पचिताइ है।
यहु औसर यहु दाँव, बहुरि कहाँ पाइ है ॥
माया माँहि मगन होह, जिनि बावरे।
परि हाँ चरन कंवल चित लाइ हो, बेटा रावरे ॥

भावार्थ—अरे गँवार! यौवन बीत जाने पर तुझे बहुत पछताना पड़ेगा। यह अवसर, यह दाँव फिर से कहीं नहीं मिलने का है अर्थात् मानव योनि फिर से प्राप्त नहीं होने की है। अरे पागल! तू इस सांसारिक माया-मोह में फँसा हुआ है। तुम्हें ब्रह्म के चरण-कमलों पर अपना ध्यान केन्द्रित करना चाहिए।

कहा कियौ कलि आइ, कहा लै जाहुगे।
यहु मारग अगम अगाध, अति पचिताहुगे ॥
सब जीवनि कौ जीव, जगतु आधारू रे।
परि हाँ सो भज्यौ नहीं भगवान, छठी परी छारू रे ॥

भावार्थ—इस कलियुग में मानव देह पाकर तुमने क्या कर लिया? और क्या लेकर जाओगे? माया जन्य सांसारिक आसक्तियों का मार्ग दुर्गम और गहन है अन्त में हाथ कुछ न लगने पर पछताना पड़ता है। जो समस्त प्राणियों के जीवन-प्राण और इस समस्त विश्व के आधार हैं, उन ईश्वर की आराधना नहीं की तो जीवन पाना निरर्थक हो जाएगा।

साखित सेती संग साध स्यौ रूसिये।
धीरज धरम संतोष, धाम धन मूसिये ॥
चेतै नहीं अचेत अति पचिताइ है।
परि हाँ माया कौं धरि मुंडि नरकहि जाइ है ॥

भावार्थ—जैसे वाममार्गी (शाक्त) और साधु का योग अरुचिकर होता है उसी प्रकार धाम और धन की चाहना और धैर्य-धर्म तथा सन्तोष धारण करने वाले में कोई मेल नहीं होता। अर्थात् धाम और धन का मोह छोड़कर धैर्य, धर्म और सन्तोष को धारण करना चाहिए। यदि समय पर चेते नहीं तो अचेत! तुम्हें बहुत पछताना पड़ेगा। इस माया (धन-धाम) को (बोझ के रूप में) सिर पर रखकर नरक जाना पड़ेगा।

अंबु अनुपहि कोटि बंबूरहि बोइये।
गंगा के तट ग्रेह, कूप खनि न्हाइये ॥
बाजीद बिपरीति सतौ दुख को सहै।
परि हाँ तजि कैं राम जिहाज, जीव माया बहै ॥

भावार्थ—जो व्यक्ति (साधक) राम रूपी जहाज को छोड़कर माया के साथ

बहता है। वह आम के वृक्षों के स्थान पर बबूल बोता है। गंगा-तट पर बसकर, नहाने के लिए कुआँ खुदाता है। इस प्रकार के मूर्खतापूर्ण कार्य करने वाला व्यक्ति नितान्त मूर्ख होता है और प्रतिकूल कार्य करके दुःखों को उठाता रहता है।

पुत्र कलित्र धन धांम बंध्यौं मन बावरे।
यहु अजहुं बिपरीत, अलप सुठि आव रे ॥
अरझ्यौनौं मन सूत, कबहिं सुरझाइ है।
परि हाँ हौं जानौ बिसवां बीस, न हरि गुन गाइ है ॥

भावार्थ—हे पागल मन! तू पुत्र, स्त्री, धन और धाम से बँधा हुआ है। अभी तक इनसे छुटकारा नहीं पा सका है। कब तुम्हें बुद्धि आएगी? जिन्दगी थोड़ी रह गई है अब तो सुधर जाओ। इस मन रूपी उलझे हुए सूत को न जाने कब सुलझाओगे? मैंने यह निश्चय ही जान लिया है कि माया के प्रपंचों में इस तरह फँसकर तुम प्रभु का यशगान नहीं कर पाओगे।

रांम सनेही होइ, सु तौ पहिचानिये।
तासौं यहु बिपरीति कथा कत बानिये ॥
तू माया महि कौ जीव, बह्यौ बिनु नीरु रे।
परि हाँ बाजीद चितु चेति, चरन धरि धीरु रे ॥

भावार्थ—राम के भक्त की अच्छी तरह पहचान कर लेनी चाहिए। ऐसे व्यक्ति को विपरीत बातें कहने से कोई लाभ नहीं है। अर्थात् दुःख पहुँचाने वाली बातें नहीं कहनी चाहिए। तू माया रूपी धरती का जीव होकर, बिना जल के उसमें बहा जा रहा है। तू अभी भी चेत जा और धैर्य के साथ राम-भक्ति के प्रांगण में अपने कदम रख।

जौबत जै कुल मुल कांनि, सकल सुख जीव के।
तब परसैगौ पग पीयारे पीय के ॥
यहु राज काज तप तेज, परथम करि वारनैं।
परि हाँ मिंहदी होइ पिसाइ कंत कैं कारनैं ॥

भावार्थ—कुल की मर्यादा और समस्त सुखों से विरक्त होकर ही अपने प्रिय ब्रह्म के चरणों का स्पर्श कर पाओगे। राज-काज और तप-तेज को न्यौछावर करके ही सच्चे अनुराग को साध सकोगे। जिस प्रकार मेहंदी की जितनी पिसाई होती है, उसका उतना ही रंग निखरता है, वैसे ही साधक जितना अनासक्त होकर माया-मोह से छुटकारा पाता है, उतना ही ईश्वर के प्रति उसका अनुराग प्रगाढ़ होता जाता है।

समझि सोचि जिय देखि, बयौ सोई लुनै।
मूरिख मनवा चेताइ बहुरि माथौं धुनैं ॥
नीर नांव संजोग मिलि, सब आई रे।

परि हाँ यहु जाइ जाइ, जगु जाइ भिया से जाइ रे ॥

भावार्थ—अपने हृदय में सोच-समझकर देख लो—जैसा तुमने बोया है, वैसा ही तुम काटोगे। अर्थात् जैसे तुम्हारे कर्म होंगे, वैसे ही तुम्हें फल प्राप्त होंगे। अपने मूर्ख मन को चेता कर सावधान हो जाओ। वरना पछतावे में माथा पीटना पड़ेगा। इस संसार में लोग जल और नौका के संयोग की तरह आते हैं लेकिन काल के भय से नष्ट हो जाते हैं।

यह झूठ सकल संसार, द्यौस द्वै पेखनां।
पल महि जाइ बिलाइ, तिसहि कहा देखनां।
सुंख सागर हरि नांव, हिरदै नहीं भूलिये।
परि हाँ संतहु यहै सयांन, न छीलर झूलिये।

भावार्थ—यह समस्त संसार असत्य है। यहाँ प्राणी की जिन्दगी दो दिन (अल्प काल) की होती है। इस क्षण भंगुर को नष्ट होते हुए एक पल भी नहीं लगता। ऐसी नाशवान वस्तु के लिए क्या सजना-सँवरना? अपने हृदय में यह नहीं भुलाना चाहिए कि इस संसार में सुख का सागर केवल ईश्वर का नाम है। इसलिए हे सन्तो! बुद्धिमत्ता इसी में है कि इस संसार रूपी छिछले गड्ढे में डूबना नहीं चाहिए।

बाजीदा यहु बूझि सकल जगु जाइगो।
तूं तिहि रंगि न राचि, अंति पचिताहिगौ ॥
जब साहिब सेती काम, बनैंगौं आइ रे।
परि हाँ तब छलबल बुधि बिबेक, कछू न बसाइ रे ॥

भावार्थ—यह जानकर कि समस्त संसार नश्वर है, तू इसके रास-रंग में क्यों डूब रहा है? अन्ततः तुझे पछताना पड़ेगा। जब प्रभु से काम पड़ेगा तब वहाँ छल, बल, बुद्धि और विवेक से कोई काम नहीं चलेगा। अर्थात् वहाँ केवल प्रभु-भक्ति ही काम देगी।

अपनैं हाथ अयांन, अगनि कहि को मथैं।
फिरि दूनौं दुख होइ, अकथहि जो कथै ॥
नैंनहि रूप निहारि, मुखै नहीं बोलिये।
परि हाँ जहाँ तहाँ जीवनि प्रांन तहाँ तहाँ डोलिये ॥

भावार्थ—जो सांसारिक-प्रपंचों रूपी अग्नि को मथने का यत्न करेगा वह बहुत बड़ा मूर्ख होगा। ऐसा व्यक्ति अकथ (कहने न योग्य) को कहकर अपने दुःखों की वृद्धि करेगा। प्रभु के असीम सौंदर्य को नेत्रों से देखकर उसके बारे में आत्मानुभव तक सीमित रहना चाहिए। जहाँ-तहाँ जीवन के प्राण प्रभु का निवास है, वहीं-वहीं की साधक को यात्रा करनी चाहिए।

॥ सुमिरन कौ अंग ॥

तौ जोगी जंगम सेख, निस्तरे नांव ही।
एक जीव की कहा, उधरे गाँव ही ॥
जब लग साँस सरीर, बिलंब न कीजिये।
परि हाँ जन बाजीद बिचारि, रैंन दिन लीजिये ॥

भावार्थ—राम के नाम ने कितने ही योगियों, जंगमों और शेखों का उद्धार कर दिया था। एक प्राणी की तो क्या चलाई, पूरे गाँव के गाँव का प्रभु के नाम से उद्धार हो गया। जब तक इस शरीर में साँस शेष है, दिन-रात राम के नाम का स्मरण करने में देर नहीं करनी चाहिए।

राम रतन त्रिमोल, निकट न सोधई।
ताहू मैं बिपरीत आंन परमोधई ॥
बाजीदा कहि मोहि कवन यहु ग्यांन रे।
परि हाँ बरहि त्रिबधि तन ताप, आप पहिचान रे ॥

भावार्थ—हे साधक! तू क्यों यह नहीं देखता कि राम रूपी रत्न अमूल्य है। लेकिन उसके बावजूद तू विपरीत कार्य और सोच वाला बन जाता है अर्थात् सांसारिक प्रपंचों में फँस जाता है। तुझे यह ज्ञान कब आएगा कि राम रूपी रत्न तीनों—दैहिक, दैविक और भौतिक तापों का क्षरण करने वाला है। इसलिए तू अपनी अस्मिता को पहचान ले।

॥ साध कौ अंग ॥

चौरासी लख जंत संत सब को रहैं।
बहनी प्रगट विभूति बहुत आतम दहै ॥
एकौ अैन अहार एक संहारिये
परि हाँ एकहु जीवन जडी एक पुन मारिये ॥

भावार्थ—प्राणी चौरासी लाख योनियों में भटकता रहता है। इनमें मायिक-प्रपंचों विषय वासना आदि दुर्गणों की अग्नि में दग्ध होता रहता है। ईश्वर के बनाये जीवों को मार कर उन्हें खाना अशोभनीय और पाप है क्योंकि सभी प्राणियों में एक जैसी आत्मा होती है।

॥ समथ्र कौ अंग ॥

अष्ट सिधि नव निधि, जनहि जौ दीजिये।

भामिनी भोग विलास, कहौ कहा कीजिये ॥
जे ब रंगे हरी नाइ, सुचै किम और रे।
परि हाँ ते जीवत भये मुकति, सकल सिरि मौर रे ॥

भावार्थ—प्रभु के सच्चे भक्त को यदि आठों सिद्धियाँ और नौ निधियाँ तथा नारी भोग-विलास की सुविधाएँ दी जाएँ तो उसके लिए ये सभी व्यर्थ होती हैं। उसे ये सुहाती नहीं हैं। प्रभु के ऐसे एकनिष्ठ और सच्चे भक्त जीते जी समर्थ प्रभु की कृपा से समस्त संसार के शिरोमणि हो जाते हैं।

इन नयनों सौं नेह न कीजे मूरि जू।
भले बुरे को देख, भाजही दूर जू ॥
साँच कही बाजीद दुहाई राम की।
परि हाँ अनबनते सौं प्रीति करी किहि काम की ॥

भावार्थ—जो मिथ्या संसार दिखाई देता है, उसे ज्ञान-नेत्रों से देख-परख कर प्रेम नहीं करना चाहिए। मैं राम की दुहाई देकर सच कह रहा हूँ कि मिथ्या और अपूर्ण संसार से प्रेम करने में कोई सार्थकता नहीं है। अर्थात् समर्थ और पूर्ण प्रभु से प्रेम करने में ही जीवन की सार्थकता है।

मोहि भरोसौं नांहिं सति सुनि बीर रे।
गहि कैं करैंहि गरक, कि लावैं तीर रे ॥
ग्यांनीं गुनी ब सूर सुगोत खात है।
परि हाँ बाजीद बिचारौ कौन किती एक बात है ॥

भावार्थ—हे भाई! सच्चाई यह है कि मुझे यह भरोसा नहीं है कि समर्थ प्रभु अपनी शरण में लेकर या तो मझधार में डुबो देंगे या संसार-सागर से पार करके किनारे पहुँचा देंगे। अर्थात् मेरा उद्धार कर देंगे। विचार करके देखो कि ज्ञानी, गुणवान और शूरवीर अपने ही सत्कर्मों से सद्‌गति को प्राप्त करते हैं। उन्हें समर्थ प्रभु की अनुकम्पा प्राप्त होती है।

तो महिमां वार न पार लोक त्रियनाथ हैं।
जल थल महि के जीव पीय के हाथि हैं ॥
कोऊ न धरै न धीर कोपि जो बोलई।
परि हाँ बाजीद बिचारौ कौन प्रिथी सब डोलई ॥

भावार्थ—सामर्थ्यवान त्रिलोकीनाथ प्रभु की महिमा का न ओर है और न कोई छोर है। जल, थल और पृथ्वी के समस्त जीवों का जीवन प्रिय प्रभु के हाथों में होता है। यदि वे कुपित हो जाएँ तो बड़े-बड़े धैर्यवान भी अपना धैर्य खो देते हैं। विचार करके देखो कि इस पृथ्वी पर किसके भय से सभी प्रकम्पित होते रहते हैं।

बाजीदा बेहद बिपत्ति, कहूँ क्या तुझ्झ सौं।
शर कमान की प्रीति, करी पिय मुझ्झ सौं ॥
पहले अपनी ओर, तीर को तान ही।
परि हाँ पीछे डारत दूर, जगत सब जान ही ॥

भावार्थ–हे प्रिय! अपने असीम संकट की बात आपसे क्या कहूँ। आपने मुझसे धनुष और बाण के समान प्रेम किया है। पहले तीर की तरह मुझे अपनी ओर खींचा (आकर्षित किया) फिर दूर फेंक दिया (छिटका दिया)। अर्थात् अनासक्त हो गए। इसे अब सारा संसार जान गया है।

जे बल गेहैं मुझ, ते मेरा प्रांन है।
जन बाजीद बिचारि, न अैसे आंन है ॥
अष्ट सिधि नव निधि, न राखौ दास तै।
परि हाँ मुख देखत सुख मोहि, ऊठौ नहीं पास तैं ॥

भावार्थ–जो मुझे शक्ति देता है, वही मेरे लिए प्राणों के समान है। मैंने विचार करके देख लिया कि समर्थ प्रभु को छोड़कर ऐसा कोई नहीं है। जो अपने भक्तों को आठों सिद्धियाँ (अणिमा, महिमा, गरिमा, लघिमा, प्राप्ति, प्राकाम्य, ईशित्व और वशित्व) और नवों निधियाँ (पद्म, महापद्म, शंख, मकर, कच्छप, मुकुंद, कुंद, नील और खर्व) प्रदान करने में संकोच नहीं करते हैं। उन समर्थ प्रभु का मुख देखकर ही मुझे सुख प्राप्त होता है। हमेशा यही चाहना रहती है कि उनके पास से हटना न पड़े।

पद-1 (राग केदारो)

1. मन मेरे तन कौ तूं मेहमान[1]।
बिछुरै[2] मिलन बहुरि नहीं ह्वै है, ज्यौं तरवर के पांन ॥टेक॥
कहा भयौ आदर उठि कीनौं, दीनौं सुख सरीर।
परिजन सजन बंधू अरु भाई, सकल बटाऊ बीर ॥1॥
हाँ हो आपा पर पिछांनि, मांनि सिख, ऐ पाँचों परमोधि।
यहु संसार रैनि कौ सौ सुपिनौ, निज घर अपनौं सोधि ॥2॥
हाँ हो श्रवन नैंन रसनां मुखबांनी सौंज भली है सब।
जन बाजीद कहत कर जोरैं, करि कछू सौदा अब ॥3॥

पाठा.—1. मिहिमांन (सं.1), 2. बिछूरै (क)।

भावार्थ—हे मेरे मन! तू इस शरीर में अतिथि के समान है। शरीर से वियुक्त होने पर तेरा मिलन वैसे ही सम्भव नहीं है जैसे पेड़ का टूटा हुआ पत्ता पुनः पेड़ पर नहीं लगता है। तैंने शरीर के सुखों को महत्त्वपूर्ण मानकर क्या पाया? देख तू जिन परिजनों, कुटुम्बियों, भाई-बन्धुओं आदि के प्रति आसक्ति दिखाता है, वे सब राहगीरों के समान हैं। जो थोड़े समय के लिए मिलते हैं और फिर बिछुड़ जाते हैं तू अपनों और परायों की पहचान कर ले। (अर्थात् इस संसार में परम ब्रह्म के अतिरिक्त अपना कोई नहीं है।) मेरी सीख मान और इन पाँचों इन्द्रियों को वश में करके उन्हें समझा कि यह संसार रात के स्वप्न की तरह मिथ्या है। अपने लक्ष्य (ठिकाने, प्रभु-भक्ति) को पहचान ले। उन प्रभु ने तुझे सुनने के लिए कान, देखने के लिए नेत्र, बोलने के लिए जिभ्या, मुख और वाणी जैसे अद्भुत अंगों (साधनों) से सम्पन्न कर रखा है। मैं हाथ जोड़कर तुझसे अनुनय-विनय कर रहा हूँ कि ईश्वर ने जो कुछ दिया है, उसके बदले में तू उनकी भक्ति-आराधना को आत्मसात कर ले।

2. अहो मेरे मन कब सुमिरहिगौ रांम।
भूलि रह्यौ भ्रमि भेदु बड़ाई, पुत्र1 कलित्र धन धाम ॥टेक॥
औसर इहै अनूप आपनौ, करि हरि जी सौ हेत।
जंम जब आवै तू बांधि चलायौ, देई देवनि समेत ॥1॥

बिषै बिकार बहुत सुख मान्यौं, जान्यौं अपनौं देस।
आजि कि काल्हि मांहि चलैगौ, काल गहै कर केस॥2॥
तन धन देखि कहा गरबांनौं, गाफिल करि कछू ग्यांन।
ज्यूँ तरवर तजि बहुरि न लागे, जन बाजीद सु पांन॥3॥

पाठा.—1. पूत्र (क)।

भावार्थ—हे मेरे मन! तुम राम का स्मरण कब करोगे? तू अभी तक पुत्र, स्त्री, सम्पत्ति और भवनों के आकर्षण और मोह में फँसकर भ्रमित है। सच्चाई को भूल गया है। यह अनुपम अवसर है कि सब कुछ भुलाकर प्रभु से अपनी डोर लगा ले। यदि तूने ऐसा नहीं किया तो यमराज आकर तुझे देवी-देवताओं सहित बाँधकर ले जाएगा। तूने विषय-वासनाओं और सांसारिक-विकारों में असीम सुख माना है, उन्हें ही अपना सबकुछ (देश, आश्रय-स्थल) मान लिया है। पर तू यह नहीं जानता कि आज या कल काल आकर अपने हाथों से तेरे बाल पकड़कर तुझे खींच ले जाएगा—तू शारीरिक बल-सौंदर्य और सम्पत्ति का क्या अभिमान करता है? अरे मदहोश! विवेकी बन। इस शरीर के नष्ट होने पर, मानव-योनि फिर से उसी प्रकार प्राप्त नहीं होने की है जैसे वृक्ष से अलग होने पर पत्ता पुनः वृक्ष पर नहीं लगता है।

3. प्रथमि दूरि करि प्रभु भ्रम भेदु मेरा।
क्रिपा निधि और कलि मांझ कोउं नहीं, श्रुग पाताल सुंनि सकल हेरा ॥टेक॥
भुलि भैं बन पर्‌यौ, धरम धीरज हर्‌यौ, सोग संताप सुख दुख घेरा।
अब कै जो बचौं, आंन नहीं नर जचौं, जनम ज्यौं जनम निज दास तेरा ॥1॥
जठुर अग्नि जीयौ, बूँद जल की कीयौ, लीयौ निज नांव, यहु प्रगट चेरा।
कर जोरि बीनती करौं, सीस चरननि धरौं, क्रिपा करि देहु सतसंग डेरा ॥2॥
घर तजि बन बस्यौ स्यंध संसैं ग्रस्यौ, कायर कूर बहु कुटिल कांमीं।
पंच परपंच पचीस पर बल पिसन, तुम सरनागति सुनहु स्वांमीं ॥3॥
ज्यौं जनम तैं डरौं, त्रिबिधि तापहि हरौं, तन तौ विषै बिकार जाई।
गगन है मगन अंम्रित पीयौ, अहि निसा बाजीद कौ देहु, बुधिबल गुसांई ॥4॥

भावार्थ—हे प्रभु! आप पहले मेरा भ्रम और द्वैत भाव नष्ट कर दीजिए। मैंने स्वर्ग, पाताल और आकाश सभी स्थानों पर अच्छी तरह खोजकर देख लिया है कि इस कलियुग में आपके समान कृपालु और कोई नहीं है। भूल और भ्रम में पड़कर मैंने अपना धर्म और धैर्य खो दिया है। इसी कारण से मुझे पीड़ाओं और संतापों, सुखों और दुःखों ने घेर लिया है। यदि इनसे किसी प्रकार बच गया तो किसी और के तथा सांसारिक प्रपंचों के फेर में नहीं पड़ूँगा। आपने मुझे जठराग्नि (गर्भ-काल में) से बचाकर जीवित रखा, माता-पिता के रज-वीर्य (बिन्दु) से इस शरीर की रचना की इसलिए मैं आपका नाम-स्मरण करने वाला जाना-पहचाना दास हूँ। आपके चरणों

में शीश नवाकर, कर-बद्ध होकर याचना करता हूँ कि दया करके मुझे सत्संग का लाभ प्रदान कीजिए। हे शरणागत स्वामी! मायिक-प्रपंचों से बचने के लिए मैं घर छोड़कर वनवासी बना, लेकिन वहाँ भी, सिंह रूपी संशय से ग्रस्त रहा। मैं अपनी कायरता, क्रूरता, कुटिलता और कामुकता से मुक्ति नहीं पा सका हूँ। मेरी पाँचों इन्द्रियाँ अपने पच्चीसों प्रपंचों* में फँसी रही।

वह शत्रु दल मुझ पर हावी रहा। हे स्वामी! मैं आपकी शरण में हूँ। मुझे आवागमन तथा दैहिक, दैविक और भौतिक तापों से मुक्ति दिलाकर मेरे शरीर से विषय वासनाओं और विकारों को दूर कीजिए। हे गोस्वामी! मुझे वह बुद्धि और ऊर्जा प्रदान कीजिए, जिससे रात-दिन सहस्त्रार में अनहद नाद को सुनने में तल्लीन रहकर, उससे झरनेवाले भक्ति-रसामृत का पान करता रहूँ।

4. राखि हो राखि मम नाखि मोटा धणीं, औगुण माहरै वोड नहीं रांम।
तन धरि तौ जन स्वांमि नहीं सेईयौ, कायर कुटिल बेकांम ॥टेक॥
नैंण अरु बैंण हरि अधर मुख नासिका, सीस कर चरण कर जुगति जोड़ै।
संचियौ आपणौं जांणि नैं जगत गुर, काठ पुणि कदे नहीं नीर बोड़ै ॥1॥
आगै पतित अनेक तै उधर्या, जोइ नै जगत गुर केथि जांऊँ।
तारि तू तारि मैं हारि मांनीं प्रभु[1], पार भौ जल तरणि हौं न पांऊँ ॥2॥
बाजीद कबियण कहैं, सरणि सुर मुनि रहैं, दहैं पावक नहीं नीर भीजैं।
नाथ रौ हाथ सुनि सकल संसौ गवैं, भवैं जगि जीव क्यौं बल[2] छीजैं ॥3॥

पाठा.—1. प्रभू (क)। 2. बले (क)।

भावार्थ—हे श्रेष्ठ स्वामी! मेरे अवगुणों को दूर करके, मुझे अपनी शरण में ले लीजिए। मैं कायर, कुटिल और निरर्थक प्राणी हूँ जिसने मानव-देह धारण करके भी

---

*पंच भौतिक शरीर में पाँच-पाँच तत्त्व होने से पच्चीस प्रकृतियाँ बनती है—

1. 1. पृथ्वी तत्त्व से अस्थि, 2. जल तत्त्व से त्वचा, 3. अग्नि तत्त्व से मांस, 4. वायु तत्त्व से नाड़ी, 5. आकाश तत्त्व से लोभ।
2. 1. पृथ्वी तत्त्व से भेद, 2. जल तत्त्व से मूत्र, 3. अग्नि तत्त्व से रक्त, 4. वायु तत्त्व से शुक्र, 5. आकाश तत्त्व से कफ।
3. 1. पृथ्वी तत्त्व से अवरोध, 2. जल तत्त्व से भ्रमण, 3. अग्नि तत्त्व से उर्ध्वगमन, 4. वायु तत्त्व से निर्गमन, 5. आकाश तत्त्व से उर्ध्वस्थिति।
4. 1. पृथ्वी तत्त्व से भूख, 2. जल तत्त्व से श्वास, 3. अग्नि तत्त्व से आलस्य, 4. वायु तत्त्व से संगम-समागम, 5. आकाश तत्त्व से नींद।
5. 1. पृथ्वी तत्त्व से भय, 2. जल तत्त्व से मोहादि, 3. अग्नि तत्त्व से क्रोध, 4. वायु तत्त्व से क़ाम, 5. आकाश तत्त्व से लोभ।

ये ही अव्यक्त तत्त्व की पाँच शक्तियाँ और प्रत्येक के पाँच-पाँच गुण कहे जाते हैं।

प्रभु की सेवा नहीं की है। उन हरि ने मेरे शरीर में नेत्र, वाणी, अधर, मुख, नासिका, शीश, हस्त और चरण को युक्ति से जोड़कर इस मानव-देह की रचना की है। हे जगत गुरु! मुझे अपना दास समझकर मेरा पालन कीजिए जिससे मेरे काठ रूपी पुण्य-कार्य संसार रूपी सागर में नहीं डूबें। आपने अतीत में अनेक पापियों का उद्धार किया है। फिर मैं अभागा आपको छोड़कर और कहाँ जा सकता हूँ? मैं संसार सागर में संतरण करते-करते थक गया हूँ। अभी तक मैं प्रभु रूपी नौका नहीं पा सका हूँ। इसलिए इस सागर से मुझे पार करके, मेरा उद्धार कीजिए। उन प्रभु की शरण में आने पर देवताओं और मुनियों को न अग्नि जला पाई और न जल ही उन्हें डुबा पाया। हे नाथ! आपका आश्रय पाकर समस्त संशयों का नाश हो जाता है। फिर यह प्राणी इस संसार में आकर क्यों अपनी शक्ति का क्षय करे?

5. सही भगतनी टेक भगवंत साधै।

प्रहिलाद नी प्रीति हरि थंभ मैं प्रकट्यौ, असुरि संघारियो बन ब्याधै ॥टेक॥
अखत अबीह औ गाढ़ भैरौ धणी, केस कर साहि बिनि कंस काढ्यौ।
हा क्रिश्न का क्रिश्न द्रोपदी दाखियौ, चत्रभुजा च्यंतया चीर बाढ्यौ ॥1॥
पतित नौं पांवन दीन नौ बंधु, असरण सरण गुंण निगम गायौ।
दास है दुखी क्यूँ सहि सकौ स्वामी, तजि गरड़ आसण प्रभु प्रगट धायौ ॥2॥
काम अरु क्रोध भ्रम लोभ लूटै सदा, सुपिन तर नहीं सुख पायौ।
हरि नांव बिन ठांव तिहु लोक लाभै नहीं, बाजीदौ बीह तौ सरणि आयौ ॥3॥

भावार्थ—प्रभु अपने सच्चे भक्तों के प्रण का निर्वाह करते हैं। प्रह्लाद की भक्ति से प्रसन्न होकर प्रभु स्तम्भ से नृसिंह रूप में प्रकट हुए और हिरण्यकशिपु का वध किया। अक्षत अद्वैत और दृढ़ प्रभु ने केश पकड़कर कंस का संहार किया। कृष्ण-कृष्ण की टेर लगाती द्रोपदी के चीर को बढ़ा दिया। हे प्रभु! आपके पतित-पावन, दीन-बन्धु और अशरण के शरणदाता होने के यश का गान वेदों ने भी किया है। हे स्वामी! आप अपने भक्त के दुःख को सहन नहीं कर सकते हैं। भक्त पर संकट या भीर पड़ते ही गरुड़ासन को छोड़कर दौड़ पड़ते हैं।

मैं काम, क्रोध, भ्रम और लोभ से ग्रस्त रहा हूँ। इनमें फँसा रहने से मुझे स्वप्न में भी सुख नहीं मिला है। आपके नाम-स्मरण के सिवा तीनों लोकों में और कोई सहारा (ठिकाना) नहीं है, इसलिए आपकी शरण आया हूँ।

6. हो कोऊ मोहि मिलावै हो रांम।

ताके पग कौं करो पांनही, सुनि सखी मेरे या तन कौ चांम ॥टेक॥
तन मन धन सुपिनौं की संपति, मोछि मुकति मोरे कौंनें कांम।
आतुर अधिक चैंन चितु नांही, बिनु दरसन दुख पावति बांम ॥1॥
सो दिन कौंन कहो मेरी सजनी, निरखौं नैंन सलौंनें स्यांम।

ग्यान ध्यान धीरज ध्रम बिसारि सि, अबल अबहि करी बसि कांम ॥2॥
घर बन कछु सुहाई स्यांम बिनु, जुग भरि बीतत चार्यौ जाम।
जन बाजीद बिवोगनि नारी, रसनां रटत नैंनि दिन नांमे ॥3॥

भावार्थ—कोई ऐसा है जो मेरे प्रभु राम से मिला सकता हो? हे सखी! जो ऐसा कर देगा उसे मैं अपने शरीर की चमड़ी से उसके पैरों की जूतियाँ बनवा दूँगी। तन, मन और धन में स्वप्न में मिलने वाली सम्पत्ति के समान हैं। मोक्ष और मुक्ति ये मेरे लिए किसी काम के नहीं हैं। विरहिणी जीवात्मा प्रभु-विरह में अत्यन्त व्याकुल हो रही है। प्रभु से साक्षात्कार के बिना वह अत्यन्त दुःखी हो रही है। उसके चित्त को चैन नहीं मिल रहा है।

हे सखी! वह कौन-सा शुभ दिन होगा। जब मैं अपने नेत्रों से सलोने कृष्ण की छवि को देखूँगी। कृष्ण के विरह में ज्ञान, ध्यान, धैर्य और धर्म सबको भुला बैठी हूँ। अबला समझकर कामदेव ने मुझे अपने वश में कर लिया है।

कृष्ण के बिना उसे न घर सुहा रहा है और न वन सुहा रहा है। चारों याम पूरे युग के समान प्रतीत हो रहे हैं। वह वियोगिनी नारी अपनी जिह्वा से रात-दिन अपने प्रिय का नाम जपती रहती है।

7. स्यांम बिन नहीं न आसिरौ कोइ।
लागै लपट दसौं दिस तन कौ, जन कौं न कौंन सहाइ ॥टेक॥
बिरह अगिनि उर अंतर लागी, कहहु कवन दिसि जाव।
मो देखैं जलहर हु जरई, जर तब कहाँ हू बूझाव ॥1॥
मन बच क्रम सकल जीवन के, अंतरजामी आप।
दूर नहीं न तुम निकट गुसांई, हरहु हमारी ताप ॥2॥
नख सिख रौंम रौंम रस भीजै, सीतल ह्वै सब देह।
जन बाजीद जाइ बलिहारी, बरखहु बलम मेह ॥3॥

भावार्थ—कृष्ण के बिना कोई आश्रय नहीं है। उनके विरह में दसों दिशाओं से शरीर में लपटें लग रही हैं। विरहिणी का कोई सहारा नहीं है। हृदय में विरहाग्नि प्रज्वलित हो रही है। किसी भी दिशा में उसे चैन नहीं मिल रही है। ऐसी स्थिति में वह कह रही है कि मैं किसी दिशा में नहीं जा सकती हूँ। विरहाग्नि से जलती हुई मुझे देखकर जलाशय भी सूख गए हैं। अब मेरी उस अग्नि को कौन बुझाएगा?

हे अन्तर्यामी प्रभु! मेरे सम्पूर्ण जीवन के आप ही मन, वचन और कर्म हैं। हे गोस्वामी! आप न तो निकट हैं और न दूर। मैं आप पर बलिहारी जाती हूँ। आप मेरे तापों (दैहिक, दैविक, भौतिक) को दूर कीजिए। नख से लेकर शिखा तक मेरा रोम-रोम आपके भक्ति-रस से भीगकर मेरे देह को शीतल कर दे। हे प्रभु! आप मेरे ऊपर ऐसी स्नेह-वर्षा करें।

8. पंखी पायो अविचल राज।

राग दोष दोउ बिबरजित, जुरा न जंम की गाज ॥टेक॥
जीव पंखी सुन्यं तरवर, ताकि बैठ्यौ जाइ।
सुरति साखा नांम फल, तहाँ निरखि नीकैं खाइ ॥1॥
जहाँ काल ब्याल न जाल जिय कौ, करत पंखी केल।
गंगा ति जमुना सुरसती, भयौ चंद सूरज मेल ॥2॥
अचल भयौ चित क्यौं चलै, जब मूल लागै बंध।
पैमु पानी पीयौ पंखी, कीयौ अबिचल कंध ॥3॥
जाकैं नैंन निरमल बैंन मीठे, मुकति भैला जग।
तिहि हंस सरभरि क्यौं करै, बाजीद कारौ कग ॥4॥

भावार्थ--जीव रूपी पक्षी ने ऐसी शाश्वत शोभा पा ली है जिससे उसने राग और द्वेष दोनों को छोड़ दिया है। उसे न वृद्धावस्था सता रही है और न यम की गाज (बिजली) उस पर गिर रही है। जीवात्मा रूपी पक्षी ने शून्य (आकाश, ब्रह्म रंध्र) रूपी वृक्ष पर अपना घोंसला बना लिया है। उस शून्य (ब्रह्म रंध्र) रूपी वृक्ष की सुरति-साधना रूपी डालें हैं। उस पर नाम-स्मरण रूपी फल लगे हुए हैं। उन्हें ध्यान और युक्तिपूर्वक वह जीव रूपी पक्षी खा रहा है। वहाँ उसके हृदय को काल रूपी सर्प का कोई भय नहीं है। उसके जी के लिए कोई झंझट भी नहीं है। इनसे भय-मुक्त होकर पक्षी स्वतन्त्र रूप से केलि-क्रीड़ा कर रहा है। उस ब्रह्म रंध्र रूपी वृक्ष में इड़ा, पिंगला और सुषुम्ना तथा चन्द्रमा (इड़ा) और सूर्य (पिंगला) का मेल हो रहा है। सहजावस्था में स्थिर चित्त भला कैसे चंचल हो सकता है जबकि वह मूल (परम ब्रह्म) से दृढ़ता से बँधा हुआ (अद्वैत हुआ) है। उस पक्षी ने ईश्वर-प्रेम रूपी जल का पान कर लिया है। इसलिए उसे परम ब्रह्म का अविचल सहारा मिल गया है। उस साधक रूपी हंस के नेत्र स्वच्छ और वाणी मधुर हो गई है। सांसारिक-प्रपंचों से उसे छुटकारा मिल गया है। ऐसे साधक रूपी हंस (जीवात्मा) का मायिक-प्रपंचों में फँसा काला-कौआ (सांसारिकता में लिप्त प्राणी) कैसे बराबरी कर सकता है?

9. नांव बिन ठांऊँ कहीं है रे तोहि।

चित चोखैं नित रांम नांम लै हितु बंजा नितु मोहि ॥टेक॥
जोग जगि जप तप पुंनि तीरथ, जतन करत सब कोइ।
सुमिरत साखि बेद यूँ बोलत, मुकति न हरि बिन होइ ॥1॥
भूल्यौ भरम करम बहु कीनैं, अजहु स आवहु ठौर।
खपहु न लागि ब देइ देवतनि, जपहु स्यांम सिरमौर ॥2॥
अकल अतीत सकल गुन न्यारौ, जोति सरूपी देव।
जन बाजीद भजहि निसि बासुरि, तजहु आंन की सेव ॥3॥

भावार्थ—हे प्राणी (साधक)! राम के नाम स्मरण के बिना क्या तुझे कोई और ठिकाना है? वे लोग अच्छे हैं जो रोज अपने चित्त से राम के नाम से हित लगाकर स्मरण करते रहते हैं। मुक्ति के लिए लोग योग धारण करते हैं; यज्ञ, जप-तप और तीर्थ-यात्रा करते हैं, लेकिन स्मृतियाँ और वेद साक्षी हैं कि वह मुक्ति राम-नाम के स्मरण के बिना प्राप्त नहीं होती है। अब तक तूने प्रभु के नाम-स्मरण को भुलाकर और सांसारिक माया-जाल से भ्रमित होकर अनेक दुष्कर्म किए हैं। अब तो सही ठिकाने (प्रभु नाम-स्मरण) पर आ जाओ। अन्य देवी-देवताओं को त्यागकर सबके शिरोमणि (श्रेष्ठ) राम (श्याम) के नाम का स्मरण करते रहना चाहिए। अन्य देवताओं की उपासना छोड़कर, अखण्ड, निराकार, गुणातीत, निर्लेप, अद्वितीय और ज्योति-स्वरूप राम (ब्रह्म) के नाम का स्मरण रात-दिन किया कर।

10. न करि आंन स्यौं भाव चित चरननि लाव, झूठ स्यौं मन कहा मूढ़ बँधा।
रांम के नांम बिन ठौर तिहु लोक नहीं, चेति रे चेति रे चेति अंधा ॥टेक॥
विषै रस कौ पियै, तब लौ ही जगि जीवै, अधम अजामिल से न औरी।
आंनि जब जंम गह्यौ नांव सुत हित कह्यौ, निमष महि खुलि गई मुकति पौरी ॥1॥
रांम रसना रटै करंम सोई कटै, अबरन बरन कहा पुरिष नारी।
साखि सुम्रिति कहीं, सो ब मो मनि रही, साइर मांझ पुनि सिलब तारी ॥2॥
बाजीद मूलहि गही, जगत संगि नां बही, सही सुख रासि है भजन लोई।
जोग अरु जगि जप तप तीरथ कहा, एक हरि नांव पटतरि न कोई ॥3॥

भावार्थ—हे मूर्ख मन! तू असत्य (मायिक-प्रपंचों और अन्य देवी-देवताओं) से क्यों बँधा हुआ है? दूसरे देवी-देवताओं की उपासना छोड़कर तू परम ब्रह्म के चरणों में अपना ध्यान लगा। तीनों लोकों में राम-नाम के बिना कोई ठिकाना नहीं है। हे अज्ञानी! तू अब भी सचेत हो जा। पापी अजामिल जब तक जीवित रहा वह विषय-रस में डूबा रहा। जैसे ही यमराज ने उसे दबोचा तो अपने पुत्र 'नारायण' का नाम पुकारते ही पल भर में उसको मुक्ति रूपी पौरी का द्वार खुल गया। सवर्ण हो या अवर्ण, पुरुष हो या नारी, उनके द्वारा जिह्वा से राम-नाम का स्मरण करने से, कर्म-फल का जाल कट जाता है। स्मृतियाँ साक्षी हैं, मेरे मन का साक्ष्य भी यही है कि इस संसार-सागर के मध्य वही उद्धार करने वाले हैं जिन्होंने सेतु-बंध के समय शिलाओं को पानी पर तैरा दिया था। इसलिए लोगों (साधकों) सांसारिक के साथ न बहकर, संसार के मूल (नियंता) रूपी परम ब्रह्म के नाम-स्मरण का मार्ग पकड़ कर, वास्तविक सुखों के प्रदाता (परम ब्रह्म) का भजन कर लेना चाहिए। उनके नाम-स्मरण की समानता न तो योग कर सकता है, न यज्ञ, जप-तप और तीर्थ-यात्रा कर सकती है।

11. मोसौ पतित न तो सौ पांवन।

लखि चौरासी जुनि जगत गुर, भ्रमत-भ्रमत मैं गह्यौ है बंदावन ॥टेक॥
जौ सिर जाई तौ संग न छाड़ौ, मन बच क्रम जांनि जिय ईव।
परी पटोरैं गाँठि गुसांई, टूटति परि छूटत नहीं कीव ॥1॥
आंन ब देव सेव मैं कीनीं, जनम अनेक भी बहु भूल।
पूरब पुनि उदै भयौ, क्रोध (?) साखा तजि पकर्‌यौ अब मूल ॥2॥
ध्रु प्रहिलाद कबीर नांम दयौ, प्रभु जू कौ सुजसु सुनायौ मोहि।
ज्यौं जानैं तौ तारि रमापति, जन बाजीद आयौ तकि तोहि ॥3॥

भावार्थ—हे प्रभु! आपके समान कोई पतित पावन नहीं और मेरे समान कोई पापी नहीं है। हे जगत् गुरु चौरासी लाख योनियों में भ्रमते-भ्रमते मैंने सही तत्त्व को पहचान लिया है अतः उन्हीं परम ब्रह्म का पल्ला पकड़ लिया है और हृदय में यह धारणा बना ली है कि सिर भले ही चला जाए, मैं मन से कर्मों और वचनों से परम प्रभु का साथ नहीं छोड़ूँगा। हे गोस्वामी! रेशमी वस्त्र में लगी यह गाँठ टूट भले ही जाए, पर छूट नहीं सकती है।

मैंने अनेक जन्मों में बड़ी भूल की है जो अनेक देवी-देवताओं की सेवा में लगा रहा। पूर्व जन्मों के पुण्यों के फलस्वरूप ज्ञान का उदय हुआ। अब मैंने शाखाओं (अन्य देवी-देवताओं) को छोड़कर मूल (परम ब्रह्म) को पकड़ लिया है। पूर्व के संतों-भक्तों, ध्रुव, प्रह्लाद, नामदेव, कबीर ने मुझे प्रभु के सुयश का उपदेश सुनाया (दिया) है। हे रमापति! अपना समझकर मेरा उद्धार कीजिए। मैं बड़ी आशा लगाकर आपकी शरण में आया हूँ।

12. पापी नैंक न छाड़त संग।

मन बच क्रम प्रबल इहि माया, कीयौ है भगति कौं भंग ॥टेक॥
हाँ हो चंचल चपल चहू दिसि डोलति, ज्यौं तरवर की छाँह।
मीर मलिक राव कहा राजा, सिर काटत दे बाँह ॥1॥
हाँ हो जहाँ तहाँ जाव तहाँ तहाँ आगै, सब कहौं दुख तोहि।
जोगी जती तपी संन्यासी, सब हीं कौ मनु लयौ मोहि ॥2॥
हाँ हो तब तैं सूकि भयौ तन लकरी, मन कौ मिटि गयौ मोद।
समझि न परत रुखि किहिं रांची, अब चितवति मो कोद ॥3॥
हाँ हो जौ मन खैंचिब रहत आपनौं, तौ उठि लागति पाइ।
जन बाजीद नैंक नहीं बिछुरति, ज्यौं बछा संगि गाइ ॥3॥

भावार्थ—पापिन माया तनिक भी मेरा साथ नहीं छोड़ रही है। मन, वचन और कर्म से इसने सशक्त होकर मेरी भक्ति-चेतना को ध्वस्त कर दिया है। जिस प्रकार पेड़ की छाया स्थिर नहीं रहती, वैसे ही माया मुझे चंचल-चपल बनाकर चारों दिशाओं

में घुमा रही है। सहारा देने के बहाने इसने मीर, मलिक, राव और राजा सभी को वश में करके उनके सिर काट दिए हैं। हे प्रभु! मैं आपको अपना समस्त दुःख कह (निवेदित कर) रहा हूँ। मैं जहाँ-जहाँ जाता हूँ मेरे आगे-आगे मायिक-प्रपंच चलते हैं। यह इतनी प्रबल है कि इसने योगी, यती, तपस्वी, संन्यासी सभी को मोहित कर रखा है। माया में लिप्त मेरा शरीर सूखकर लकड़ी की तरह दुर्बल हो गया है। मेरे मन के समस्त आनन्द विलीन हो गए हैं। समझ में नहीं आता कि माया ने कौन-सा रुख अख्तियार कर रखा है जिससे मुझे कोथ (आँख का रोग) हो गया है। इससे मुझे कोई दिशा (रास्ता) दिखाई नहीं पड़ती। यदि मैं उससे मन खींचता हूँ तो वह मेरे पैरों से लिपट जाती है। यह माया मुझसे तनिक देर के लिए भी नहीं बिछुड़ती। मेरे संग उसी तरह लगी रहती है जैसे गाय के साथ बछड़ा लगा रहता है।

13. हरि संतन के साथ ॥टेक॥

हाँ हो तुम्हारौ ही दियौ लीयौ नांव निधि, तन की त्रिस्ना भागी।
अनल पंखि जिम उलटि अपूठी, सुरति चरन सन लागी ॥1॥
हाँ हो सोवत जागत जहाँ तहाँ, प्रभु मोहि तिहारी आसा।
अब तुम हो हरि हूँ इहाँ नांही, फल तहाँ फूल बिनासा ॥2॥
हाँ हो सुर नर असुर अनेक उधारे, बेद चतुरमुख साखि।
जन बाजीद कहसि करुनामैं, यहु अपनौंपन राखि ॥3॥

भावार्थ—परम ब्रह्म (हरि) सन्तों के सहायक (रक्षक) हैं। मैंने आपकी नाम-स्मरण रूपी निधि को ग्रहण किया है जिससे मेरे शरीर की समस्त तृष्णाएँ दूर हो गई हैं। जिस प्रकार अनल पक्षी (एक काल्पनिक चिड़िया, शार्दूल) पलटकर पुनः आकाश में समा जाती है वैसे ही मेरा मन सांसारिक-प्रपंचों से उलटकर (उचाट खाकर) परम ब्रह्म के चरणों में रम गया है। हे प्रभु! सोते-जागते, जहाँ-तहाँ यानी हर जगह मेरी आपसे आशा की डोर लगी रहती है। अब मेरा अस्तित्व आप में उसी तरह विलीन हो गया है जैसे फूल अपना अस्तित्व मिटाकर फल में बदल जाता है। वेद और ब्रह्मा साक्षी हैं कि आपने अनेक देवताओं, मनुष्यों और राक्षसों का उद्धार किया है। भक्त बाजिद कहते हैं कि हे करुणामय! मेरे सन्दर्भ में भी अपने विरुद (यश) की रक्षा कीजिए।

14. बलाईया ल्यौं हू दरसन की आधीन।

असन बसन न सुहाइ स्याम बिन, बिरहु बिथा तन खींन ॥टेक॥
कासौं कहूँ कौंन यहु मांनै, सुनहु सनैही रांम।
तिहारे बिरह बाइ बौरांनीं, अस्त रहे कै चांम ॥1॥
जा दिन तैं बिछुरै मनमोहन, जैसे जल बिन मीन।
लोक लाज कुल कानि बिसरि गई, भई पैंम लै लीन ॥2॥

इकटग पंथ निहारत पिय कौ, निस निघटी भयौ भोर।
जन बाजीद जाइ बलिहारी, मिलहु न चित के चोर ॥3॥

भावार्थ–मैं आपके साक्षात्कार के लिए बलिहारी जाती हूँ। कृष्ण (ब्रह्म) के बिना न मुझे भोजन सुहाता है और न वस्त्र सुहाते हैं। उनके विरह की वेदना से मेरा शरीर क्षीण हो गया है। हे स्नेही राम! मैं किससे अपनी व्यथा कहूँ? कौन इसे स्वीकार करेगा? आपके विरह रूपी तप्त वायु से यह विरहिणी जीवात्मा पागल हो रही है। अस्थि और चर्म दोनों ही शरीर का साथ छोड़ने वाले हैं।[1] जिस रोज से श्याम से विरह हुआ है, उसी रोज से पानी के बिना मछली की तरह तड़प रही हूँ। लोक-लज्जा, परिवार की मर्यादा सभी को भुलाकर आपके प्रेम में तल्लीन हो गई हूँ। मैं निर्निमेष होकर अपने प्रिय का मार्ग देखती रहती हूँ। इस प्रतीक्षा में कब रात व्यतीत होकर भोर[2] हो गया, यह पता नहीं चलता है।

हे चित्तचोर! मैं आप पर बलिहारी जाती हूँ। आप शीघ्र आकर मुझसे मिलिए।

1. कंकाल शेष रहेगा या सूखी चमड़ी। 2. दिन निकल आया।

15. धाव धाव अभागे मन चरन कंवल तनधाव।
कौन कुमति कहि धौं तोहि लागी, उपजति भगति न भाव ॥टेक॥
कुल अभिमान निवारि, रोस, रस मगन भयौ गुंन गाऊँ।
पीछै फिरि पछितैहै बोरे, यहु औसर यहु दाव ॥1॥
यहु संसार रैंनि कौ सौ सुपिनां जोतहि जोति मिलाव।
आनंद अधिक होई अघ नांसै, पेम निसांन बजाव ॥2॥
काल जंजाल, करम बसि काया, माया मन न बंधाव ।
बाजीदा भगवंत भजहु किन अलप रहीं सुठि आव ॥3॥

भावार्थ–हे दुर्भाग्यशाली मन! तू दौड़कर प्रभु के चरण-कमलों पर अपना ध्यान केन्द्रित कर। तुझे न जाने कैसी दुर्बुद्धि ने आ घेरा है। जिससे तेरे अन्दर प्रभु-भक्ति और प्रभु-अनुराग जाग्रत नहीं हो पा रहा है। क्रोध और कुल के अहंकार को छोड़कर, प्रभु के भक्ति-रस में डूबकर उनके यश का गान करता रह। यदि ऐसा नहीं किया तो यह अवसर और यह दाँव फिर नहीं मिलने का है। बाद में केवल पछताता रह जाएगा। यह संसार रात में आने वाले स्वप्न की तरह मिथ्या है इसलिए तू प्रभु की ज्योति में अपनी ज्योति को मिला दे अर्थात् अद्वैत की स्थिति में आ जाओ। इससे अत्यधिक आनन्द प्राप्त होगा और समस्त पाप नष्ट हो जाएँगे। इसलिए तू ब्रह्म-प्रेम रूपी डंके को बजा। इससे काल रूपी जंजाल और कर्म-फल की यातना से मुक्त हो जाएगा। इसलिए तू मायिक-प्रपंचों से अपने मन को हटा ले। हे जीव! तेरी थोड़ी ज़िन्दगी शेष रही है। अतः सद्मार्ग अपना कर, अपने प्रभु को भज ले।

॥ राग विहाग ॥

16. आव हो मेरे स्याम सलौनैं, तुम बिन जीवन केहा।
बिरह सतावै नींद न आवै, दुख पावत पुनि देहा ॥टेक॥
कर मीडत पचितात पीव बिन, घर आँगन न सुहावै।
आतुर अधिक चैंन चित नाहीं, सो धन अंन न भावै ॥1॥
कीर कपोत कोकिला, सारिस, चात्रिग पीव पीव बोलै।
मोर हंस सजन साईर बिन, चक्रित चहुँ दिसि डोलै ॥2॥
बिरह भुवंग ड़से सरीरा, तुम सुनियत बड ग्यांनी।
यहु कहि दोस कौंन कौं दीजत, एहै बिथा न जानी ॥3॥
अवगुन मोर निवारहु दूलह, दया करौ घरि आवो।
जोबनु जात अंजुरी जल ज्यों, हा हा बिरम न लावो ॥4॥
तुम कहियत त्रिभुवनपति राजा, सबके अंतरजांमीं।
बाजीद जाई बलिहारी, क्रिपा करहु किनि स्वांमीं ॥5॥

भावार्थ—हे मेरे सलोने कृष्ण (ब्रह्म) आप आइए। आपके बिना मेरा जीवन निरर्थक हो रहा है। मुझे आपका विरह यातना दे रहा है, उसके कारण नींद नहीं आती है और शरीर लगातार कष्ट भोग रहा है। प्रिय के बिना मुझे घर-आँगन अच्छा नहीं लग रहा है। धन-धाम और अन्न अच्छे नहीं लग रहे हैं। तोता, कबूतर, कोयल, सारस, चातक, मोर और हंस पी-पी की रट लगाए हुए मुझे सता रहे हैं। प्रियतम-सागर के बिना मन चारों दिशाओं में चक्कर खाता हुआ घूम रहा है। सुनते हैं आप अन्तर्यामी (घट-घट की बात जानने वाले) हैं। क्या आप नहीं देख रहे हैं कि विरह रूपी सर्प मुझे लगातार डस रहा है जिससे मेरा करुणान्त होने वाला है। मैं किसको दोष दूँ? आप भी मेरी वेदना को समझ नहीं रहे हैं।

हे प्रिय! मेरे दोषों को भुलाकर और मेरे ऊपर दया करके घर आइए। मेरा यौवन अंजुरी भरे जल की तरह छीज रहा है। इसलिए मैं हा-हा खाती हूँ। आप आने में देर मत कीजिए।

आप त्रिभुवनपति हैं, सबके राजा हैं, अन्तर्यामी हैं। सबकी व्यथाएँ जानते हैं मैं आप पर बलिहारी जाती हूँ। आप मेरे ऊपर क्यों नहीं कृपा कर रहे हैं?

॥ राग मारू ॥

17. रह्यौ राचि एक साचि तजि ब सकल लोई हो।
मिल्यौ मीत भयौ न चोत, सहजैं ही सब होई हो ॥टेक॥
आन देव करौ न सेव; काया करम लागै।

धनि सु जीव संगि पीव, सकल निसा जागै ॥1॥
ज्यौं निरधन धन रहै मन, सुरति कुंज कछा।
लगै न कीच कंवल बीच, अछिनि मैं आछा ॥2॥
सहज सुनि लगी धुनि, भव जल नहीं आवै।
मनहु नीर मिल्यौ खीर, संधि कोउ न पावै ॥3॥
हिरदै हेत नांव लेत, नैकहु न भूलै।
बाजीद संत आदि अंत, पंकरि रह्यौ मूलै ॥4॥

भावार्थ—हे लोगो (साधकों) अन्य देवी-देवताओं को छोड़कर, सच्चे प्रभु से डोर लगानी चाहिए। प्रभु से साक्षात्कार होने पर किसी प्रकार की चिन्ता नहीं रहती। सहज रूप से सारे कार्य सम्पन्न हो जाते हैं। अन्य देवों की सेवा करना निरर्थक है। उससे काया-कर्म पीछा नहीं छोड़ते हैं। वह प्राणी (साधक) धन्य है जो अपने प्रिय के संग-साथ का लाभ पाता हुआ उनके साथ केलि-क्रीड़ा में रात-भर जागता रहता है। जैसे निर्धन के मन में धन बसा रहता है वैसे ही उनका मन सुरति-साधना में बसा रहता है। इससे वह कमल के समान सांसारिक-कीच से बचा रहता है। वह सहज-साधना करता हुआ अनहद नाद सुनता रहता है और लौटकर संसार-सागर में नहीं आता है। जैसे दूध और जल मिलकर एकाकार हो जाते हैं वैसे ही साधक और ब्रह्म मिलकर अद्वैत स्थिति में आ जाते हैं उनमें किसी प्रकार का द्वैत नहीं रहता। ऐसे सच्चे साधक हृदय में प्रभु का नाम लेते रहते हैं, तनिक भी नहीं भूलते। सच्चे सन्त आदि से लेकर अन्त तक अपनी सहज-साधना के लिए सृष्टि के मूल अर्थात् ब्रह्म को पकड़े रहते हैं।

18. सुखी हौं राम राई कै राज।
सहज सील सन्तोष सलिलता, जुरा न जम की गाज ॥टेक॥
सरग नरग संसौ सब भाग्यौ, ज्यूँ सर देखैं काग।
क्रिपा करौ करुनामैं केसो, को पूरिबलौ भाग ॥1॥
पाप पुंनि सुंनि सच पायौ, सरगु नरक नहीं कोई।
पंच प्रपंच पचीस पांच सै, पला न पकरै कोई ॥2॥
साध संग रंग रुचि बाढ़ी, बुझी त्रिबिधि तन तापा।
जन बाजीद कहाँ लौ बरनै, चरण कंवल परतापा ॥3॥

भावार्थ—राजा राम के राज्य में (राम भक्ति करने पर) सभी सुखी रहते हैं। शील, सन्तोष और सलिलता सहज रूप से प्राप्त हो जाते हैं। यहाँ न बुढ़ापा आता है और न यम की गाज गिरती है। स्वर्ग-नर्क प्राप्ति के संशय उसी प्रकार दूर हो जाते हैं जैसे खेतों में बिजूका देखकर कौए भाग जाते हैं। हे करुणामय केशव! आप मेरे ऊपर कृपा कीजिए। मेरे पूर्व जन्म के कर्मों का सौभाग्य है कि मुझे आपकी भक्ति

मिली है। अब मुझे पाप-पुण्य, स्वर्ग-नरक की कोई वांछा नहीं रही। मैंने शून्य (ब्रह्म रंध्र) में सच को पा लिया है। इस संसार में पाँचों इन्द्रियों के पचीसों प्रकृतियों के प्रपंच अब मुझे जकड़ नहीं सकते हैं। अब मेरी सत्संग में रुचि बढ़ गई है। शरीर में तीनों प्रकार (दैहिक, दैविक और भौतिक) के तापों का शमन हो गया है। प्रभु के यश का कहाँ तक वर्णन किया जाए। उनके चरण-कमलों के प्रताप से साधक के लिए सबकुछ सम्भव हो जाता है।

19. सखी हे गरजि घटा घन आई।
हरि बिनि क्यूँ जीवन होइ माई ॥
मोर मगन चकोर चात्रिग, कोकिला बन बोलहीं।
निराधार अनाथ अबला, प्रांण दह दिसि डोलहीं ॥1॥
एक रैंनि कारी विरह जारी, पीव पासि न पेखिये।
जान राइ प्रबीन प्यारे, दुख दारुन देखिये ॥2॥
एक प्रीति पहिली सुमिरि स्वांमी, बेगि बार न लाइये।
सुखौं सागर गुननि आगर, बिरह अनल बुझाइये ॥3॥
बहु घाट औघट उतरि आतुर, कंत हौ तुम्ह कारनै।
मिलि आव मोहन करि मया, बाजीद जन भयौ बारनै ॥4॥

भावार्थ—हे सखी! गर्जना करके घनघोर घटाएँ छा गई हैं। प्रभु के बिना मेरा जीवित रहना कठिन हो रहा है। मोर, चकोर, चातक, कोयल घटाएँ देखकर मग्न हो रहे हैं और मधुर स्वर में आलाप कर रहे हैं मैं असहाय, अनाथ अबला हूँ—विरहोद्दीप्त करने वाले इन शत्रुओं को देखकर मेरे प्राण भय से दसों दिशाओं में बेचैनी से डोल रहे हैं। प्रिय के पास न होने से काली रात्रि मुझे डरा रही है और मेरी विरहाग्नि को निरन्तर धधका कर मुझे जला रही है। हे जानराय, प्रवीण प्रियतम! मेरे इस दारुण दुःख को देखकर कृपा कीजिए। हे स्वामी! मेरी पूर्व प्रीति का स्मरण करके आने में देर नहीं लगाइए। हे सुख-सागर आप गुणों के आगार हैं। आकर मेरी विरहाग्नि को शान्त कीजिए। हे प्रिय! आपसे मिलने के लिए विकट घाटियों को पार करती हुई मैं अत्यन्त व्याकुल हो रही हूँ।

हे मोहन! मैं आप पर न्यौछावर जाती हूँ। आप दया करके मुझे अपना साक्षात्कार कराइए।

20. रैंनि जागी हो सबाईं रैंनि जागी।
जीव पड़्या बसि जीव कैं, मेरी आँखि न लागी हो ॥टेक॥
आस असानौं रैंनि दिनां, पीव प्यास न भागी हो।
पड़ी तलफैं मंछ ज्यूँ, तेरे नेम की पागी हो ॥1॥
भूली भौंह कटीलियाँ, उर अंतरि आगी हो।

किसे कहूँ दुख आपनां, मेरी छाँह न सगी हो ॥2॥
बाजीद बिवोगनि बनि भवैं, जन पूछत मंगी हो।
प्रांण पयानौं करत हैं, पीय तुम्हैं त्यागी हो ॥3॥

भावार्थ—हे स्वामी! आपके विरह में, मैं पूरी रात जागी हूँ। मेरा मन बेचैन रहा जिससे रात-भर आँख नहीं लग पाई। मुझे रात-दिन प्रिय आगमन की आशा तथा उनको पाने और देखने की आकुलता बनी रहती है। प्रिय-विरह में, मैं पानी से वियुक्त मछली की तरह तड़पती रहती हूँ। हे प्रिय! मैं आपके अनुराग में पूरी तरह पगी हुई हूँ। मैं अपने बंकिम कटाक्षों को भूल गई हूँ।

मेरे हृदय में विरहाग्नि धधकती रहती है। किससे अपना दुःख कहूँ—कोई भी तो सगा नहीं है। यहाँ तक कि अपनी छाया भी साथ नहीं दे रही है। विरहिणी कातर होकर कह रही है कि हे प्रिय! आपसे बिछुड़कर मेरे प्राण छूटने वाले हैं।

21. सु तेरे रूप लुभानी रे।
निस न आवै नींद डीठौ दिवांनी रे ॥टेक॥
तिसज लागी तिसकी, तिस बिनि तिस न जावै रे।
सुकि सुपारी तन भयौ, दिन अंन न भावै रे ॥1॥
आव हमारी सेजड़ी, तुझ बिन कहूँ क्यूँ सारह रे।
पंथ निहारौ रैंनि दिना, पीव पीव पुकारौं रे ॥2॥
किसे कहूँ दुख आपणां, जब थैं तुम्ह सौं ठांणी रे।
बाजीद सु ब्याकुल विरहनीं, पीव पीर न जांणी रे ॥3॥

भावार्थ—हे प्रभु! मैं आपके सौंदर्य पर मोहित हूँ। उस सौंदर्य को देखकर ऐसी दीवानी हो गई हूँ कि मुझे रात-भर आपके विरह में नींद नहीं आती है। मुझे आपकी तृष्णा लगी हुई है। आपके बिना यह तृष्णा शान्त नहीं हो रही है। विरह के कारण मेरा शरीर सूख कर सुपाड़ी के समान हो रहा है। भूख-प्यास सब मर चुकी है। हे प्रिय! आप मेरी शय्या पर आएँ। आपके सिवा मेरा कोई सुधि लेने वाला या दुःख दूर करने वाला नहीं है। मैं रात-दिन आपका मार्ग खोजती रहती हूँ। हर समय प्रिय-प्रिय पुकारती रहती हूँ। जब से आपसे लगन लगी है, तब से दुःख ही दुःख उठा रही हूँ। इस दुःख को अब किससे कहूँ? इस प्रकार जीवात्मा रूपी विरहिणी अत्यन्त व्याकुल हो रही है किन्तु प्रिय को उसकी पीड़ा व दर्द का आभास तक नहीं हो रहा है।

22. नांव[1] तेरौं प्रांण मेरौ, नैंक करौ न न्यारौ हौ।
राखूँ गोई लहै न कोई[2], निरधन प्यारौ हौ ॥टेक॥
नांव तात नांव मात, नांव बंध भाई।
नांव रिधि नांव सिधि, नांव मुकति[3] पाई ॥1॥

निरमल निज एक छिन, रांम नांम बोलै।
अष्ट सिधि नवै निधि, संगि लगी डोलै ॥2॥
धरुं[4] ध्यांन अब न आंन, याही लगि[5] जीऊँ।
रांम नांम अंब्रित[6] कौं, बेर बेर पीऊँ ॥3॥
जहि[7] नांम लीयौ, अंब्रित पीयौ, लगै न ब्यारि ताती।
सुर नर मुनि सुमिरि सुमिरि, सीतल की छाती ॥4॥
राति दिन रहै न छिन, काल ब्याल लूटै।
इहै[8] तंत आदि अंत, नांव कहे छूटे ॥5॥
बाजीद दास पूजी आस, सोवत जीव[9] जाग्यौ।
जनम मरन[10] हरिषि सोग, भेद भरम भाग्यौ ॥6॥

पाठा.–1. नाम (क), 2. कोइ (ख), 3. मुक्ति (ग), 4. धरौ (ग), 5. लागै (घ), 6. अमृत (ख), 7. जीही (क), 8. यहै (क), 9. जीय (क), 10. मरण (घ)।

भावार्थ–आपका नाम-स्मरण ही मेरा प्राण (जीवन) है। अतः मुझे अपने से तनिक भी दूर न कीजिए। जैसे निर्धन को धन प्यारा होता है वैसे ही आप मेरे लिए प्रिय हैं। इसलिए मैं आपको हृदय में ऐसे छिपाकर रखूँगी जिससे कि कोई आपको अपहृत न कर सके। हे प्रभु! आपका नाम ही मेरे लिए माता-पिता, बंधु-बांधव है। वही ऋद्धि-सिद्धि और मुक्ति-प्रदाता है। जो निर्मल हृदय से एक पल भी राम-नाम का स्मरण कर लेता है तो उसके आठों सिद्धियाँ और नौ निधियाँ पीछे-पीछे लगी डोलती हैं। मैंने भी दृढ़ निश्चय कर लिया है कि अन्य प्रपंचों से मुक्त होकर, इसी का ध्यान करता हुआ इसी के सहारे जीवित रहूँगा। राम-नाम-स्मरण रूपी अमृत का बार-बार पान करता रहूँगा, क्योंकि जिसने भी राम-नाम स्मरण रूपी अमृत का पान किया है उसे मायिक प्रपंचों की गर्म हवा व्यापती नहीं है। देवताओं, मनुष्यों और मुनियों ने राम-नाम का स्मरण करके ही अपनी छाती को ठंडा किया है। रात-दिन ही नहीं, पल भर के लिए भी उन्हें काल रूपी सर्प के भय ने सताया नहीं है। यही सार-तत्त्व है कि उनकी सोई हुई चेतना जाग उठी और नाम-स्मरण से ही वे साधक तथा भक्त संसार के आवागमन से मुक्ति पा गए। उनकी समस्त आशाएँ पूरी हो गईं और वे जन्म-मरण, हर्ष-शोक और भेद-भ्रम से दूर हो गए।

23. राखि सरनि मेटि मरन, त्राहि त्राहि तेरौ।
सुनहू तात बह्यो जात, क्यूँ न करत केरौ ॥टेक॥
महा दीन भयौ छीन, बुधि बल सब छूट्यौ।
काम क्रोध लोभ मोह, पंचनि मिलि लूट्यौ ॥1॥
प्रबल काम दहै रांम, क्रोध करत[1] चूरै।
कठिन ब्याधि भौ असाधि, प्रगट पर्‌यौ दूरै ॥2॥

भई भूल तज्यौ[2] मूल, नांव सौ न राच्यौ।
माया काज तजि लाज, पर कौ ग्रिह नाच्यौ[3] ॥3॥
लोभ लाइ लगी आइ, जाइ तहाँ बंदा।
पर्‌यौ दौरि, सक्यौ न तोरि, कठिन करम फंदा ॥4॥
इहै सोच भयौ पोच, रांम नांम भूल्यौ।
दूयौस[4] रैंन[5], चित न चैंन, चौरासी डूल्यौ ॥5॥
गहौ हाथ रहौ साथ, गाफिल तउ चेरौ[6]।
दीन बंध रोपि कंध, दुख नबेरि मेरौ ॥6॥
ताप हरन न्रिभै[7] करन, तुम सौ नहीं कोई।
मन बच क्रम, कहत नाथ, बसुधा सब जोई ॥7॥
सकल जांन सुखनिधांन, अब न अंत लीजै।
बाजीद दास रहै प्यास, सोई कछु[8] कीजै ॥8॥

पाठ.—1. बसत (ख), 2. जान्यै (ख), 3. राच्यौ (ख), 4. दिवस (ग), 5. रैंनि (ग), 6. तेरौ (ग), 7. निरभै (घ), 8. कुछ (ग), कछु (ख)।

भावार्थ—हे प्रभु! आप मुझे शरण में ले लीजिए जिससे मेरा आवागमन (मरण-योग) मिट जाए। मैं त्राहिमामू-त्राहिमाम् कहता हुआ आपकी शरण में हूँ। हे पिता! मैं अभी तक मायिक-प्रवाह में बह रहा हूँ। आप मेरी सुधि क्यों नहीं ले रहे हैं? मायिक-प्रपंचों के कारण मैं अत्यन्त असहाय और दुर्बल हो गया हूँ। मेरी बुद्धि और ऊर्जा को मायिक प्रपंचों ने हर लिया है। काम, क्रोध, लोभ, मोह तथा पाँचों इन्द्रियों के भोग ने मेरा सर्वस्व छीन लिया है। प्रबल विषय-वासना ने मुझे दग्ध कर दिया है। तथा क्रोध ने मुझे चूर-चूर कर दिया है। यह असाध्य संसार मेरे लिए सबसे बड़ी व्याधि बन गया है। इसने मुझे प्रभु से दूर कर दिया है।

मुझसे भारी भूल हो गई जो मैंने संसार और जीवन के मूल-प्रभु को भुला दिया था। उनके नाम-स्मरण से नाता तोड़ लिया था। माया के प्रभाव में लाज-मर्यादा को छोड़कर, दूसरों (पंचेन्द्रियों और अन्य विकारों) के इशारों पर नाचता रहा। जहाँ भी गया, लोभाग्नि ने मुझे घेर लिया। उनसे बचने को भागता फिरा किन्तु उनसे नाता नहीं तोड़ सका। कर्मों का फंदा बड़ा कठोर होता है। इन्हीं के कारण मेरा हृदय कमजोर हो गया और मैंने राम के नाम को भुला दिया। इससे मुझे रात-दिन बेचैनी रहने लगी और चौरासी लाख योनियों में भटकता फिरा। हे प्रभु! मेरा हाथ पकड़कर मुझे अपनी शरण में ले लीजिए।

यद्यपि मैं बेसुध हूँ फिर भी आपका दास हूँ। हे दीनबन्धु! मुझे सहारा दीजिए। मेरे दुःखों को दूर कीजिए। आपके समान तापों को दूर करने वाला और भक्तों को निर्भय करनेवाला दूसरा कोई नहीं है। मैंने सारी पृथ्वी को अच्छी तरह जाँच-परख कर देख लिया है। मैं मन, वचनों और कर्मों से यह सत्य कह रहा हूँ

हे सर्वज्ञ, सुख निधान! अपने से दूर करके, अब मेरे प्राणों को मत लीजिए अर्थात् आपके बिना मैं जी नहीं सकूँगा। ऐसा उपाय कीजिए जिससे आपके साक्षात्कार की प्यास मुझे लगातार बनी रहे।

24. म्हारा भाहिला रे, जीती जूवा[1] रे न हारि।
पंच प्रपंच पचीस सौं, तू चौंडे[2] खेत बुहारि ॥टेक॥
कांई रे पग पीछा धरै रे, बुरी सु करहि[3] कपूत।
पर दल पड़े पतंग ज्यूँ, राजा रांम तणां रजपूत ॥1॥
टोप रंगावलि जीव रखी, घोड़े के गल गाह।
सार बज्यू सोधै गलीबौ, सोभ बिगाड़ी[4] साह ॥2॥
रांम सनेही सूरिवां रे, रहैं नवेली वोट।
सिर बांधैं पत राख सौं, नेजे पाड़ै चोट ॥3॥
मरै तौ पावैं मुकति[5] फल रे जीवै तौ जग मैं सोभ।
सूर चढ्यौं संग्राम नै रे, करै न जीव का लोभ ॥4॥
सिर बांधैं पत राख सौं, ज्यूँ सूरो संग्राम।
त्यूं जै मरणा आस घैरे, तो सरै सन्हीं[6] सौं काम ॥5॥
रावत होणौं[7] दोहरौ रे, नहीं हाँसी का खेल।
काम पड्या कूट[8] का करै रे, सहैं सनमुखा सेल ॥6॥
सेल सनमुखा जे सहैं रे, रहैं रांम सौं[9] साच।
साध सती अरु सूरिवा रे, तू त्यांही तवौ रंगी राचि ॥7॥
अब छिपियां क्यूँ छूटि परै, प्रगट भयौ संसारि।
जन बाजीद निसंक ह्वै रे, तूं चुंणि चुंणि मांझी मारि ॥8॥

पाठा.—1. जुवा (ग), 2. चौरै (ख), 3. सुकरै (घ), 4. बिगारी (ख), 5. मुक्ति (घ), 6. सही (ख), 7. हूंणौं (ख), 8. पद्मकूट (घ), 9. सूँ (ख)।

भावार्थ—हे मेरे साथी (मन)! जीती हुई बाजी को मत हार। इस खेल (संसार) में पाँचों इन्द्रियों के पच्चीसों प्रपंच (प्रकृतियाँ) हैं। तू चौड़े खेत को क्यों नहीं बुहारता अर्थात् प्रशस्त और निर्मल प्रभु का स्मरण क्यों नहीं करता? अरे कपूत! तू जीवन-संग्राम से विमुख होकर क्यों पीछे पैर हटा रहा है? अर्थात् भाग रहा है। तू राजा राम का रजपूत (शूर, सच्चा साधक) है। तेरे तेज के सामने शत्रु-दल (मायिक प्रपंच और विकार) पतंग के समान भस्म हो जाएँगे। घोड़े की लगाम पकड़े, शिरस्त्राण और कवच धारण किए हुए तू साठी जाति के धान और मोटे अनाज की तलाश करते (अर्थात् मायिक-प्रपंचों और विकारों से ग्रस्त होकर) शाह जी (ब्रह्म) की शान में क्यों बट्टा लगा रहा है?

राम का सच्चां भक्त सच्चा शूरवीर होता है। वह किसी साथी की ओट नहीं

लेता। भले ही नेज़े की चोट पड़ती रहे, वह सिर पर कफ़न बाँधकर अपने धैर्य और प्रभु की मर्यादा की रक्षा करता है।

ऐसे शूरवीर (साधक, भक्त) को मरने पर मुक्ति-फल (मोक्ष) मिलता है। यदि जीवित रहता है तो वह संसार में यश को प्राप्त करता है। वह जीवन-संग्राम में लीन रहकर (सांसारिक-प्रपंचों और विकारों से संघर्षरत रहकर) अपने प्राणों का लोभ नहीं करता। सिर पर कफ़न बाँधे वह अपनी और प्रभु की मर्यादा की रक्षा करता है। यदि मरण की स्थिति बनती है तब भी वह अपने प्रभु से डोर लगाए रखता है। रावत (सेनापति या शूरवीर, सच्चा भक्त)'होने में दुगना दायित्व निहित होता है। (अपनी और प्रभु की मर्यादा की रक्षा करना)। ऐसा कर्मनिष्ठ (शूर-साधक) होना हँसी-खेल नहीं है। अधर्म-युद्ध की स्थिति में भी वह सच्चे शूर की तरह सामने आकर बर्छी झेलता है। ऐसा शूरवीर (साधक) राम (ब्रह्म) के प्रति एकनिष्ठ बना रहता है।

अतः हे जीव! तू सच्चे सन्तों, सतियों और शूरवीरों की तरह सत्यनिष्ठ, स्थिर और दृढ़ होकर प्रभु से अपना लगाव रख। प्रच्छन्न न रहकर शूर की तरह सामने आ और निडर होकर, चुन-चुनकर अपने शत्रुओं (मायिक प्रपंचों और विकारों) का वध कर। (युद्ध-क्षेत्र यानी साधना-क्षेत्र में शूरवीर और सच्चे साधक का एक-सा स्वभाव होता है।)

25. कहूँ हाथ कहूँ पाइ, कहूँ सीस लोई।
स्वांम काम सूरबीर, टूक टूक होई ॥टेक॥
परै मार करैं[1] सार, स्यंधू[2] सुर बाजै।
खाइ लूंन[3] भजै कूंन[4] उरनि[5] है आजै ॥1॥
धरै लाज स्वांम काज, करै न जीव लोभा।
सकल अंग रह्यौ रंग, तीनि[6] लोक सोभा ॥2॥
कटहि[7] हाड भजहि राड, सूर मरन[8] मांडै।
महा धीर मति गंभीर, रजवट नहीं छाडैं ॥3॥
स्वांम हेत रहैं खेत, इत उत नहीं डोलैं।
इहै भाव सीस जाव, मार मार बोलैं ॥4॥
महा मीर हनहिं[9] तीर, तेगनि सिर टूटैं।
तजहि[10] कोट रहै न ओट, बाज मनहुँ छूटैं ॥5॥
तुपक चलें उड़हि[11] घने चलनी हैं अंगा।
बाजीद सूर मुँहि सु नूर, परहि[12] ज्यूँ पतंगा ॥6॥

पाठा.—1. झरै (ख), 2. सेंधू (ख), 3. लौंन (घ), 4. कौंन (घ), 5. ऊरण (घ), 6. तीन्यू (घ), 7. कटै (घ), 8. मरण (घ), 9. हनै (घ), 10. तजै (घ), 11. उडैं (घ), 12. पड़ै (घ)।

भावार्थ—स्वामी-भक्त शूरवीर (प्रभु का सच्चा साधक) के कहीं हाथ, कहीं पैर और शीश कहीं होता है अर्थात् सहज-साधना में इतना लीन रहता है कि उसे अपने अंगों की सुधि नहीं होती। वह शूरवीर अपने स्वामी (प्रभु) के कार्य के लिए टूक-टूक हो जाता है। उस पर जितनी मार पड़ती है। (सांसारिक प्रपंचों और विकारों से संघात मिलता है) वह उतना ही प्रभु का स्मरण करता है। अपने स्वामी का नमक खाकर वह नमकहरामी नहीं करता अर्थात् वह कायर बनकर रण-क्षेत्र से भागता नहीं है अपितु नमक का फर्ज़ अदा करता है। (उऋण होता है)। स्वामी के कार्य को पूरी मर्यादा से सम्पन्न करता हुआ अपने प्राणों का लोभ नहीं करता है। अर्थात् साधक साधना-मार्ग से कभी विचलित नहीं होता चाहे प्राण क्यों न चले जाएँ। उसके समस्त अंग शौर्य-भावना से उद्वेलित रहते हैं अर्थात् साधक की समस्त चेतना और चित्तवृत्तियाँ प्रभु-आराधना की ओर उन्मुख रहती हैं। अपनी वीरता के कारण वह तीनों लोकों की शोभा होता है।

सच्चा शूरवीर (साधक) मरण को चुनता है चाहे उसके हाड़ ही क्यों न कट जाएँ। युद्ध की कामना करता हुआ वह बड़ा धैर्यवान और बुद्धिमान होता है। राजा (स्वामी) का द्वार नहीं छोड़ता है। अपने स्वामी (ब्रह्म) के कारण रण-क्षेत्र में प्राणों को न्यौछावर कर देता है। कभी इधर-उधर नहीं होता है अर्थात् साधक अपने प्रण से डिगता नहीं है। शौर्य का यही भाव धारण किए हुए, भले ही सिर कट जाए, मार-मार बोलता रहता है अर्थात् अपने शत्रुओं (मायिक प्रपंचों और विकारों) को ललकारता रहता है। वह बड़ा सरदार (मीर, सच्चा साधक) शत्रुओं पर तीर चलाता है। तेगों (तलवार जैसा सीधा हथियार) के प्रहारों से शत्रुओं के शीश को धड़ों से अलग कर देता है। वह दुर्ग को छोड़ देता है और किसी प्रकार की ओट (छिपने के लिए आश्रय) नहीं लेता है। वह शत्रुओं पर इस प्रकार टूटता है। जैसे बाज अपने शिकार पर टूटता हैं चाहें तोप चलें, आकाश में उनकी गर्जना छा जाए और उसके सारे अंग घावों से भर कर छलनी जैसे हो जायें लेकिन उसके मुँह पर शौर्य का ऐसा तेज दीप्त रहता है कि उसमें शत्रु-दल पतंगे की तरह पड़कर भस्म हो जाता है। (इस प्रकार सहज-साधना के द्वारा सच्चा साधक शूरवीर की तरह मायिक प्रपंचों, सांसारिक-प्रलोभनों, क्रोध-लोभ-मोह-काम आदि शत्रुओं से अन्तःकरण में संघर्ष करता है।)

26. देहु दरस अति ही तरस, पीव पीव पीव बोलौं हो।
दूयौस रैंन चित न चैंन, रन बन हौं डोलौं हो ॥टेक॥
जोउ मग एक पग, पलक पुनि न लागै।
खोयौ लाल सो बेहाल, सकल निसा जागै ॥1॥
तज्यौ भोग सज्यौ जोग, जटा सीस कीती।
अंगि विभूति, इहि ब सूत, आव सकल बीती ॥2॥

तरौ ई ध्यांन अब न आंन, सुधि-बुधि सब भूली।
रह्यौ चाहि, कहै काहि, मनुषाई ठग मूली ॥3॥
हा हा हेरि मुह न फेरि, महा दुखित बंदा।
निसा सब रहै अब, ज्यूँ चकोर चंदा ॥4॥
धरै न धीर, कठिन पीर, कढ़ति नहीं न काढ़ी।
बाजीद दास कहै कास, बिरह विथा बाढ़ी ॥5॥

भावार्थ—हे प्रभु! आपके दर्शनों के लिए मैं बहुत तरस रही हूँ। (कृपा करके) दर्शन दीजिए। रात-दिन मेरे चित्त को चैन नहीं मिलता है। प्रिय-प्रिय की अनवरत रट लगाए। जंगल-जंगल भटकती रहती हूँ। एक पग पर खड़ी होकर अपलक आपका मार्ग देखती रहती हूँ। मेरे पलक पुनः गिरते नहीं हैं। आपसे बिछुड़कर मैं इतना बेहाल हो रही हूँ कि जैसे कोई लाल खोकर बेचैन होता है और उसकी सारी रात जागने में व्यतीत होती है। मैंने भोग-वासना को छोड़कर योग को धारण कर लिया है। सिर पर जटाएँ बढ़ा ली हैं। सारे अंगों में विभूति रमा ली है। इसी तरह मेरी सारी आयु बीती जा रही है। मैं आपके अतिरिक्त और किसी का ध्यान नहीं करती हूँ। आपकी याद में मैंने अपनी सुधि-बुधि खो दी है अर्थात् मेरी स्मरण शक्ति नष्ट हो गई है। हृदय की चाहना की बात किससे कहूँ? लगता है मुझे किसी ने ठग-मूरि को खिला दिया है। (शिकार को बेसुध करने के लिए पहले ठग इस जड़ी का प्रयोग करते थे)।

मैं हा-हा खा रही हूँ। मेरी ओर देखिए। मुझसे विमुख न होइये। मैं अत्यन्त दुःखी हूँ। मैं आपको ऐसे निहारती रहती हूँ जैसे चकोर चन्द्रमा को निहारता है। अब हृदय में धैर्य धारण नहीं किया जा रहा है। विरह-वेदना अत्यन्त कठिन होती जा रही है। वह निकाले नहीं निकल रही है। मैं अपनी विरह-व्यथा किससे कहूँ? यह निरन्तर बढ़ती जा रही है।

27. दीन मसकीन बलहीन हू बापुरो, द्रुबल कौं देखि जिनि देहु बांई।
धरनि अकास पाताल परि एक तूं, दूसरौ देव दीसै न सांईं ॥टेक॥
जगत को छांडि कैं भगति सनमुख भयौ, जाति अरु पांति तू बाप माई।
बेदि ऐसी कही सो मो मन गही, स्यंघ कै सरनि नहीं स्याल खाई ॥1॥
नाथ कै साथ दिन रैंनि सेवग रहै, काम भ्रम क्रोध भ्रम जाइ दूरै।
पीव बिन जीव संसार सूझै नहीं, दास की आस दीवांन पूरै ॥2॥
पाप अरु ताप दीवांन तन की हरै, करै बाजीद दिन रैंनि सेवा।
और नहीं ठौर हूँ जाव कहि कौंन दिसि, चरन के सरन मोहि राखि देवा ॥3॥

भावार्थ—मैं अत्यन्त दीन, निर्धन, अशक्त और बेचारा हूँ। मुझ असहाय (कमजोर) की ओर नज़रे इनायत करके अपनी बाँहों का सहारा दीजिए। हे स्वामी! धरती, आकाश और पाताल में केवल आप ही ग़रीबनिवाज़ हो। दूसरा कोई ऐसा

देवी-देवता नहीं है। सांसारिक-प्रलोभनों को छोड़कर, मैं आपकी भक्ति की ओर उन्मुख हुआ हूँ। आप ही मेरी जाति-पाँति और माता-पिता हो। वेदों ने भी यही कहा है, उसे मैंने हृदय में दृढ़ता से आत्मसात् किया है। सिंह (आपके) की शरण में आने के बाद मैं सियार (सांसारिक-प्रपंचों) को नहीं अपनाऊँगा।

जो दास या भक्त अपने स्वामी (ब्रह्म) के साथ रात-दिन रहता है—काम और क्रोध सम्बन्धी उसके समस्त भ्रम दूर हो जाते हैं। प्रिय (ब्रह्म) के बिना उसे कोई भी सांसारिक वस्तु अच्छी नहीं लगती है। अपने भक्त की समस्त अभिलाषाओं को वे दीवान (प्रभु) पूरा करते हैं। वे अपने भक्त के शरीर की समस्त पीड़ाओं और पापों का हरण कर लेते हैं इसलिए वह रात-दिन उनकी सेवा में लगा रहता है। आपके अलावा उसके लिए और कोई ठौर-ठिकाना नहीं है। फिर भला किस दिशा (ओर) जा सकता है। इसलिए हे देव! मुझे अपने चरणों की शरण में ले लीजिए।

॥ राग गौड़ी ॥

28. औघू[1] गगन जा घर कीया। *

अरध की धार उरध मैं लाई, प्रेम पियाला पीया ॥टेक॥
तहाँ यहु मगन भया मन मेरा, सुख दुख सब बिसराया।
पाँचौं चोर पहरवा बैठे, चींटी हस्ती खाया ॥1॥
ऐसौ अद्‌बुद कहियै कासौ, साईर[2] सीप समाया।
अजा सु आनंद करै बधाई, बैल निसाण बजाया ॥2॥
सुनहाँ भजै ससा[3] संग डोलै, म्रिग अहेरै खेलै।
चीता मारि चौहटै राख्यौ, धनकु पारधी मेलै ॥3॥
गाज्यौ स्याल स्यंध बन छाड्यौ, सुवटा मिनौ पठायौ।
बाजीदा अब अगम कहै कौन, गम निरंतरि पायौ ॥4॥

पाठ.—1. अवधू (क), 2. सागर (घ), 3. सुसा (घ)।

भावार्थ—अवधूत ने गगन-मंडल (ब्रह्म रंध्र) में अपना वास कर लिया है। उसने हठ योग साधना से अधोमुखी (मूलाधार चक्र से) कुण्डलिनी को जगाकर ऊर्ध्वमुखी कर लिया है। वहाँ पहुँचकर उसने ब्रह्म के प्रेम-रस का पान कर लिया है। इस स्थिति में अखण्डानन्द प्राप्त करके, उसका मन अत्यन्त प्रसन्न हो गया है। उसने सुखों और दुःखों को भुला दिया है। इस सहज साधना में पाँचों ज्ञानेन्द्रियाँ पहरा दे रही हैं। सद्‌विचार रूपी चींटी (साधन से निर्दोष होकर) काम-क्रोध रूपी हाथी को मार कर स्थिर बैठी उसे खा रही है अर्थात् उन्हें अस्तित्वहीन कर दिया है।

ऐसी अद्‌भुत घटना का किससे वर्णन किया जा सकता है। सीप रूपी जीव

---

*('घ' प्रति में यह पद 'राग रामकली' में दिया हुआ है।)

में समुद्र रूपी ब्रह्म समा गया है। यह देखकर अजा (बकरी) रूपी आत्मा मंगल गान करने लगी है। बैल रूपी चेतन मन नगाड़ा बजाने लगा है। कुत्ता रूपी चंचल मन सांसारिक जंजालों से मुक्त होकर आत्मा रूपी खरगोश के साथ फिरने लगा है। हरिण रूपी आत्मा ने विषय-विकार रूपी चीता (चित) को मारकर चौराहे पर रख दिया है। धनुष (जीव) ने उलट कर शिकारी (पारधी, शरीर) को मार दिया है। शृंगाल रूपी आत्मा की गर्जना (ब्रह्म का नाम स्मरण) सुनकर सिंह (माया जनित संस्कार) वन (शरीर) को छोड़कर भाग गया है। सुवटा (शुक, जीव) ने मार्जारी रूपी काल को भगा दिया है। अब जीवात्मा के लिए ब्रह्म अगम्य नहीं रह गए हैं।

यह उलटवाँसी है, (कबीर के शब्दों में उल्टा वेद) जिसमें विरोधाभासी अलंकारों व प्रतीकों के माध्यम से साधनामूलक सन्दर्भों को व्यक्त किया गया है।

29. औधू मगन भया मन मेरा।

उनमन रहसि अरूपहि राता, बहुरि न कीया फेरा ॥टेक॥
सुखमनि कै घरि सुरति समांनीं, निरति रही निरधारा।
घोरि घोरि घन बरसन लागा, पीवै पीवनहारा ॥1॥
ससिहर सूर भये समि दोऊ इला प्यंगुला नारी।
अरध उरध अंतरि धुनि उपजी, कौतिग देख्यां भारी ॥2॥
जागी जोति तबहि तम भागा, फल मैं, फूल प्रगासा।
बाजीदा यहु अबिरल बाणी, बूझैगा निज दासा ॥3॥

भावार्थ–हे अवधूत! निर्गुणि ब्रह्म में अनुरक्त मेरा मन उन्मन अवस्था में अत्यन्त मग्न रहता है। इससे मुझे आवागमन (मरण-योग) से मुक्ति मिल गई है। मेरी सुरति (लय) सुषुम्ना नाड़ी के घर (आज्ञाचक्र) में समा गई है। निरति (आसक्ति) आधार हीन हो गई है। अब सहस्रार में घनघोर रूप से अमृत बरसने लगा है। सच्चा साधक उसका पान कर रहा है। अधोमुखी (मूलाधार चक्र से) प्राण-वायु जब ऊर्ध्वमुखी होकर ब्रह्मरंध्र में पहुँची तो वहाँ अनहद नाद होने लगा। इस भारी कौतुक को सच्चा साधक ही देख (अनुभव कर) पाता है। वहाँ पहुँचकर साधक ब्रह्म के अद्भुत नूर (ज्योति) को देखता है जिससे उसका अज्ञान व भ्रम रूपी अन्धकार दूर हो जाता है। फूल अब फल में परिवर्तित हो गया है। सहस्रार में होने वाली इस अविरल वाणी को कोई विरला दास या भक्त सुन सकता है।

30. पायौ है पीव पायौ है।

तजि अभिमान लोक की लज्या, चरन कंवल चित लायौ है ॥टेक॥
जाकौ सुजस सकल जगु जानत, बेद चतुरमुखि गायौ है।
सिव बिरंचि नारद मुनि मोहे, भागि हमारैं आयौ है ॥1॥
निरमल भयौ तबहि मन मोरौ, तिरबेनी तटि न्हायौ है।

जान राइ जगदीस गुसांई, कं।यौ भगत कौं भायौ है ॥2॥
जन बाजीद सुनत सब कोऊ, प्रगट निसांन बजायौ है।
हरि मेरौ मरन जीवन कौ संगी, पैमु बंधनिया बंधायौ है ॥3॥

भावार्थ—मैंने अपने प्रियतम को पा लिया है। अहंकार और लोक की लज्जा को छोड़कर, प्रभु के चरण कमलों में अपना ध्यान लगा दिया है। उस परम ब्रह्म के सुयश को सारा संसार जानता है। वेद और ब्रह्मा जिसका गान करते हैं। शिव, ब्रह्मा, नारद जिस ब्रह्म पर मोहित रहते हैं। उसे हमने अपने सौभाग्य से पा लिया है। इससे मेरा मन निर्विकार हो गया है और वह गंगा, जमुना और सरस्वती (इड़ा, पिंगला और सुषुम्ना) के संगम (त्रिकुटी) तट पर मुक्त रूप से स्नान कर रहा है। उन सर्वज्ञ जगदीश स्वामी ने मेरे मन की कामना को पूरा कर दिया है। हमारे प्रणय-बन्धन का डंका बजने से यह बात सर्वत्र फैल गई है। वे परम ब्रह्म मेरे जीवन-मरण के साथी हैं। उन्होंने मुझे प्रेम-बन्धन में बाँध लिया है।

31. मेरौ मीत रमईया, न देखन देहौं मईया।
अपनै के मैं गुन गाऊँ, भौ सागर बहुरि न आऊँ ॥टेक॥
ज्यौं ज्वारी जूवै बंध्यौ, ज्यूँ कांमीं बसि कांम रे।
ज्यूँ मूरिख माया बंध्यौ, त्यौं रांम सनेही रांम रे। ॥1॥
भ्रमि भूलौ संसार यौं, रसनां रट्यौ न रांम रे।
आगै जम पीछे जुरा, फुनि बीची धुमो धांम रे ॥2॥
कहा दुखी जौ दारदी, अर कहा कोटि दस बीस रे।
ऐ सब ही परपंच है, एक बिना जगदीस रे ॥3॥
तू जिनि छाड़ै बावरे, साँई कौ बिसवास रे।
सुखदाता सब कौ धणीं वह, जगत भिखारी तास रे ॥4॥
पुत्र कलित्र धन देखि करि, मूरिख मन गरबाई रे।
ऐकाऐकी आइयौ, फुनि अंति अकेलौ जांइ रे ॥5॥
रबि ससि दोऊ देखि तू, अर पांणी पवन अकास।
जिनि साहिब एती रची, बाजीदा बलि तास रे ॥6॥

भावार्थ—हे सखी! मैं अपने प्रिय (राम, ब्रह्म) को किसी की नज़र नहीं लगने दूँगी। अपने प्रियतम का यशगान करके, मैं पुनः भव-सागर में नहीं आऊँगी। जैसे जुआरी जुए से बँधा होता है (प्रेम करता है), कामी कामुकता से बँधा रहता है, मूर्ख व्यक्ति माया से बँधा रहता है। उसी प्रकार राम (ब्रह्म) का भक्त राम से बँधा होता है। इस मायावी संसार में आकर प्राणी माया के प्रपंच देखकर, भ्रमित हो जाता है। इसी कारण से अपनी जिह्वा से राम के नाम का स्मरण नहीं करता है। इसका फल यह होता है कि आगे-आगे यमराज और पीछे-पीछे बुढ़ापा चलता है। वह उन दोनों

के बीच में पिसता रहता है। इस संसार में बहुत से प्राणी हैं जो अभावों (दरिद्रता) के कारण दुःखी रहते हैं और कोई दस-बीस करोड़ों में खेलते हैं। लेकिन प्रभु के बिना ये सब माया के प्रपंच हैं। इसलिए हे अज्ञानी! तू स्वामी का विश्वास मत छोड़। वह धनी सभी को सुख देने वाला है। सारा संसार उसका भिखारी है। पुत्र, स्त्री और सम्पत्ति देखकर मूर्ख लोग मन में अहंकार करने लगते हैं। अचानक यमराज (मौत) आता है, खट् से दबोच लेता है। फिर सबकुछ छोड़कर अकेले ही जाना होता है। वे प्रभु अत्यन्त शक्तिशाली हैं जिन्होंने सूर्य, चन्द्रमा, जल, वायु और आकाश की रचना की है। मैं उन्हीं पर बलिहारी जाता हूँ।

32. मन क्रम कहत सुनि ऐसी।

भौ भारी घर दूरि देखि वहु, मारग मुसकिल, बाघनि बैसी ॥टेक॥
रांम न जपत कहा नर भूल्यौ, मेडु कसाई कै घरि जैसी।
सिर परि मींच नींच नहीं सूझत, संग चल्यौ तिहि निद्रा कैसी ॥1॥
श्रवन न सुनत सीस करु कपै, झपै जुरा उतरि गई ऐसी।
सुर नर मुनि देव कहा दानैं, सब कोऊँ कीयौ आपनौं पैंसी ॥2॥
काजी होइ करीम आपनौं, आदि अंत कौ लेखौ लेसी।
कंपहि सकल पीर पैकंबर, जन बाजीद सजा सो देसी ॥3॥

भावार्थ—मन और कर्म ऐसा कहते हैं। यह संसार अत्यन्त कष्टकर है। (ब्रह्म) का निवास अत्यन्त दूर है। उन तक पहुँचने का मार्ग कठिन (बीहड़) है। काल स्वरूपा बाघिन उस रास्ते में बैठी हुई है। हे अज्ञानी! तू बड़ा भ्रमित हो रहा है जो राम के नाम का स्मरण नहीं कर पा रहा है। तेरी स्थिति कसाई के भेड़ जैसी हो रही है। सिर पर मृत्यु नाच रही है फिर भी नीच तुझे सुझाई नहीं पड़ रहा है। साथ चलते हुए फिर अज्ञान और मोह-निद्रा में क्यों डूबा हुआ है?* देवता, मनुष्य, मुनि, देव और दानव सभी अपने-अपने कर्मों का फल पाते हैं। प्रभु काजी के रूप में प्रारम्भ से लेकर अंत तक के सभी कर्मों का लेखा-जोखा लेंगे। वे ऐसी सजा देंगे कि उससे समस्त पीर (धर्म गुरु) और पैगम्बर (देवदूत) भी काँप उठेंगे।

33. आई भाई ग्यांन[1] की आँधी।

डांडे बरेंडे छपरा उड़ि गये, टटिया रहै न बांधी ॥टेक॥
हाँ हो जब तैं परस भयौ प्यंड प्रांनहि, सोवत तैं जीव[2] जाग्यौ।
अबरन बरन नीच कौ ऊँचौ, भेद भरम सब भाग्यौ ॥1॥
हाँ हो देख्यौ द्रिष्टि मुष्टि पुनि पकर्‍यौ, वोट ह्वै गए दंगा।
जप तप तीरथ बहि बहि मरते, घर ही लागौ रंगा ॥2॥

---

*तुझे बुढ़ापा झकझोर रहा है। कानों से सुनाई नहीं पड़ रहा है। सिर और हाथ काँप रहे हैं—तेरी ऐसी हालत हो रही है फिर भी तू अज्ञान-निद्रा में डूबा हुआ है।

जन बाजीद परै भयौ परदा, सूझन लागौ सोई।
सूरगलोक[3] पाताल मही पर, दूसर और न कोई ॥3॥

पाठा.—1. ज्ञान (घ), 2. जीय (ख), 3. स्वरग लोक।

भावार्थ—हे भाई! ज्ञान रूपी आँधी आई हुई है। उसमें सांसारिक प्रीति और चेतना के डांडे (थूँनी), मोह रूपी बरेंडे, तृष्णा रूपी छाजन या छप्पर सब उड़ गए हैं। अज्ञान और भ्रम रूपी टटिया भी हट (उड़) गई है। अर्थात् माया के बन्धन से रहित हो गई है। जब से पिंड (हृदय) और प्राण (चेतना) का स्पर्श हुआ है, अज्ञान-निद्रा में सोता हुआ प्राणी जाग गया है। (चेतन-स्वरूप हो गया है)। अवर्ण-सवर्ण, नीच-ऊँच का भेद-भाव व भ्रम सब दूर हो गए हैं। अच्छी तरह देख-भालकर मैंने प्रभु को जकड़ कर पकड़ लिया है इससे मेरे सारे क्लेश दूर हो गए हैं। जप, तप, तीर्थ-यात्रा में व्यर्थ बहने की अपेक्षा अपने अन्तर्मन में प्रभु के साथ आनन्द-केलि में व्यस्त हो गया हूँ। नेत्रों के आगे से अज्ञान और भ्रम का पर्दा दूर होते ही, ब्रह्म का वास्तविक स्वरूप दिखाई पड़ने लगा है। मुझे ज्ञात हो गया है कि स्वर्ग-लोक, पाताल और पृथ्वी पर उनके समान उदार, दीनदयाल और भक्त-वत्सल और कोई नहीं है।

॥ श्री राग ॥

34. पीया है कछू पीया है।

सुधि बुधि बिसर गई सब तब तैं, सीस सटै सो लीया है ॥टेक॥
काम क्रोध मोह अरु माया, काटि काटि कस दीया है।
ब्रह्म अगिनि उर अंतरि जारी, भरम बलीता कीया है ॥1॥
उनमनि रहसि महा रसि माता, मानहु सो मुख सीया है।
सिरि पांइनि चलत रैंनि दिन, सकल साध का हीया है ॥2॥
सहज सील संतोष सलिलता, सरभरि कौं नहिं बीयौ है।
मार्‍यौ मरन न आवै जाई, जन बाजीद सु जीयौ है ॥3॥

भावार्थ—मैंने राम नाम स्मरण रूपी अमृत का पान कर लिया है। तब से मेरी सुधि और बुधि चली गई है अर्थात् स्मरण-शक्ति लुप्त हो गई है। अहंकार रूपी सिर को अर्पित करके बदले में ब्रह्म को प्राप्त किया है। अब मैंने काम, क्रोध, मोह और माया को काट-काटकर कस दिया है अर्थात् उन्हें नष्ट कर बेअसर कर दिया है। अपने हृदय के भीतर ब्रह्म की प्रेमाग्नि को प्रज्वलित कर लिया है। माया जन्य भ्रमों को जला दिया है। प्रभु के प्रेम रूपी रस का पान करके उन्मन अवस्था में मतवाला बना रहता हूँ, ऐसा लगता है मानो मुँह सी लिया है अर्थात् मौन रहकर अन्तर्मन में भक्ति-रस के पान में लीन रहता हूँ। मैंने अपने हृदय को समग्रतः साधुवत् बना लिया है। सहज रूप से शील, सन्तोष और उदारता को धारण किया है। अब मेरे

समान दूसरा कोई नहीं है। अब मैं आवागमन (पुनर्जन्म के चक्र) से मुक्त होकर निश्चिन्त ज़िन्दगी जी रहा हूँ।

॥ राग वसंत ॥

35. मोह देहु दरस बलि जाऊँ तोर।
सुधि बुधि हरि लई कांम चोर ॥टेक॥
रिति बसंत आई सु देख, द्रुम बेलि निरख फिर्‌यौ भेख।
मो तन बिरहा दईब आग, जिही कर कंत सू खेलैं फाग ॥1॥
बदन मलिन मुख फुरै न बैंन, चिन्ह रचि कर काजर न नैंन।
बिरह बांन बेध्यौ सरीर, तुम्ह बिन केसैं धरु धीर ॥2॥
जांन राइ प्रभु करि सहाइ, मेरौ तन मन जोबन बिथा जाइ।
चित चक्रित नित रहु उदास, सूनी सेज न पीव पास।
बाजीद बिवोगनि दुखित जांनि, काहे न प्रगटै प्रभु आंनि ॥3॥

भावार्थ—हे प्रभु! मैं आप पर बलिहारी जाता हूँ। मुझे दर्शन दीजिए। विषय-वासना रूपी चोर ने मेरी स्मरण-शक्ति को चुरा लिया है। वसंत ऋतु को आया देखकर वृक्षों और लताओं ने नया वेश धारण कर लिया है अर्थात् वनस्पति हरी-भरी हो गई है लेकिन मेरे शरीर में प्रभु विरह ने अग्नि जला दी है। जिनके घर में उनके प्रिय हैं वे उनके साथ फाग खेल रही हैं अर्थात् आनन्दोत्सव मना रही हैं।

प्रिय-विरह के कारण मेरा शरीर मलिन हो रहा है। मुँह से आवाज तक नहीं निकल रही है। मैंने प्रसाधन करना और नेत्रों में काजल तक आंजना बन्द कर दिया है। अर्थात् विरह-वेदना के कारण सब होश-हवास खो चुकी हूँ। विरह-वाण ने मेरे शरीर को वेध रखा है। हे प्रिय! आपके बिना मैं कैसे धैर्य धारण करूँ। हे सर्वज्ञ प्रभु! आप आकर मेरी सहायता करें। मेरा तन, मन और यौवन व्यर्थ जा रहा है। चित्त भ्रमित होकर उदास रहता है। प्रियतम पास न होने से मेरी शय्या सूनी रहती है। हे प्रभु! वियोगिनी की इस दुःखी अवस्था को देखकर, आप क्यों नहीं आकर मुझे दर्शन देते हैं?

॥ राग आसावरी ॥

36. जुगिया बसहु न नग्री हमारी।
अरे तेरी मूरति की बलिहारी ॥टेक॥
रहौं समीप सगुन ही छाड़ौ, तू पुरिसा हौं नारी रे।
निरखत ही सुख होइ नाथ तोहि, काया कूटी संवारी रे ॥1॥
चोवा चूनरी धरौ उतारी, अंग्रि विभूति लगाऊँ रे।
भाव भगति करि हौ तोरी पूजा, जपौं निरन्तर नाव रे ॥2॥

तजि अभिमान लोक की लज्जा, काननि मुद्रा मेलौं रे।
जन बाजीद जाइ बलिहारी, कहौ चरित सोई खेलूँ रे ॥3॥

भावार्थ—हे योगी! (ब्रह्म) आप हमारी नगरी में क्यों नहीं बसते? हम आपकी सूरत पर बलिहारी जाती हैं। आप हमारे समीप रहो। साथ नहीं छोड़िए। आप पुरुष हम नारी हैं। आपको देखकर ही हमें सुख होता है। मैंने आपके लिए काया रूपी कुटी को सजा कर रखा है। आपके लिए मैं चोवा (प्रसाधन) लगाना छोड़ दूँगी। चूनरी (वस्त्र-सज्जा) को उतार कर अंगों पर विभूति (भस्म) रमा लूँगी। पूर्ण भाव-भक्ति के साथ आपकी पूजा करूँगी और निरन्तर नाम का जाप करूँगी। अहंकार और लोक-लज्जा को छोड़कर कानों में कुण्डल धारण करूँगी। हे प्रिय! मैं आप पर बलिहारी जाती हूँ। आप जैसा कहेंगे, मैं वैसा ही बानक धारण करूँगी।

37.
बाबा अकल पुरिस आदेस।
तेरा कौं है वरण कौंण भेस ॥
जो मरि जाइ सु बहुड़ि न आवै, जीवत नर न पिछाणैं।
अैसैं अलख निरंजन नांव तुम्हारौ, क्यूँ मेरा मन मानैं ॥1॥
मन बुधि मनसा अगम अगोचर, भेद भ्रम तैं न्यारे।
कांधू जोगी जती तपी सन्यासी, ऐ सब रूप तुम्हारे ॥2॥
यहु चित च्यंत रहै निस बासुरि, तुम्ह सतिगुर मैं चेला।
सेतक पीत स्यांम परमेसुर, कूंन चित कहौं खेला ॥3॥
भाव भगति करि हौं, तेरी सेवा, दूरि करिहु भ्रम मोरा।
यहु रहै समीप संग नहीं छाँडै, बाजीदा जन तेरा ॥4॥

भावार्थ—उस अखण्डित पुरुष को नमस्कार, जिसका न कोई वर्ण है और न कोई भेष है। जो एक बार मर जाता है फिर उस योनि में नहीं आता है। अतः वह ब्रह्म के स्वरूप को नहीं पहचान पाता है। जीवित रहते हुए भी उस अज्ञेय ब्रह्म को नहीं जान पाता है। हे प्रभु! आप अगोचर और निरंजन (माया रहित) हैं, मेरा मन इस पर विश्वास नहीं कर पाता। आप मन, बुद्धि और चित्त से अगम्य और अदृष्ट है। भेद-भाव व भ्रम से परे हैं। योगी, यती, तपस्वी और संन्यासी ये आपके ही रूप हैं। यह चित्त रात-दिन आपके चिन्तन और मनन में लीन रहता है। आप सद्गुरु हैं। और में चेला हूँ।

हे प्रभु! आप श्वेत हैं या पीत हैं या श्याम वर्ण के हैं और किस रस के अभिलाषी हैं, कोई नहीं जानता। मैं भाव-भक्ति से आपकी सेवा करूँगा। आप मेरा भ्रम दूर कर दीजिए। मैं आपका दास हूँ और समीप रहना चाहता हूँ। आपका साथ नहीं छोड़ना चाहता।

38. रे चित चेति अजहुँ गँवार।
राजा राम भजि तत सार ॥टेक॥
समझि सोचि बिचारि भूंदूं, अमर कों कलि माँझ रे।
दूरि पयाणैं बिकट वन, यहु परी ऊपरि साँझ रे ॥1॥
जामंन मरन अनेक औकल, सरगु नरकु संताप रे।
संसै सूल सदा रहै, पिसन द्वै पुंनि पाप रे ॥2॥
अरध नांइ नर उधरे रे, साखी सुम्रित संत रे।
भरम करंम निवारि रे, बाजीद भजि भगवंत रे ॥3॥

भावार्थ–हे गँवार! अब भी चेत जा। इस संसार के राजा राम (ब्रह्म) को भज। हे भौंदूँ (मूर्ख)! समझ, सोच और विचार। इस कलियुग में कोई भी अमर नहीं है। तुझे बहुत दूर जाना है अर्थात् तेरा लक्ष्य काफी दूर है, रास्ते में भयानक जंगल है अर्थात् अनेक सांसारिक बाधाएँ हैं। ऊपर से साँझ घिरती आ रही है। (वृद्धावस्था आने वाली है)। यहाँ जीवन-मरण और स्वर्ग-नर्क के अनेक संताप हैं। यहाँ अनेक संशय व शूल हैं। जीव को पाप-पुण्य और दुष्ट मनोविकारों के बीच पिसना पड़ता है। प्रभु के आधे नाम ने ही लोगों का उद्धार कर दिया है। इस बात के साक्षी स्मृतियाँ और संत हैं। इसलिए भ्रमों को छोड़कर तू भगवान का भजन कर।

39. भली भई जौ जुग तैं भागे।
तहाँ के हुते तँहा फिरि लागे ॥टेक॥
बिरह अगिनि उर अंतरि जारी, सतिगुर बस्त बताई न्यारी ॥1॥
जहाँ उदै न अस्त पवन नहीं पानी, सुछिम है तहाँ सुरति समांनी ॥2॥
मन मनसा मेरी तिस घरि राती, दीपक बरै तेल बिनि बाती ॥3॥
जन बाजीद बहु कहा कहानी, बलिहारी साधू की करनी ॥4॥

भावार्थ–अच्छा हुआ जो सांसारिक-प्रपंचों को छोड़कर, ब्रह्म का अंश होने के नाते अंत में उनकी ही आराधना में लग गए। सद्गुरु ने ब्रह्म के अद्भुत स्वरूप का परिचय करा कर उनके (ब्रह्म) लिए मेरे हृदय में विरहाग्नि को प्रज्वलित कर दिया है। ब्रह्म के उस स्थान का परिचय बता दिया है जहाँ न उदय होता है और न अस्त होता है। जहाँ न पवन है और न पानी है। वहाँ सूक्ष्म ब्रह्म-बोध है। वहीं पर हमारा ध्यान लगा रहता है। मेरा मन और चेतना उसी ब्रह्म-स्थान पर अनुरक्त रहते हैं। वहाँ बिना तेल और बाती के ज्योति प्रज्वलित रहती है। अधिक क्या कहा जाए! उस साधु (सन्त) की करनी पर हमारा मन बलिहारी जाता है।

40. हमहि कहा हरि तुम्हहि बडाई।
स्यंघ सरणि जै जंबुक खाई ॥
तन तैं बिषै बिकार न छूटै, लालच लोभ मोह मन लूटै ॥1॥

जौ जननी सुत कौं बिष देई, अपजस अधिक नांव के लेई ॥2॥
दीन दयाल दरद नहीं आवै, दीन दुखी दरद दुख पावै ॥3॥
काया कोट दसौं दरवाजे, जन बाजीद काल सिर गाजै ॥4॥

भावार्थ—हे हरि! हमारा क्या बिगड़ रहा है? आप पर ही धब्बा लग रहा है। क्या ब्रह्म रूपी सिंह की शरण में आने के पश्चात् हम सांसारिक-प्रपंचों तथा अन्य देवी-देवताओं रूपी शृगाल की शरण ग्रहण करेंगे?

मेरे शरीर से विषय-विकार नहीं छूट रहे हैं। लालच, लोभ और मोह में, मन फँसा हुआ है। यदि माता अपने पुत्र को बिष देती है तो उसकी सर्वत्र निन्दा होती है। वैसा ही आचरण आप कर रहे हैं।

हे दीनदयाल! भक्तों को दीन-दुखी और क्लेश-युक्त देखकर क्या आपको दर्द नहीं होता है? शत्रुओं के आक्रमण हेतु इस काया रूपी गढ़ में दस दरवाज़े हैं और काल सिर पर गर्जना कर रहा है। अतः आप मुझे अपनी शरण में ले लीजिए।

41. अबिगति गति कौंन लहै तेरी।*
सुधि बुधि सकल गई सुनि मेरी ॥टेक॥
जोगी जती तपी महामुनि, मगन भये तेरौ नांवहि सुनि ॥1॥
मन बुधि मनसा, अगम, अलेख, खोजत खोजत खपि गये सेख ॥2॥
कुतुब गौस पैकंबर[1] पीर, निस दिन नैंन न सूकत नीर ॥3॥
जन बाजीद न सकहि[2] बिचारि, मन बुधि मनसा पैली पीर[3] ॥4॥

पाठा—1. पैगंबर (ख), 2. सकै (ख), 3. पारि (ग), पारा (घ)।

भावार्थ—अविनाशी ब्रह्म की गति को कौन पा सकता है? सुन-सुन कर मेरी समस्त स्मृतियाँ और बुद्धि (स्मरण शक्ति) चली गई है। आपका नाम सुनते ही योगी, यती, तपस्वी और महामुनि प्रसन्न हो जाते हैं। आप मन, बुद्धि और चित्त से अगम्य और अगोचर हैं। बड़े-बड़े महात्मा आपको खोजते-खोजते मृत्यु को प्राप्त हो गए।

आपके विरह में देवदूतों और धर्म गुरुओं के नेत्रों से अश्रु प्रवाह सूखते नहीं हैं। मैं तुच्छ हूँ। आप पर क्या विचार कर सकता हूँ क्योंकि आप मेरे मन, बुद्धि और चेतना से परे हैं।

॥ राग मलार ॥

42. लाल बिन बिरहनि अति बेहाल।
कीर कपोत कोकिला सार सु, असलस भावत साल ॥टेक॥
कहि यहु प्रगट जाइ तुम हरि सूँ, कहा करौगे आइ।

---

*पाण्डुलिपि (ख, सर्वंगी) में यह 'राग गौड़ी' के अन्तर्गत दिया गया है।

सूके अधर कंवल कुमिलानैं, स्याम स्याम बिललाइ ॥
तलफत रहत मीन ज्यूँ जल बिन, खिन-दिन धरत न धीर।
बिसरी देह ग्रेह सकल सुख, नैंन श्रवैं नित नीर ॥
बिरह भुवंग संग सुनि सजनीं, रजनी दुख न बिहाइ
जन बाजीद गुरु गोब्यंद कौं, है कोई मिलवै माइ ॥

भावार्थ—प्रिय के बिना विरहिणी जीवात्मा अत्यन्त दुःखी है। तोता, कबूतर, कोयल, मैना की ध्वनियाँ उसके विरह को उद्दीप्त करती हुई चुभ रही हैं। वह प्रिय (ब्रह्म) को सन्देश भेज रही है—हरि से कह देना जब विरहिणी नहीं रहेगी, तब आकर क्या करोगे?

श्याम-श्याम पुकारते-पुकारते विरहिणी के अधर सूख गए हैं। मुख-कमल मुरझा गया है। वह उसी प्रकार तड़पती रहती है जैसे जल के बिना मछली तड़पती है। रात-दिन बेचैन रहती है। उसने अपनी देह और गृह के समस्त सुख भुला दिए हैं। नेत्रों से रोज अश्रुधारा बहती रहती है। हे सखी! विरह-सर्प के रहते (भय के कारण) दुःख रूपी रजनी व्यतीत नहीं होती है। वह कातर होकर कह रही है कि हे माई! कोई ऐसा है जो मुझे मेरे प्रिय गोविंद से मिला दे।

॥ राग देवगंधार ॥

43. सखी मेरी सूत कातौ इक सार[1]।
गुढ़ी[2] व गाँठि पैंम की पूँजी, बुनत[3] लगत नहीं बार ॥टेक॥
चेतनि चित चौंप करि चरखा, ग्यांनि घेरनी बांनीं।
सुरति अडोल, त्रास कौ ताकू, बिसर्‍यौ भोजन पांनीं ॥1॥
हाँ हो एक अग्र रहत जिय जाकौ, नैंक न इत उत हेरै।
पंच सखीन कौं संग पुनि त्याग्यौ, बैठी रहंटा फेरै ॥2॥
हा हो पावन रसनि करहू को कैसै, नैंक[4] न टूटत तार।
तन सुख होत, सकल जग देखत, पहरत रांम भरतार ॥3॥
हाँ हो कुल की कांनि लोक की लज्या, कबहूँ न लछिन न लावै।
सकल अंग सो चतुर सयांनी, इही बिधि पिय कौं भावै ॥4॥
हाँ हो पर घर द्वार पाप के पैंडै, कबहूँ पग नहीं दीनौं।[5]
जन बाजीद भाग बपुरी कौ, रस बस करि हरि लीनौं[6] ॥5॥

पाठ.—1. सूत कतौ इकतार सखी मेरी (घ), 2. गुरी (ख), 3. बिनत (ख), 4. निमख (घ), 5. दीनं (ख), 6. लीनं (ख)।

भावार्थ—हे आत्मा रूपी सखी! परम ब्रह्म के सुरति रूपी सूत को इकतार कातो। वह ध्यान टूट न जाए। जीव की प्रेम रूपी पूँजी-गाँठें और गुत्थियाँ सब दूर

हो रही हैं। और जहाँ की तहाँ लय में लग गई हैं।* चेतन चित्त का ब्रह्म-साक्षात्कार-लालसा रूपी रहटा है। सद्गुरु की ज्ञान रूपी वाणी ही उसकी घेरनी (तकुआ जिस पर सूत लपेटा जाता है।) जीवात्मा की सुरति (लय) स्थिर है जिससे वह तन-मन की सुधि (भोजन पानी) भूल गई है। वह एकाग्र चित्त से सूत कातने में लगी है। जीवात्मा सुरति-साधना (रहटा चलाने) में इतनी तल्लीन हो गई है कि उसने पाँचों सखियों (पाँचों इन्द्रियों) का साथ छोड़ दिया है। अर्थात् इन्द्रियाँ अब उसे भ्रमित नहीं कर सकती हैं। वह हरि-नाम-स्मरण पर इतना केन्द्रित हो गई है (चरखा पर सूत कातनें में) कि जरा भी तार (ध्यान) टूटता नहीं है। उनके काते हुए सूत के बने वस्त्रों को साक्षात् ब्रह्म (राम) धारण करेंगे (उसको अपने साथ एकाकार कर लेंगे)। इससे आत्मा रूपी सखी को आनन्द प्राप्त होगा और समस्त संसार इस अलौकिक दृश्य को देखेगा।

उस जीवात्मा की कुल-मर्यादा और लोक की लज्जा रूपी लच्छी उलझती नहीं है। कातनहारी (जीवात्मा) सभी प्रकार से चतुर और प्रवीण है (सहज-साधना में पारंगत है)। इसी रूप में वह प्रिय को अच्छी लगती है। उसने पराये घर, जो कि पाप का द्वार है, कभी पैर नहीं रखा है अर्थात् उसने कभी मायिक-प्रपंचों तथा अन्य देवी-देवताओं की ओर झाँका तक नहीं है। उसे बेचारी का सौभाग्य है कि उसने अपनी सुरति-साधना और भक्ति-रस के माध्यम से अपने प्रिय (ब्रह्म) को वशीभूत कर लिया है।

॥ राग सोरठी ॥

44. मेरौ कहा करेगौ कोई।

हम छाड़ि दई पखि दोऊ, अहो हम छाड़ि दई पखि दोऊ ॥टेक॥
पढ़ि पढ़ि थके वेद कुरांनां[1], वह अक्षिर एक न जांनां।
कहा मसीति सिर नावें, जै दुरी बस्त नहीं पावै ॥1॥
जहाँ तहाँ सब ठाँऊँ, हूँ रसन बाझ गुन गाँऊँ।
यहु मीत मेरे घर मांही, हम काबै कायै जांही ॥2॥
पापहि लिपति न पुन्य, पाषांन जात्रा[2] सुंन्य[3]।
लाभै कछू न लीजै, टहल कौन की कीजै[4] ॥3॥
जग उपहास हि डरते, तप तीरथ बहि बहि मरते।
अब रांम रसांइन पीवै, बाजीद जुगि जुगि जीवै ॥4॥

पाठा.—1. वेद पुरांनां (घ), 2. जातरा (ख), 3. सूंनं (ख) 4. कहि टहल कूनैं कीजै (ख)।

---

*अतः बुनने में देर नहीं लगेगी।

भावार्थ—मेरा कोई क्या बिगाड़ सकता है? मैंने दोनों पक्षों (हिन्दू और मुसलमान—दोनों सम्प्रदायों) को छोड़ दिया है। लोग वेद और कुरान पढ़ते-पढ़ते थक गए लेकिन ब्रह्म के रहस्य का एक अक्षर भी उनकी समझ में नहीं आया। मसजिद में जाकर सिर झुकाने से क्या लाभ जो भीतर छिपी हुई ब्रह्म रूपी वस्तु को नहीं पा सके। मैं यहाँ-वहाँ सर्वत्र अपनी जिह्वा से प्रिय के गुण गाती हूँ। मेरे प्रिय (साथी और मित्र) तो मेरे हृदय रूपी घर में हैं फिर मुझे काबा जाने की क्या आवश्यकता है?* पाषाणों की पूजा करने तथा तीर्थ-यात्रा करने का क्या लाभ है, अर्थात् कोई लाभ नहीं है। और सेवा-टहल किसकी की जाए?

तप, तीरथ और उपवास करते-करते लोग चुक लेते हैं। अर्थात् काल का ग्रास बन जाते हैं। ऊपर से संसार में उपहास का पात्र बन जाते हैं। मैं इन पचड़ों में नहीं पड़ा। सभी प्रकार के आडम्बरों को छोड़कर मैंने राम की भक्ति रूपी रसायन का पान कर लिया है जिससे मैं अनेक युगों तक जी रहा हूँ अर्थात् आवागमन से मुक्त हो गया हूँ।

45. भाई रे जे हरि पकरे हाथ।
ते बहे हि न जग के साथ ॥टेक॥
सांई जिनि सौं सौंभा, कहि न आवै औभा (ला)।
सीधै मारग जाई, कुस कंटक चुभै न पाई ॥1॥
बैरी होइ सब लोई, तिहि छाँह न चंपै कोई।
हस्त कंवल की छाया, जन राखि लिए रघुराया ॥2॥
सिर पर संम्रथ सांईं कबहूँ न देई बाँई।
संसै धर्‌यौ न कोई, वाकैं सींह स्याल संमि दोई ॥3॥
साखि बेद यूँ बोले, स्वांमी सेवग संगि डोलै।
बाजीद सबल कै सरनां, याकौ मिट्‌यौ जनम अरु मरनां ॥4॥

भावार्थ—हे भाई! यदि हरि ने शरण में ले लिया तो निश्चय ही सांसारिकता के साथ नहीं बहोगे। जिनकी ज्योति (यश) का वर्णन नहीं किया जा सकता उन स्वामी की अनुकम्पा से साधक शोभा पाता है। ऐसा साधक ब्रह्म-आराधना के प्रशस्त-मार्ग पर चलता है। कुश-काँटे उसके पैरों में नहीं चुभते हैं। भले ही सारा संसार वैरी हो जाए, कोई उसकी छाया को भी दबा नहीं सकता है। अपने भक्तों को प्रभु राम ने अपने हस्त-कमलों की छाया देकर अभय कर दिया है। जिनके सिर पर समर्थ स्वामी का वरद-हस्त है उन पर कभी विपदा नहीं आ सकती है। उसके मन में किसी प्रकार का संशय नहीं रह जाता है। उनके लिए सिंह (अहंकार) और श्रृगाल (तत्त्वमसि भावना) दोनों ही बराबर हो जाते हैं। वेद साक्षी हैं कि ऐसा भक्त सदैव

---

*इसलिए मैं न पाप में लिप्त होता हूँ और न पुण्य में।

अपने स्वामी के साथ लगा रहता है। जो उन सामर्थ्यवान् प्रभु के शरण में आ जाता है उसका पुनर्जन्म और मरण-योग (आवागमन) मिट जाता है।

46. राम सांईं अब मैं तुम न बिसारौ।*

जांनि बूझि यहु जनम पदारथ, बादि ब्रिथा कत डारौं ॥टेक॥
जहाँ जहाँ गयौ तुमैं तजि माधौ, तहाँ-तहाँ दुख पायौ।
नलनी के सुवटा* भौ भूलौ, आपैं आप बंधायौ ॥1॥
चक्रित भयौ चहुँ दिस चितवत, चरन कंवल चित देहौं।
भाज जनेऊ तोरि आप नूँ, मगन भयौ गुन गैहूँ ॥2॥
बीच्या ब्याह बरती बहु रे, मड़हातर को आवै।
बाजीदा औसर कैं चूकैं, बहुरि न बरिया पावै ॥3॥

भावार्थ—हे प्रभु राम! मैं अब आपको विस्मृत नहीं करूँगा। इस अमूल्य पदार्थ रूपी जीवन को व्यर्थ के बाद-विवाद में नष्ट नहीं करूँगा। हे माधव! आपको भुलाकर जहाँ-जहाँ भी मैं गया, वहाँ-वहाँ मैंने दुःख उठाए हैं। नली के सुए की भाँति भ्रम वश (जगत् पर आसक्त होकर) अपने आप को बहेलिया (काल) के चंगुल में फँसा दिया है। अब चारों दिशाओं में भ्रमित की तरह आश्रय को भटक रहा हूँ (खोज रहा हूँ)। लेकिन अब मैंने इस भ्रम से मुक्ति पाने की राह खोज ली है। अब आपके चरण-कमलों पर ही ध्यान केन्द्रित करूँगा। अब मैंने अपना जनेऊ (सांसारिक-बन्धन) तोड़कर (या सगुण संस्कारों से मुक्ति पाकर आपके) गुण गाने में तल्लीन हो गया हूँ। विवाह में बाराती तो बहुत होते हैं लेकिन मांडे (मण्डप) के नीचे बिरला ही आता है। इसी प्रकार अवसर चूक जाने पर (जीवन के समाप्त होने पर) फिर से मानव योनि पाना असम्भव होता है।

॥ राग कल्याण ॥

47. अहो हौं दीन दुखित दरिस बिना, अब न बेर लाई।
सब जनि मिहरवांन, सुख निधान सांईं ॥टेक॥
मसकीन मन गरीब तैं, गोपाल गनीं।
बलिहारि नारि करत कंत जान तनीं।
बिरह अति बिवोग, हेठौं बाग बनी।
बाजीद बलि दीवान, दरसु देहु धनी।।

*45 व 46 को पाण्डुलिपि 'ख' व 'क' में 'राग सोरठा' लिखा है।

*शुक को पकड़ने के लिए पहले वधिक एक घूमने वाली नली लगा देता था। शुक उस पर आकर बैठ जाता था और वह नली के फिरने के साथ फिरता रहता था। इससे वह समझता था कि नली से बँध गया है। तब बधिक आकर उसे पकड़ लेता है।

भावार्थ—हे प्रभु! मैं अत्यन्त दीन-दुःखी हूँ। अब देर न लगाइए। हे स्वामी! आप अपने सभी भक्तों पर दया करनेवाले, सुखों के आगार हैं। मैं अत्यन्त दीन और गरीब हूँ। हे प्रियतम (गोपाल)! मैं आपकी दासी हूँ और आप पर बलिहारी जाती हूँ। मैं आपके विरह में अत्यन्त दुःखी हो रही हूँ। हे मालिक! अब दुराग्रह न करके मुझे दर्शन दीजिए। मैं आप पर बलिहारी जाती हूँ।

॥ राग कनड़ौ ॥

48. आव मेरे सुरिजन हो, होहु न दुरिजन, तुव मूरति की प्यास।
गंग जमुन उर अंतर खेलहि, स्यांम सुन्दर संगि रास ॥टेक॥
ताल पखावज, महुवरि बाजहि, साजहि मन बुधि धीर।
चोवा चंदन अगर कुमकुमा, चरचहि स्यांम सरीर ॥1॥
कीर कपोत कोकिला सारि सु, भंवर करत गुंजार।
जाही जूही केतुकी करूनां, गूँथहि हरि जी कौं हार ॥2॥
टटके फूल चटख चार्‌यौ दिसि, निस सरद सुनि स्यांम।
नैंन निरखि जाव बलिहारी, जपत तिहारौ नांम ॥3॥
मोतिन माल लाल मनि हीरा, नख सिख लौं बनी गात।
बाजीद कहत ब्रज नारी, यहु औसर चल्यौ जात ॥

भावार्थ—हे मेरे स्वजन आइए। दुर्जन (कठोर) मत बनिए। मैं आपके दर्शनों की प्यासी हूँ। गंगा (इड़ा) और यमुना (पिंगला) दोनों धाराएँ (नाड़ियाँ) मिलकर श्याम सुन्दर (ब्रह्म) के साथ रास क्रीड़ा कर रही हैं अर्थात् आनन्दोत्सव मना रही हैं। इस आनन्दोत्सव में गायन के साथ मन, बुद्धि और धैर्य रूपी साज (सारंगी) तबला, ताल, मृदंग और बीन बज रहे हैं। अर्थात् सुरति-साधना के माध्यम से ब्रह्म-रंध्र में अनहद-नाद हो रहा है। वे श्याम (ब्रह्म) के शरीर में चोवा (सुंगन्धित द्रव्य), चन्दन, अगरु और कुमकुम का लेप कर रही हैं। तोता, कबूतर, कोयल और मैना के सुरों के साथ भ्रमर अपनी गुंजार से साथ दे रहे हैं। जूही-केतकी आदि पुष्पों से प्रभु के लिए हार गूँथ रही हैं। (बना रही हैं)। शरद ऋतु की रात्रि में ताजा खिले हुए पुष्पों की सुगन्ध चारों दिशाओं में फैली हुई हैं। अपने नेत्रों से इस रागमय सौन्दर्य को देखकर बलिहारी जाती हूँ। केवल आपका नाम जपती रहती हूँ।

प्रभु के गले में लाल और हीरे से जड़ी मोतियों की माला है। नख से लेकर शिखा तक उनका शरीर अद्‌भुत कांति और सौन्दर्य से परिपूर्ण है। ब्रजांगना कह रही है कि प्रभु के इस अद्‌भुत सौन्दर्य को देख लो, अन्यथा यह अवसर फिर नहीं आएगा।

॥ राग सींधूड़ ॥

49. हाँ नीली पीली ढाल ढलकी[1], वै नेजा फहराया रे।
सहनाई सींधूड़ौ बाजै[2], सूर वीर चढ़ि आया रे ॥टेक॥
हाँ टोप रंगावलि गलै जीव रखी सनमुखि घोड़ा घालै[3] रे।
बागौ सार सीष सुह डारै, कायरडौ मुडि चालै रे ॥1॥
हाँ गोफणि गुरज भड़ा भड़ि बीचै, गैंवर घन ज्यूँ गाजै रे।
पाखरिया[4] पतिसाही मोकल्या, पर दल देखि न भाजै रे ॥2॥
हाँ हाथल हुलसि गडाबडि हूवा, किलैन कै राजा ही रे।
तुपक तीर तरवारि बरछी, सूर मुहें मुंहि खांही रे ॥3॥
हाँ सीस सटै घन खांहि स्वांम[5] रौ, जन बाजीद न हारै रे।
ह्रदे हुलास हजूरि रांम जी, चुणि चुणि माझी मारै रे ॥4॥

पाठ.—1. डलकी (ख), 2. बाग्यौ (घ), घाल्या (ख), 4. राखरिया (ख), 5. स्यांम (ख, घ), स्यांन (ग)।

भावार्थ—नीली-पीली ढाल धारण किए, नेज़ा (भाला) फहराते हुए (स्थिर और दृढ़ प्रतिज्ञ होकर), युद्ध-वाद्य शहनाई, तुरही और नगाड़ा बजाते हुए साधक रूपी शूरवीर चढ़ाई करने (मनोविकारों और सांसारिक-प्रपंचों से युद्ध करने) आ गया है। कवच और शिरस्त्राण धारण करके (सुरति और लय को साधकर) घोड़ा कुदाता हुआ वह आ गया है। कायर शत्रुओं के सिर पर उसके द्वारा लोहे की तलवार का वार करते ही उनकी मुंडिया धूल में लोट रही हैं (अर्थात् उसकी दृढ़ता के सामने हीनवृत्तियाँ कायर के समान भागने लगती है—विनष्ट हो जाती हैं) गोफण और गुर्ज़ (गदाएँ) आपस में टकरा रही हैं। काम रूपी हाथी बादलों की तरह चिंघाड़ रहे हैं। लड़ाई में हाथी या घोड़े की रक्षा के लिए पहराई गई झूलें (पाखर) और बादशाही से अपने को बन्धन-मुक्त करके (मायिक-प्रपंचों से मुक्त होकर) वह शत्रु-दल को देखकर भागता नहीं है। तोप, तीर, तलवार और बर्छी के आघातों को वह शूरवीर अपने मुँह पर (सामने आकर) झेल रहा है। वह अपने स्वामी (ब्रह्म) के लिए सिर को न्यौछावर करने में (अहंकार के त्याग में) सम्बद्ध होकर प्रहारों को झेल रहा है। इस युद्ध में वह अपनी पराजय स्वीकार नहीं कर रहा है अर्थात् सहज-साधना से विचलित नहीं हो रहा है वह अपने स्वामी (राम) के लिए ह्रदय में प्रसन्नता का आवेग भरकर, अपने अन्तःकरण में स्थित विकारों को चुन-चुनकर मार रहा है।

(इस सांगरूपक में साधक को शूरवीर के रूप में प्रस्तुत किया है। साधक और शूरवीर दोनों की स्थिति और नियति एक-सी होती है।)

50. सूर जस पूरि संसारि सारै रह्यौ, पर दल देखि पाछा न चालै।
पंच परपंच पचास कौंण[1] पाँच सै, स्वांम रै काम घर घणां घालै ॥टेक॥
रंक तोड पडैं[2], पाइ पाछा पड़ै सडैं सूझैं गिर झणि न खांही।
खसम जिनि[3] छांडियौ, पतिव्रत खांडियौ, खोटा नर नौज जंणती सु माई ॥1॥
त्यां हंति गतउ फडैं, फीफडा[4] फड़ फडैं, झड़ पड़ैं झिलीहर हार गूंथैं।
गूद गिर झणि गिलैं, चंद सूरजि मिलै, खिलै तब कंवल, जब चंब[5] चूंथै ॥2॥
सुभट सांईं तणां धाइ घूमैं घणां, पीड़[6] पाटा कहि कूंण[7] कौन बांधै।
अपछरा उछंगि ते लोभ करि ले गई, चहु जणां रै सु चालै न कांधै ॥3॥
बाजीद कवियण कहै, बिड़द बानौं बहै, सहै सुख दुख सो भरम भागै।
भौ सागर बले[8] आवै नहीं, चत्रभुज चरणे[9] चित लागै ॥4॥

पाठा.—1. कुण (ख), 2. रंक ते रड़ बड़े (घ), 3. ज्यां (ख), 4. फीफरा (ख), 5. चम (ख), 6 पांण (ख), 7. कौन (ग), 8. सो बले (ग) 9. चरणां (घ)।

भावार्थ—शूरवीर (सूरमा) रूपी साधक का यश सारे संसार में फैल रहा है। शत्रुओं की सेना (मायिक-प्रपंचों और विकारों) को देखकर वह पीछे नहीं हटता है (पीठ नहीं दिखाता है, सहज-साधना से विचलित नहीं होता है)। स्वामी के कार्य के लिए वह पाँचों इन्द्रियों, उसकी पच्चीसों प्रकृतियों और पचासों जंजालों को वह नष्ट कर रहा है। उसके शौर्य को देखकर कायर (चंचल कुप्रवृत्तियाँ—लोभ, क्रोध, मोह, मत्सर आदि) डर के मारे पीछे हट जाते हैं। धरती पर गिरने के पश्चात् उन्हें सँभलने का मौका तक नहीं मिलता।

जिन्होंने अपने स्वामी (खसम, ब्रह्म) को छोड़ दिया है। स्वामी (पति) के प्रति निष्ठा (पतिव्रत) को छोड़ दिया है, हे माई ऐसे कायर पुत्रों को जन्म न देना।

शूरवीर रूपी साधक की इड़ा और पिंगला नाड़ियाँ मिलकर ब्रह्म रंध्र की ओर उन्मुख हो जाती हैं (ऊर्ध्वगामी हो जाती हैं) तब सहस्रदल कमल खिल जाता है और चन्द्रमा से अमी रस (अमृत) झरने लगता है। वह साधक रूपी शूरवीर अपने स्वामी के लिए रण-भूमि में निर्द्वन्द्व विचरण करता है। उसके पैरों में बेड़ियाँ डालने का सामर्थ्य किसी में नहीं होता। ऐसे शूरवीर (साधक) को अप्सराएँ (सद्वृत्तियाँ) उत्साह और लोभ से स्वागत के लिए ले जाती हैं। वह चार लोगों के कंधों पर भी नहीं चलता है अर्थात् उसकी साधना गुरुतर हो जाती है।

ऐसे शूरवीर का यश चारों ओर फैल जाता है। उसके सुख-दुःख की अनुभूतियाँ और सम्पूर्ण भ्रम भाग जाते हैं। वह आवागमन से मुक्त होकर फिर से इस संसार में नहीं आता है और प्रभु के चरणों में उसका चित्त लय-बद्ध हो जाता है।

॥ राग भैरूँ ॥

51. चलि चलि घर[1] हम आवत हैं।

चोवा चंदन अगर कुमकुमां, तेल फुलेलनि न्हावत हैं ॥टेक॥
सेज सुखासण कुंजर आसण, पंच लोग सिर नावत हैं।
ग्यांनी गुनी सूर कबि पंडित, दुरी[2] बात भल पावत हैं ॥1॥
चौदह विद्या निधांन निपट हम, चंग डप[3] बजावत हैं।
केदारौ कल्याण कानडौ[4], गुंड मलारहि गावत हैं ॥2॥
ऊँचे मंदिर साल रसोई, अपनी पख कूँ धावत हैं।
हम कुलीन करणी[5] के पूरे, माया[6] करम न लावत हैं ॥3॥
बिषै रंग बनिता बिनोद सुख, गुन गोब्यंद न गावत हैं।
जन बाजीद बहुत का कहिये, जरत[7] अगिनि द्यौ नावत हैं ॥4॥

पाठ—1. छाँह (ग), 2. पुरी (घ), 3. उपंग (ग), 4. कानरौ (ग), 5. करनीं (ग), 6. काया (ग), 7. सर में (ग)।

भावार्थ—हम (संसारी प्राणी) माया के घर आकर तेल-फुलेल (सुगन्धित द्रव्यों) से स्नान करके अपने शरीर को चोवा (कपूर, खस, चन्दन आदि का शीतल लेप), चन्दन, अगरु और कुमकुम से चर्चित करते हैं। सुखासन (सेज) पर शयन करते हैं। हाथी पर सवार होते हैं। पाँचों इन्द्रियाँ हमारी आज्ञा के पालन में सिर झुकाती हैं। हम ज्ञानी, गुणी, शूर, कवि और पण्डित बनकर रहस्य की बातें कहने में सुख पाते हैं। चौदहों विद्याओं में अपने को प्रवीण समझकर हम गर्व और प्रसन्नता से चंग और डफ बजाते हैं। उनके साथ केदार, कल्याण, कानडौ, गुंड और मल्हार आदि राग गाते हैं। हमारे रहने के लिए ऊँचे-ऊँचे प्रासाद, शालाएँ और व्यंजनों के लिए पाकशालाएँ होंगी। अपने मार्ग पर चलने के लिए हम लोगों को प्रेरित करेंगे। हम अपने को कुलीन और करणीं के पूरे समझकर माया प्रेरित काया-कर्म, विषय-वासना और नारी सुख भोग में लिप्त रहेंगे। इनमें आसक्त रहकर कभी भी प्रभु के यश व नाम का स्मरण नहीं करेंगे। अधिक क्या कहा जाए यह सब करके हम जलती हुई अग्नि में अपना सिर देने जैसा कार्य करेंगे। अर्थात् सर्वस्व नष्ट कर लेंगे।

॥ राग टोड़ी ॥

52. डर है रे मुझे डर है रे।

स्यंघ स्याल मांझ[1] उठि बोलै, उस जंगल बिचि घर है रे ॥टेक॥
सिरि परि मेह कीच पांइन तर, दसौं, दिसा कौं सर है रे।

वोरे ज्यूँ गरिजै जब तब[3] काची माटी नर है रे ॥1॥
भाव भगति कबहूँ नहीं साधी[4], विषै बासना भर है रे।
हाथ हथकरी, पांइन बेरी, जंम की पासी गर है रे ॥2॥
सकहि त चरन सरन गहि प्रांणी, अनत कहूँ नहीं घर है रे।
जन बाजीद झूठ है जीवन, मनसा बाचा मरु[5] है रे ॥

पाठा.–1. संझ (ख), 2. दसूँ (ख), 3. हौ सारै (ग), 4. कीन्हीं (ग), 5. मरि (ख)।

भावार्थ–इस संसार रूपी वन के बीच में मेरा आवास है जहाँ साँझ होते ही सिंह (अचेतन मन) और सियार रूपी विषय-वासनाएँ बोलने लगती हैं। उनके डरावने स्वर से मुझे अत्यन्त भय लगता है। सिर के ऊपर लोभ रूपी मेह बरसता है। पैरों के नीचे दुष्कर्मों रूपी कीचड़ फैली हुई है। दसों दिशाएँ काफी दूरी पर हैं। मोह रूपी बादल जब-तब गर्जना करके मुझे डुबाने के लिए तत्पर दिखाई पड़ते हैं और प्राणी पानी के साथ बहने वाली कच्ची मिट्टी के समान होता है। मैंने इस संसार रूपी जंगल में प्रभु के प्रति अनुराग और भक्ति की चेतना कभी धारण नहीं की। (इसके विपरीत) विषय-वासनाओं में डूबा रहा। अब ऐसी लाचारी है कि हाथों में वृद्धावस्था रूपी हथकड़ियाँ और पैरों में सांसारिक-प्रपंचों रूपी बेड़ियाँ पड़ी हुई हैं। गले में यमराज ने फाँसी का फंदा डाल रखा है।

हे प्राणी (साधक) यदि हो सके तो प्रभु के चरणों की शरण ले ले क्योंकि मायिक प्रपंचों, पापों और विकारों से बचने के लिए और कोई रास्ता या आश्रय नहीं है। यहाँ (संसार में) जीवन मिथ्या है जिससे मन और वाणी दोनों असाध्य हो जाते हैं।

53. जागि रे जोगी[1] क्या करै सूता।
कहै गोरख मछयंद्र[2] का पूता ॥*

संखणी डंकणीं संगि है कूता, काल कराल कूँ मारि औधूता ॥1॥
सांपणीं पांपणी, सूरनि रस पीवै, सुगरा होइ सु कोटि मैं जीवै ॥2॥
डंकणी संखणीं सकल जग खाया, कूंन बिधि छूटिबौ प्रबल यह माया ॥3॥
जन बाजीद बिचारि लै अैसी, मारग मुसकिल बाघनि बैसी ॥4॥

पाठा–जोगीया (ग), 2. मछिंद्र (ग)।

भावार्थ–मत्स्येन्द्रनाथ का शिष्य गोरखनाथ का कहना है–हे योगी! तुम क्यों सो रहे हो अर्थात् अज्ञान रूपी निद्रा में क्यों पड़े हुए हो? डाकिनी (मृत्यु चण्ड स्वभावा, सिद्धों की ललना, नाथों की इड़ा) से अध्युषित चक्र मूलाधार से प्राण वायु को उठाकर संखनी या शाकिनी (सदा शिव सहित) के विशुद्ध चक्र से मिला दे (इन्हें अवधूती की ओर उन्मुख कर दे)। इससे हे अवधूत तू कराल काल को मार (परास्त कर) देगा।

*इसे 'ग' प्रति से 'राग गौड़ी' में दिखाया गया है।

माया रूपी नागिन साधक रूपी शूरों का प्राण-रस पीती रहती है। जो विरला (साधक) सुघर (प्राणवायु का निरोध करके मेरु शिखर पर वास करने वाला सच्चा साधक) होता है, वही करोड़ों में जीवित रहता है। यदि डाकिनियों और शाकिनियों को प्राण वायु या कुण्डलिनी द्वारा नहीं जगाया गया तो ये संसार रूपी वन को नष्ट भ्रष्ट कर देती हैं। इस संसार में माया इतनी प्रबल है कि उससे छूटने का कोई उपाय नहीं है। हे अवधूत! अच्छी तरह सोच-विचार कर लो कि ब्रह्म-प्राप्ति का मार्ग काफी दुर्गम है। ऊपर से काल-स्वरूपा बाघिन रास्ता रोके हुए बैठी हुई है।

54. नांव लै[1] रे नांव लै[2] रै, नांव लै[3] रे लोई।
हरि नांव पटंतरि, नहीं दूजा कोई ॥टेक॥
नांव देवा नांव सेवा, नांव संजम सार[4]।
नांव जपहि जे उतरहि पार[5] ॥1॥
नांव जोग नांव भोग नांव ध्यांन धरनां[6]।
नांव जप, नांव न बिसरनां ॥2॥
नांव दांन नांव पुनि, नांव मुकति होइला।
नांव कै परसादि[7] बाजीद सुख सोइला ॥3॥

पाठा.–1, 2, 3. ले (ग), 4. सारा (घ), 5. पारा (घ), 6. धरे ना (ग), 7. प्रसादि (ग)।

भावार्थ–हे प्राणियो! प्रभु के नाम का स्मरण कर लो। प्रभु के नाम के समान दूसरा कोई नहीं है। प्रभु का नाम-स्मरण ही देवता है, वही प्रभु की सच्ची सेवा है। नाम ही संयम-साधना का सार-तत्त्व है। जो प्रभु के नाम का स्मरण कर लेता है, वह इस भव-सागर से पार हो जाता है। प्रभु का नाम-स्मरण ही सच्ची योग-साधना है। नाम ही भोग लगाना और ध्यान (लय लगाना) करना है। नाम ही जप, दान, पुण्य और मोक्ष देने वाला है। इसलिए प्रभु के नाम-स्मरण को कभी नहीं भुलाना चाहिए। नाम-स्मरण के प्रसाद से भक्त व सन्त सुख के साथ सोते हैं।

॥ राग रामगरी ॥

55. हम तौ जोगी जनम के।
गुरु गोरखनाथ औघट घाट लखाइया दीपक दे हाथ ॥टेक॥
बाहरि बरतणि बाहरी, अंतरगति भेख।
सुंनि मंडल सहजै रमौं, जहाँ पुरिस अलेख ॥1॥
तापस ताप सबै गई, तत तरवर छाँही।
ना आबै मरै न औतरै, जीवन पुनि नांही ॥2॥
गगन गुफा आसन कीया, सुषमन लै लाई

बाजीदा मन मन मिल्या, अब अनंत न जाई ॥3॥

भावार्थ—हम तो जन्म से योगी हैं। गुरु गोरखनाथ ने हमारे हाथों में ज्ञान-दीपक देकर साधना के भयानक और बीहड़ मार्ग से परिचित करा दिया है। बाहर से हम संसारी जैसे दीखते हैं लेकिन अन्तःकरण से हम पूरे योगी हैं। अपनी सहज-साधना के माध्यम से उस शून्य-मण्डल (ब्रह्म रन्ध्र) में रमते हैं जहाँ अगोचर ब्रह्म का वास है। उस अनन्त-विशाल वृक्ष की छाया में हमारी तपस्या (साधना) की समस्त थकान दूर हो जाती है। वहाँ पहुँचकर न हम आते हैं और न मरते हैं अर्थात् जन्म-मरण के बन्धन या आवागमन से मुक्त हो जाते हैं।

उस शून्य-गुफा (ब्रह्म रन्ध्र) में आसन लगाकर सुषुम्ना की लय* जगाते हैं। वहाँ हमारी चेतना ब्रह्म-चेतना के साथ मिलकर एकाकार हो जाती है। उस अद्वैत स्थिति को छोड़कर हम अन्यत्र जाने वाले नहीं हैं।

56. औधू जीवत मरिबा, सोच न करिबा।
मन उनमनि लै धरिबा, साध अहटिबा।
पवन पलटिबा, अहि बिधि दूतर तिरबा ॥टेक॥
द्रुलभ कोट दसौं दरवाजा, काईर होइ न डरिबा।
अनहद बांनी बाजै तूरा आप आप सौं लरिबा ॥1॥
उबट बाटैं औघट घाटैं, सहज सुरति लै रहिबा।
मन बुद्धि अगम अगोचर बांनी, अगहु अलख का कहिबा ॥2॥
निहचल आसण कबहु न डोलै, ततहि तत मिलावै।
बाजीद निरभै सो प्राण, बहुरि न भौजलि आवै ॥3॥

भावार्थ—हे अवधूत! यह जीवन नश्वर है इसलिए इस क्षण-भंगुर का सोच नहीं करना चाहिए। मन को संकल्पित करके उसे उन्मन-अवस्था में स्थिर करना चाहिए। अधोमुखी प्राण-वायु को ऊर्ध्वमुखी करके दुर्गम साधना को पार कर लेना चाहिए। इस काया रूपी दुर्गम-दुर्ग के दसों इन्द्रियाँ रूपी दस दरवाजे हैं। उन्हें पार करने में (शूरवीर, साधना-शूर बनकर) कायर की तरह डरना नहीं चाहिए। अपनी दूषित अन्तर्वृत्तियों से संघर्ष करते हुए साधक वहाँ ब्रह्म रन्ध्र में तूर्यनाद और अनहद-नाद को सुनता है। ऊबड़-खाबड़ रास्तों और दुर्गम घाटों को पार करते हुए साधक की सहज-सुरति (ध्यान) साधना में लगे रहना चाहिए। तथा मन, बुद्धि और वाणी से अगम्य, अगोचर, इन्द्रियातीत, अप्राप्य और अगाध ब्रह्म का स्मरण करते रहना चाहिए। इस प्रकार अटल आसन पर विराज कर साधक को मायिक-प्रपंचों के आकर्षणों से विचलित नहीं होना चाहिए। इनका पालन करने वाला ब्रह्म के साथ

---

*इड़ा और पिंगला दोनों नाड़ियों का सुषुम्ना में केन्द्रित करना हठ योगी का लक्ष्य और सुषुम्ना का लय लगाना है। सुषुम्ना के सहारे ही कुण्डलिनी ब्रह्म रन्ध्र तक आरोहण करती है।

एकाकार यानी अद्वैत स्थिति में पहुँच जाता है तथा निर्भीक हो जाता है। फिर वह कभी भव-सागर में डूबने नहीं आता अर्थात् आवागमन से मुक्त हो जाता है।

57. उरम धूरम पूरबहु ताला, सपत सुरति मन राखौ।
अमर बेलि आकासहि फूली, महा अमी रस चाखौ ॥टेक॥
हा काल कलपनां कबहूँ न व्यापै, सहजौई छूटै आसा।
दसवें द्वारि लगावै तारी, तहाँ निरंजन बासा ॥1॥
हा तब यहु मनवा कहू न डोलै, मूल बन्द जब लागै।
बिगसै कंवल भँवर रस पीवै, जनम मरन भै भागै ॥2॥
हा फूलै फलै नाथ की बारी, तिनका को उनुहालै।
मन पवन हि परचा भइला, सहज ढेकुरी ढालै ॥3॥
हालिब की लेज सुरति की गागरि, नांव नीर भरि पीवै।
मार्‍यौ मरै न आवै न जाई, जन बाजीद सु जीवै ॥4॥

भावार्थ—प्राण, चित्त और शरीर के छह क्लेशों—भूख, प्यास, लोभ, मोह, सर्दी और गर्मी तथा शरीर की सात धातुओं को नियंत्रित करके, साधक को अपने मन को सुरति-साधना में लीन कर देना चाहिए। स्वानुभूति रूपी अमर-बेल (बिना मूल और शाखाओं) के मूलाधार चक्र से ऊपर उठकर आकाश (ब्रह्म-रन्ध्र) में फल-फूल रही है। वहाँ पर चन्द्रमा से स्रवित अमी-रस (अमृत) का पान कर रही है। चन्द्र (इड़ा) और सूर्य (पिंगला) से दसवें द्वार (ब्रह्म रन्ध्र) को त्राटक (ताली) लगाकर (अर्थात् प्राण वायु को निरुद्ध करके, जैसे निस्तरंग सरोवर में वृत्तियाँ रुद्ध हो जाती हैं।) लय को स्थिर करना चाहिए क्योंकि यहीं पर अंजन (माया) रहित ब्रह्म का वास है। इससे यह चेतन चित्त स्थिर (अविचल) हो जाएगा।

मूलाधार चक्र से प्राण-वायु या कुण्डलिनी को ऊर्ध्वगामी करके त्रिकुटी की सन्धि पर सूर्य और चन्द्रमा (इड़ा और पिंगला) को पवनों से बाँधने पर सहस्रार में सहस्रदल कमल खिल जाता है। साधक रूपी भ्रमर चन्द्रमा से स्रवित अमी रस (अमृत) को पान करता है। इससे उसका आवागमन का भय दूर हो जाता है।

वहाँ प्रभु की वाड़ी (भक्ति-चेतना रूपी वाटिका) फलती-फूलती है। उसकी समता कोई नहीं कर सकता है। अर्थात् उसकी अनुभूति अनुपम और अद्वितीय होती है। ब्रह्म-लीन मन रूपी प्राणवायु वहाँ सहज-साधना रूपी ढेंकुली से भक्ति-जल को खींचकर सींचती है।

लय की रस्सी (लेज) और सुरति की गागर (घड़ा) बनाकर साधक नाम-स्मरण रूपी जल को पीता रहता है। इस स्थिति पर पहुँचकर न काल उसे ग्रसता है और न वह इस संसार-सागर में आता-जाता है। इस प्रकार निर्भय होकर वह सुन्दर और श्रेष्ठ जीवन जीता है।

टिप्पणी—यहाँ अमर बेल (प्राण-वायु और कुण्डलिनी) का भी प्रतीक है। गोरखनाथ ने भी तत्त्व-बेल और कबीर ने गुण-बेल का रूपक प्रस्तुत किया है।

58. फूल्यौ कहा फिरहि रे प्रांणी, आपा पर किनि बूझै।
माया मगन भयौ मंदु भागी, कंवल रांम न सूझै ॥टेक॥
ममिता हाथि संदेस मोकि लै, जम नित मारग जोवै।
उठै न जागि लागि अविणांसी, कौन नींद सुख सोवै ॥1॥
कूकर गांगकिरम कौ भूषन, तब औधैं मुखि आयौ।
चरन कंवल अनुराग न उपज्यौ, जनम जनम डहिकायौ ॥2॥
अजहुँ चेति अचेति अभागे, अंतरगति करि ग्यांन।
बाजीदा पछितहि है बौरे, पूजि लै परम निधांन ॥3॥

भावार्थ—हे प्राणी! तू गर्वीला होकर क्यों फिर रहा है? तू अपने-पराये का भेद क्यों नहीं समझ पा रहा है। अरे दुर्भाग्यशाली! तू मायिक प्रपंचों में फँसा हुआ मग्न हो रहा है इसलिए कमल रूपी राम (ब्रह्म) तुझे सुझाई नहीं पड़ रहे हैं। सांसारिकता के मोह में पड़कर तुझे यह दिखाई नहीं पड़ रहा है कि यमराज तेरी रोज बाट देख रहा है। तू सचेत होकर अविनाशी प्रभु से अपनी लग्न क्यों नहीं लगाता! तू किस सुख की नींद में क्यों सो रहा है? तभी औंधे मुँह करके इस संसार में आया है। प्रभु के कमल जैसे चरणों के प्रति तुम्हारे हृदय में अनुराग पैदा नहीं हुआ इसलिए अनेक जन्मों में तू बहकता रहा है। अरे अज्ञानी अब भी चेत जा। अपने हृदय में ज्ञान का प्रादुर्भाव करके परम निधान प्रभु की उपासना कर ले, अन्यथा बावले तुझे पछताना पड़ेगा।

59. प्रभु मेरे हादिदी न कीजै।
लखि चौरासी भ्रमि कै थाक्यौ, चरन सरन यहु लीजै ॥टेक॥
जिनकौं ठौर नहिन लोक त्रिय, ते तकि आवत तोही।
बुधि बमेक बल हींण बापुरौ, सरन राखि ल्यौह मोही ॥1॥
मंझ धार हूँ बह्यौ जात हौं, पकरहु जन की बाँही।
देख्यौ सोचि बिचारि देव मनि, सरन चरन बिनि नाँही ॥2॥
पुंनि पंथि नहीं पाइ धरे हैं, कीये क्रम बसि पापैं।
जन बाजीद जाइ कहाँ तुम तजि, क्रिपा करौं हरि आपैं ॥3॥

भावार्थ—मेरे प्रभु! मुझसे किनारा न कीजिए। चौरासी लाख योनियों में भ्रमते-भ्रमते मैं थक गया हूँ। अब तो मुझे अपने चरणों की शरण में ले लीजिए। जिनको तीनों लोकों में कोई ठौर-ठिकाना (आश्रय) नहीं है, वे सब हार-थककर आपके पास आते हैं। मैं बेचारा बुद्धि, विवेक और शक्ति से हीन हूँ। मुझे अपनी शरण में ले लीजिए। मैं भव सागर की मँझधार में बहा जा रहा हूँ। आप मेरी बाँह

पकड़कर मेरा उद्धार कर दीजिए। हे देव मणि! मैंने सोच-विचार कर देख लिया है कि आपके चरणों की शरण के बिना कोई निस्तार नहीं है। मैंने (कभी) पुण्यों के मार्ग में पैर नहीं रखा है अर्थात् अपने जीवन में पुण्य नहीं किए हैं। कर्मों के वशीभूत होकर अनेक पाप किए हैं। हे हरि! आप अब कृपा कीजिए। आपको छोड़कर मैं और कहाँ जा सकता हूँ? अर्थात् आपके सिवा मेरा कोई आश्रय नहीं है।

॥ राग माल श्री ॥

60. अरे कोई आनि मिलावो सोइ रे।
तिस देखत सुख होई रे ॥टेक॥
पिव प्राननि हूँ तैं प्यारा रे, दिन रैंनि करौं नहीं न्यारा रे ॥1॥
उस हु बिन कहुँ क्यूँ जीजै रे, मेरा तिल तिल जोबन छीजे रे ॥2॥
द्वै नैनहु नींद न आवै रे, बाजीद सु धंन दुख पावै रे ॥3॥

भावार्थ—जीवात्मा कह रही है—इस संसार में ऐसा कोई प्राणी है जो मुझे अपने प्रियतम (ब्रह्म) से मिला दे! उनको देखते-ही मुझे सुखानुभूति होने लगती है। वह मुझे अपने प्राणों से भी अधिक प्रिय हैं। मैं उन्हें रात-दिन अपने से अलग नहीं करना चाहती हूँ। उनके बिना मेरा जीवन व्यर्थ है। उनके विरह में मेरा यौवन तिल-तिल करके छीज रहा है। नेत्रों से निद्रा गायब हो रही है। इस प्रकार वह विरहिणी स्त्री (नायिका, जीवात्मा) दुःख पा रही है। अर्थात् विरह-वेदना को सह रही है।

61. उस सहु कौं जाइ सुनावौ रे।
टुक मिहरि करौ धरि आवौ रे ॥टेक॥
बहुत निठुर मन कीया रे, मेरा निलज न फाटै हीया रे ॥1॥
अब आइ मिलौ दिल जांनी रे, मेरे नैंननि सूकत पानी रे ॥2॥
हौं तौं पंथ निहारत हारी रे, मेरा जिय दुख पावै भारी रै ॥3॥
हौं तौं भली य बुरी तऊ तेरी रे, पिव बिपति बचावहु मेरी रे ॥4॥
बाजीद सु परई पगा रे, मुझ बिरहु नाई लगा रे ॥5॥

भावार्थ—विरहिणी नायिका (जीवात्मा) कह रही है कि उस परदेसी प्रिय के पास जाकर कह देना कि दया करके अब तो घर लौट आओ। आपने अपना हृदय बड़ा कठोर कर लिया है और मेरा हृदय इतना निर्लज्ज हो रहा है कि आपके विरह में फट भी नहीं रहा है। हे दिलवरजानी! अब आकर मिल जाओ जिससे मेरे नेत्रों से अविरल बहते आँसू सूख जाएँ। मैं आपका मार्ग देखते-देखते थक गई हूँ। मेरा हृदय अत्यन्त दुःख पा रहा है।

मैं भली हूँ या बुरी हूँ, हूँ तो आपकी ही। अतः हे प्रियतम! मेरी यातना को दूर कीजिए। मैं आपके पैरों पड़ती हूँ। मुझ विरहिणी को गले लगा लीजिए।

॥ राग धना श्री ॥

62. दीन के दयाल लाल अब न बेरु लाइये।
होह हाल मांझ गाल काल पै छिड़ाइये ॥टेक॥
अब गह्यौ गात रह्यौ न जात, काचौ तातैं टेरि कैं।
तुम समान नहि न आन, देख्यौ जगु हेरि कैं ॥1॥
यहु काल रंकु, करै न संकु, अंकु मेटि मीच के।
गहहु हाथ रहूँ साथ, संगु न देहु नीच के ॥2॥
अब रहौं मौन, ऐसौ कौन, जौन जाइ आखिये।
जान राइ करि सहाइ, जन बाजीद राखिये ॥4॥

भावार्थ—हे दीनदयाल! अब मुझसे मिलने में देरी न कीजिए। मैं (जीवात्मा) काल के गाल में पड़ी हूँ, उससे मुझे मुक्ति दिलाइए। अब जीवन को धारण किए रहना मेरे लिए कठिन हो रहा है। मैंने सारे संसार में खोजकर देख लिया है कि आपके समान दीनों की रक्षा करने वाला कोई नहीं है। यह निर्दयी काल मुझे दबोचने में जरा भी शंका नहीं करेगा, इसलिए मृत्यु-भय से मुझे मुक्त कीजिए।

आप मेरा हाथ पकड़िए अर्थात् सहारा दीजिए। मुझे नीच सांसारिक प्रलोभनों और विकारों से छुटकारा दिलाइए। आप मौन क्यों हो? ऐसा कौन है जिसे आप परखना चाह रहे हैं? हे सर्वज्ञ! आप मुझे दास बनाकर अपनी शरण में ले लीजिए।

63. दीन है हम हु दास कहावै।
हाथि कमंडंल लीयौ काठ कौ, घर तजि बन कौं धायै ॥टेक॥
हाँ मथुरा गया और गोमती, तिरबैंनी टटु न्हांयैं।
माला तिलक तोरि तुलसी दल, बलु करि संख बजाये ॥1॥
हाँ चोवा चन्दन चरचि चहुँ दिसि, साखा सिष बढाये।
पूजा पाक परम सुख पायौ, परफुलित अंग नमायौ ॥2॥
हाँ जान राइ जगदीस गुसांई, इनि कुमतनि किनि पायौ।
बुधि बिबेक बल हीन बापुरे, उलटि अपूठे आयौ ॥3॥
हा जोगी जती तपी सन्यासी, हम सर भरि नहीं और।
जन बाजीद कहाँ लौ बरनैं, कोठा पर की दौर ॥4॥

भावार्थ—हे प्रभु! मैं दीन हूँ लेकिन आपका भक्त कहलाता हूँ। मैंने हाथ में कमण्डल लेकर घर-बार छोड़कर वन का रास्ता पकड़ लिया है। मैंने मथुरा, गया और गोमती की तीर्थ यात्राएँ कीं। त्रिवेणी (गंगा-यमुना और सरस्वती का संगम) के तट पर स्नान किया। माला, तिलक धारण कर तुलसी-दल का सेवन किया। पूरी ताकत से शंख बजाया। चोवा (कपूर, खस और चन्दन आदि का शीतल लेप) और चन्दन

से चर्चित होकर चारों दिशाओं में शिष्यों की संख्या में वृद्धि की। पूजा-पाठ करके सुख प्राप्त किया और प्रसन्न होकर देव-चरणों में सिर झुकाया। हे सर्वज्ञ, जगदीश, गोस्वामी! इन कुमतियों से मुझे कुछ नहीं मिला। मैं बेचारा बुद्धि-विवेक से रहित और अशक्त होकर पलटकर पीछे की ओर आपकी शरण (निर्गुण-साधना) में आया हूँ। पहले मैं समझता था कि मेरे समान योगी, यती, तपस्वी व संन्यासी कोई नहीं है। हे प्रभु! कहाँ तक कहूँ—ये मेरे प्रयास कोठे पर दौड़ लगाने के समान (निरर्थक और संकीर्ण) थे।

साखियाँ

॥ विरह ॥

1. कबहूँ ऐसी होइगी, लगै विरह की आगि।
भरि भरि नैंन बुझाइ हो, उठै सिलगि सिलगि ॥

(हे प्रभु! कभी ऐसा होगा कि आपके विरह की अग्नि को मेरे नेत्र निरन्तर अपने अश्रुओं से बुझाते रहें और वह अग्नि बुझकर भी निरन्तर सुलगती हुई दीप्ति होती रहे?)

2. सब तुम्ह कौं मालूम है, कहिये कहा बनाइ।
बिनि दरसन बाजीद कौ, जनम अबिरथा जाइ ॥

(हे प्रभु! आपको सब ज्ञात है। बनाकर क्या कहा जाए? आपके साक्षात्कार के बिना बाजीद का जन्म व्यर्थ चला जाएगा।)

3. बिरहैं बेध्याजीव, यहु दुख कहिये कौंन सौं।
सखी पियारे पीव, सुपिनतरि हूँ न मिले ॥

(हे सखी! मेरा हृदय भीतर तक प्रभु-विरह से बिंधा हुआ है। विरह-जन्य इस दुःख को किसी से भी नहीं कहा जा सकता है। सबसे बड़ा दुःख यह है कि मेरे प्रियतम मुझे स्वप्न में भी नहीं मिलते हैं।)

4. बाजीदा जैसै मोती थाल मैं, ऐसैं जाणों जीव।
अस्थिर रहै न एक छिन, बाज पियारे पीव ॥

(मनुष्य का मन अस्थिर होता है। थाल में रखे मोती की तरह वह एक क्षण के लिए भी स्थिर नहीं रहता है।)

5. बिरहैं बान कमान लैं, बेध्या सकल सरीर।
बाजीद सु ब्याकुल बिरहनी, घर बन धरै न धीर ॥

(प्रभु के विरह ने बाण-कमाण लेकर विरहिणी का शरीर वेध दिया है। उसके घावों से विरहिणी अत्यन्त व्याकुल हो गई है। उसे न घर में चैन है और न वन में चैन है।)

6. तेरे बिरहैं यूँ जली, ज्यूँ बन घुंघुची याँह।
आधी जलि कोला भई, आधी लोही माँहि ॥

(हे प्रिय आपके विरह में विरहिणी उस प्रकार जल गई है जैसे वन में घुँघची (गुंजा) जल जाती है। वह घुँघची के समान आधी जल कर काली (कोयला) हो गई है और आधी लाल।)

7. घुँघची ह्वै बन पैठि हूँ, काला करि करि मुख।
कोई कहेगा क्यूँ किया, साँईं केरे दुख ॥

(विरह-दग्ध विरहिणी अपना काला मुख छिपाने के लिए घुँघची बनकर वन में चली गई है। कोई पूछता है तो उत्तर देती है स्वामी से बिछुड़ने के कारण मेरी यह दशा हो रही है।)

8. कारे कपरे पहरि करि, भसम करी सब देह।
जोगीन ह्वै जग जोई यूँ, रे पीव अंत न लेह ॥

(मैंने काले कपड़े पहनकर सारे शरीर में भस्म रमा ली है। इस प्रकार जोगिन बनकर सारे संसार में प्रियतम को खोज रही हूँ लेकिन मुझे उनका कोई अता-पता नहीं मिल रहा है।)

9. चितु चुरायौ म्यं तजैहि, गये चमका लाइ।
जोगनि ह्वै जग जोई ह्वै, अंगि विभूति लगाइ ॥

(प्रिय मेरा चित्त चुराकर, मुझे धोखा देकर चले गए। मैं उनके विरह में संतप्त होकर, अंगों में भभूत रमाकर, जोगिन बनी हुई सारे संसार में उन्हें खोज रही हूँ।)

10. बाजीद तुम्हारे विरह में, अस्त रहे कै चांम।
कहु कब दरसन देहुगे, अंतरजामी रांम ॥

(हे प्रिय! आपके विरह में सूखकर या तो मेरी हड्डियाँ (कंकाल) शेष रहेंगी या सूखी चमड़ी। हे अन्तर्यामी राम! आप मुझे कब दर्शन देंगे? अर्थात् क्या तभी दर्शन देंगे जब मेरे प्राण चले जाएँगे!)

11. अति गति ब्याकुल बिरहनी, सुधि बुधि बिसर्‌यौ ग्यांन।
माँग सिंदूर न सेज सुख, मंदिर मनहुँ मसांन ॥

(प्रिय के विरह में विरहिणी अत्यन्त विह्वल हो रही है। उसने अपनी स्मृति, बुद्धि और ज्ञान को खो दिया है। वह न माँग में सौभाग्य सूचक सिन्दूर धारण करती है और न सेज-सुख ले पाती है। उसे अपना घर भी प्रिय के बिना; श्मशान जैसा दिखाई पड़ता है।)

12. चोवा चंदन कुमकुमां, कां घसि लावहु अंग।
सुधि बुधि ही सजनी सब गई, प्यारे पिय कै संग ॥

(हे सखी! चोवा, चंदन और कुमकुम का अंगों में लेप लगाने की तो क्या

चलाई, अंगों को सँभालने-सजाने की सुधि और सोचने-विचारने की बुद्धि मेरे प्रिय के साथ ही चली गई है।)

13. जौ बिरहनि तौ भोग का, जोगहु दीयौ ज़राइ।
जप तप सजनी सब हर्‍यौ कह्यूँ न को पतियाइ ॥

(हे सखी! मेरी विरहाग्नि में भोग तो क्या योग (संयोग) भी जल गया है। इस विरह ने मेरे जप और तप को भी समाप्त कर दिया है। मैं अगर इसे किसी से कहूँ भी तो कोई विश्वास नहीं करेगा।)

14. जै भागौं तौ भूवै घर्णीं, सनमुख रह्य न जाइ।
सूता स्यंघ जगाइया, मैं बजमारी आइ ॥

(हे सखी! विरह से भागकर दूसरी ठौर जाऊँ तो प्राण छूटने का बड़ा डर है। विरहाग्नि के सामने ठहरना भी कठिन है। मैं तो हतभागी हूँ जो मैंने सोते हुए विरह रूपी सिंह को जगा दिया है।)

15. बाजीद बिधाता ब्यौम पर, ए नछित्र नहिं कीन।
बिरह दगध आकाश भौ, तातैं फोहा दीन ॥

(विधाता ने आकाश में ये नक्षत्र नहीं बनाए हैं, बल्कि आकाश विरह से जल गया था, उन जले हुए घावों पर फाहे लगाए हैं।)

16. बाजीद कहै इस जीय की, जरनि न कबहूँ जाइ।
जौ लहु हाथ न पकरि है, आपुन हरि जी आइ ॥

(जब तक स्वयं प्रभु आकर मेरा हाथ नहीं थामते हैं तब तक मेरे विरह की जलन कभी नहीं जा सकती है।)

17. बाजीद बलम बिछुरैं, भई बज्र की देह।
निकसि गये नहिं प्राण ये, रहे लजांवन नेह ॥

(प्रिय प्रभु के बिछुड़ने पर यह देह वज्र की हो गई है। इससे प्राण निकल नहीं पाए हैं, इसमें रुककर ये प्रेम को लज्जित कर रहे हैं।)

18. मंदिर सु तो मसांन सौ, सेज स्यंघ ह्वै खात।
बाजीद बलम बिछुरै, घरी बरस बर जात ॥

(प्रिय प्रभु के हृदय से चले जाने पर, अर्थात् ध्यान टूट जाने पर सुन्दर घर श्मशान के समान लगता है। शय्या सिंह के समान खाने को आती है। एक पल का समय वर्ष के बराबर लगता है।)

19. बाजीद कहै करि जोरि कैं, सुनहु पियारे मित्त।
जो तुम लहहु न जीव की, तो हम जीवैं हि कित्त ॥

(मैं हाथ जोड़कर कहता हूँ—हे प्रिय मित्र राम! सुनो, यदि आप हमारी सुधि नहीं लेंगे तो हम कैसे जीवेंगे।)

20. बलिहारी ता द्यौस की, बलम दरिसन देइ।
जन बाजीद बिलोकि कैं, जनम सुफल कर लेइ ॥

(जिस दिन प्रिय राम दर्शन देंगे, उसी दिन की मैं बलिहारी जाता हूँ। उस दिन राम को देखकर अपना जीवन (जन्म) सफल कर लूँगा।)

॥ भक्ति-चेतना एवं नाम-स्मरण ॥

21. बाजीदा जै कीजिये, सांईं सौं इकतार।
तौ अदम सेती औलिया, होत न लागै बार ॥

(जो साधक ब्रह्म से एकरूप (अद्वैत) हो जाता है उसे मनुष्य से सन्त होने में देर नहीं लगती।)

22. बाजीद रांम के नांम कौं बिसरि जाहि जिनि मूर।
छाया रखे हस्त की, पाप ताप ह्वै दूर ॥

(अपने मूल-राम के नाम को नहीं भूलना चाहिए। वे (राम) भक्त के सिर पर छत्र के समान हाथ की छाया करके (अनुग्रह करके) उसे पापों के तापों से दूर रखते हैं।)

23. भौ सागर डूबे नहीं, तुरत लगाये तीर।
बाजीद रांम कौ नांम यहु, जग जिहाज है बीर।

(हे भाई! राम नाम जगत का जहाज है। जिन्होंने राम नाम का निष्काम भाव से चिन्तन किया, वे संसार-सागर में नहीं डूबे। नामी राम ने उनको तत्काल भवसागर के पार लगाकर अपने में मिला लिया।)

24. बाजीद बात नीकी कहत, करि किन लेही कांन।
गुंन गावत गोब्यंद के, मिटि है आवन जान ॥

(मैं अच्छी बात कहता हूँ, कान लगाकर क्यों नहीं सुनते हो? गोविन्द का गुण-गान करने से आवागमन मिट जाता है। अतः अवश्य गाओ।)

25. बाजीदा साँईं अपनौ सुमिर रे, मुख थैं थोरा बोल।
लगा रहै तो लख का, नहीं तर कौड़ी मोल ॥

(वाचालता को छोड़कर अपने स्वामी के नाम का स्मरण करते रहना चाहिए। ईश-भक्ति में लगा रहा तो लाख (अमूल्य) का है नहीं तो दो कौड़ी का है।)

26. बाजीद वह छब स्यांम की, नैंन न निरखी जाइ।
चहलैं पर निकसी नहीं, मनहु दूबरी गाइ ॥

(श्याम का सौन्दर्य नेत्रों से देखा नहीं जा रहा है। ऐसा लगता है मानो कोई कमजोर गाय गढ़े में गिरकर निकल नहीं पा रही हो।)

27. रांम बिनां बेकांम सब, भांमिनि भोग बिलास।
कहाँ इंद्रासन इंद्र कौ, कहाँ बैकुंठा बास ॥

(राम की भक्ति के बिना नारी-भोग, विषय-वासना, इन्द्रासन और यहाँ तक कि स्वर्ग की प्राप्ति भी निरर्थक है।)

28. बाजीदा भली करी दरसन दीया, अब उठि बिलंब न लाइ।
यहु अंतरजामी न मिलै, तुम्ह ना हर हम धाइ ॥

(हे साधक मन! यह प्रभु ने बड़ी अनुकम्पा की कि हमें अपना साक्षात्कार कराया। अब उनमें पूरी तरह लीन होने (अद्वैत की स्थिति) में देर मत कर। यदि तुम्हें प्रभु अपने समग्र रूप में प्राप्त भी न हो तो तुम्हें अपने और प्रभु के बीच दरार नहीं डालनी चाहिए।)

29. बाजीदा रांम दुहाई रांम की, कैसी मीठी बात।
श्रवननि सुनियत रैंन दिन, तन मन तउं न अघात ॥

(राम की सौगन्ध! राम-कथा इतनी मधुर होती है कि कानों से रात-दिन सुनने पर भी तन और मन अघाता नहीं है।)

30. बाजीदा कहै सुनै क्या होत हैं, सब ब्यैले ब्यौहार।
जौ लौ सनमुखि ना चढ़ै, सुरति खड़ग की धार ॥

(कहने-सुनने से क्या होता है? सभी जगत-व्यवहार उलझाव भरे हैं। जब तक वह प्रभु-भक्ति-लौ रूपी खड्ग-धार पर नहीं चढ़ता, तब तक उसका मन और व्यवहार उलझे रहते हैं।)

31. बाजीदा तब कहिबे कौं कुछ नहीं, जब जिय उपजै ग्यांन।
अंम्रित पीवै अहि निसा, सुरति लागी असमांन ॥

(ब्रह्म-ज्ञान का हृदय में प्रादुर्भाव होते ही कुछ भी कहने-सुनने-सीखने के लिए शेष नहीं रहता। ब्रह्म-ज्ञानी ब्रह्म के साक्षात्कार-रस रूपी अमृत का रात-दिन पान करता रहता है और उसकी लौ ब्रह्म में निरन्तर लगी रहती है।)

32. बाजीदा सुख पाया संसा गया, अंतरि भया उजास।
सेवग स्वामीं मिलि रहै, ज्यूं फूलनि मैं बास॥

(प्रभु-भक्ति के माध्यम से भक्त अपने प्रभु से ऐसा एकाकार हो जाता है जैसे पुष्पों में गंध समाहित होती है। इस अद्वैत स्थिति में भक्त को असीम सुख प्राप्त होता है। उसके सभी संशय समाप्त हो जाते हैं और उसके अन्तर्मन में ज्ञान का प्रकाश फैल जाता है।)

33. बाजीदा नैनूं तैं अति निकट है, बैनहु अति पास।
श्रब बियापी सांईया, अब उपज्या बेसास ॥

(जब यह विश्वास जम जाता है कि पर ब्रह्म सर्वव्यापी हैं तो नेत्रों और वाणी से अत्यन्त समीप प्रतीत होने लगते हैं।)

34. राखि हृदै बिसबास तूं, हरि ठाकुर को लोइ।
बाजीद बड़े दरबार तैं, बिमुख गयौ नहि कोइ॥

(हे हरि-भक्त! तुम अपने हृदय में प्रभु के प्रति विश्वास रखो। प्रभु के बड़े दरबार से कोई खाली हाथ नहीं लौटा है।)

35. गुर की क्रिपा गह्यौ जब मूल, जन बाजीद मिटी सब सूल।
हिंदु तुरक कहन कौं दोइ, आदि अंति मधि है सोइ ॥

(गुरु की कृपा से मैंने ब्रह्म-तत्त्व को पा लिया है जिससे मेरे समस्त दुःख व कष्ट समाप्त हो गए हैं। हिन्दू और तुर्क कहने भर को दो हैं। आदि, मध्य और अन्त काल तक वे एक ही ब्रह्म के अंश हैं और रहेंगे।)

36. बाजीद सब ही ठौरैं सांईयां, साईं मैं सब ठौर।
सुख पाया संसा गया, द्रिष्टि न आवै और ॥

(सभी जीवों व स्थानों में ब्रह्म का अस्तित्व है और ब्रह्म में वे सभी समाए हुए हैं। जब इसकी प्रतीति हो जाती है तो सुख की प्राप्ति होती है और समस्त संशय दूर हो जाते हैं। भक्त फिर किसी की ओर उन्मुख नहीं होता।)

37. बाजीद भलै बुरैं कोऊँ कहौ, अब जक पाई जीव।
पाला गलि पानी भया, सब घटि देख्या पीव ॥

(भले ही कोई भला-बुरा कहें। ब्रह्म-तत्त्व के जानकारी के बिना व्यक्ति को चैन नहीं मिल सकता है। ब्रह्म-बोध होते ही मन के समस्त संशय और विकार उसी प्रकार दूर हो जाते हैं जैसे ओले गलने पर अपने मूल व शुद्ध रूप में अर्थात् पानी के रूप में बदल जाते हैं। ऐसी निर्विकार स्थिति में साधक सभी प्राणियों में अपने प्रिय-ब्रह्म के दर्शन करने लगता है।)

38. बाजीदा सरब बियापी साईंयां, साध कहैं किस चोर।
ज्यूँ दरपन मैं देखिये, बस्त एक दुहूँ वोर ॥

(जैसे दर्पण में देखने पर मनुष्य और उसका प्रतिबिम्ब एक ही चीज होती हैं वैसे प्रभु सर्वव्यापी हैं। चाहे वे सन्त हो या चोर-असन्त आदि—सभी में एक ही ब्रह्म की सत्ता होती है।)

39. बाजीदा ऊँच नीच कासौं कहैं, जब जीय उपजै ग्यांन।
बीज एक बिस्तार बहु, साख फूल फल पांन ॥

(किसी को ऊँचा-नीचा कहना व्यर्थ है। मनुष्य के हृदय में ब्रह्म-ज्ञान उत्पन्न होते ही उसे यह प्रतीति होने लगती है कि ब्रह्म ही वह बीज है जिससे संसार रूपी वृक्ष की शाखाएँ, फल-फूल और पत्ते उत्पन्न होते हैं।)

40. बाजीदा अनभै उपजी आतिमां, कहिबे अब न डराऊँ।
पाला गलि पानी भया, गया दूसरा नांऊ ॥

(साधक में आत्मानुभूति होते ही वह सांसारिकता, विषय-वासना और मायिक-प्रपंचों से निडर बना रहता है और वह अद्वैत की स्थिति में वैसे ही आ जाता है जैसे पाला गलने पर पानी बन जाता है और दूसरा सम्बोधन हटने पर एकाकार हो जाता है।)

41. सोधैं संधि न पाइये, कहै दूसरा कौंन।
जन बाजीदा गलि गया, ज्यूँ पानी मैं लौंन ॥

(खोजने पर ब्रह्म और जीव में कोई अंतर नहीं दिखाई पड़ता है। वे अद्वैत की स्थिति में होते हैं। जीव ब्रह्म में वैसे ही एकरूप हो जाता है जैसे पानी में नमक घुलकर अभेद हो जाता है।)

42. बाजीदा एक जोति जगमगि रहीं, कहा न दूजा जाइ।
जल तरंग जल तैं उठै, जल हीं माहिं समाइ ॥

(समस्त विश्व में ब्रह्म का नूर जगमगा रहा है। वही एक मात्र ब्रह्म सर्वत्र व्याप्त है। जैसे समुद्र में जल की तरंगें उठती हैं और जल में ही समा जाती हैं, वैसे ही जीव ब्रह्म से उद्भूत होता है और ब्रह्म में ही लीन हो जाता है।)

43. बाजीदा जोति निरंतरि निरमली, निरमल पांणीं पौंन।
ब्रह्म जीव अंतर नहीं, नरकि जाई कहु कौंन ॥

(ब्रह्म का नूर स्थायी, निर्विकार और निर्मल होता है। उनके द्वारा निर्मित पानी और पवन भी निर्मल होते हैं। ब्रह्म और जीव में कोई अन्तर नहीं होता है फिर भला ब्रह्मांश होने के कारण जीव नरक-यातना कैसे सह सकता है?)

44. बाजीदा नरक सरग की, जांणीं पूछी बात।
बीज एक बिस्तार बहु, साख फूल फल पात ॥

(नर्क और स्वर्ग में यह जाना-पहचाना तथ्य है कि ब्रह्म रूपी बीज से पूरे संसार रूपी वृक्ष का विस्तार हुआ है। उसी से शाखाएँ, फल-फूल और पत्ते उत्पन्न होते हैं।)

45. जन बाजीद कहै रे संतौ, श्रब तंत हरि लीनां।
बलिहारी उस बाजीगर की, जिनि यहु दिठ बंध कीया ॥

(हे सन्तो! सभीं सन्त प्रभु से लौ लगाए हुए हैं। उस ब्रह्म रूपी बाजीगर की बलिहारी जाता हूँ, जिन्होंने इस इन्द्रजाल को रचा है।)

46. बाजीदा अंतरजांमी एक ही, किसकौं लगै करंम।
समझि असमझि सुखी दुखी, भूले आप भ्रम ॥

(अन्तर्यामी प्रभु एक हैं। कर्मों के भोग के लिए उन्हें दोष नहीं दिया जा सकता है। यह भ्रम और भूल है। कि हम ईश्वर के कारण बुद्धिमान और मूर्ख, सुखी और दुःखी होते हैं। या उनके कारण बनते-बिगड़ते हैं।)

47. बाजीदा अधपर थाकी नांव, क्रिपा बिहुंनी केसवा।
सकहि तौ पार लगाई, मारग मैं मेल्है नहीं ॥

(मेरी कृपा रहित जीवन-नौका बीच मंझधार में क्लांत पड़ी हुई है। आप उसे मंझधार में न छोड़कर, पार लगाने की कृपा करें।)

॥ आत्म-निवेदन ॥

48. बूँदें थोरी मेह की, मैं कीनें बहु पाप।
मरन बन्यौं बाजीद कौ, मिहरि जु कीजौ आप ॥

(मैंने बहुत पाप किये हैं, उनकी संख्या बरसात की बूँदों की संख्या से भी अधिक हैं। अतः मेरा मरण ही सिद्ध हो रहा है, किन्तु प्रभु! आप तो मुझ पर दया ही करना।)

49. पाप किये परिमिति बिना, पार न पावत जीव।
जन बाजीद गरीब की, बेरी बूड़त पीव ॥

(मैंने पाप तो अपरिमित किए हैं, उन पापों के कारण जीव संसार-सागर से पार नहीं हो सकता है। हे स्वामी! मुझ गरीब की बेड़ी डूब रही है। अतः आप पार करने की कृपा करें।)

50. जन बाजीद अनाथ है, याकैं नाहिंन कोइ।
सरन आपनी राखिये आवागमन न होइ ॥

(मैं आपका भक्त अनाथ हूँ। आपके सिवा मेरा कोई भी नहीं है। अतः आप मुझे अपनी शरण में रखिये जिससे मेरा संसार में आना-जाना मिट जाए।)

51. बाजीद दुखी दीवान जी, पंचनि कीनौं कैद।
दरदहि दारू दीजिये, हूँ रोगी तुम बैद ॥

(हे प्रभु! मुझे पाँच इन्द्रियों ने कैद कर रखा है। मैं दुःखी हूँ। इनके विषय-राग रूपी रोग की वैराग्य रूपी औषधि दीजिए। मैं विषय-राग रूप रोग का रोगी हूँ। इसको नष्ट करने में समर्थ वैद्य आप ही हैं। अतः दया कीजिए।)

52. यह बिनती बाजीद की, चित दे सुनियहु साहि।
तारन कौं त्रियलोक महि, तुम सौं कोऊ न आहि ॥

(हे शाह! मेरी यह विनती चित्त लगाकर सुनिए—मेरा उद्धार करने वाला तीनों लोकों में आपके समान कोई भी नहीं है। अतः आप ही कृपा करें।)

53. बाजीद कहा अस्तुति करैं, ऐसौ चन्द्र न सूर।
आँखिनि के पगु फिसलई, देखि निरमलौ नूर ॥

(मैं आपकी कहाँ तक बड़ाई करूँ। आपके समान न चन्द्रमा है और न सूर्य। आपके निर्मल-स्वरूप की आभा को देखकर मेरी आँखें फिसलती हैं।)

54. जा दिन बुधि बल सब घटै, होय बिरानी देह।
ता दिन जन बाजीद को, तू अपना कर लेह ॥

(जिस दिन बुद्धि-बल घट जाए। देह अशक्त और असहाय हो जाए अर्थात् बुढ़ापा आ जाए, हे प्रभु! उस दिन आप मुझे अपना बना लीजिए।)

55. सकल जान सुख निधान, अब न अंत लीजै।
बाजीद दास रहै पास, सोई कुछ कीजै ॥

(हे प्रभु! आप सुख के आगार और सर्वज्ञ हैं। अब मेरे प्राण मत लीजिए। ऐसा उपाय कीजिए कि मैं सदैव आपके पास रहूँ।)

॥ नैतिक मूल्य ॥

56. बाजीदा पर दुख देखे जे दुखी, पर सुख ही सुख होइ।
नर नांही सो देवता, पूज्यी ज्यौ सब कोइ ॥

(दूसरों का दुःख देखकर जो दुःखी होता है और दूसरों का सुख देखकर सुखी होता है वह मनुष्य नहीं देवता होता है। उसका सभी आदर व सम्मान करते हैं।)

57. बाजीदा सुख उपजै दुख दूरि है, वो वोखदि साधि।
दया तहाँ दीवान है, अदया तहाँ उपाधि ॥

(मनुष्य को वह यत्न रूपी औषधि साधनी चाहिए जिससे दूसरों के दुःख दूर

करके उन्हें सुख दे सके। दया वहाँ प्रभु के समान होती है और निष्ठुरता कलह व झगड़े का निमित्त बनती है।)

58. बाजीदा क्या कीजिये, दुनिया सौं कछू न बसाइ।
जिसका साँई सबन मैं, सो क्यूँ माँसहि खाइ ॥

(इस मूर्ख संसार पर किसी का वश नहीं चलता है, ऐसे में क्या किया जा सकता है? जगत के प्रत्येक प्राणी में ब्रह्म का अस्तित्व है फिर भी जिह्वा के स्वाद के लिए, बेबस जानवरों को मारकर खाने का क्या औचित्य है!)

59. बाजीदा दया न आई देखता, मूरिख खाई मारि।
श्रवन नैंन मुख नासिका, सब अपनी उनहारि ॥

(यह देखते हुए भी कि प्रत्येक जीव में कान, आँख, मुख और नाक सब कुछ मनुष्य की तरह होते हैं फिर भी मूर्ख-निर्दयी उन जीवों पर दया न करके उन्हें मार कर खा जाते हैं।)

60. बाजीदा आस न बास न बाहिरा, सास माँहि सो बस्त।
अंतरीष अहि निसि पीवै, बिरला को मन मस्त ॥

(आकाश की न कोई आशा होती है और न कोई इच्छा। उसकी साँसों में ही वह प्राण-शक्ति होती है जिसे वह रात-दिन पीता है और उसी से मस्त रहता है।)

61. बाजीदा बिसवास का, एकै अखिर सीख।
क्या जौ बेद पुरान पढ़ि, घर घर माँगी भीख ॥

(प्रभु पर आस्था-विश्वास रखना चाहिए। वेदों और पुराणों को पढ़-पढ़कर भी यदि घर-घर भिक्षा माँगनी पड़े तो ऐसे शास्त्र-ज्ञान से क्या लाभ है?)

62. बाजीद जीव जगदीश के, तकि न मार तू तीर।
साध पकरि सूली दियौ, टीडी बदले वीर ॥

(संसार के सभी जीव प्रभु के हैं, उनके द्वारा बनाए हुए हैं। तू उन्हें तक-तक कर तीर न मार। टिड्डियों के बदले में तू साधुओं को पकड़कर, शूली पर मत चढ़ा। अर्थात् जिह्वा के स्वाद के लिए तू निर्दोष और निर्विकार जीवों को मत मार।)

63. बाजीद सुरता बाहिरी, बृथा गवाये बैन।
कर कटाछि मोहैं किहीं पति के नांहिन नैंन ॥

(यदि श्रोता बहरा है तो उसे उपदेश देने से कोई लाभ नहीं है। यह प्रयत्न उसी प्रकार निष्फल और मूर्खतापूर्ण होता है जैसे किसी अन्धे पति को कोई सुन्दरी कटाक्ष करके मोहित करना चाहे।)

64. बाजीदा ऊँचा कुल किस काम का, जे चल गति ऊँच न होइ।
कनक कचोला विष भर्‍या, तिसहि न पीवै कोइ ॥

(यदि करनी और चलन ऊँचा न हो तो उच्च कुल में जन्म लेने से क्या लाभ है? स्वर्ण के कटोरे में यदि विष भरा हो तो उसे कोई नहीं पीता।)

॥ मृत्यु-बोध (काल) ॥

65. बाजीद तेरे सीस परि, सर साधे है काल।
ना गिन देखै अंधा रे, क्यों सोवै असराल ॥

(हे अंधे मूर्ख! तेरे सिर पर काल अपने वाण साधे खड़ा है। तू उसे क्यों नहीं देखता? निश्चिन्त होकर क्यों सो रहा है?)

66. बाजीदा यहु जुग जाता देखिये, दह दिसि सुनिये रो।
जम सौं जोर न जरब कुछ, हारे बिक्रम भोज ॥

(सारा संसार धीरे-धीरे मृत्यु के पाश में बँधता जा रहा है। दसों दिशाओं में काल-पीड़ित व्यक्तियों का रुदन सुनाई पड़ रहा है। यमराज पर न किसी का जोर है और न उसकी मार से बचाव। विक्रम और भोज जैसे प्रतापी-बलशाली-दयालु और विवेकशील राजा भी काल-बली से अपने को नहीं बचा पाए।)

67. बाजीद बटाऊँ बपरा, किस सौं करै सनेह।
सिरहाणैं बैरी खड़ा, सोचि सुकांणीं देह ॥

(बेचारा राहगीर इस संसार में किसी से प्रेम नहीं कर सकता है। उसके सिरहाने काल-बैरी खड़ा है जिसे देख-देखकर और सोच कर उसका शरीर सूखता जा रहा है।)

68. बाजीदा बिक्रित भया, जब सब झूठा जांनि।
ज्यूँ कांचुली भुवंग तजि, बहुरि न पहरी आंनि ॥

(यह संसार असत्य है। देह नश्वर। आयु भुगतकर देह विकृति को प्राप्त हो जाती है। जैसे सर्प केंचुली को छोड़कर उसे पुनः धारण नहीं करता है। वैसे ही काल-कवलित देह पुनः मनुष्य योनि प्राप्त नहीं करती है।)

69. जन बाजीद भली कहीं, बहुत बिगूचे स्वादि।
दस मस्तग भुज बीस थी, सु कहा लै गये लादि ॥

(संसार में सबकुछ यहीं धरा रह जाता है। कोई साथ नहीं ले जाता। जिस रावण के दस सिर और बीस भुजाएँ थीं, वह भी कुछ लाद कर नहीं ले जा सका।)

70. बाजीदा अंगुरी पहुँचा पाँसुरी, नरी करी कुछ नाहि।
चरखा की सी पैंखुरी, खैल भैल ह्वै जांहि ॥

(ऊँगली, पहुँचा, पसली, नली-कली कुछ भी काल से शेष नहीं रहता। मानव-देह चरखे की पंखुड़ियों के समान अस्थिर होती है।)

71. बाजीद उठि के धाह दै, पाइ पसारि न सोइ।
गर पर छुरी फिराइ है, जीवन छाड़ै कोइ ॥

(हे प्राणी! निश्चिन्त होकर मत सोओ। धाड़ें मारकर प्रभु से याचना करो। काल किसी को भी नहीं बख्सेगा। वह सभी के गले पर छुरी चलाएगा।)

72. मारै त बल बजाइ कैं, यम पहिं बचै न कोइ।
बाजिद हसै कहा बावरे, मूंड़ पकरि करि रोइ ॥

(यमराज से आज तक कोई नहीं बचा है। वह जब-तब कभी भी आकर जीव के प्राण हर लेता है। हे पागल! तू क्यों हँसता है? यह तो सिर पकड़कर रोने की बात है।)

73. बाजीद बटाऊ बपरा, बुगचा बांधै पीठि।
द्यौंस द्वै कहा भया, जो राख्यौ काहू नीठि

(बेचारा राहगीर पीठ पर कर्मों की गठरी बाँधे चला जा रहा है। किसी ने दो दिनों के लिए कठिनाई से रोक भी लिया तो क्या हुआ? अन्ततः उसे अन्तिम-यात्रा पर प्रस्थान करना ही पड़ेगा।)

74. खाले खर्चे बापुरे, खरिया मेल्यौ बाँह।
बाजीद बटावौ उठि चल्यौं धूपैं गिनी न छाँह ॥

(हे राहगीर! जो कुछ खाना-खर्च करना है, कर ले। बाद में तेरे हाथ बँध जाएँगे। एक दिन ऐसा आएगा कि तुझे अनन्त-यात्रा पर चल देना होगा। उस समय तुम्हें न धूप रोक सकेगी और न छाँह।)

75. बाजीद बटाऊ बपरा, किस सौ करै सनेह।
राति बसै दिन उठि चलै, आँधी गनैं न मेह ॥

(इस संसार में बेचारा राहगीर किससे प्रेम करे? क्योंकि यह संसार उसके लिए रैन-बसेरा है। दिन होते ही उसे अन्तिम यात्रा पर चल देना है। चलते समय न उसे आँधी रोक पाएगी और न मेह रोक पाएगा। अर्थात् काल से उसकी कोई रक्षा नहीं कर पाएगा।)

---

*मिलाइये— कबीर पंथी ऊभा पंथि सिरि, बुगचा बांध्या पूठ।
मरना सुहं आगैं खरा, जीवन का सब झूठ ॥

॥ मन ॥

76. बाजीदा सुधि बुधि धीरज नां धरै, करै कौंन व्यौहार।
बिरला कोई जांनि है, गुपत गुरु की मार ॥

(हमारा मन बड़ा विचित्र है। यह चेतना, विवेक और धैर्य धारण नहीं कर पा रहा है। इसका यह भी भरोसा नहीं है कि न जाने क्या व्यवहार करेगा? इसे कोई भी नहीं जानता।)

77. बाजीदा मन गोई भया, पाप पुंनि द्वै हाल।
नां जांनौं कहाँ लाई सी, जीवनि जगत गुपाल ॥

(हमारा मन बड़ा रहस्यमय हो गया है। यह पाप और पुण्य दोनों के बीच झमेले में पड़ा है। पता नहीं, प्रभु उसे न जाने किस किनारे लगाएँगे?)

78. बाजीदा गुन काटे त्रिगुन कीये, बहे धार मैं जांहि।
घटि औघटि कहा लाई सी, मोहि भरोसा नांहि ॥

(मैंने सांसारिक-प्रपंचों से मुक्त होकर अपने मन को उनसे अनासक्त और विरक्त कर लिया है। अब मैं मंझधार में बहता जा रहा हूँ। मुझे अभी भी भरोसा नहीं है कि न जाने यह मन किस दुर्गम घाट पर आकर लगाएगा।)

79. बाजीदा मैं जान्यौ मन मगन है, उलटि भयौ कछू और।
यहु तेली के बैल ज्यूँ, अंति ठौर की ठौर ॥

(मैंने समझा कि यह मन ईश-भक्ति में मगन रहेगा लेकिन इसका ठीक उल्टा हुआ। यह तेली के बैल की तरह सांसारिक और मायिक प्रपंचों की एक ही धुरी में घूमता रहा।)

80. बाजीदा माया मंदिर काच का, यहु मन स्वांन समांन।
आपा पर चीन्है नहीं, भूसत भई बिहान ॥

(माया काँच के मन्दिर की तरह है और यह मन उसमें उस कुत्ते की तरह है जो अपनी ही परछाईं पर रात भर भौंकता रहा। इस प्रकार भौंकते-भौंकते वह अपनी जीवन-रात्रि को व्यतीत कर लेता है।)

81. बाजीदा कबहूँ मन उनमनि रहत, सहज सुरति लै घाट।
कबहूँ चक्रत चोरटा, चितवत बारह बाट ॥

(कभी मन उन्मनी अवस्था में रहकर सहज-साधना करता रहा। कभी सशंकित चोर की तरह अनेक रास्ते तलाशता रहा।)

82. बाजीदा कबहूँ डोलत दसौं दिस, घरि घरि माँगत कौर।
कबहूँ ब्रिकिम भोज लौं, द्रिष्टि न आवत और ॥

(कभी दसों दिशाओं में डोलता हुआ, घर-घर जाकर भीख माँगता रहा। कभी विक्रम और भोज की तरह प्रतापी और अद्वितीय शासक बनने की चेष्टा करता रहा।)

83. बाजीदा कबहूँ सूरा तन गहै, होइ रहै बलिवन।
कबहू काइर कूर है, बिसरि जात सब तंत ॥

(कभी शूरवीर बनकर अपनी शक्ति प्रदर्शित करता रहा। कभी क्रूर-कायर बनकर होश खोता रहा।)

84. बाजीदा कबहूँ धीरज नां धरै, बिन दरसन बेहाल।
कबहूँ अपत अग्यानतां, खोजत औरै ख्याल ॥

(कभी अधीर होकर प्रभु-साक्षात्कार के लिए तड़पता रहा। कभी निपट मूर्ख बनकर और ही विचारों तथा व्यसनों में खोया रहा।)

85. बाजीदा कबहू रोवत रैंनि दिन, कबहू अति आनंद।
भरम करम की जेवरी, बांध्यौ परमांनंद ॥

(कभी दुःखी होकर रात-दिन रोता रहा, कभी आनन्द में डूबा रहा। इस प्रकार प्रभु ने उसे भ्रमों और कर्मों की जेवरी में बाँधे रखा।)

86. बाजीदा जै मैंगल मैंमत हैं, तऊ संभारत सुंडि।
मन कै मतै न चलिये, आंकुस खसी मुंड ॥

(कभी मद-मस्त हाथी की तरह होते हुए भी अपनी सूँड सँभालता रहा। अतः मन रूपी मतवाले हाथी के कहे में न चलकर, उसके मस्तक पर अंकुश रख कर, नियन्त्रण में रखना चाहिए।)

87. बाजीदा मन राता तब जानिये, तन की तजै सँभाल।
रोम रोम रसनां रटै, दरसन देहु दयाल ॥

(मन को प्रभु में तभी अनुरक्त समझना चाहिए, जब वह शरीर को सजाने-सँवारने पर ध्यान देना बन्द कर दे। शरीर का प्रत्येक रोम व जिह्वा प्रभु के नाम का स्मरण करते रहें तथा वह प्रभु-साक्षात्कार के लिए कातर-याचना करता रहे।)

88. बाजीदा अब यहु मन अस्थिर भया, आठों पहर अडोल।
दिल दरिया मैं पाइया, राम रतन निर मोल ॥

(जब यह मन आठों प्रहर स्थिर होकर प्रभु-भक्ति व चिन्तन में लीन हो जाएगा तब उसे हृदय-सागर से राम-नाम रूपी अमूल्य रत्न की प्राप्ति होगी।)

॥ माया ॥

89. बाजीदा माया महि के जीव सौ, कहु क्या कीजे संग।
बाहरि मंडि मोर से, भीतरि महा भुवंग ॥

(माया प्रेरित-प्रभावित प्राणी का साथ नहीं करना चाहिए। बाहर से तो वे मोर के समान सुन्दर व सुखद लगते हैं लेकिन भीतर से वे भयंकर सर्प के समान विषैले होते हैं।)

90. बाजीदा माया सौं मन यूँ डरै, ज्यौं सर देखैं काग।
सो साँई का आदमी, मस्तगि मोटे भाग ॥

(जो साधक-मन माया से उसी प्रकार डरता है जैसे आदमी सर पर बैठे असगुन रूपी काग को देखकर डरता है अथवा विझूका को देखकर कौआ डरता है। माया से विरक्त व्यक्ति ही सच्चा भक्त, सन्त और बड़ा सौभाग्यशाली होता है।)

91. जन बाजीद भल कही, क्या जो लीया भेख।
माया के मुख मैं बसैं, जोगी जंगम सेख ॥

(माया के वशीभूत योगी, जंगम (लिंगायत सम्प्रदाय के गुरु) और शेख का भेष धारण करनेवाले व्यक्ति श्रेष्ठ नहीं कहे जा सकते।)

92. बाजीदा हाथ कमंडल काठ कौ, घरड़ि मुडाई मुंडि।
बगुला की ज्यूँ जगि भवै, सौ सौ ऐकैं झुंडि ॥

(हाथ में कमण्डल धारण करके जो अपने सिर को मुंडाते हैं। ऐसे पाखण्डी सौ-सौ के झुण्ड में बगुलों की तरह माया-ग्रस्त प्राणी होते हैं।)

93. बाजीदा खाई राही रुकमनी, खाया कान्हइ ग्वाल।
अलख निरंजन ऊँ बस्या, बाकी माया जाल ॥

(काल ने न रुक्मणी को छोड़ा और न कृष्ण को। केवल अलक्षित, माया रहित ब्रह्म ही अजर-अमर रहते हैं। शेष सभी मायिक-प्रपंचों में फँसे प्राणी होते हैं।)

94. बाजीदा स्वांग स्यंघ कौ काछि कैं, चलैं, भेड़ की चाल।
बस्त सुरही डालाहिं दी, तप तीरथां न न्हालि ॥

(जो तप-तीर्थ स्नान आदि का बाहरी ढोंग रचते हैं। वे वास्तव में उन व्यक्तियों के समान होते हैं जो सिंह की खाल ओढ़कर उसका स्वांग रचते हैं। किन्तु उनका आचरण भेड़ के समान होता है।)

95. बाजीदा ब्रिकित ह्वै बन डोलते, पगि पैजार न कौंस।
दिन द्वै स्वांमीं हूँ न की, हम कौं भी पी हौंस ॥

(जो माया प्रेरित विकृति धारण किए हुए वन में पैदल-पैदल डोलते हैं। वे भक्ति का ढोंग करते हैं किन्तु दो दिन भी पूर्ण योग से भक्ति नहीं कर पाते हैं।)

96. बाजीदा अपनीं सोभ कूँ, किते कीये सिष साख।
खीर खांड ग्रित खाइये, साहिब सौ क्या हाथ ॥

(जो ढोंगी अपनी शोभा व प्रभाव जमाने के लिए कितनी ही शिष्य-मण्डली तैयार करते हैं। ऐसे लोग जिह्वा-स्वाद के लिए खीर, खांड और घी खाते हैं—लेकिन प्रभु से कोई नाता नहीं रखते।)

97. पढैं गुलस्तां बोस्तां, ग्यांन न करै गँवार।
अपनीं पीव कूँ परहरैं, जीय सु बँधैं जार ॥

(जो यांत्रिक रूप से 'गुलस्तां' (शेख सादी का नीति-ग्रंथ) आदि पढ़ते हैं लेकिन वे अज्ञानी अपने हृदय में ज्ञान को नहीं जगाते हैं। वे कपटी मायिक-प्रपंचों से बँधे होते हैं लेकिन ब्रह्म को भुला देते हैं।)

98. बाजीदा जोगी जगि घणां, सब म्हे जोया जुगति सौं।
परि आखर आ लखत णांह, काहु बिरला माहैं बाप जी ॥

(मैंने अच्छी तरह देख लिया है कि इस संसार में योगी तो बहुत हैं किन्तु अलक्षित ब्रह्म को जान सकें, ऐसा विरला ही होता है।)

॥ गुण मूरिख नामों की साखी ॥

99. मूरिख सौं गोष्टि कह्या, मन कौं राखी घेरि।
कारौ साँप खिलाइये, मरन माँझ नहीं फेरि ॥

(मन को घेर करके मूर्ख को उपदेश देना, वैसे ही मूर्खतापूर्ण कार्य है, जैसे काले नाग को खिलाना और उससे अपनी मृत्यु को आमन्त्रित करना।)

100. हित चित करि परिमिति मिलें, मैं बकस्यौ बहु भाँति।
पाहन ऊपरि पगु चलै, तूर तैं टूटैं हि दाँत ॥

(चाहे कितने ही प्रेम से मूर्ख से मिलिए, चाहे अनेक तरीकों से उससे बचिए, लेकिन ऊबड़-खाबड़ चट्टानों पर चलने से दाँत टूटने का अंदेशा ही रहता है।)

101. मूरिख सूकौ काठ है, मोह करै तउ भागि।
अरस परस कैं मन महैं, चमकावैगो आगि ॥

(मूर्ख सूखे काठ की तरह होता है। यदि वह प्रेम करे तब भी उससे दूर भागना चाहिए। संसर्ग और स्पर्श से वह अग्नि को ही दहकाएगा, अर्थात चित्त को उद्विग्न करेगा ही।)

102. मूरिख तैं मन खैंचिये, मिलि न बैठियै चुख।
लुबिधिक धीवर नीच नर, बेकाजे दे दुख ॥

(मूर्ख से विमुख रहना चाहिए। उसके साथ मेल-जोल ठीक नहीं होता। शिकारी, मछुआरा और अधम व्यक्ति अकारण ही दुःख देते हैं।)

103. अबिबेकी तैं अति डरी, घरी न बैठी पास।
ऐ द्वै संगि न बूझिये, एक अगिनि अरु घास ॥

(हे सखी! मैं अज्ञानी से अत्यन्त भयभीत रहती हूँ। घड़ी (पल) भर के लिए पास नहीं बैठ पाती हूँ। अज्ञानी और ज्ञानी का साथ वैसा ही होता है जैसे अग्नि और घास का होता है। अग्नि का साथ घास के लिए विनाश का निमित्त बनता है।)

104. आप न कछू सुख पाइये, न तौ ब रीझै रांम।
मूरिख कैं संगि बहि मरै, कहै कौं बेकाम ॥

(मूर्ख के संग रहकर अपने लिए क्यों व्यर्थ में मृत्यु को आमनित्रत करना चाहिए। इससे न तो अपने को सुख मिलता है और न राम ही प्रसन्न होते हैं।)

105. बाजीद सु मूरिख आदमी, कहि प्रबोधे कोइ।
चाबुक चटकै नां चलै, तुरी काठ का लोइ ॥

(निपट मूर्ख को ज्ञान देना उसी प्रकार मूर्खतापूर्ण कार्य है जैसे काठ के घोड़े को चाबुक से हाँकना।)

106. मूरिख कौ मन ठौर नहीं, परमोध्यो दिन रात।
बाजीद तवै की बूँद ज्यूँ, बिलै गई सब बात ॥

(जैसे गर्म तवे पर बूँद पड़ने से वह विलीन (जल) हो जाती है वैसे ही मूर्ख व्यक्ति को भले ही रात-दिन ज्ञान देते रहिए, वह उसे आत्मसात् नहीं कर पाता है और वह ज्ञान निरर्थक हो जाता है।)

107. सुंन्य बहै सैं वार की, का परमोधे कोइ।
बाजीद बासन खोखरै, पान्यौं रहत न लोइ ॥

(मूढ़ व्यक्ति को ज्ञानोपदेश देना उसी प्रकार निरर्थक है जैसे शून्य में शब्दों को बहाना। बड़े छेद वाले बर्तन में जैसे पानी नहीं ठहरता, वैसे ही मूर्ख के हृदय में ज्ञान की बातें नहीं ठहरती हैं।)

108. बाजीद पसू हीं जांनि तूं, जु तौ जीव है मूँछ।
कहा भयौ जौ नाहि नैं, नर कैं सींग रु पूँछ ॥

(मूर्ख व्यक्ति पशु के समान होता है। सांसारिक-प्रपंचों में पशु के समान जुता

रहता है। अन्तर इतना होता है कि पशु के सींग और पूँछ होते हैं, मूर्ख आदमी के ये दोनों नहीं होते।)

109. बाजीद समझि जौ देखिये, रा मति रती न होइ।
बहरे सेती बात कहि, कहा सुख पावै कोइ ॥

(जैसे बहरे व्यक्ति को बात कहने पर, उसे वह समझ नहीं पाता वैसे ही मूर्ख व्यक्ति को अच्छी तरह समझाकर देख लीजिए। उसमें तनिक भी ज्ञान का प्रादुर्भाव नहीं होता।)

110. बाजीद कहै कै तो दांनां ही भला, कै नी का नादांन।
अधबिच का मांणस बुरा, भजै नहीं भगवांन ॥

(अधबीच के मनुष्य से तो नितान्त दुष्ट और निपट मूर्ख अच्छे होते हैं। आधे-अधूरे कभी भी ईश-भक्ति की ओर उन्मुख नहीं होते हैं।)

111. बाजीद ऊठि जौ देखिये, नैंक नवा महि नीर।
चत्र मास बरखैं कहा, बासन मूंधौं वीर ॥

(हे भाई! चैत्र मास में वर्षा नहीं होती अतः बर्त्तनों को ओटना व्यर्थ होता है ऐसे ही मूर्ख को ज्ञान देना व्यर्थ होता है।)

112. बाजीद परसैं चंदन बावनौं, बिष नहीं तजै भवंग।
वैर बँधे गुन आपनैं, कहा करै सत संग ॥

(बावना चन्दन का स्पर्श करने पर भी सर्प अपने विष को नहीं छोड़ता है। अपनी नैसर्गिक प्रवृत्ति से वह काटता ही है। ऐसे ही सत्संग से दुष्टों और मूर्खों पर भी कोई प्रभाव नहीं पड़ता। वे अपनी नैसर्गिक वृत्ति से पीड़ा देते ही हैं।)

॥ पण्डित साहचर्य ॥

दोहा

113. पंडित सौं झगरौ भलौ, जक पावै बहु जीव।
ज्यूँ ज्यूँ मथिये दही कौं, त्यों त्यों निकसै घीव ॥

(ज्ञानी पुरुष से वाद-विवाद भी श्रेयस्कर होता है। इससे मन को चैन मिलता है। दही को जितना मथा जाता है, उतना ही अधिक घी निकलता है।)

114. सूभर भर्‌यौ संमद ज्यूँ, रसहि न आवत छेह।
हरी करै सब आत्मा, ज्यौं सावन का मेह ॥

(समुद्र शुभ्र जल से भरा होता है किन्तु खारी (ज्ञान-शून्य) होने से उससे तनिक भी तृप्ति नहीं होती है। विद्वान व ज्ञानी का साहचर्य सावन माह की बरसात की तरह होता है जो सभी की आत्मा को हरी-भरी कर देता है।)

115. पंडित कौं परमिति कहा, मांनहु गंग तरंग।
पीवत ताप तीन्यौं बुझै, सीतल है सब अंग ॥

(ज्ञानी पुरुष गंगा की लहरों के समान होता है जिसके ज्ञान रूपी जल का पान करने पर दैहिक, दैविक और भौतिक तापों का नाश होकर असीम तृप्ति मिलती है और तन-मन सभी अवयव शीतल हो जाते हैं।)

116. सीस नाइ कर जोरि कैं, दिन प्रति कीजे सेव।
पंडित बिना कहाँ पाइये, पारब्रह्म कौ भेव ॥

(सिर नवाकर, हाथ जोड़कर प्रतिदिन ज्ञानी की सेवा करनी चाहिए। ज्ञानी पुरुष के बिना पर ब्रह्म का भेद (रहस्य) प्राप्त नहीं हो सकता है।)

117. पंडित के ढिंग बैठ तैं, आनंद है अघ जाइ।
पलक पलक महि प्यावई, ज्यौं बछा कौं गाइ ॥

(ज्ञानी सन्त के पास बैठने पर आनन्द की प्राप्ति होती है और पाप दूर हो जाते हैं। प्रत्येक क्षण वे ज्ञान की भूख-प्यास को उसी प्रकार तृप्त करते हैं जैसे गाय दूध पिलाकर अपने बछड़े को तृप्त करती है।)

118. सत्रु मित्र सब सारिखे, हरिषै, न तौं ब सोग।
प्राप्ति ही कछु पाइये हि, जे ब बिबेकी लोग ॥

(शत्रु-मित्र, हर्ष व शोक को समान मानना चाहिए। विवेकशील व्यक्तियों के सान्निध्य में ही इस प्रकार की सम स्थिति प्राप्ति होती है।)

॥ भक्त एवं सन्त ॥

119. देखत के ब कठोर से, मांहि कंवल के फूल।
घट पट अंतर खोलि मिलि, धोखौ धरी न मूल ॥

(ज्ञानी सन्त ऊपर से कठोर दिखाई पड़ते हैं लेकिन भीतर से कमल के फूल की तरह कोमल होते हैं। उनसे निष्कपट भाव से दिल खोलकर मिलना चाहिए।)

120. साधनि कौ सलिल सुभाव है, निकसि गयौ सब खोट।
पा़ंन्यौं मांहि खेलिबैं, कबहूं न लागै चोट ॥

(सन्तों का जल जैसा निर्मल स्वभाव होता है जिसके अवगाहन से सभी दोषों का परिहार हो जाता है। उनका संसर्ग पानी में खेलने के समान है। जिससे कभी भी आघात-व्याघात नहीं लगता है।)

121. जदपि साध कछू कहैं, संक न मानी धीर।
सबद सु गोटा रूई के, चोट न लागति सरीर ॥

(यदि सन्त कुछ कठोर वचन भी कहें तो धैर्यवान व्यक्ति को उसमें निहित कल्याण के प्रति शंका नहीं करनी चाहिए। वे वचन रुई के गोले के समान होते हैं जो सभी दिशाओं से लगने पर भीं शरीर (मन) को चोट नहीं पहुँचाते हैं।)

122. मन क्रम बच गाँठे गहीं, तू जिनि छाड़हि पाँव।
ज्यौं जननीं दुरसीस दे, त्यौं सुत बाढ़ै आव ॥

(मन, कर्म और वचनों से सन्तों के उपदेशों को ग्रहण करना चाहिए। किसी भी स्थिति में उनकी चरण-वन्दना नहीं छोड़नी चाहिए। जिस प्रकार माता के अभिशाप देने पर भी पुत्र का कल्याण होता है, उसी प्रकार सन्तों के कठोर वचनों से साधक का कल्याण निश्चित तौर पर होता है।)

123. काम कलपना जाई मिटि, जक पावै बहु जीव।
निसदिन बरिसै रांम रस, साधनि सौं मिलि पीव ॥

(सन्तों के उपदेश से मनुष्य के हृदय से विषय-वासना दूर हो जाती है। प्राणों को चैन मिलता है और रात-दिन राम-भक्ति-रस की वर्षा होकर, प्रिय ब्रह्म से साक्षात्कार हो जाता है।)

124. बाजीदा लालच लोभ न मोह मन, ऐ कलि मल अबीह।
हरिजन ऐसा चाहिए, जैसा बन का सींह ॥

(लालच, लोभ और मोह आदि कलियुग में पापों की जड़ (स्रोत) हैं। ईश-भक्त को वन के सिंह के समान निर्भीक और अप्रभावित होने वाला होना चाहिए।)

125. बाजीदा भौ भगा जो जीव हुता, लग्या लाल सौं रंग।
जौ सिर करवत फेरिये, तऊ न मोरौं अंग ॥

(प्रभु से लौ लगने पर जीव को सांसारिकता एवं माया के प्रपंचों से त्रस्त होने का भय नहीं रहता। ऐसे सच्चे भक्त के सिर पर चाहे आरी चला दीजिए फिर भी वह प्रभु-भक्ति को नहीं छोड़ता है। अर्थात् विमुख नहीं होता है।)

126. बाजीदा राम सनेही बापुरे, तिनकैं जीति न हारि।
पीय कैं मारग मैं धर्‌या धर तैं सीस उतारि ॥

(बेचारे राम-भक्तों के मन में जीतने-हारने का कोई हर्ष या रंज नहीं होता। वे तो अपने प्रिय प्रभु के भक्ति-मार्ग में अपने धड़ से सिर को उतार कर रखते हैं। अर्थात् प्रभु को अपना सर्वस्व अर्पित कर देते हैं।)

127. बाजीदा तूटै बरत आकास थैं, कौंण सकै झड़ झालि।
साध सती अर सूर का, अणीं उपिला ख्याल ॥

(आकाश से वर्षा रूपी रस्सी के टूटने पर, उस लगातार झड़ी को कौन बाँध सकता है? केवल सन्त, सती और शूर ही ओलों की नोक को झेलने में सामर्थ्य रखते हैं।)

128. काइर बहुत पुंवावहीं, बहकि न बोलै सूर।
कांम पड़ै हीं जांणियै, किसके मुख पर नूर ॥

(कायर बहुत बकवादी होता है, जबकि शूरवीर का अपनी वाणी पर संयम रहता है। इनके स्वभाव का परिचय काम पड़ने पर ही मिलता है कि किसमें कितना तेज या दम है।)

129. बाजीदा काम क्रोध भ्रम भै रहित, महा मगन मन धीर।
अंब्रित बांणीं उचरै, फहमी सोई फकीर ॥

(काम, क्रोध, भ्रम और भय से रहित होने पर जिसका मन अत्यन्त प्रसन्न और धैर्यवान हो जाता है, वह अमृत जैसी मधुरवाणी बोलने लगता है। ऐसा विवेकी व्यक्ति ही सच्चा साधु व सन्त होता है।)

130. और न कोऊ कामना, जो चित देखहु चेत।
बाजीद कसौटी बन सही, केवल परजन हेत ॥

(चित्त में विचार करने पर देखो कि सन्त के मन में दूसरों की भलाई के अलावा और कोई कामना नहीं होती। वे परोपकार की कसौटी बने रहते हैं।)

131. हित चित करि परि बैठिये, संग न तजिये मूरि।
बाजीद साध के दरिस तैं, पाप ताप ह्वै दूरि ॥

(प्रेम पूर्वक राम-नाम का पारायण करना चाहिए। साधकों के सन्दर्भ में दूसरा अर्थ—दूसरों के साथ उपकार करने का मन बनाना चाहिए।

राम-नाम-स्मरण रूपी मूल को कभी नहीं छोड़ना चाहिए। सन्तों के दर्शन मात्र से पापों के समस्त ताप (दुःख) दूर हो जाते हैं।)

132. पाप सु पेल्यौ पगनि सौं, हाथनि पकर्‌यौ पुंनि।
बाजीद साध के दरस कौं, लोचहिं सुर नर मुंन्यं ॥

(पापों को पैरों से ठोकर मार देनी चाहिए। पुण्य करने से हाथ नहीं खींचना

चाहिए। सन्तों के दर्शन को देवता, मानव और मुनि भी तरसते हैं।)

133. देखें फटकि पिछोरि सब, पासंग तुलत न और।
बाजीद साध बिधनां किये, अपनीं दूजी ठौर ॥

(सन्तों की समता के लिए सूप से फटक-पछोड़ कर देख लिया कि उसके पासंग (तराजू के पलड़ों को बराबर करने के लिए रखा गया वजन) भी कोई नहीं बैठता। विधाता ने सन्तों को अपने दूसरे विग्रह के रूप में रचा है।)

134. बाजीद बात एकै गही, रही न दूजी मंन।
ब्रह्म बिचारैं जु करत हैं, तौ हरि के जंन ॥

(एक ही बात ग्रहण करने योग्य है, दूसरी किसी को मन में नहीं लाना चाहिए। जो ब्रह्म-चिन्तन करते रहते हैं, वे ही प्रभु के सच्चे सेवक (भक्त या सन्त) होते हैं।)

135. बाजीद साध अस्थिर भये, मन की मिटी ब दौर।
कहिबौ सुनिबौ समझिबौ, बिन भगवंत न और ॥

(मन के समस्त संकल्प-विकल्प दूर करके सन्त स्थिर चित्त होकर प्रभु के स्वरूप व भक्ति के बारे में ही कहते-सुनते और समझते हैं।)

136. इक तो अल्यौ न भाषई, दूजैं सब सौं दीन।
बाजीद विधाता साध ये, कौन वस्तु के कीन ॥

(सन्त एक तो मधुर भाषी; दूसरे, सबसे दीन होते हैं। विधाता ने न जाने किस धातु से इन्हें गढ़ा है।)

138. ममत्व नहीं सो म्यंत है, सजन स्वारथ नांहिं।
साथी अबिछुर जांनि सो, बाजीद बसुधा मांहिं ॥

(जिनमें सांसारिक वस्तुओं से कोई ममता या मोह नहीं होता और जो निःस्वार्थ होते हैं, वे ही इस धरती पर सच्चे मित्र, सज्जन व अखंडित ईश-भक्त होते हैं।)

139. सजन या संसार मैं, कै सांई कै संत।
बाजीदा बिछुरै नहीं, इक रस आदि रु अन्त ॥

(इस संसार में प्रभु और सन्त दो ही मित्र या सहायक हैं। ये कभी नहीं बिछुड़ते हैं। आदि से अन्त तक ये अखण्डित और एक रस बने रहते हैं।)

130. मिल बिछुरे सो म्यंत नहीं, सजन सदई संग।
बाजीद सुख दुख सारिखा, संपति विपति अभंग ॥

(मिलकर बिछुड़ जाए वह मित्र नहीं होता। साथी (प्रिय, ब्रह्म) सदैव अद्वैत और अभेद रहते हैं। वे सुख-दुःख, सम्पत्ति और विपत्ति में अविभाज्य और अविनाशी

रहते हैं।)

140. बाजीद सुध बुध आतमां, पिघर जाइ ज्यूँ घीव।
ब्रह्मा हूँ पै नां रंजे, ग्यान दग़ध जो जीव ॥

(सन्त की आत्मा शुद्ध और विवेकशील होती है। दुःखी और असहाय को देखकर वैसे ही द्रवित हो जाती है जैसे ताप पाकर घी पिघल जाता है। विधाता चाहे तब भी उस ज्ञानी की प्रकृति बदल नहीं सकती।)

141. बाजीदा हरिजन ऐसा चाहिये, सूर सती के भाइ।
लोभ न किया जीव का, चली निसांन बजाइ ॥

(भक्त या सन्त ऐसा होना चाहिए जैसे शूर और सती होते हैं ये दोनों डंके की चोट पर अपने अभीष्ट के लिए प्राणों का बलिदान कर देते हैं।)

॥ सत्संग ॥

142. बाजीद दास के पास कौं, फल कहा बरनैं कोइ।
तांबै तै कंचन भयौ, पारस परसैं लोइ ॥

(सत्संग से प्राप्त होनेवाले लाभ का क्या वर्णन किया जाए? अर्थात् वह वर्णनातीत है। पारस रूपी सन्त का स्पर्श पाकर लोहे के समान लोग भी स्वर्ण रूपी साधक या भक्त के रूप में बदल जाते हैं।)

143. बिन ही मांगैं आय है, सत मत छाडै कोइ।
बाजीद रिजक पहिलै किये, पीछे सिरजे लोइ ॥

(जो सन्त-मार्ग को नहीं छोड़ता है, उसे बिना माँगे ही सब कुछ मिल जाता है। ब्रह्म ने पहले रोजी मयस्सर की, पीछे लोगों का सृजन किया।)

144. बाजीद संगति साध की, सब कौ बैसे आनि।
घाट न बदलै जीव कौ, जौ ज्यों झूठी जानि ॥

(सन्तों की संगति में सभी (सज्जन, दुर्जन, चोर-लंपट, कामी-निष्कामी) कोई आकर बैठते हैं। यदि दुर्जनों की प्रकृति में कोई बदलाव नहीं आता है तो समझना चाहिए कि वे दुर्जन झूठे और कपटी होते हैं।)

145. बाजीदा दुन्यां सेती दोस्ती, होइ भगति का भंग।
तकिया राजा रांम का, कै साधौं का संग ॥

(सांसारिकता में पड़े हुए व्यक्तियों से दोस्ती भक्ति-साधना को नष्ट करने वाली होती है। इस जगत में दो का ही भरोसा होता है। एक राजा राम का, दूसरे,

सत्संगति का।)

146. बाजीदा साध संगति सुमिरन बिना, जीव अनत जौ जाइ।
करम कुहारौं काटिए, सही सु आपनौं पाइ ॥

(सत्संगति और प्रभु के स्मरण के बिना जो प्राणी सांसारिक और मायिक प्रपंचों में फँसता है वह अपने कुकर्मों रूपी कुठार से अपने ही पैरों को काटता है।)

147. बाजीदा साध संगति की वोट है, कहिये रांम अघाइ।
मनसा बाचा क्रमना, जाइ जाइ जुग जाइ ॥

(सत्संगति के आश्रय में; मन, वचन और कर्मों से युगों तक जी भरकर राम-नाम का स्मरण करते रहना चाहिए।)

॥ अनुभूति एवं चेतावनी ॥

148. स्वारथि साथी जगत सब, बिन स्वारथ नहिं कोइ।
बाजीदा बिन स्वार्थी, अपलट अबिहर सोइ ॥

(सारा संसार स्वार्थ में लिप्त है। बिना स्वार्थ कोई किसी का सगा नहीं है। निस्वार्थी सच्चा हरि भक्त प्रभु-भक्ति से अलग नहीं होता। वही स्थिर और अखण्डित होता है।)

149. नाथ निरंजन जन बिनां, नहीं निबाहु लोइ।
बाजीदा सब स्वारथी, परमारथ नहिं कोइ ॥

(निरंजन प्रभु की भक्ति के बिना उनके भक्तों का निर्वाह नहीं है। इस संसार में सभी सांसारिक प्राणी स्वार्थी हैं। परमार्थी कोई नहीं है। केवल सन्त या भक्त ही परमार्थी होते हैं।)

150. बाजीदा वृथा परभोधई, या दुनिया कौं दास।
मुख उपरि पीरी परी, न तौ बसी री श्वास ॥

(हे हरि भक्त! तुम व्यर्थ ही इस संसार को ज्ञान दे रहे हो। इसके मुख पर बुढ़ापे का असर हो गया है। श्वास का भी कोई भरोसा नहीं है। अर्थात् चाहना बिना ज्ञान देना निरर्थक है।)

151. बजीदा टोप रगावलि जी रखी, घोड़े के गल गाह।
सारब ज्यूँ सोधै गली, सोभ बिगाड़ी साह ॥

(घोड़े की लगाम पकड़े, शिरस्त्राण और कवच धारण किए हुए, गली में साठी जाति के धान और मोटे अनाज की तलाश करते शाह जी की शान में बट्टा लग रहा है।)

152. बाजीदा ढोल ढमंका बाजिया, सबद सुण्यां सब लोइ।
जै सल देखि सती भजै, तौ दुहुं पखि हांसा होइ ॥

(सतीत्व परीक्षा के लिए ढोल-नगाड़े बज रहे हों और सभी लोग उसे सुन रहे हों, उस समय यदि सती हिचकिचाने लगे तो दोनों पक्षों—ससुराल और पीहर के लिए उपहास का विषय बन जाता है।)

153. बाजीदा खलक खूब तिसकूँ कहै, पीवै कछू न खाइ।
पवन भुवंगम पी रहूया, तौ नां उस मिल्या खुदाइ ॥

(यह संसार उनकी प्रशंसा करता है जो न खाते हैं और न पीते हैं। लेकिन सर्प केवल हवा पीकर रहता है फिर भी उसका प्रभु से साक्षात्कार नहीं हो पाता है।)

154. जांण अजाण बिरोध बहु, जैसैं दूध में कांजीं।
बाजीदा मौनैं भली, कै तिहि सेती हाजी ॥

(ज्ञान और अज्ञान एक-दूसरे के वैसे ही विरोधी होते हैं जैसे दूध और खटाई। या तो सर्वथा मौन रहना अच्छा होता है या हाँ में हाँ मिलाना उचित रहता है।)

155. बाजीदा बैद बिचारा क्या करै, जै रोगी रहै न साच।
खारा मीठा चरपरा, मांगै मेरा बाछ ॥

(यदि रोगी खट्टी, मीठी और तीखी वस्तुओं के सेवन का पथ्य या परहेज न कर सके और उससे रोग बढ़ जाए तो इसमें वैद्य का कोई दोष नहीं होता।)

156. बाजीदा विष अंब्रित सब सानि कैं, करता कीया सरीर।
कबहु लंपट लोभिया, कबहू मुनि जन पीर ॥

(विधाता ने गुणों और दोषों को मिलाकर मानव-शरीर की संरचना की है। उसके फलस्वरूप वह कभी लंपट और लोभी हो जाता है और कभी वह मुनि, भक्त और सन्त बन जाता है।)

157. बाजीद सती ही ठाहरै, जाके जिय महिं साच।
कौतिगहारे क्यूँ सहैं, दुसह अगनि की आँच ॥

(सती के हृदय में पति के प्रति एकाग्र सत्य निष्ठा होती है इसलिए वह स्थिर और दृढ़ होती है। तमाशबीनों को अग्नि की तपिश असह्य होती है। वे उस कठिन परीक्षा को झेलने से बचते रहते हैं।)

158. बाजीद फूलै बावरौ, साखी पद कौं जोरि।
ठहरावनि में ठीक पड़े, बात कहौ कोउ कोरि ॥

(हे पागल! साखियों और पदों की रचना करके क्यों प्रसन्न हो रहा है? चाहे करोड़ों बात कहो, कभी-कभी संयोग से बात ठीक बन जाती है।)

159. धन ले धरती महि धर्‍यौ उपरि दीनीं धूरि।
बाजीद बात पुंनि दान की, किरपन कैं नहिं मूरि ॥

(कृपण अपना धन दान-पुण्य में न लगाकर धरती में गाढ़ता है। उसे ऊपर से मिट्टी से ढँक देता है किन्तु वह धन कृपण के किसी काम नहीं आता।)

160. कौड़ी केहू न कर चढ़ै, अब सब आवहु गाँव।
बाजीद माया कृपन की, बहुति बांकी ठाँव ॥

(कंजूस अपनी कौड़ी भी किसी को नहीं देता है लेकिन मरने के बाद उसकी माया अनेक जगह बिखर जाती है।)

161. बाजीद मुँह मिल होत हीं, भाजि जाँहि जे बीह।
कहा भयौ जौ बहुत हैं, स्याल न गंजहि सीह ॥

(आमना-सामना होने पर कायर लोग भाग जाते हैं। सियार संख्या में अधिक होते हुए भी अकेले सिंह का कुछ नहीं बिगाड़ पाते हैं अर्थात् हरा नहीं सकते हैं।)

162. बाजीद न बूझै बावरे, उतिम मध्यम कौंन।
बहु बिधि कीये सालने, सब मैं एकै लौंन ॥

(हे पागल! कौन श्रेष्ठ है, कौन मध्यम और कौन हीन, इसका तू क्या विचार करता है? सब्जियाँ अनेक प्रकार की पकाई जाती हैं किन्तु उनमें पड़ने वाला नमक एक ही होता है। इसी प्रकार जीव विविध प्रकृतियों वाले होते हैं किन्तु सभी में एक ही ब्रह्म का अंश होता है।)

163. बाजीद बमेकी जीव जे, करहिं कौंन से टेक।
बासन ही कौ फेर है, बस्त सबनि मैं एक ॥

(विवेकशील व्यक्ति दुराग्रही नहीं होता। बर्त्तनों में अन्तर हो सकता है किन्तु उनमें रखी वस्तु एक ही होती है। अर्थात् नाम भले ही भिन्न हों, किन्तु उनके अन्तःकरण में एक ही ब्रह्म का अस्तित्व होता है।)

164. बाजीद बचन कौ फेर है, नग्र कहौ को गाँव।
जोई पानी पाला सोई, बस्त एक द्वै नाँव ॥

(कहने-कहने का अन्तर होता है। चाहे किसी जन-बस्ती को नगर कहो या गाँव। जैसे—ओले और पानी में कोई तात्त्विक अन्तर नहीं होता है। वस्तुतः वे एक

ही वस्तु होते हुए उनके नाम भिन्न-भिन्न होते हैं।)

165. बाजीद जु इम जांनि तू, रुई सोई है बाति।
आभूषन बहु बिधि कीये, सोनों सब की जाति ॥

(हे साधको! इसे अच्छी तरह समझ लो कि रुई और उससे बनी बत्ती में कोई अन्तर नहीं होता है। इसी प्रकार एक ही धातु-सोने से अनेक प्रकार के आभूषण बनाए जाते हैं किन्तु उनमें एक ही धातु का अस्तित्व होता है। उसी प्रकार विधाता विविध प्रकार के प्राणियों का सृजन करता है किन्तु सभी में एक ही ब्रह्म का अंश होता है।)

166. बाजीद इक मनै सिद्धि है, बांई दाहिनीं छाडि।
आया है तौ जाहि मति, रहि यहु नेजा गाडि ॥

(साधक या भक्त को दाएँ-बाएँ छोड़कर, एकाग्र चित्त से ईश-भक्ति करनी चाहिए। उसी में सिद्धि है। यदि उसने भक्ति-मार्ग चुना है तो उसे छोड़कर नहीं जाना चाहिए, बल्कि भाला गाड़कर अर्थात् हठपूर्वक दृढ़ता से, इसी में टिके रहना चाहिए।)

167. संख बजै सै पाँच, सिष साखा किये कोरि दस।
बाजीद एक बिन साँच, सबै पिछोरे थोथरे ॥

(जिनके स्वागत में पाँच सौ शंख बजाए जाते थे, जिनके शिष्यों की संख्या दस करोड़ थी, लेकिन एक सत्य-रूप प्रभु के बिना, वे सभी फटकी हुई फटकन या डूँडरी थे।)

॥ दुर्जन ॥

168. बाबै सकरा सांनि करि, पै पानी परि देइ।
बाजीद निंहचैं नींब कौ, करवौई फर लेइ ॥

(नीम के बीज को शक्कर में घोलकर बोया जाए और फिर उसे दूध से सींचा जाए तब भी उससे उगे वृक्ष से कड़वा फल ही प्राप्त होता है। वैसे ही दुर्जन के प्रति कितना ही स्नेह व्यक्त करो, वह दुष्टता किये बिना नहीं रहता।)

169. बाजीदा विधाता न्रिमयौ, नख सख मैलौ अंग।
कूकर कबहू न सुचि ह्वै, जौ र पखाबहु गंग ॥

(विधाता ने दुर्जन को नख से लेकर शिखा तक मलिनता या दुष्टता से भर दिया है। जैसे कुत्ते को गंगा में कितना ही नहलाओ किन्तु वह कभी शुद्ध नहीं हो सकता वैसे ही दुर्जन कभी भी सज्जन नहीं बन सकता है।)

170. बाजीद कबहूं न रीझिये, सुनत दुष्ट के बैंन।
मुख मानौं अमित श्रवै, हिये हलाहल अैंन ॥

(दुष्ट के वचनों पर कभी प्रसन्न होकर रीझना नहीं चाहिए। वह मिठ बोला होता है। उसके मुँह से निकले वचनों से ऐसा प्रतीत होता है मानो अमृत चू रहा हो किन्तु उनका हृदय भयंकर विष से भरा होता है।)

171. पुस्तक पोथी देखि करि, जन बाजीद न भूल।
सज्जनता के अखरहिं, दुरजन पढत न मूल ॥

(दुर्जन के यहाँ पोथी-पुस्तक देखकर भ्रमित नहीं होना चाहिए क्योंकि वह भूलकर भी किंचित मात्र भी सज्जनता के अक्षर नहीं पढ़ा होता है।)

172. बाजीद रसनां द्रुजन की, सजन बसहिं जु अैंन।
जौ लौं द्वै न बुरी कहै, तौलौं चित्त न चैंन ॥

(दुष्ट व्यक्ति की जिह्वा सज्जन को प्रत्यक्ष रूप से जलाती है। जब तक वह दो-चार बुरी-चुभने वाली बात नहीं कह लेती, तब तक उसे चैन नहीं मिलती।)

173. बिरचैं काटै पाइ कौं, राचै चाटै मुख।
बाजीद स्वांन सौं दोसती, दुहु पवारै दुःख ॥

(दुर्जन से दोस्ती कुत्ते से दोस्ती के समान होती है। जैसे कुत्ता क्रुद्ध होने पर पैर को काटता है, प्रेम करने पर वह मुख को चाटता है। वैसे ही कुत्ते के समान दुर्जन की शत्रुता और मित्रता दोनों ही दुःखदायी होती हैं।)

कुण्डलिया (गुन कुण्डलिया)

1. सदा न संग सहेलियाँ, सदा न राजा देस वै।
सदा न जग बिचि जीवनां सदा न कारे केस वै ॥1॥
इक सदा न कारे केस जग बिचि, सोच स्वांमी मुझ भया।
जोबन अंजुरि नीर जैसें, मिलहु माधौ करि मया ॥2॥
इक मया कीजे दरिस दीजे, पीजे पेम अघाइवै।
आनंद उपजै अहि निसा, पीव परौं तेरै पाइवै ॥3॥
पिव परौं तेरे पाइ तातैं, जे आई ते खेलिया।
बाजीद कहै बिचारि स्वांमी, सदा न संगि सहेलियाँ ॥4॥

भावार्थ—इस संसार में सहेलियों का साथ शाश्वत नहीं है। न राजा और उसका राज्य शाश्वत है। जीवन भी हमेशा रहने वाला नहीं है। न काले केश (यौवन) हमेशा रहने वाला है। हे स्वामी! इस संसार में सब कुछ नश्वर देखकर मुझे चिन्ता हो रही है। यहाँ यौवन उसी प्रकार अस्थिर (क्षण-भंगुर) है जैसे अंजलि में समाया जल। इसलिए हे माधव! दया करके मुझे दर्शन दीजिए, जिससे मैं आपके प्रेम रूपी जल का पूर्ण तृप्ति के साथ पान कर सकूँ। इससे मुझे रात-दिन आनन्द की प्राप्ति होगी।

हे प्रिय! मैं (जीवात्मा) तुम्हारे पैरों में पड़ती हूँ—मुझे दर्शन दीजिए। क्योंकि इस संसार में साथ खेलने के लिए सहेलियाँ सदैव नहीं होतीं।

2. मिग्र त्रिश्नां संसार है, पुर पाटन क्या हाट वै।
पार पहूंती नांव ज्यूं, ह्वै गये बारह बाट वै ॥टेक॥
इक हुए बारह बाट हरि बिन, सुपिनंतर नहीं मेल वे।
आठौं पहर आवटियै अंब ज्यूँ करांही तेल वे ॥1॥
इक तेल अवटै अगनि सेती, हंस बिन अनलै जरौं।
जांन राइ प्रबीन प्यारे, कहु हु अब कैसी करौं ॥2॥
इक करौं कैसी, रहू बैसी, तजि आभूषन हार वे।
बाजीद कहै बिचारि स्वांमी, मिग्र त्रिश्नां संसार वे ॥3॥

भावार्थ—यह संसार मृग-तृष्णा के समान मिथ्या है। पुर, नगर व हाट सभी नश्वर हैं। पार पहुँची नाव के यात्रियों के समान सभी तितर-बितर हो जाते हैं। प्रभु

के बिना वे स्वप्न में भी एक नहीं हो सकते हैं और वे आठों पहर इस तरह खौलते रहते हैं जैसे तेल की कड़ाही में आम भुनता है। मैं (जीवात्मा) बिना अग्नि के विरह में जल रही हूँ। हे सर्वज्ञ प्रभु! आपने मेरे साथ कैसी की है! आभूषणों-हार आदि को त्यागकर मैं वैसे ही रहूँगी जैसा आप चाहेंगे। हे स्वामी! मैंने विचार करके देख लिया कि यह संसार मृग-तृष्णा भर है।

3. यहु बरियां बहुर्‌यौ नहीं, हा हा हूँ बलि कंत वे।
बारी फेरी साईंया, बहुत न लीजे अंत वे ॥1॥
इकु अंत न लीजे क्रिपा कीजें, दीजे जीवन दुख वे।
चार्‌यौं दिसा झकोलियै, ज्यौं रांनि अकेला रुख वे ॥2॥
ज्यौं रानि अकेला रुख निस दिन, किसै सुनावै रोइ वे
सीत उसंन सिर परि सहै ॥3॥
पुनि साथी संग कोइ, इक संग न साथी काम हाथी।
क्रिश्न करूं अपनैं गुही।
बाजीद कहै बिचारि स्वांमी, यहु बरियाँ बहुर्‌यौ नहीं ॥4॥

भावार्थ—प्रियतम लौटकर अब तक मेरे पास नहीं आए हैं। हे स्वामी! मैं आप पर बलिहारी जाती हूँ। अब तो मेरा अन्त न लीजिए। मुझ पर दया कीजिए। मेरे जीवन के दुःखों को हटाइए। मैं विरह में चारों दिशाओं में उसी प्रकार झकझोले खा रही हूँ जैसे रेगिस्तान में खड़ा अकेला वृक्ष। रात-दिन भुगतता वह इस व्यथा को किससे रोकर सुनाए। वह सर्दी और गर्मी को अपने सिर पर सहता रहता है। कोई भी उसका संगी और साथी नहीं होता। हे स्वामी! आपके मेरे पास नहीं आने के कारण मेरी स्थिति उसी वृक्ष के समान हो रही है।

4. बेगि बिलंब न कीजिये, जीजे कहु किस लागि वे।
बहुत गई थोरी रही, जे हौं देखौं जागि वे ॥1॥
इक जागि देखौं रही थोरी ताहू मंझ घटाइ वे।
आगै जम पीछैं जुरा, पिव पिस न पहुँचे आइ वे ॥2॥
पिव पिस न पहुँचे आइ इस कूँ, कीजे च्यंत सवेर डी।
कूंरक रूप कुलछिनीं, हुँ तौऊ सो धन तेरड़ी ॥3॥
इक सो धन तेरी विरह घेरी, दादि जिय की दीजियै।
बाजीद कहै बिचारि स्वामीं, बेग विलंब न कीजियै ॥4॥

भावार्थ—हे प्रियतम! आप मुझे शीघ्र दर्शन दीजिए। अब देर न कीजिए। आपके बिना मेरा जीना व्यर्थ हो रहा है। मेरे जीवन का अधिकांश समय व्यर्थ चला गया है। अब थोड़ा शेष है, यह मैंने सचेत होकर देख लिया है। आगे-आगे यमराज, पीछ-पीछे बुढ़ापा आ रहा है जो प्रिय के पास नहीं पहुँचने दे रहे हैं। मुझे इसकी चिन्ता

हो रही है। यद्यपि मैं मूर्ख और कुलक्षणी हूँ, तब भी आप की (पत्नी) हूँ। मुझे आपके विरह ने घेर लिया है। मेरे चित्त को शान्ति प्रदान के लिए अब देरी न कीजिए। अर्थात् शीघ्र दर्शन दीजिए।

5. तन तरवर मन पंखि वे, भयौ बसेरा आइ वे।
भोर भयौं उड़ि जाइसी, जग झूठौ जांणि वे ॥1॥
इक जग सु झूठा नाह रूठा दोइ दुख कहि क्यूँ सहौं।
सेज अकेली बिन बेली, बिरह सलिता मैं बहौं ॥2॥
इक बिरह सलिता बहूँ बौरी, रहौं क्यूँ बिन पीव वे।
लोहू पांनीं ह्वै गया, पुनि तालावेली जीव वे ॥3॥
इक जीव तरसै, गगन बरसै, पीव दिखाबहु आंखि वे।
बाजीद कहै बिचारि स्वांमी तन तरवर मन पंखि वे ॥4॥

भावार्थ—जीवात्मा कह रही है—मेरा शरीर वृक्ष है। मन रूपी पक्षी ने उस पर आकर बसेरा लिया है। प्रातः होते ही वह उड़ जाएगा। यह संसार मिथ्या है। उसमें लिप्त होकर क्यों दुःख सहा जाए! प्रिय के बिना मेरी सेज सूनी है। मैं विरह की नदी में बही जा रही हूँ। बिना प्रियतम के मैं पागल के समान हो गई हूँ। मेरा रक्त पानी के समान हो गया है। प्रियतम के लिए मेरे प्राण लगातार छटपटा रहे हैं। मेरा हृदय उन्हें देखने के लिए तरस रहा है। नेत्रों से (अविरल) अश्रु बह रहे हैं। हे प्रिय! आकर अपने दर्शन दीजिए।

6. मन के मोहन आइ मिलि, मोहि तोहि बिन न सुहाइ।
रैंनि छमासी ह्वै रहै दूयौस बरषु बरु जाइ ॥
दूयौस बरिष बरु जाइ, पाइ इक पंथ निहारौ।
चिहरु चिकट तन छींन नैंनन नहीं कजर सारौं ॥
सुख सब गयौ सरीर, दुख नहीं छाड़त गौंहंन।
मोहि तोहि बिन न सुहाइ, आइ मिलि मन के मोहन ॥

भावार्थ—हे मनमोहन! आकर मिलिए। आपके बिना मुझे कुछ नहीं सुहा रहा है। मुझ विरहिणी को रात छहमासी और दिन वर्ष भर के समान हो रहा है। मैं एक पैर पर खड़ी हुई आपकी राह देख रही हूँ। आपके विरह में मुझे शरीर को सँवारने की भी सुधि नहीं रही है। मेरे बाल चीकट (बहुत मैले) हो गए हैं। शरीर दुर्बल हो गया है। नेत्रों में काजल लगाना भी छोड़ दिया है। शरीर के समस्त सुख साधन-प्रसाधन चले गए हैं। दुष्ट दुःख मेरा पीछा नहीं छोड़ रहा है। आपके बिना मुझे कुछ भी अच्छा नहीं लग रहा है। इसलिए हे प्रिय आकर (शीघ्र) मिलिए।

7. छाती बजरंग भई, काहे तरकि न जात।
सावन मास बिदेस पीव, बहत कटारी गात ॥

बहत कटारी गात, रात सब पंखी बोलै।
कहि धीरज क्यूँ धरै, नांव करिया बिन डोलै ॥
बाजीद बलम भयौ अंत, लिखिहु न पठई पाती।
काहे तरकि न जात, भई बजरंगी छाती ॥

भावार्थ—मेरा हृदय वज्र के समान कठोर हो गया है। प्रिय के बिना यह तड़क क्यों नहीं जाता! सावन का महीना आ गया है। इस सुहावने मौसम में प्रिय अभी भी परदेस में हैं। विरह कटारी के समान शरीर में आघात कर रहा है। विरह को उद्दीप्त करने वाले पक्षी—मोर, चातक, कोयल आदि रात में अपने-अपने स्वरों में बोल रहे हैं। मैं कैसे धैर्य धारण करूँ? माँझी के बिना मेरी नौका डाँवाडोल हो रही है। हे प्रिय! आपने अभी तक कोई पाती भी लिख कर नहीं भेजी है। ऐसी हालत रही तो मेरा अन्त हो जाएगा। यह वज्र के समान मेरा (कठोर) हृदय प्रिय-विरह में तड़क क्यों नहीं जाता?

8. तन रबाब मन मोरनां, बिरह बजावै नित।
बारी फेरी बलि गई, मिलहु पियारे मित ॥
मिलहु पियारे मित, चित तैं कबहूँ न टारौ।
पपीहा ज्यूँ रहि निसा, सु तौ पीव पीव पुकारौं ॥
जामराइ तुम कंत लग्या नेह न तोरनां।
बिरह बजावै नितु, तन रबाब मन मोरनां ॥

भावार्थ—प्रिय के बिना मेरा शरीर रबाब (सारंगी नुमा वाद्य-यंत्र) हो रहा है जिसे विरह रोज बजा रहा है। मैं आप पर न्यौछावर हो रही हूँ। हे प्रिय साथी! मिलिए। मुझे अपने चित्त से कभी भी न उतारिए। मैं चातक के समान रात भर पी-पी (प्रिय-प्रिय) की टेर लगाती रहती हूँ। हे सर्वज्ञ प्रिय! पहले की लगी प्रेम की गाँठ को अब न तोड़ना।

9. अब तुम कांनींदेहु मति, हा हा हौं बलि जाऊँ।
तजि कैं बांई दांहनीं, जपौं तिहारौ नांव ॥
जपौ तिहारौ नांव, ठाँव तुम बिन कहाँ प्यारे।
आछौ हीये मझारि, होह कबहूँ जिनि न्यारे ॥
यू बीनवत बाजीद प्रीति पुनि सब जगु जांनीं।
हा हा हौं बलि जाऊँ, देहु मति अब तुम कांनीं ॥

भावार्थ—मैं आप पर बलिहारी जाती हूँ। अब आप मुझे अधिक कष्ट न दीजिए। बाएँ-दाएँ (भ्रम की स्थिति) छोड़कर मैं आपके नाम का जाप करती रहती हूँ। आपके बिना मेरा कोई सहारा भी नहीं है। आप मेरे हृदय में अच्छी तरह बस जाइए और कभी अलग नहीं होइए। मैं आपसे याचना करती हूँ कि आपसे मेरी प्रीति इतनी प्रगाढ़ हो कि सारा संसार उसे जान जाए।

10. नैनां भये निलज, ऐ पल अंचल न सुहाइ।
सखी सबै कोऊ देर हैं, पिता बंध कहा माइ ॥
पिता बंध कहा माइ, धाइ करि लागे गौंहन।
जस अपजस न डरांहि, मन सु अक रख्यौ मोहन ॥
बाजीद बिलोकहि बदन, चित तबहीं लौं चैंना।
पल अंचल न सुहाइ, भये ऐ निलज ब नैंनां ॥

भावार्थ–मेरे नेत्र अत्यन्त निर्लज्ज हो गए हैं। इन्हें एक पल के लिए भी पलकों का पर्दा सुहाता नहीं है। माता-पिता, बन्धु-बान्धव और सखियाँ सभी सीख दे रहे हैं लेकिन ये मूर्ख (निर्लज्ज) उनके देखते-देखते दौड़कर प्रिय से जा लगे हैं। ये यश अपयश से नहीं डर रहे हैं। मन ने केवल एक-मोहन को बसा रखा है। उनके मुख को देखकर ही मेरे चित्त को चैन (आराम) मिलता है।

11. अवधि बिचारै दिन गिनैं, बिन बेली बेहाल।
तिसहि नींद कहि क्यू परै, कर तैं खोया लाल ॥
कर तैं खोया लाल, साल सो कबहूँ न जाई।
कहैं त को पतियाइ, दुख महा परबल माई ॥
जौ घरि आवैं कंत, बिरहनि जीवन तौं बनैं।
बिन बेली बेहाल, अवधि बिचारै दिन गिनैं ॥

भावार्थ–साथी (प्रिय) के बिना मेरा चित्त बदहाल (बेचैन) हो रहा है। उनकी आने की अवधि को ध्यान में रखते हुए दिन गिन रही हूँ। जिसने अपने हाथ से लाल (प्रिय) खो दिया हो, उसे भला नींद कैसे आ सकती है? वह चुभन कभी भी मेरे हृदय से नहीं जाती है। हे सखी! प्रिय से बिछुड़ने का दुःख अत्यन्त प्रबल है। उसके बारे में किसी से कहा भी जाए तो वह भरोसा नहीं करेगा। विरहिणी जीवित तभी रहेगी जब प्रिय घर आ जाएँगे।

12. बिरहनि जीये जांनि बी, नाह न कहत बनाइ।
जौ न पतीजौ मुझ कौं, आपन देखहु आइ ॥
आपन देखहु आइ, पाइ इक मारग जोवै।
सुमिरि पुरातन नेह, सु तौ निसि बासुरि रोवै ॥
जान राइ जगदीस, मन बच क्रम यहु मानिबौ।
नांहि न कहत बनाइ, बिरहिनि जीये जांनिबौ ॥

भावार्थ–प्रिय अपने आने के बारे में तसल्ली नहीं दे रहे हैं। मेरा (विरहिणी का) जीवन खतरे में पड़ा हुआ है। यदि मेरे पर भरोसा न हो तो स्वयं देख लो कि मैं किस प्रकार एक पैर पर खड़ी हुई अपने प्रिय के आने का मार्ग ताक रही हूँ। पुरानी प्रीति को याद कर-करके मैं रात-दिन रो रही हूँ। हे सर्वज्ञ जगदीश! मन, वचन और कर्मों से इसे

सच मानिए।

13. नैंन सखी अरहट भये, पीये चले परदेस।
सकल सहेली उजली बिरहनि मैले भेस ॥
बिरहनि मैले भेस, केस कंगही नहीं कीजै।
सुधि-बुधि गई सरीर, स्यांम बिन कहा जुग जीजे ॥
मनु खाई ठग मूरि, मुख नहीं आवहि बैंनां।
पीय चले परदेस, सखी अरहट भये नैंनां ॥

भावार्थ—हे सखी! प्रिय परदेश जा रहे हैं और उनके जाने के दुःख से मेरे नेत्र रहट के समान जल (आँसू) बहाने वाले बन गए हैं। समस्त सखियाँ साफ़-सुथरी (उज्ज्वल) हैं किन्तु अपने शरीर की सुधि-बुधि खोने से विरहिणी का भेष मैला हो रहा है। वह अपने केशों में कंघी भी नहीं कर रही है और कह रही है—प्रिय के बिना मेरा जीना निरर्थक है। विरह का दुःख इतना तीव्र है कि उसके मुख से बोल तक नहीं फूट रहे हैं। मानो उसने ठग-मूरि को खा लिया हो। (ठग-मूरी =ठाने के लिए सुंघाकर बेहोश करने वाली जड़, पहले ठग ठगी के लिए इसी का इस्तेमाल करते थे।)

14. नैंना गंग तरंग लौं, सेज भई घर नांव।
प्रांण पयांनौं करत हैं, कंत बहेला आव ॥
कंत बहेला आव, चाव चित देखन तेरा।
तजी लोक की लाज, रहिसि नहीं घट माहि घेरा ॥
घर बन कछु न सुहाइ, बिरहा अंतरदई हौं।
सेज भई घर नांव, नैंनां गंग तरंग लौं ॥

भावार्थ—मेरे नेत्र गंगा की तरंग के समान हो गए हैं। (हमेशा बहते रहते हैं) और सेज घर की नाव के समान हो गई है। मेरे प्राण (विरह से संतप्त होकर) अब छूटने वाले हैं। अतः हे प्रिय मित्र! आप शीघ्र आइए। आपको देखने के लिए मेरे हृदय में उत्कट अभिलाषा जग रही है। मैंने लोक-लाज को छोड़ दिया है। मेरे पिण्ड (हृदय) में अब कोई बाधा नहीं रह गई है। अब मुझे न घर सुहाता है और न वन सुहाता है। विरह ने मेरे हृदय में दावाग्नि को प्रज्वलित कर रखा है।

15. बाझ पियारे आपनै, रैंनि छमासी जाइ।
कोऊ पूछहु बांभन जोइसी, कब सु मिलैगा आइ ॥
कब सु मिलैगा आइ, धाइ कैं पाइनि लागौं।
पुनि मांगौ कर जोरि, होहु कबहु जिनि न्यारौ ॥
रैन छमासी जाइ, अपनैं बाझ पियारे ॥

भावार्थ—हे बिछुड़े हुए साजन! आपके बिना मेरी रात छह माह के समान हो

गई है। बांभन (ब्राह्मण) या जोशी (ज़्योतिषी) से कोई पूछकर बताए कि वह बिछड़ा हुआ प्रियतम कब मिलेगा? वह (प्रिय) जैसे ही आएगा, मैं दौड़कर उनके पैरों में पड़ जाऊँगी। फिर हाथ जोड़कर याचना करूँगी कि मुझसे कभी भी वियुक्त नहीं होना।

16. बिरहनि देत संदेसरा, सुनहु पथिक तुम बात।
आठौं पहर अबटिये, नां सुख द्यौस न रात ॥
नां सुख द्यौस न रात, जात मोहि घरीय बरिष बरु।
कोमल ये करवत बाम, बिहरै धरनीधर ॥
असन बसन पुनि परहरे, जटा करी करा केसरा।
सुनहुँ पथिक तुम बात, बिरहनि देत संदेसरा ॥

भावार्थ—विरहिणी प्रिय को सन्देश भेज रही है कि हे पथिक! मेरी बात सुनो—प्रिय विरह के कारण मैं आठों पहर कष्ट उठाती रहती हूँ। न दिन में चैन मिलता है और न रात में मिलता है। एक-एक घड़ी मुझे वर्ष के समान लग रही है। मैं कोमलांगी नारी (प्रति पल) करवत की यातना को सहन कर रही हूँ। मैंने वस्त्राभूषण धारण करना बन्द कर दिया है। जटाएँ बढ़ा ली हैं। इस प्रकार पथिक के माध्यम से विरहिणी अपना विरह-सन्देश प्रिय को भेज रही है।

17. जनम अबिरथा जात है तुम बिन त्रिभुवन नाथ।
सुख उपजै संतोष है, पकरहु धंन कौ हाथ ॥
पकरहु धंन कौ हाथ, साथ लागी नित डोलै।
भरी सुबाचा बंध, रसन मुख पिय पिय बोलै ॥
बाजीद दुखित बहु बांम, कहै त को पतियात है।
तुम बिन त्रिभुवननाथ, जनम अबिरथा जात है ॥

भावार्थ—हे त्रिलोकीनाथ! आपके बिना यह मेरा जन्म व्यर्थ जा रहा है। आप जब हाथ पकड़ लेंगे अर्थात् सहारा दे देंगे तब मुझे सुख और सन्तोष प्राप्त होगा। मैं आपकी धन (स्त्री) रोज आपके साथ लगी हुई डोलूँगी। में आप्त वचनों से आबद्ध हुई जिह्वा से प्रिय-प्रिय का जाप करती रहूँगी।

इस प्रकार विरहिणी अत्यन्त दुःखी हो रही है। अपनी व्यथा को किसी से भी कहे तो कौन उस पर विश्वास करेगा?

18. जोबन जातौं बेरू नहीं, जैसें अंजुरी नीर।
कर कपैं झपैं, जुरा कौं, नहिं काज सरीर ॥
कौं नहिं काज सरीर, पीर करि सकल बुलांवहि।
तरुन चलैहि मुख मोरि, बिरद की ढिंग सुनि आवहि ॥
जन बाजीद बिचारि करत है बिनती तातैं।
जैसे अंजुरी नीर, बेर नहीं जोबन जातैं ॥

भावार्थ—जैसे अंजुली में भरा जल शीघ्र ही बह ज़ाता है, वैसे ही प्राणी का यौवन जाते देर नहीं लगती है। शीघ्र ही बुढ़ापा झपटने लगता है। हाथ काँप जाते हैं। शरीर में दम नहीं रहता। समस्त प्रकार की व्याधियाँ बिना बुलाए आ जाती हैं। युवा देखकर मुँह मोड़ने लगतें हैं। मुख दन्त हीन हो जाता है। कानों से सुनाई नहीं पड़ता। इसलिए हे प्रभु! मेरी विनती पर ध्यान दीजिए अर्थात् मुझे शीघ्र दर्शन दीजिए।

19. प्यारे कंठिन लगहू, कहा अवगुन मुझ।
चात्रिग ज्यौं पिय पिय रटै, पल न बिसरौं तुझ ॥
पल न बिसरौं तुझ, बुझ बेदन यहु मेरी।
निसि बासुरि नहीं चैंन, अैन बिरहैं घट घेरी ॥
बाजीद थकित भई बांम, पीछै परैंहि न पग हू।
कहा अवगुन मुझ, प्यारे कंठि न लाग हू ॥

भावार्थ—हे प्रिय! मुझमें ऐसे कौन से दुर्गुण हैं जो आप मुझे गले नहीं लगा रहे हैं? मैं आपको पल भर के लिए भुला नहीं पा रही हूँ। चातक की तरह (हर समय) पी-पी रटती रहती हूँ। आप आकर मेरी इस वेदना को शान्त कीजिए। मुझे दिन-रात चैन नहीं मिल रहा है। विरह ने मेरे हृदय को आच्छादित कर दिया है। मैं विरह-व्यथा सहते-सहते अब थक गई हूँ। अब मैं प्रेम में बढ़ाये कदम पीछे भी नहीं हटा सकती।

20. तुम हौ तैसी किनि करहु, कहा कसत अब मोहि।
अंतरजामीं जगत गुर, यहु मन रता तोहि ॥
यहु मन रता तोहि, तज़ी सुनि सकल सहेली।
लोक लाज कुल कांनि, सु तौ पुनि पाइनि पेली ॥
बाजीद कहत कर जोरि, काहे न प्रभु आरति हरहू।
कहा कसत अब मोहि, तुम हौ तैसी किनि करहू ॥

भावार्थ—हे प्रभु! आपका जैसा यश है, वैसा क्यों नहीं करते? आप मुझे बेरहमी से क्यों कष्ट दे रहे हैं? हे अन्तर्यामी, जगतगुरु! यह मन आप पर ही अनुरक्त है। आपके लिए मैंने सभी सहेलियों को छोड़ दिया है। लोक-लज्जा और कुल की मर्यादा को पैरों के नीचे कुचल दिया है। वह विरहिणी हाथ जोड़कर कह रही है कि हे प्रभु! आप मेरी विरह-वेदना को क्यों नहीं दूर कर रहे हो?

21. तेरी सब कोऊ कहत है, नैंक मया महिं फेर।
बहुत निठुर मन मति करहि, हा हा नैंसक हेर ॥
हा हा नैंसक हेर, टेरि मैं दुख सुनायौं।
देहु दरिस की मौज, जीव कहा ढौरी लायौ ॥
जदपि कूर करूप, लाज बहि साहिब मेरी।
नैंक मया महि फेर, कहत है सब कोऊ तेरी ॥

भावार्थ—आपके यश का सभी (वेद, पुराण, ऋषि-मुनि आदि) वर्णन करते हैं अर्थात् आपको सभी दीनदयाल, भक्त-वत्सल आदि-आदि गुणों से विभूषित करते हैं। अतः मेरे ऊपर भी थोड़ी दया कीजिए। अपने मन को निष्ठुर मत कीजिए। मैं हा-हा खाती हूँ जरा मेरी ओर ध्यान दीजिए। मैं आपको कातर स्वर में अपना दुःख सुना रही हूँ। मुझे अपने साक्षात्कार का आनन्द प्रदान कीजिए। मैं आपकी ही धुनि लगाए हुए हूँ।

यद्यपि मैं क्रूर और कुरूप हूँ फिर भी आपकी हूँ। अतः मेरी लज्जा की रक्षा कीजिए।

22. मीत बिछुनैं आइ मिलि, अब तुम अंत न लेह।
बिन दरसन बेहाल है, बिरहैं दाझीं देह ॥
बिरहैं दझीं देह, नेह की बातैं न्यारी।
सखी सकल दे रही, एक दिसि दुनिया सारी ॥
ऐ रनि मांनैं नैंन रहैं, नहीं पिय बिन रुंनै।
अब तुम अंत न लेह, आइ मिलि मीत बिछुनैं ॥

भावार्थ—हे बिछुड़े मीत! मुझसे आकर मिलिए। मुझसे अलग रहकर मेरा अन्त न कीजिए। मेरी देह विरहाग्नि से जल गई है। ऊपर से आपके दर्शनों के बिना अत्यन्त बेहाल हो रही हूँ। प्रेम की बातें भिन्न होती हैं अर्थात् उसमें दोनों ओर से संयोग-सुख और सन्तुष्टि होती है।

समस्त सखियाँ और जगत केवल आपकी ओर इशारा कर रहे हैं कि आपने सच्चे प्रेम का निर्वाह न करके प्रेयसी को दुःख दे रखा है। मेरे नेत्रों ने रार (हठ) ठान रखी है। प्रिय के बिना ये शान्त नहीं हो रहे हैं।

23. सखी सहेली सब तजी, अबहि सु जीव ऊचाट।
दसौं दिसा देखत रहै, सह आवैहि किस बाट ॥
सह आवैं किस बाट, घाट उठि औघट धावैं।
बिन बेली बाजीद, सुख सुपिनैं नहीं पावैं ॥
को जानैं उनि कहा, मुंड महि भुरकी मेली।
अब जीव रहै उंचाट, तजी सब सखी सहेली ॥

भावार्थ—हे प्रिय! आपके लिए मैंने सभी सहेलियों को छोड़ दिया है। अब मेरा मन सभी से उचाट खा गया है। मैं दसों दिशाओं में ताकती रहती हूँ कि न जाने प्रिय किस रास्ते से आएँगे! उनकी राह देखते मैं प्रशस्त घाट से भयानक-बीहड़ घाटों की ओर दौड़ रही हूँ। बिना प्रिय (मीत) के मुझे स्वप्न में भी सुख प्राप्त नहीं हो रहा है। कोई नहीं जानता कि उन्होंने मेरे ऊपर कैसा मोहन-मन्त्र चला दिया है कि मेरा जी सबसे उचाट (विलग हो गया है) खा गया है और मैंने सभी सहेलियों को छोड़ दिया है।

24. रैंनि छमासी ह्वै रही, बनहु कुहके मोर।
धीरज धन मन मुसिया, बिरहु पयठा चोर ॥
बिरह पयठा चोर भोर भयौ, अंखि न लागी।
सूंनी सेज संताप सखी, सुंनि बैठी जागी ॥
कहौ त को पतियाइ, बाजु पियारैं यूँ दहीं।
बनहु कुहके मोर, रैंनि छमासी ह्वै रही ॥

भावार्थ—प्रिय के विरह में रात्रि छहमासी हो गई है। वन में मोर कुहकने लगे हैं। जो मेरी विरह-वेदना को बढ़ा रहे हैं। धैर्य रूपी धन और मन को चुराने के लिए विरह रूपी चोर शरीर रूपी घर में प्रवेश कर गया है। उसके भय और चिन्ता से रात भर नींद नहीं आई और सुबह हो गई। हे सखी! प्रिय बिना मेरी सूनी सेज दुःख और क्लेश देती रही। उसी स्थिति में अवसन्न हुई बैठकर रात काटती रही हूँ। उन मेरे बिछुड़े प्रीतम ने मुझे अपनी विरहाग्नि में इस प्रकार जला रखा है कि इस वेदना को किसी से कहूँ तो कोई विश्वास नहीं करेगा।

25. सावन आयौ सजनां, काई बिसारी चित।
तालाबेली होइ तन, मारग जोउं नित ॥
मारग जोऊं नितु, कितु कहि धौं कहाँ धाँऊँ।
कौंन दिसा किहि देस, भेस किहि दरसनु पाँऊँ ॥
अवधि उलंघै जाइ गहरौ, बिरहा अब दाँवन।
काइ बिसारी चित, देखि यहु आयै सावन ॥

भावार्थ—हे साजन! सावन आ गया है। आपने मुझे अपने हृदय से क्यों भुला दिया है? शरीर में छटपटाहट और बेचैनी बढ़ती जा रही है। रोज अपने प्रिय का मार्ग देखती रहती हूँ। इस विरह-वेदना से बचने के लिए कहाँ और किस दिशा में जाऊँ? न जाने किस दिशा, किस देश और किस भेष में प्रिय से साक्षात्कार होगा? उनकी दी हुई अवधि बीत गई है। देर होती जा रही है। विरह अब मुझे बुरी तरह रौंदने लगा है। हे साजन! सावन आ गया है। इस मोहक महीने में आपने मेरी याद को क्यों भुला दिया है?

॥ गुन सगुन नामा ॥

दोहा

1. याकौं सर बाकैं लग्यौ, वाकौं यांकैं आइ।
चोर पियादे जात है, घोरे दीयै खुदाइ ॥

भावार्थ–इसका बाण (कुबड़े का) उसको (अन्धे को) लगा और अन्धे का वाण (प्रहार) कुबड़े को लगा। दोनों चोर घोड़ों को छोड़कर (खोलकर) पैदल ही बढ़ लिये।

चौपाई

2. तौ अंधरौ कूबरौ दोउ चढे। चटके दे सबहिंन सौं बढ़े॥
त्रिभै भये भले घर कोद। मानिक मोती भरि कैं गोद ॥

भावार्थ–अंधा और कुबड़ा खाते-पीते घर से माणिक और मोती गोद में भरकर, सबको चकमा देकर, तथा निडर होकर तेजी से आगे बढ़े।

3. अंधरे मन मैं अैसी आंनी। अब कहू पईये सीतल पांनीं।
अंधरे भयौ त्रिषावत भारी। कुबरे मेटहु बिपति हमारी ॥

भावार्थ–अन्धे के मन में विचार आया कि कहीं ठण्डा पानी पिया जाए। उसे भारी प्यास लगी हुई थी। वह कुबड़े से बोला, मुझे बड़ी प्यास लगी है। मेरे संकट को दूर करो।

4. कुबरौ चल्यौ बीख द्वै चारि। आगै देखिसि ऊँचौ पारि ॥
प्राप्ति भयौ पांनीं की तीर। अंचयौ जल सुख भयौ सरीर ॥

भावार्थ–उसकी बात सुनकर कुबड़ा दो-चार कदम चला। आगे उसे ऊँची पालि दिखाई दी। पानी के किनारे पहुँचकर उसने पेट भर पानी पिया और उसका शरीर सुखी (स्वस्थ) हो गया।

5. कुबरै कैं जीय उपज्यौं पाप। अंधरैं मारि लेऊ धन आप ॥
बाध्यौ विष सु गांठि तैं खोल्यौ। नांन्हौं करि पान्यौं मैं घोल्यौ ॥

भावार्थ—कुबड़े के मन में पाप (कुविचार) आया कि अन्धे को मारकर सारा धन ले लिया जाए। गाँठ में बँधे हुए विष को उसने खोलकर महीन किया और पानी में घोल दिया।

6. अंधरै कौ लै दीन्हौं अैंन। पीवत ही सूझन लाग्यौ नैन ॥
कुबरे कहा दीयौ तै अब। पीबत ही सूझन लागौ सब ॥

भावार्थ—विष से युक्त जल को उसने अन्धे को पीने के लिए दिया। पीते ही उसके नेत्रों से दिखाई पड़ने लग गया। उसने कुबड़े से कहा कि तुमने क्या दे दिया? इससे तो मुझे दिखाई पड़ने लग गया।

7. कुबरै कह्यौ माया बसि कीनौं। मैं तोहि घोरि सही बिसु दीनौ।
यहु सुनि अंधरे दीनी लात। कुबरे कौ सूधौ भयो गात।

भावार्थ—कुबड़े ने कहा कि माया (लोभ) के वशीभूत हो गया था इसलिए मैंने तुम्हें विष को पानी में घोलकर पिला दिया था। इतना सुनते ही अंधे ने कुबड़े को लात मारी जिससे कुबड़े का शरीर सीधा हो गया।

8. अंधरौ कुबरौ सुखी भये दोऊ। राखै सुगन न मारै कोऊ।
नैंसंक चितै क्रिपा की कोर। जन बाजीद बचायो चोर ॥

भावार्थ—इस प्रकार अन्धा और कुबड़ा दोनों ही सुखी हो गए। जिसकी प्रभु रक्षा करते हैं, उसे कोई भी नहीं मार सकता है। इसलिए निश्चिन्त होकर प्रभु की अनुकम्पा प्राप्त करनी चाहिए। उसी अनुकम्पा का परिणाम था कि दोनों चोर अपनी-अपनी यातनाओं से मुक्त होकर सुखी हो गए।

॥ गुण बिरह नांमां ॥

1. सरग लोक पाताल पहुम परि, जहाँ तहाँ सब ठौर।
गह रहौ न गंभीर यहु, कूंन रूप बलि जाव ॥

भावार्थ—स्वर्ग, पाताल और पृथ्वी पर, यहाँ-वहाँ सभी स्थानों पर उन गूढ़ और दुर्बोध प्रभु का आश्रय लेना चाहिए। न जाने किस रूप से उनसे साक्षात्कार हो जाए। उस रूप पर साधक को बलिहारी हो जाना चाहिए।

2. अबहि न अंतर कीजिये, पूछत हौं कर जोरि।
सुर पुर नर पुर सेस पुर, कहाँ बसहु चित चोरि ॥

भावार्थ—हे प्रभु! मैं आपसे हाथ जोड़कर याचना करती हूँ कि आप अपने और मेरे बीच के द्वैत की स्थिति उत्पन्न नहीं कीजिए और यह बताइए कि मेरे चित्त को चुराने वाले आप देवलोक, नरलोक या पाताल में कहाँ बसते हैं?

3. तालाबेली होइ तन, अति गति मुखहि मलीन।
बिरहनि बिसरी सकल सुख, भई पैंम लै लीन ॥

भावार्थ—उस विरहिणी के शरीर में अत्यन्त बेचैनी हो रही है। मुख अत्यन्त मलीन हो रहा है। विरहिणी प्रिय की सुधि में ऐसी लीन हो गई है कि उसने अपने समस्त सुखों को भुला दिया है।

4. पलक न लागहि पीव बिनु, खिन मंदिर खिन द्वारि।
बहत बिरह समुंद मैं, परमिति लहत न पार ॥

भावार्थ—प्रिय के बिना विरहिणी के पलक नहीं लग पा रहे हैं (निद्रा नहीं आ रही है)। बेचैन इस कदर है कि एक पल के लिए घर के भीतर आती है फिर दूसरे पल (प्रिय की प्रतीक्षा में) द्वार पर आ जाती है। इस प्रकार वह विरह-सागर में बहे चली जा रही है। प्रिय के बिना उसे पार पहुँचने के लिए कूल-किनारा नहीं मिल रहा है।

5. दोऊं कर करवत मैं, बिरह भयौ सु तधार।
सठ हीयौ यहु कठ ज्यूँ, बिरह रत बारंबार ॥

भावार्थ—मेरे दोनों हाथ विरह रूपी तीखी धार वाले आरे में फँसे हैं। मेरा यह

दुष्ट हृदय काठ के समान इतना जड़ और कठोर हो रहा है कि बार-बार विरह के झटके झेल रहा है। किन्तु फट नहीं रहा है।

6. दीरघ सास ऊसास बहु, नैंन श्रवै नित नीर।
खिन अचेत खिन चेत मैं, बिरहनि धरत न धीर ॥

भावार्थ—विरहिणी विरह-संतप्त होकर लम्बी-लम्बी साँस-उसाँस ले रही है। नेत्रों से रोज अश्रुधारा बहती रहती है। एक क्षण में वह अचेत हो जाती है, फिर दूसरे क्षण (प्रिय मिलन की आशा में) होश में आ जाती है। इस प्रकार विरहिणी अपने हृदय में धैर्य धारण नहीं कर पा रही है।

7. बिरही जन कूँ कौंन सुख, कहि धू अहि कलिकाल।
नैंना गंग तरंग लौं, बिनि दरसन बेहाल ॥

भावार्थ—इस कलियुग में विरहियों के लिए कोई सुख या राहत नहीं है। वे अपने प्रिय-दर्शन के बिना अत्यन्त विह्वल रहते हैं। उनके नेत्र गंगा की लहरों के समान आँसुओं से उद्वेलित रहते हैं।

8. बिरहा बीज चमकै निस बासुर, घोरि घटा पुनि आई रे।
प्रांण गये दरसंन का कीजे, मिलहु मया करि सांईं रे ॥

भावार्थ—विरह रूपी (डरावनी) बिजली रात-दिन चमक रही है। काली-काली घनघोर घटाएँ आकाश में पुनः छा गई हैं। ये मेरे विरह को और भी उद्दीप्त कर मुझे डरा रही हैं। हे स्वामी! दया करके मिलिए। यदि विरह-वेदना से मेरे प्राण निकल गए तो (समय निकल जाने पर) आपके दर्शन देने का कोई लाभ नहीं होगा।

9. कीर कपोत कोकिला सारिस, चात्रिग पीव पीव बोलैं रे।
मोर हंस सजंन साईर बिन, चक्रित चहु दिसि डोलै रे ॥

भावार्थ—तोता, कबूतर, कोयल, सारस, चातक पीव-पीव की आवाज कर रहे हैं। अपने स्वजन सागर के बिना मोर और हंस चारों दिशाओं में भ्रमित से डोल रहे हैं। मेरी स्थिति भी (विरह में) इसी प्रकार की हो रही है।

10. सावन सु तौ स्यंघ है आवा, नैंन निरखि दोऊ झर लावा।
यहु दुख कहि कहौं सुनि सजनी, मोकौं भई बरषु बर रजनी ॥

भावार्थ—सावन मेरे विरह को उद्दीप्त करने और मुझे भयभीत करने के लिए सिंह बनकर आया है। उसे देखकर मेरे नेत्रों से आँसुओं की झड़ी लग रही है। हे सखी! इस विरह के दुःख को किससे कहूँ? मेरे लिए तो यह रात्रि वर्ष भर के समान लम्बी और भारी हो गई है।

11. बिरहु की क्यारी मैं सुठि बोई, कबहुँ नींद सुखी नहीं सोई।
सब निस गनत जात मोहि तारे, अपनैं सखी सुनि बाज पियारे ॥

भावार्थ—हे सखी! मैंने विरह की क्यारी अच्छी (व्यंग्य से खराब) बोई जिसके कारण मैं कभी भी सुख की नींद नहीं सोई। अपने बिछुड़े प्रिय की खातिर (विरह-वेदना से आकुल होकर) मैं सारी रात तारों को गिनकर बिताती हूँ।

12. नैंन नीर निस बासुर ढरई। बिरहु अगिनि उर अंतरि जरई।
कहाँ लौं कहौं सखी दुख भारी, यहु मन रहसि अवधि की डारी ॥

भावार्थ—हे सखी! बाहर यह हाल है कि नेत्रों से रात-दिन अश्रु प्रवाहित होते रहते हैं। भीतर विरहाग्नि हृदय को जलाती रहती है। अपने इस भारी दुःख का कहाँ तक वर्णन करूँ? अर्थात् यह वर्णनातीत है। मेरा मन केवल प्रिय की दी हुई अवधि की डाल पर टिका है।

13. कबहु अस पुंनि होइ सयांनी, सो पीय मिलहिं मनहुं पैं पांनीं।
चरन कंवल चितवित लै गाड़ौ, रहौं समीप संग नहीं छाड़ौ ॥

भावार्थ—हे चतुर सखी! कभी ऐसा भी होगा कि मेरे प्रिय मुझसे ऐसे घुल-मिल जाएँगे (अद्वैत और अभेद हो जाएँगे) कि जैसे दूध में पानी मिल जाता है। (यदि वे मिल गए तो) मैं उनके चरण-कमलों पर अपनी दृष्टि स्थिर कर दूँगी और उनके सामीप्य और साथ को कभी नहीं छोड़ूँगी।

14. परत पतंगा आव गवावै, दीपग मनि मिहरि नहीं आवै।
यहु तौ सो गति भई सयानीं, मीन मुवौ जल बिथा न जांनीं ॥

भावार्थ—जलते दीपक पर (प्रेम वश) पड़कर पतंगा अपने प्राण गँवा बैठता है लेकिन दीपक के मन में उस पर दया नहीं आती है। वैसे ही मेरे प्राण छूटने वाले हैं किन्तु प्रिय को अभी भी मेरे ऊपर दया नहीं आ रही है। हे सखी, यह तो वैसी ही दुर्दशा और अन्याय हो गया जैसे जल से वियुक्त मछली के साथ होता है। वह तड़पती रहती है किन्तु जल उसकी वेदना से निर्लिप्त रहता है।

15. बिरह भुवंगम डस्यौ सरीरा, तुम्ह सुनियात बड़ ग्यानी।
यहु कहु दोस कौंन कौ दीजैं, ऐ कौ बिथा न जांनी रे ॥

भावार्थ—विरह रूपी सर्प ने मेरे शरीर को डस लिया है। सुनते हैं आप बड़े ज्ञानी हैं। किन्तु इसमें किसका दोष दें? आप (प्रिय) सर्वज्ञ हैं—फिर भी आप मेरी दुर्दशा का अन्दाज नहीं कर पा रहे हैं। अर्थात् मेरी व्यथा का आपको तनिक भी आभास नहीं हो रहा है।

16. अब तौ सो धन मुवै गँवावै, जो पै पीय गाररी न आवै।
बिरह किधौं यहु पंनिगु मांई, बाढी बिथा लहरि नहीं जाईं ॥

भावार्थ—हे सखी! यह प्रिय का विरह नहीं, सर्प है। इसके काटने पर प्रिय गारुड़ी बनकर नहीं आए तो मुझ विरहिणी की जान जा सकती है। सर्प-दंश (विरह

वेदना) की पीड़ा मेरे शरीर में निरन्तर बढ़ती जा रही है। विष की लहर रह-रहकर कष्ट दे रही है। वह जा नहीं पा रही हैं।

17. रसनां जठुर निठुर भई बांनी, जीवन सुनौ अंजुरी पांनीं।
बिरहु भुवंगम सब जग जानै, पीय बिनि तंत मंत नहीं मांनै ॥

भावार्थ—सारा संसार जानता है कि विरह रूपी भुजंग के काटने पर मेरी जिह्वा कड़ी और वाणी निष्ठुर हो गई है और जीवन अंजुली के जल के समान निश्शेष और रिक्त हो गया है। प्रिय के न आने से, विरह रूपी भुजंग के काटे जाने पर, कोई तन्त्र-मन्त्र भी काम नहीं कर रहा है।

18. पूछौ पंडित पै बुधिवंता, कहि धौं क्रिपा करै कब कंता।
माँग स्यंदूर न कंकन डोरी, निरखत नैंन भई मति बौरी ॥

भावार्थ—हे सखी! किसी पंडित या ज्योतिषी से पूछो कि प्रिय कब मुझसे मिलने की कृपा करेंगे? उनके बिना मैंने माँग में सिंदूर भरना और हाथों में कंकण तथा गले में मंगलसूत्र पहनना छोड़ दिया है (सुहागिन के समस्त चिह्न मैंने त्याग दिए हैं) नेत्रों से अपनी दुर्गति को देखकर मेरी बुद्धि पगला गई है।

19. पुंनि तहि पीव न पठई पतियाँ, काहे न तरकि जाति यहु छतियाँ।
कहि अवलंबन जमहि जीजे, जौं न समीप सुधा रस पीजै ॥

भावार्थ—प्रिय ने अभी तक पाती नहीं भेजी है। पहले तो विरह का दुःख, ऊपर से प्रिय की यह बेरुखी; दुगना दुःख दे रही है, फिर भी मेरी छाती (वज्र के समान कठोर होकर) इस असह्य दुःख को पाकर भी फट नहीं रही है। यदि प्रिय के पास रहकर उनके प्रेम रूपी अमृत-रस का पान नहीं कर पाई तो यमराज से बचने का मेरे पास कोई उपाय (सहारा) शेष नहीं बचेगा।

20. चितु चुरायौ मित जिहि, गये चमंका लाइ।
जोगनि ह्वै जग जोइ हूँ, अंगि विभूति चढ़ाइ ॥

भावार्थ—जिन प्रिय ने मेरा चित्त चुराया (मोहिनी डाली) वे झाँई (धोखा) देकर चले गए। उनके विरह में, मैं सारे अंगों में भस्म रमाकर, जोगिन बनी हुई, सारे संसार में उन्हें खोज रही हूँ।

21. सरबस जाकौ लयौ चुराई, सो कैसे सुख सोवै रे।
आतुर अधिक चैंन चित नाहीं, दह दिसि मारग जोवै रे ॥

भावार्थ—प्रिय ने जिसका सर्वस्व छीन लिया हो, वह विरहिणी कैसे सुख की नींद सो सकती है। सर्वस्व छिन जाने (प्रिय-विरह के कारण) वह अत्यन्त व्याकुल हो रही है। उसके चित्त को चैन नहीं मिल रहा है। अर्थात् तालाबेली मची हुई है।

संतप्त होकर वह दसों दिशाओं में अपने प्रिय के आगमन की प्रतीक्षा कर रही है। (बाट जोह रही है)।

22. जा दिन तैं तुम बिछुरै, घर आँगन न सुहाइ।
मानहु ठग मोरी दई, जागत रैनि बिहाइ ॥

भावार्थ—हे प्रिय! जिस दिन से आप बिछुड़े हो, घर-आँगन मुझे भाँय-भाँय कर रहा है। (सुहा नहीं रहा है)। ऐसा प्रतीत होता है मानो मुझे किसी ने मूर्च्छित करने के लिए ठग-मूरि को खिला दिया हो। प्रिय के विरह में जागते हुए मेरी रात व्यतीत होती है।

23. अवगुन मोर निवार दूलह, दया करहु घरि आवहु रे।
जोबन जात अंजुरी जल ज्यूँ, हाँ हा आलंबन लांवहु रे ॥

भावार्थ—हे प्रियतम! मेरे अवगुणों पर ध्यान न दीजिए और दया करके घर आ जाइए। अंजुली के जल की तरह मेरा यौवन रीतता जा रहा है। आप आकर मुझे सहारा दीजिए।

24. जाकैं जाति पांति नहीं नाती, हौं बजमारी ता सनि राती।
सब कौं लखै न आप लखावै, तिहि कर मरम न मुनि जन पावै ॥

भावार्थ—उन प्रिय (प्रभु) की न जाति है, न पाँति है, न उनके सगे-सम्बन्धी हैं। फिर मुझ हतभागी (वज्र की मारी) ने उनसे प्रेम किया है। वे सबको देखते हैं लेकिन स्वयं अदृश्य रहते हैं। मेरी तो क्या चलाई, उनके रहस्य को आज तक मुनि लोग भी नहीं जान सके हैं।

25. आदम आदि कहा कहौ केते, मरम न कांहुं पाया रे।
कौन कुमति दीनीं मोहि दईया, मैं तासौ मन लावा रे ॥

भावार्थ—कितने ही उन्हें आदम (यहूदी और इस्लाम के अनुसार ईश्वर सृष्ट प्रथम पुरुष), आदि (मूल, परमेश्वर) कहते हैं लेकिन उनके वास्तविक रहस्य को आज तक कोई नहीं जान सका है। पता नहीं दैव (विधाता) ने मुझे कैसी दुर्बुधि दे दी जो मैं उन अज्ञेय, अनादि और गुणातीत प्रभु से मन लगा बैठी (नाता जोड़ बैठी)।

26. निसदिन रहसि इहै मन आस, पिय सन कीन्ह न भोग विलास।
कौंन करम लागौ मोहि दईया, जनमत बिषु किन दीनौं मईया ॥

भावार्थ—मेरे मन में रात दिन यह चुभन (निराशा) बनी रहती है कि मैं अपने प्रिय के साथ भोग-विलास नहीं कर सकी अर्थात् संयोग-सुख नहीं पा सकी। न जाने दैव (विधाता) ने मुझे कौन से दुष्कर्मों (पापों) का फल दिया है जो मुझे इस विरह-यातना को सहन करना पड़ रहा है। इससे तो अच्छा होता कि मेरी माँ ने मुझे

पैदा होते ही ज़हर दे दिया होता।

27. बहु अभिमांन निवारि सयांनि, मैं रस रीति प्रीति लै बांनीं।
पुंनि तहिं पीवन पूछिसि बाता, अभिमांनी अपनै रंग राता ॥

भावार्थ—हे चतुर सखी! मैंने अहंकार को त्याग कर, अपनी वाणी को मधुर, प्रेम और रस से सिक्त किया, लेकिन फिर भी मेरे प्रिय ने मेरी बात तक नहीं पूछी (पूरी तरह उपेक्षा कर दी)। वे अभिमानी की तरह अपने ही रास-रंग में निमग्न रहे।

॥ सगुन पैंम नामा ॥

दोहा

1. घर बन वारी बाग कहा, जहाँ तहाँ सब ठाँव।
पपीहा होइ पुकारि है, लै लै पीय कौ नांव ॥

भावार्थ—घर, वन, बाड़ी और बाग में जहाँ-तहाँ सभी स्थानों में, उत्कट प्रेम के वशीभूत होकर, चातक अपने प्रिय का नाम (पी-पी) रट रहा है।

चौपाई

2. पीय पीय रैनि दिन बोलौं। तिबारी बाग बन डोलै।
क्रिपा कबहुंगे साँई। भ्रमौ दिन भौंर की नांई ॥

भावार्थ—हे स्वामी! मैं तिबारे, बाग और वन में डोलती हुई (चातक की तरह रात और दिन) पीय-पीय की टेर लगा रही हूँ। दिन भर प्रिय की सुगन्ध और प्रेम रस (मकरन्द) पाने के लिए भ्रमर की तरह चक्कर काट रही हूँ। न जाने कब आप दर्शन देने की कृपा करेंगे?

3. पीव रे जीव तुझ तरसै। घटा घन घोरि बहु बरसैं।
उड़ावत हथ की कागा। सु कंटक ब्रिहु का लागा ॥

भावार्थ—हे प्रिय! मेरे प्राण आपके दर्शनों के लिए तड़पते रहते हैं। घनघोर घटाएँ निरन्तर वर्षा कर रही हैं। विरह का काँटा मुझे लगातार टीस दे रहा है। आपके आगमन का सगुन मनाने के लिए अपने हाथ से कौए को उड़ाती रहती हूँ।

4. पूछे बैद बहु भाई। बिथा कहु क्यूँ लहै कोई।
दिवांनी देखि हौं तेरी। परी पग पैंम की बेरी ॥

भावार्थ—अपनी वेदना दूर कराने के लिए मैंने अनेक वैद्यों से सलाह ली। कोई भी मेरी व्यथा का उपचार न कर सका। प्रिय! मैं तो आपके प्रेम में दीवानी हो गई हूँ। मेरे पैरों में आपके प्रेम की बेड़ी पड़ी हुई है। अर्थात् वास्तव में आपके प्रेम-रोग से पीड़ित हूँ।

5. हसौ नहो उनमनी डोलौं। घुली बहु गाँठि क्यूँ खोलौं ॥
करौं क्या जीव तुझ लागा। न टूटै पैंम का तागा ॥

भावार्थ—हे प्रिय! तुम हँस नहीं रही हो। प्रसन्न दिखाई नहीं पड़ रही हो। उनमनी (उन्मन अवस्था में, अनमनी सी) प्रतीत हो रही हो? मेरी यातना की गाँठि जो भर चुकी है, उसे क्यों कुरेद रहे हो? वास्तव में मेरे प्राण आप में बसे हुए हैं और प्रेम का यह डोरा टूटना नहीं चाहिए।

6. जीवित म्रित करि डारै। बिरह का बांन उरि सालै ॥
दुखी बहु दरस बिनि तेरैं। क्रिपा करि आवत मेरैं ॥

भावार्थ—हे प्रिय! आपका विरह-वाण मेरे हृदय में चुभकर अतिशय पीड़ा दे रहा है। इसने मुझे जीवन्मृत के समान कर दिया है। आपके दर्शनों के बिना मैं बहुत दुःखी हूँ। आप कृपा करके आकर मुझे दर्शन दीजिए।

7. हँसो संसार मोहि सारा। सु देखहु जनम ज्यूँ हारा।
आबहि जौ भोग नहीं भावै। बहुरि कलि मंझि को आवै ॥

भावार्थ—मुझे इस जन्म में परास्त समझकर चाहे सारा संसार मुझ पर हँसे (किन्तु मैं अपने प्रिय-ब्रह्म से नाता नहीं तोड़ने की)। मैं अपने एकनिष्ठ प्रेम में इतनी दृढ़ हूँ कि मुझे सांसारिक भोग-वासना अपनी ओर खींच नहीं सकती है। इसी के सहारे मैं इस कलियुग में आवागमन से मुक्त हो जाऊँगी।

8. बरछी बिरह की डाली। सु जिय के जिगर से साली।
तलफों तोहि नहिं पाऊँ। अरगजा अंगि क्यूँ लाऊँ ॥

भावार्थ—हे प्रिय! मेरे कलेजे में आपके विरह की बर्छी दर्द कर रही है। आपके विछोह में तड़प रही हूँ। सारी सुधि-बुधि खो चुकी हूँ। यहाँ तक कि मुझे अंगों में अरगजा (एक सुगन्धित तेल जो चन्दन, केशर आदि से मिलाकर बनाया जाता है।) लगाने का भी होश नहीं रहता है।

9. पियारे पीव बिनि सहिये। सु यहु दुख कौंन सूँ कहियै ॥
पर्‍यौ मनु पैंम कैं फंदा। कमोदनि क्या स बिनि चंदा ॥

भावार्थ—प्रिय के बिना विरहिणी विरह-यातना को सह रही है। इस दुःख को किससे कहा जाए? ऐसा प्रतीत होता है मानो प्रेम का फन्दा डाल दिया हो। विरहिणी की स्थिति वैसी ही हो रही है जैसे कुमुदनी की चन्द्रमा के बिना होती है।

10. कोइल अंब बन सोहै। सुहाये बैंन जग मोहै ।
तिलोइन अनहुं तिहि लाली। भई सो बिरहु सौं काली ॥

भावार्थ—कोयल आम्र कुंज में शोभा दे रही है। अपनी मधुरवाणी से सारे संसार

को मोहित कर रही है। अपने प्रिय के विरह में उसके नेत्रों में लालिमा छा गई है और उसका सारा शरीर काला पड़ गया है।

11. नहीं जक एक खिन मुझकौं। तपौं सुनि पीव रे तुझकौं।
करहु जिनि मोर मन काला। बूझावहु बिरहु की झाला ॥

भावार्थ—प्रिय! आपके विरह में मुझे एक पल के लिए चैन भी नहीं मिल रही है। तुम्हारे बिना संतप्त हो रही हूँ। जिन्होंने मेरे मन को विरहाग्नि से जलाकर काला किया है, वही आकर मेरी विरहाग्नि को शान्त करें।

12. परचा पवन जै पावै। गुड़ी तौ गगन कौं धावै।
अंदेसा ऐहु मनि मेरै। सु डोरी हाथ है तेरै ॥

भावार्थ—पवन का आश्रय पाकर पतंग आसमान में उड़ने लगती है। लेकिन मेरे में संशय यही है कि उसकी डोर तो आपके हाथ में ही रहती है। अर्थात् आपके प्रेम-डोर से बँधकर ही उसमें यह हौसला आता है।

13. एकौ कहत नहीं आवैं। सु औघट घाट किहि लावै ॥
बिरह के स्यंध मैं भेरा। सु खेवट खसम तु मेरा ॥

भावार्थ—मुझे कहते नहीं बनता कि इतने भयानक घाटों को कैसे पार कर पाऊँगी। विरह रूपी सागर में मेरा बेड़ा पड़ा हुआ है। हे प्रिय! आप ही उसके खेवनहार हैं। अर्थात् आप ही आकर मुझे विरह-सागर से पार लगाइए।

14. अति गति अंत क्यूँ लीजै। इन इति आपनी कीजै।
सु जीयरा रैंनि दिन जावै। बहुरि कलि मंझि को आवै ॥

भावार्थ—विरह ने मेरी अति दुर्गति कर दी है। अब मेरा अन्त न कीजिए। इतना करें कि जो प्राण आपके बिना रात-दिन जाने-जाने की स्थिति में है, उसको दर्शन देकर (मिलकर) बचाइए जिससे मुझे इस कलियुग में बार-बार न आना पड़े।

15. सुधि बुधि सकल मैं खोई। दुखी बहु दरस बिन रोई ॥
नहीं कलि मंझि को मेरैं। मरूँगी बिरह हौं तेरैं ॥

भावार्थ—मैंने अपनी समस्त सुधि-बुधि को भुला दिया है। आपके दर्शनों के बिना बहुत दुःखी होकर रोई हूँ। इस कलियुग में आपके सिवा मेरा कोई नहीं है। यदि आप मुझसे नहीं मिले तो मैं आपके विरह में अपने प्राण दे दूँगी।

16. दुखी बहु जनम की ताती। सु लोहु तेल जीव बाती।
घटा घन घोरि पुंनि आई। जरावै बिरहु बिन सांई ॥

भावार्थ—अनेक जन्मों से आपके विरह में दुःखी और संतप्त हो रही हूँ। मेरा रक्त तेल बना हुआ है और प्राण उसमें बाती की तरह जल रहे हैं। घनघोर घटाएँ

घिरकर पुनः आकाश में छा गई हैं। स्वामी के बिना वे मुझे जला रही हैं।

17. कहुँ जौ खोजहूँ पांऊँ। दिसा तिस रैंनि दिन धांऊँ।
चुराइसि चितु तैं मेरा। न कीनां बहुरि पुनि फेरा ॥

भावार्थ–प्रिय का यदि मुझे कोई ठौर-ठिकाना मिल जाए तो मैं उस दिशा में रात-दिन दौड़कर उनके पास पहुँच जाऊँ। उन्होंने मेरा चित्त चुराया है और फिर लौटकर मेरे पास नहीं आए हैं।

18. अजहु मिलि आंनि तू प्यारे। सु जीवन जगत उजियारे ॥
कुटिल बहु कूर मन मेरा। सु औगुंण ऐक नहीं तेरा ॥

भावार्थ–प्रिय! आप जीवन और जगत की ज्योति हो। आप अभी आकर मुझसे मिलिए। मेरा मन अत्यन्त कुटिल और क्रूर है और आप सद्गुणों के भण्डार हैं। आप में एक भी अवगुण नहीं है।

19. नांव न नेह की बैसै। भरम के भुवन मैं पैसे ॥
सु बूडसि पार नहीं पावै। तौ खेवट दोस का लावै ॥

भावार्थ–जो लोग प्रेम की नौका में नहीं बैठे हैं वे भ्रम के संसार में डोलते (फँसे) रहे हैं। इस भव-सागर में जब डूबने लगते हैं तो खेवनहार को दोष देने लगते हैं जबकि वास्तविक दोष उनका होता है।

20. सबाई रैंनि दिन रोई। न मन की कालिमां धोई ॥
अजहु यहु पंच की चेरी। बना इसि बात बहुतेरी ॥

भावार्थ–प्रिय! आपके विरह में रात-दिन रोई हूँ, लेकिन इस रुदन से मेरे मन की कालिमा दूर नहीं हुई है। अभी भी मैं पंचेन्द्रियों की दासी बनी हुई हूँ। बात तो बहुतेरी बना सकती हूँ लेकिन सचाई यह है कि प्रिय से मेरा अनुराग दृढ़ और एकनिष्ठ नहीं हो पाया है।

21. सखी सुनि प्रीति जौ होई। तौ अंतरु एक नहि कोई ॥
भरम जौ जाइ सब जीय का। तौ दरसन देखिये पीय का ॥

भावार्थ–हे सखी! प्रेमी और प्रेमिका में सच्चा प्रेम हो तो उन दोनों के बीच में अद्वैत और अभेद की स्थिति होती है। वे एकाकार हो जाते हैं। यदि प्रेमिका (जीव) के हृदय में किसी प्रकार का भ्रम न रहे तो प्रिय के दर्शन उसे अवश्य होते हैं।

22. कबहु सुनि ग्यांन जौ कीजै। तौ पीय कूँ दोस का दीजै ॥
नहीं पुंनि प्रीति जीय साची। बिषै रंग देख ज्यूँ राची ॥

भावार्थ–कभी सोच-विचार करके देखोगी तो अपने प्रिय को दोष न दोगी। यदि विषय-वासना में अपना मन डुबो दिया है तो प्रिय (प्रभु) से सच्चा प्रेम नहीं

हो सकता है।

23. जौ पै पीव मोहि भावै क्रिपा करि नेक मैं आवै ॥
कहौं कै बार तोहि तब की। सु जानैं जीव के सब की ॥

भावार्थ—यदि प्रिय वास्तव में मुझे चाहते हैं तो कृपा करके थोड़ी देर में मेरे पास आ जाएँगे। हे सखी! मैं तुमसे उस समय की बात कितनी बार कहूँ। मेरे प्रिय सर्वज्ञ हैं, वे सभी प्राणियों के हृदय की बातें अच्छी तरह जानते हैं।

पबेरा

24. पिय परदेस बहुत दिन लाये। जन बाजीद संदेश न आये।
अब हौं तास करौंगी केरा। आवै अंबुकि जाइ पबेरा ॥

भावार्थ—जब से प्रिय परदेश गए हैं उन्होंने कोई सन्देश नहीं भेजा है। अब मैं उनसे लौटने की याचना करूँगी।

25. भव कै बीज घोरि घन बरसैं। जन बाजीद बिरहनी तरसै ॥
तन मन मेटि दैऊं दरेरा। आवै अंबुकि जाइ पबेरा ॥

भावार्थ—पूरे संसार में घनघोर बादल वर्षा कर रहे हैं लेकिन विरहिणी अपने प्रिय से मिलने के लिए तरस रही है।

26. बिरह बिबोग सहयौ नहीं जाई। हा हा मोहि गहै जिनि मांई ॥
अब तौ प्राननि दीनौ डेरा। आवै अंबुकि जाइ पबेरा* ॥

भावार्थ—प्रिय का वियोग अब सहा नहीं जा रहा है। हे सखी, उसने मुझे जकड़ लिया है। अब तो प्राणों पर आ बनी है। प्रिय के आने पर ही मेरा विरह दूर हो पाएगा।

टिप्पणी—*पबेरा के पश्चात् दो कुण्डलिया आई हैं जो कुण्डलिया के अन्तर्गत संख्या 24 व 25 पर दे दी गई हैं। उक्त कुण्डलियों के पश्चात् 5 अरिल्ल आए हैं जो कि अरिल्लों के अन्तर्गत दिए गए हैं।

॥ गुन प्रेम कहानी ॥

दोहा

1. अजहूं न आये सुनि सखी, गये जु बाचा देइ।
सांवन मास बिदेस पीव, प्रान पपीहा लेइ ॥

भावार्थ–सखी सुनो! जब से प्रिय लौटने का वायदा करके गए हैं, तब से अभी तक नहीं आए हैं। सावन का दुःखदायी महीना आ गया है लेकिन प्रिय अभी तक परदेस से नहीं लौटे हैं। चातक पी-पी की रट लगाता हुआ मेरे प्राणों को छीन रहा है।

चौपाई

2. तौ साहिब है सही साचा। कि दीनी मिलन की बाचा ॥
पियारे पीय बिन मांई। सु जियरा रैंनि दिन जाई ॥

भावार्थ–मेरे स्वामी सही और सच्चे हैं। उन्होंने मिलने का वचन दिया है। हे सखी! उन प्राण-प्रिय के बिना मेरे प्राण रात और दिन जाने-जाने को हैं।

3. कबहू हूँ दरस जौ देखौ। जनम यहु सुफल करि लेखौं ॥
कि तन मन जिय जौ लाधा। भई मोहि पीय की साधा ॥

भावार्थ–यदि कभी मुझे आपके दर्शन हो जाएँ तो मेरा जीवन सफल और सार्थक हो जाएगा। जबसे मैंने तन, मन और प्राण को नियन्त्रित किया है तब से मुझे प्रिय की चाहना बढ़ गई है।

4. कि बरिषै स्वांति सुख लेखै। न सीपी समद कौ देखै ॥
कि मेघहि मोर क्यों भूलै। कमोदनि देखि सस्य फूलै ॥

भावार्थ–सीपी स्वांति नक्षत्र के जल से सुखी और सन्तुष्ट रहती है। क्योंकि उसका जल मोती बनाता है। वह समुद्र के जल की वांछा नहीं करती। अर्थात् उससे कोई लगाव नहीं होता। मेघों से मोर का लगाव होता है। अतः वह उनकी प्रतीक्षा करते रहते हैं। इसी प्रकार कुमुदिनी को चन्द्रमा से विशेष लगाव होता है। अतः वह चन्द्रमा को देखकर खिलती है। जो जिससे प्रेम करता है, वह उसी का चाहना करता है।

5. कहूँ जे देखनैं पाँऊँ। पलक सौं पलक नहीं लाँऊँ।
चकोरी चंद ज्यौं चाहै। कि नैंनहूँ न रलै बाहै ॥

भावार्थ—यदि मुझे अपने प्रिय के दर्शन करने का अवसर प्राप्त हो तो मैं एकटक अपने प्रिय को निहारती रहूँ और पलकों को नहीं झपकाऊँ। मैं उन्हें वैसे ही निहारती और प्रेम करती रहूँ जैसे चकोरी चन्द्रमा को चाहती और निहारती रहती है। जैसे उसके नेत्रों से प्रसन्नता का वेग फूटता है, वैसे ही मेरे नेत्रों से फूटता रहे।

6. परेवा सरग सौं टूटे। कि तीर कमांन तैं छूटै ॥
सु जोरी द्रिष्टि जब देखै। कि तन मन तुझ करि लेखै ॥

भावार्थ—जिस प्रकार परेवा आकाश से टूटता है, तीर कमान से छूटता है। उसी तीव्र वेग से जब मैंने अपने प्रिय को देखा तो मेरा तन और मन प्रिय का होकर रह गया।

परेवा = शीघ्रगामी पक्षी, बाज या कबूतर।

7. भँवर यहु बास का बीधा। कि बारी जाइ उड़ि सीधा ॥
पतंगा जोति जौ जोवै। सु तन मन आपनां खोवै ॥

भावार्थ—प्रेम का रूप गूढ़ है। सुगंध से बिंधा हुआ (लुब्ध हुआ) भ्रमर सीधा उड़कर पुष्पों की बाड़ी में जा पहुँचता है और उनके प्रेम-रस रूपी मकरन्द का पान करने लगता है और बाद में सम्पुट में बँध जाता है। पतंगा जैसे ही ज्योति को देखता है, उसके प्रेम में खिंचकर अपना तन-मन सब गँवा बैठता है।

8. कि नाद कुरंग ज्यौं राता। न देखिसि जीयरा जाता ॥
चलिसि नहीं चित जिहिं केरा। इहै सुनि ख्याल है मेरा ॥

भावार्थ—हिरण तंत्री-नाद पर अनुरक्त होकर अपने प्राणों की हानि को नहीं देखता है। प्रेम की एकनिष्ठता में उसका चित्त चंचल नहीं होता है। प्रेम यदि सच्चा है तो प्रेमी अपने प्राणों की भी परवाह नहीं करता है।

9. कि मछरी नीर बिन केही। तलफि कैं त्यागई देही ॥
कहौ यहु कौंनु सन कहिये। कहांनी पिरम की सहिये ॥

भावार्थ—इसी प्रकार मछली का जल से प्रेम अपनी पराकाष्ठा पर होता है। जल से वियुक्त होने पर मछली तड़प-तड़पकर अपने प्राण दे देती है। यह प्रेम की पीड़ा अद्भुत है। इसकी अनुभूति वर्णनातीत है। जो प्रेम करता है, वही उसकी पीड़ा को समझता है।

10. परी गरि पैंमु की फाँसी। न आवै मुख तैं हांसी ॥
सु बपुरी रैंनि दिन रोवै। कि मारग पीय का जोवै ॥

भावार्थ—जिसके गले में प्रेम का फन्दा पड़ा होता है, उसका मुख पीड़ा से विवर्ण और संतप्त हो जाता है। उसके चेहरे पर कभी हँसी (खुशी) नहीं झलकती। बेचारी विरहिणी विरह यातना से रात-दिन रोती रहती है। वह रात और दिन अपने प्रिय के लौटने की बाट जोहती रहती है।

11. बिथा अति बिरह की बाढ़ी। सु पंथ निहारिई ठाढ़ी ॥
विधाता बैद जौ लहिये। बिपति यहु आपनी कहिये ॥

भावार्थ—विरहिणी की विरह-वेदना अत्यन्त तीव्र हो गई है। वह खड़ी हुई अपने प्रिय के लौटने की प्रतीक्षा कर रही है। यदि वैद्य के रूप में विधाता आएँ (प्रिय आएँ) तो अपनी व्यथा व संकट को उनसे कहने के लिए आतुर हो रही है।

12. कमोदनि चंद बिन केही। तपै पुनि रैंनि दिन देही ॥
कि लोइन चुवै निति लोही। सु रसनां मुखि है वोही ॥

भावार्थ—कुमुदिनी चन्द्रमा से प्रेम करती है। उसके विरह में रात-दिन अपने शरीर को तपाती रहती है। रोज ही उसके नेत्रों से रक्त टपकता रहता है। जिह्वा और मुख की अवस्था भी वैसी ही हो जाती है।

13. कि कोइल बिरहु की जारी। सु नख सिख सूँ भई कारी ॥
पपीहा पीय पीय बोलै। कि जिय यहु नांव ज्यौ डोलै ॥

भावार्थ—कोयल विरह-दग्ध होकर नख से लेकर शिखा तक काली हो जाती है। चातक स्वाति नक्षत्र के जल से प्रेम करता है। उसके हृदय में सदैव प्रिय का नाम ही उमड़ता-घुमड़ता रहता है। यही कारण है कि पीय-पीय की रट लगाता रहता है।

14. भली नहीं कीनीं सखी साँईं। चल्या ज्यौं देखि दै बांई।
कहै बाजीद क्यूँ जीवै। पियाला पीर मन हीं पीवै ॥

भावार्थ—हे सखी! प्रिय (स्वामी) ने मेरे साथ अच्छा नहीं किया। मेरी सर्वथा उपेक्षा करके चले गए। उनके बिना अब जीवित रहना कठिन हो रहा है। विरहिणी (उनके बिना) पीड़ा का प्याला मन ही मन पी रही है। अर्थात् उस वेदना की तीखी अनुभूति वह अपने मन ही मन में कर रही है।

15. कि द्वारै नीन(?) बिललावै। मया जिय मोहि नहीं आवै ॥
दरस की मौज जौ दीजै। सु म्रितक जीव जिवाइ कैं लीजै ॥

भावार्थ—द्वार पर रूपवती विरहिणी रुदन कर रही है। वह कह रही है कि मेरे प्रिय को मुझ पर दया-मोह नहीं आता है। फिर विनती करती हुई कह रही है—कि हे प्रिय! मुझे दर्शन देकर आनन्दित कीजिए और मुझ मृतक प्रायः के प्राणों को बचा लीजिए।

16. कि यहु बाजीद बिरहनि नाथ। राखहु रैंनि दिन यहु साथ ॥
कूर करूप तउ तेरी। बिपति यहु बंचिये मेरी ॥

भावार्थ—विरहिणी प्रिय को सम्बोधित करके कह रही है कि हे नाथ! मुझे रात-दिन अपने साथ रखिए। मैं क्रूर-कुरूप जैसी भी हूँ, हूँ तो आपकी ही। अतः आप मेरी विपत्ति (विरह-यातना) को दूर कीजिए।

दोहा

17. तौ बिपति बचावहु जिय की। पिय कि डोलौं साथ।
जौ हू कूर करूप अति। तऊँ तिहारी नाथ ॥

भावार्थ—हे नाथ! आप मेरे जी के जंजाल (संकट, विरह-यातना) को दूर कर दीजिए। मैं क्रूर और कुरूप जैसी भी हूँ, हूँ तो आपकी ही। (इन छन्दों में जीवात्मा ही विरहिणी है जो अपने प्रिय-ब्रह्म के विरह में व्याकुल है।)

॥ गुन झूलनां : बिरह के अंग का ॥

1. पीय प्रगटहु किनि आंनि, हा हा बिथा मेरी जांनि।
सु जीव पावत बहु दुख, दया करि दिखाई मुख ॥

भावार्थ—विरहिणी आत्मा कह रही है कि हे प्रिय! आप आकर क्यों नहीं प्रगट हो रहे हैं। (दर्शन दे रहे हैं)। मैं आर्त्तनाद करती हुई कह रही हूँ कि आप मेरी व्यथा को समझिये। मेरे प्राण अत्यन्त दुःखी हो रहे हैं। कृपा करके अपना मुख दिखलाइए।

2. मेरैं तुम बिना नहीं कोई, कहौ जीवन क्यूँ होई।
कबहूँ क्यों न करत आदि, जनम जातु है सु बादि ॥

भावार्थ—जीवात्मा कह रही है—मेरा आपके सिवा कोई नहीं है। आपके बिना मेरा जीना दुश्वार है। मुझे सामीप्य-लाभ देने का सिलसिला प्रारम्भ क्यों नहीं कर रहे हैं? आपके सामीप्य लाभ के बिना मेरा जन्म व्यर्थ चला जा रहा है।

3. जिय जपति रहत तोहि, तू नैकु दरिसनु दे मोहि।
महाराजन के राजु, क्रिपा क्यौं न करतु आजु ॥

भावार्थ—प्रिय! मेरा हृदय आपके नाम का जाप करता रहता है। मुझे थोड़ा अपना दर्शन करा दीजिए। आप महाराजों के भी राजा हैं (महान और श्रेष्ठ हैं), फिर मेरे ऊपर आज कृपा क्यों नहीं कर रहे हैं?

4. धरि पलकनि परि पाव प्यारे नैंननि माँहि आव।
सु तौ देखन नहीं देऊँ, जनम सुफल करि हौं लैंऊँ ॥

भावार्थ—मेरे पलकों पर पैर रखकर, मेरे नेत्रों में समा जाइए। मैं किसी और को आपको नहीं देखेने दूँगी, ताकि किसी की नज़र न लगे। इस प्रकार अपने जन्म को सार्थक कर लूँगी।

5. मेरैं उपज्यौ बहु हेतु, अबहि क्यूँ न उतर देतु।
कहा निठुर भये पीव, तुम्हि तरसत बहु जीव ॥

भावार्थ—आपसे मेरे बहुत से काम अटके पड़े हैं। आप अब क्यों नहीं उत्तर (अनुकूल प्रतिक्रिया) दे रहे हैं। आप ऐसे कठोर क्यों हो गए हो? आपके साक्षात्कार

के लिए मेरे प्राण बहुत तरसते-तड़पते रहे हैं।

6. अबहु चितु नहीं चैंन, जौलहु निरखत नहीं नैंन।
महा दरद मरत मितु, कछू क्यूँ न करतु च्यंतु ॥

भावार्थ–प्रिय! जब तक मैं आपको अपने नेत्रों से देख नहीं लेती, मेरे चित्त को चैन नहीं मिलता है। हे जन्म-जन्मांतर के साथी! आपके पास न रहने से तीव्र पीड़ा से मेरा मरण हो रहा है। आप मेरी कुछ चिन्ता क्यों नहीं कर रहे हैं?

7. मेरौ दुख सुनहु मूल, मिटत बिरहु की न सूल।
सदा इकुटगु रहै जीव, दरस देहु क्यूँ न पीव ॥

भावार्थ–हे परमेश्वर! आप जगत के मूल हैं, मेरे दुःख को ध्यान से सुनिए। मेरे विरह की पीड़ा दूर नहीं हो रही है। मेरे नेत्र व प्राण आपकी प्रतीक्षा में एकटक (बिना पलक झपाए, बिना स्पंदन के) बने रहते हैं। हे प्रिय! आप मुझे दर्शन क्यों नहीं दे रहे हैं?

8. आवहु बलि जांव, जरत नैनु थे सिरांवं।
सकल सुखनि के मूल, मेरी मानु रहै मसकूल ॥

भावार्थ–हे प्रभु! आइए। मैं आप पर बलिहारी जाती हूँ। विरहाग्नि से जलते मेरे नेत्रों को शीतल कर दीजिए। आप सम्पूर्ण सुखों के मूल हैं। लेकिन मेरी बारी में आप क्यों बेपरवाह हो रहे हैं?

9. सेज सघर नांव, निपट बेरू अब न लाव।
प्यारे पलक नहीं चैंन, जौ लहुं निरखत नहीं नैंन ॥

भावार्थ–मेरे आँसुओं की बाढ़ में मेरी सेज और मेरा घर नाव बना हुआ है। अब बिल्कुल देर मत कीजिए। जब तक मैं आपको अपने नेत्रों से प्रत्यक्ष रूप से देख नहीं लूँगी, तब तक मुझे चैन नहीं मिलेगा।

10. अबहु कहा लेहु अंतु, क्रिपा क्यूँ न करतु कंतु।
किते दिवस गये बीति, बिरहु बिथा लई जीति ॥

भावार्थ–प्रिय! आप आने की कृपा क्यों नहीं कर रहे हैं? अब क्या मेरा अन्त करके ही मानेंगे। कितने ही दिन बीत गए। विरह-वेदना ने मुझे हर तरह परास्त और त्रस्त कर दिया है।

11. तजे खान सु पांन, जीवत म्रितक है समांन।
सदा रहती मुख मलींन, बिरह बिथा सु तनु खींन ॥

भावार्थ–प्रिय! आपके विरह में मैंने खान-पान सब छोड़ दिए हैं। उसकी पीड़ा इतनी विषम है कि मैं जीवत्मृतक के समान हो गई हूँ। मेरा मुख सदैव निष्प्रभ रहता

है। विरह-वेदना के कारण सारा शरीर दुर्बल हो गया है।

12. कर तैं गयौ लालु, अबहि इहै बडौ सालु।
सुधन सोधति सब ठाँव, बौरी कहत देखि गांव ॥

भावार्थ—मेरे हाथ से लाल (माणिक) खिसक गया है। अर्थात् प्रिय मुझे छोड़कर चले गए हैं। यही मेरी सबसे बड़ी व्यथा है। अब मैं उन्हें सभी स्थानों पर खोजती फिर रही हूँ। गाँव के सारे लोग (ऐसा करते देखकर) मुझे पागल कहने लगे हैं।

13. सकल सखी त्यागि, सुधन रही तुमहि लागि।
ताकौ क्यूँ न कतु काजु, प्रगट कहत सुनहुँ आजु ॥

भावार्थ—उस सुन्दर और श्रेष्ठ नारी ने अपनी समस्त सखियों को त्याग दिया है। अब उसका प्रेम केवल आपसे रह गया है। आज मैं स्पष्ट रूप से (डंके की चोट पर) कह रहा हूँ कि आप उसका भला क्यों नहीं कर रहे हैं? अर्थात् उसे सामीप्य-लाभ क्यों नहीं दे रहे हैं?

14. अबला अति खीन, सु यहु जल बिन ज्यौं मीन।
अबहि बहत बिरह धारू, धनी खेइ लावहु पारू ॥

भावार्थ—आपके विरह में वह असहाय विरहिणी अत्यन्त क्षीण हो गई है। उसकी स्थिति वैसे ही विषम हो गई है जैसे जल से वियुक्त मछली की होती है। वह विरह के मझधार में बह रही है। हे धनी (प्रभु) मझधार में फँसी उसकी नाव को खेइकर पार लगाइए।

15. चंद ज्यौं चकोर, चाहि रहत मेघ मोर।
मरत जल बिन ज्यूँ मीन, बिरहु बिथासु तन खींन ॥

भावार्थ—जैसे चकोर चन्द्रमा को, मोर मेघ को चाहता है। जैसे मछली जल से प्रेम करती है (उससे वियुक्त होने पर प्राण दे देती है), वैसे ही मैं प्रिय को चाहती हूँ (प्रेम करती हूँ) उनके विरह में मेरा शरीर अत्यन्त क्षीण हो रहा है।

16. ज्यूँ परतु है पत्युंग, पिव मोरत नहीं अंगु।
महा दहतु है सरीर, लहत दीपक न पीर ॥

भावार्थ—पतंगा प्रेम वश दीपक पर गिरकर अपने शरीर को भस्म कर देता है, लेकिन प्रिय उसकी ओर ताकता तक नहीं और न उसकी पीड़ा को अनुभव करता है। प्रिय ने मेरे साथ भी ऐसा ही किया है।

17. अबहि इहै भयौ खेल, खसम नैंकु नहीं मेल।
महा मरति है बिसूरि, सु जल नैंन रहे पूरि ॥

भावार्थ–अभी ही यह विषम खेल प्रारम्भ हुआ है। प्रिय से जरा भी मिलना नहीं हुआ है। रो-रोकर मेरा हाल-बेहाल है। मैं मृत-प्रायः हो रही हूँ। मेरे नेत्र आँसुओं से लबालब भरे हुए हैं।

18. पिय अब भली मुख मौंन, कहौ मांनतु हैं कौन।
तुम्हनि कीयौ बड़ौ चितु, सुधन चाहि रही नितु ॥

भावार्थ–प्रिय! आपके विरह में विलाप करना छोड़कर विरहिणी ने मौन धारण कर लिया है। आपने तो अपना चित्त बड़ा कर लिया है। अर्थात् अपना मनचाहा कर लिया है। किन्तु वह श्रेष्ठ नारी रोज आपको चाह रही है (स्मरण कर रही है)।

19. कहौं पावत नहीं खोज, अबहि आवत बहु रोज।
मेरी चितु बितु लयौ चोरि, फिरति ज्यौ गुडी बसि डोरि ॥

भावार्थ–प्रिय का कहीं भी पता नहीं चल रहा है। कह गए थे कि अभी आ रहा हूँ किन्तु अनेक दिन बीत गए (काफी समय हो गया) उन्होंने मेरा चित्त और वित्त (धन, चैन) चुराया है और मैं उनके बिना ऐसी निराधार फिर रही हूँ जैसे बिना डोर के पतंग आकाश में चक्कर काटती है।

20. तजी लोक लाज, सु पिय परसन कैं काज।
भलैं बुरै कहै कोई, कैसै तुम्ह बिन सुख होई ॥

भावार्थ–चाहे लोग मुझे भला-बुरा कहें, प्रिय का आलिंगन-सुख पाने के लिए मैंने लोक-लज्जा को छोड़ दिया है। हे प्रिय! आपके बिना सुख पाना पूर्णतया असम्भव है।

21. मग जोवति इकु पाइ, पीव कबहि मिलै आइ।
असनु बसनु कीये दूरि, सुधनु मनु खाई ठग मूरि ॥

भावार्थ–मैं एक पैर पर खड़ी हुई, अपने प्रिय का मार्ग देख रही हूँ। न जाने प्रियतम कब आकर मिलेंगे? मैंने भोजन और वस्त्र त्याग दिए हैं। मेरी स्थिति इतनी विषम और बेसुध की हो गई है कि ऐसा लगता है मानो मैंने ठग-मूरि का सेवन कर लिया हो।

22. एकु रजनी भैभीतु, महा मेघ डसन सीतु।
स्वांमीं छरिति बारह मास, सु मोहि दरसन की प्यास ॥

भावार्थ–एक तो काली-डरावनी रात मुझे भयभीत कर रही है। ऊपर से सघन मेघ गर्जना कर रहे हैं। शीत काटने को दौड़ रही है। स्वामी (प्रभु) के दर्शनों की अभिलाषा में बारहों मास मेरे शरीर का क्षय होता जा रहा है।

23. परी पैंमु कै सु फंदु, सुधन कमोदनि ज्यौं चंदु।
विसरु नैंकु नहीं जीव, जपति निसदिन तोहि पीव ॥

भावार्थ—जीवात्मा रूपी विरहिणी ब्रह्म के प्रेम-फन्दे में फँस गई है। वह सुन्दर नारी अपने प्रिय को वैसे ही चाह रही है जैसे कुमुदिनी चन्द्रमा को चाहती है। वह कह रही है—प्रिय! मेरे प्राण आपको तनिक भी भुला नहीं पा रहे हैं। रात-दिन आपके नाम का जाप करते रहते हैं।

24. सिरि जटा कीयैं केसु, लीयै जोगनि को भेसु।
सुधन भ्रमति है उदास, तजिब पांन फूल बास ॥

भावार्थ—उसने सिर के केशों की जटाएँ बना ली हैं। प्रिय के विरह में वह जोगिन का वेश धारण करके और उदास होकर घूम रही है। उसने ताम्बूल और पुष्पों की सज्जा व सुगन्ध का परित्याग कर दिया है।

25. नैंन श्रवहि नीर, निमषु धरति नाहिन धीर।
धनी धावति दिन राति, लोही तेल सु तन बाति ॥

भावार्थ—विरहिणी के नेत्रों से निरन्तर अश्रु प्रवाहित होते रहते हैं। पल भर के लिए भी उसका हृदय धैर्य धारण नहीं कर रहा है। वह प्रिय के नाम का रात-दिन जाप करती रहती है। वह अपने रक्त को तेल और शरीर को बाती बनाकर प्रिय-विरह में अपने को जला रही है।

26. बाजीद बहुत खींन, सुघन जल बिन ज्यौं मींन।
मोहन वन मिलतु आइ, मेरे तनु की तपति जाइ ॥

भावार्थ—विरहिणी (जीवात्मा) प्रिय (ब्रह्म) के विरह में अत्यन्त दुर्बल हो गई है। उसकी स्थिति जल से वियुक्त मछली की तरह हो गई है। वह कह रही है—हे प्रिय मोहन! आप आकर मुझसे मिलिए जिससे मेरे शरीर की तपन मिट जाए।

॥ गुन झूलनां : उपदेस के अंग का ॥

1. अरथ धरम कांम मोछि, दैत राजा रांम।
रे नर सोबत कहा जागि, बौरे भौजल तै भागि ॥

भावार्थ—अर्थ, धर्म, काम और मोक्ष के प्रदाता राम ही हैं। अरे पागल जीव! सोता क्यों है? अर्थात् अज्ञान निद्रा में क्यों पड़ा है? हो सके तो इस संसार-सागर से छुटकारा पा ले।

2. तजहु आंन आस, भजहु भाव सहित तास।
ताकौ तिहुँ लोक नांव, नरहि दैत अजब ठांव ॥

भावार्थ—दूसरे देवी-देवताओं की आशा छोड़कर, भाव-भक्ति सहित प्रभु को भज लेना चाहिए। उनका तीनों लोकों में नाम है। भक्त और सन्त उन्हें अद्भुत स्थान (सम्मान) प्रदान करते हैं।

3. सब दुनिया दै पीठि, दरिस देखहि ज्यौं जीठि।
सु पिय दूरि नहीं पास, जैसैं फूलनि महि बास ॥

भावार्थ—सारे संसार से पीठ दिखाकर (भागकर) जो प्रभु के दर्शन करने-कराने का दावा करते हैं, वे ढोंगी हैं। प्रिय (ब्रह्म) दूर नहीं हैं। वे उसी तरह पास (हृदय में) हैं जैसे पुष्पों में सुगन्ध समाहित होती है।

4. इकु रांम नांम सति, कहत सुनत होत गति।
गरब श्रब सौंज त्यागि, सु तूँ रांम नांम लागि ॥

भावार्थ—राम का नाम ही एक मात्र सत्य है। कहने (जाप करने), सुनने (माहात्म्य, उपदेश सुनने) से प्राणी का उद्धार हो जाता है। इसलिए साधक को अहंकार और सभी आडम्बरों को त्यागकर, राम नाम का जाप कर लेना चाहिए।

5. जिहि दीयै नैंन बैंन, खांन पांन चित चैंन।
चरन चांपि करहु सेव, सु तौ देवनि कौ देव ॥

भावार्थ—जिन प्रभु ने नेत्र और वाणी दी है। खाना-पीना और चित्त को आराम देने वाली सुख-सुविधाएँ प्रदान की हैं, उन देवताओं के भी देवता परम ब्रह्म के चरणों

को दबाकर सेवा करनी चाहिए।

6. कहा बैसि रह्यौ पाँच, कछू क्यौं न करै सोच।
तेरौ संग गयौ दूरि, चलहु पंचनि कौ चूरि ॥

भावार्थ—हे प्राणी! तुम पाँच लोगों के साथ क्यों बैठ रहे हो? अर्थात् पंचेन्द्रियों का संग-साथ क्यों दे रहे हो? तुम क्यों नहीं सोच-विचार करते कि वे तुम्हारे संगी-साथी सब दूर हो गए हैं। तू इन पाँचों इन्द्रियों को कूट-पीसकर चूरा कर दे। अर्थात् उनको अपने वश में कर ले।

7. लीजै हरि नांम, जातै सरहि सकल कांम।
कीजै आंन की न सेव, सु तौ देवनि कौ देव ॥

भावार्थ—प्रभु के नाम का जाप करते रहना चाहिए। इसी से सारे काम सध जाते हैं। तुम (जीव) उन देवों के भी देव (परम ब्रह्म) की सेवा करो। दूसरे देवी-देवताओं की सेवा करने का कोई लाभ नहीं है।

8. जपिये जगदीस, अबहि सेत भयौ सीस।
सुनत करत हाइ हाइ, लोका जाइ जनम जाइ ॥

भावार्थ—तुम्हारा सिर श्वेत हो गया है अर्थात् वृद्धावस्था आ गई है। अब तो इस जगत् के स्वामी के नाम का स्मरण कर लो। वरना इस संसार से हाय-हाय करते चले जाओगे।

9. करि साहिब स्यौ नेह, बौरे बिनसि ज़ैहै देह।
दिखि पर्‌यौ भौ जल माँझ, सु तोहि सुनत भोर साँझ ॥

भावार्थ—हे पागल! प्रभु से प्रेम कर लो वरना यह नश्वर शरीर नष्ट हो जाएगा। तू इस संसार-सागर के मझधार में पड़ा है। वे प्रभु तुम्हें रात-दिन सुनते और देखते रहते हैं।

10. सीस कहूँ पाइ, कहा पर्‌यौ गोता खाइ।
खसम क्यौं न करतु आइ आदि, जनमु जातु है सुबादि ॥

भावार्थ—कहीं तेरा सिर है, कहीं पैर हैं। इस संसार-सागर में तू कहीं गोता (डूब रहा है) लगा रहा है। तू प्रिय (ब्रह्म) की उपासना (जाप) प्रारम्भ क्यों नहीं कर लेता। तेरा यह जन्म व्यर्थ चला जा रहा है।

11. अनु धनु नहीं वोर, अंति साहिब कौं चेर।
चरन रह्यौ न चितु लगाइ, सु नर क्यूँ न खता खाइ ॥

भावार्थ—जिनके पास न अन्न है, न धन है, न ठौर-ठिकाना है, उन्हें अन्त में प्रभु का भक्त (दास) बनना पड़ता है। जो व्यक्ति प्रारम्भ से प्रभु के चरणों में चित्त

नहीं लगाता, उसे अन्त में खता (घाव, धोखा) खाना पड़ता है।

12. लै रांम नांम ऐकु, कहा करत मूढ टेकु।
टका चारि तौ किहि कांम, जाति पंचनि महि मांम ॥

भावार्थ—अरे मूर्ख! तू जिद्द पर क्यों अड़ा हुआ है? तू एक मात्र प्रभु राम का नाम क्यों नहीं लेता है। तैंने चार टका (थोड़ी धन-सम्पत्ति) जमा कर लिए हैं, पर वे तेरे किस काम के हैं। तू पंचेन्द्रियों के ममत्व में फँसा हुआ है (इससे तुझे कोई लाभ नहीं मिलने का है)।

13. यहु सकल सुख त्यागि, तुरत परगट देखि आगि।
अबहि उलटि अमी पीव, अमर होई जुगनि जीव ॥

भावार्थ—अरे प्राणी! तू माया जन्य समस्त सुखों को त्याग दे। सहस्रार में जो प्रभु की अखंड ज्योति जल रही है, उसका ध्यान कर। तू प्राण-वायु या कुण्डलिनी को उलटकर ब्रह्म रंध्र में समा दे जिससे अनहद नाद के साथ अमृत स्रवित होगा, उसका पान कर ले। इससे युगों (जन्म-जन्मांतर) तक अमर हो जाओगे।

14. अप तेज बाइ, प्रिथी उपजि कैं समाइ।
सु तन रूहिर मांस अस्त, कहा मूढ़ भये मस्त ॥

भावार्थ—हे मूर्ख! व्यक्ति धरती से पैदा होता है धरती में समा जाता है। रक्त, मांस, हड्डियों से बने इस शरीर पर क्या मस्त होता है? अर्थात् घमण्ड करता है। यह शरीर नश्वर है—बाद में इसे मिट्टी में ही मिल जाना है।

15. यहु दुनियां सब धंध, धनी धाई रे सु अंध।
कहा देखि रह्यौ भूलि, भ्रमत जिन बैसि फूलि ॥

भावार्थ—यह संसार और इसके प्रपंच झमेले हैं। अर्थात् भ्रम और मिथ्या हैं। हे अंधे (मूर्ख) तू इसके पीछे क्यों भाग रहा है? तू जिनके लिए घमण्ड करके भ्रमित-सा घूम रहा है, वह तेरी नितान्त भूल है। यह संसार और उसके क्रिया-कलाप नाशवान हैं, पथ-भ्रमित करने वाले हैं।

16. जे मीर मलिक खांन पांन, दरिगह दीवान।
दुनीं लै न चलै सथु, सू तूं देखि दोऊँ हथु ॥

भावार्थ—जितने बादशाह और अमीर (सरदार) हुए हैं, जिनका खान (आलम) पान शाही होता था, जिनके मकबरे और राज-दरबार भव्य और आलीशान होते थे। वे अन्त समय में इस संसार से कुछ भी लेकर नहीं जा सके थे। वे दोनों हाथ खाली चले गए थे।

17. बिषै बहै जातु जीव, जप्यौ नहीं नैंकु न पीव।
जनम गयो जुवा हारि, जिनिहि दैत दुनीं गारि ॥

भावार्थ—सांसारिक प्राणी मायावी-प्रपंचों और विषय-वासनाओं में बहे चले जा रहे हैं। उन्होंने जरा भी प्रिय (ब्रह्म) के नाम का स्मरण नहीं किया है। जिनका जन्म सांसारिकता रूपी जुए में हारते बीता है, उन्हें संसार अपयश का भागी मानकर अपशब्द कहता है।

18. कलि अमर नहीं कोइ, तहाँ हस्तु है दैइ रोइ।
सुजरि जांनु जैसैं कखु, रहत नैंक हौं न रखु ॥

भावार्थ—इस कलियुग में कोई अमर नहीं है। मायिक-प्रपंचों में लिप्त होकर जहाँ हँसता दिखाई पड़ता है, अन्ततः रोता हुआ जाता है। अन्त में, अग्नि में जलकर, ख़ाक हो जाता है। उसका कोई अस्तित्व शेष नहीं रहता।

19. हौं बकहूँ नितु, कछू क्यौं न करहि च्यंतु।
कहा मूढ़ रह्यौ सोइ, सु तौ जीवन दिन दोइ ॥

भावार्थ—मैं रोज समझा रहा हूँ। तुम क्यों चिन्ता नहीं कर रहे हो? अरे मूर्ख! तुम अज्ञान-निद्रा में क्यों सो रहे हो? इस नश्वर संसार में मानव का जीवन दो दिनों के लिए होता है।

20. खाहु कछु खुलाव, अबहि अलप रही आव।
धन सु धर्‌यौ धूरि होइ, संगु लै न जातु कोई ॥

भावार्थ--हे प्राणी! तुम्हारी आयु थोड़ी-सी बची है। कुछ तो स्वयं खाओ, कुछ दूसरों को खिलाओ। जो धन संचित करके रखा जाता है वह धूल हो जाता है (उसका उपयोग दूसरे लोग करते हैं)। कोई भी उसे अपने साथ नहीं ले जा सका है।

21. बाजीद बिकट बाट, आगैं, पुर न पटन हाट।
अबहि इहै भलौ दाव, कछू संबलौ चलाव ॥

भावार्थ—वाजिद कहता है यह संसार भयानक मार्ग है जिसमें न कोई कस्बा है, न नगर है, न बाज़ार है। मानव-योनि पाकर तुम्हें अच्छा अवसर मिला है, अतः प्रभु का आश्रय प्राप्त कर लो।

॥ चौपाई : काल के अंग की ॥

1. बाजीद केते कलि महि सरंजुवांन। चंदन खौरि चाबते पांन ॥
पूजि अवधि किया पयाना। रावत रहे न राजा राना ॥

भावार्थ—इस कलियुग में न सामन्त रहे, न राजा रहे और न राव रहे। जो चन्दन का तिलक लगाकर, पान चबाते हुए चलते थे, वे अपना समय पूरा करके चले गए।

2. जिसकै नैंन बिसाल जलहि ज्यौं दीया। हाँक सुनत ही फाटि हीया ॥
सो रावन भी रह्या न जगि। लंका जाई लगाई आगि ॥

भावार्थ—जिसके नेत्र विशाल थे और दीये (मशाल) की तरह जलते थे। जिसकी हाँक (गर्जना या ललकार) सुनकर, भय के कारण लोगों के दिल फटने लगते थे, ऐसा राक्षस-राज (लंकेश) व प्रतापी रावण भी इस संसार में अमर नहीं हो सका। स्वर्ण की उसकी लंका को हनुमान ने जलाकर राख कर दिया था।

3. धन जोबन का जिय मैं हिगारा। बिन संग्राम न कबहू हारा ॥
जिनि बसुधा बसि कीनीं सारी। सो रावन गया बजावत तारी ॥

भावार्थ—जिसके हृदय में धन-सम्पत्ति (वैभव) और यौवन (शक्ति) का गर्व भरा रहता था। जो बिना युद्ध किए नहीं रहता था और कभी पराजित नहीं होता था। जिसने सारी पृथ्वी को अपने वश में कर लिया था (जीत लिया था), वह रावण ताली बजवाता (उपहास झेलता) हुआ इस धरती से उठ गया।

4. बाजीद असुर अनेक हुते तिस साथ। नर कौं कबहुँ न नांया माथ ॥
अपनी हीं अगि जल्या ज्यौं कख। तिस रावन की रही न रख ॥

भावार्थ—अनेक बलशाली राक्षस जिसके साथ थे, उस (प्रतापी) रावण ने कभी नर-जाति के किसी व्यक्ति को सिर नहीं झुकाया। वह अपने ही अहंकार की अग्नि में जलकर ख़ाक हो गया। उसकी राख तक नहीं बची।

5. इस दुनियां देख न होह दिवांनां। जम के घर आगै है जाना ॥
अंति अवगाउन करता संक। सो रांवन भी रह्या न रंक ॥

भावार्थ—इस मिथ्या संसार के प्रपंचों को देखकर पागल मत बनो। आगे यमराज के घर (नरक) जाना है। संशय-ग्रस्त होकर अत में न राव बचा। (पाठांतर से-रावण बचा) और न कोई रंक बचा। अर्थात् सभी की मृत्यु अवश्यम्भावी है।

6. असपति गजपति नरपति राजा। सेज सुखासनु मंदिरु छाजा ॥
जम जालिम जब पकरै बाँह। छूटैं नहीं छत्रु की छाँह ॥

भावार्थ—बड़े-बड़े अश्वपति, गजपति, और नरपति राजा, जिनके भव्य प्रासाद थे, जो सुखासन पर शयन करते थे, उनकी भुजाओं को पकड़कर जब निर्दयी काल ने दबोचा तो वे अपने-अपने छत्रों की छाया से भी उससे छुटकारा नहीं पा सके।

7. जो पे चक्रबति चौरे बबालु। तेऊ तौ बसि कीये कालु ॥
तू कहि कौंन नींद सुख सोवै। निसि बासुरि किनि आपहि रोवै ॥

भावार्थ—जिन पर चँवर ढुलते थे, उन चक्रवर्तियों को भी काल ने वश में कर लिया था (फिर तू किस खेत की मूली है या तेरी क्या बिसात है?) तू किस अज्ञान की नींद सो रहा है? इस मायावी संसार से मुक्ति के लिए क्यों नहीं यत्न कर रहा या छटपटा रहा है?

8. जुरा मरन जिहि बसाइ सरीरा। सो नर क्यौं न पुकारै पीरा ॥
पूत पिता कहु किसकी माइ। इकु जामैं द्रूजा उठि जाइ ॥

भावार्थ—जिसके शरीर में बुढ़ापा और मरण समाए हुए हैं वह आदमी पीड़ा से क्यों नहीं चिल्लाएगा। इस संसार में न कोई किसी का बेटा है, न माता-पिता हैं। अर्थात् सारे सम्बन्ध मिथ्या हैं। एक यहाँ से जाता है तो दूसरे की बारी आती रहती है।

9. यह सुख संपति सुपिनैं की जांनि। जन बाजीद बसै बौरांनि ॥
काया परी उडि गया साँस। उपरि ढोर चरहिंगे घास ॥

भावार्थ—इस संसार में सुख और सम्पत्ति स्वप्न की तरह हैं। इन पर तू क्यों पगला रहा है? साँस उखड़ने पर यह शरीर निर्जीव होकर पड़ा रह जाता है। बाद में उस पर घास उग आती है जिसे पशु चरते रहते हैं।

10. बाजीद कहै सुनि मेरे भाई। ऐते कौं क्या करहि बड़ाई ॥
पंखी ज्यौं लीया बसेरा आनि। खाहु खुलाव खसम पहिचांनि ॥

भावार्थ—वाजिद कह रहे हैं, हे भाई सुनो। इतनी आत्म-प्रशंसा क्यों कर रहे हो? तुमने इस संसार रूपी वृक्ष पर पक्षी की तरह बसेरा लिया है। यहाँ ईश्वर का दिया स्वयं खाओ, दूसरों को खिलाओ और अपने स्वामी (ब्रह्म) के स्वरूप को पहचान लो।

टिप्पणी—इसमें 'पंखी' के स्थान पर 'पंथी' की भी सम्भावना है तब अर्थ

होगा—तुमने पथिक की तरह इस सराय में आश्रय लिया है।

11. तिनि कै पहुचैं होता पांणु कोपैं किसहु न देतै जांणु।
मारि मैवासा करते मोई। मांटी मांझ मिलि गये सोई ॥

भावार्थ—जिनके हाथ बड़े लंबे थे (बड़ी पहुँच वाले थे)। जिस पर कुपित हो जाते उसका बचना असम्भव था। जो अपने दुर्ग में मार कर मोई (घी में सना आटा) बना देते थे, वे भी मिट्टी में मिल गए।

12. वै पर दल देखि देखि न देते पीठि। नरू की नाहरू की सी डीठि ॥
आंनि औंचका पहुच्यौ कालु। जन बाजीद कीये गहि स्यालु ॥

भावार्थ—जो शत्रु-दल को देखकर पीठ नहीं दिखाते थे (भागते नहीं थे)। जिनकी दृष्टि नर-नाहर की-सी होती थी। उन पर भी काल ने अचानक झपट्टा मारकर, उनके दामन (पल्लू) को पकड़ लिया था।

13. जिनकी जग माहि होती हाँक। न्हाये धोये रहते पाक ॥
अंगु अरगजा टेढ़ी पागु। तिनि सिरि चंच सँवारहि कागु ॥

भावार्थ—जिनकी गर्जना (ललकार) संसार भर में सुनाई पड़ती थी। जो नहा-धोकर पवित्र बने रहते थे। अंगों में सुगन्धित तेल (अरगजा) का लेप करके टेढ़ी पाग धारण करते थे, उनके सिर पर अब कौए चोंच मार रहे हैं।

14. जन बाजीद हुते महामीर। तरवरि तरकस तीखे तीर।
सहस बीष स्यौं करते ताक। जंम पकरे बोल न बांक ॥

भावार्थ—जिनकी कमर में तलवार और पीठ पर तीक्ष्ण तीरों से भरा तरकस होता था। ऐसे महान सरदार सहस्रों डगों तक धावा मारते थे। यमराज ने उन्हें जैसे ही दबोचा, उसके शिकंजे में उनकी चीख भी न निकल सकी।

15. लंका छोडि बिलंका जाते। तरबर तोरि फूल फल खाते ॥
जिनि स्यौं जग न जीत्या कोइ। तेऊ बैठे परबस होइ ॥

भावार्थ—जिन्होंने समुद्र लांघकर लंका में प्रवेश किया। रावण की अशोक-वाटिका में पेड़ों को उखाड़ा-पुखाड़ा। तोड़-तोड़कर फल-फूल खाए थे। उन शक्तिशाली हनुमान को इस संसार में कोई हरा नहीं सका था, वे भी काल के समक्ष असहाय हो गए थे।

16. जिन कै हाथी घोरे ऊँट। समंदु से करते ऐक्कै घूँट ॥
जन बाजीद लहत न खोज। कहाँ गये ते बिक्रम भोज ॥

भावार्थ—जिनके महलों में हाथी, घोड़े और ऊँट बँधे रहते थे। जो समुद्र को भी एक घूँट में पीने का सामर्थ्य रखते थे। विक्रम और भोज जैसे प्रतापी और

शक्तिशाली राजा न जाने कहाँ खो गए। आज उनकी कोई खोज-खबर भी नहीं है।

17. जे लखौं ऊपरि लेते बाग। महामद पंचरंग सिरि पाग ॥
पलंगि पौढ़ते खाते पांन। जन बाजीद सु धरे मसांन ॥

भावार्थ–जो लाखों पर भारी पड़ते थे (लगान लगाते या मुश्कें बाँध लेते थे)। जो मद (गर्व) से चूर रहते थे। सिर पर पचरंगी पाग पहनते थे। जो भव्य पलंग पर शयन करते थे। जिनका राजसी खान-पान होता था। वे भी श्मशान में पड़े हुए हैं।

18. जिनि कैं देखैं कवल लजाते। मोहे म्रिगा ते तिनहुँ न खाते ॥
नैंन बिसाल कँटीली भौंह। दारूयौ दसन चाँद से मौंह ॥

भावार्थ–जो अपने अपूर्व सौन्दर्य से कमलों को भी लज्जित करते थे। जिनके सौन्दर्य से मुग्ध हुए हिरण भी तृण चरना छोड़ देते थे। जिनके नेत्र विशाल और भौंहें बंकिम थी, उनके चन्द्रमा जैसे सुन्दर मुँह को काल ने दर (विदीर्ण कर) दिया था।

19. बाजीद तिनकी गति भई ऐह। तर उपरि दैसोये खेह ॥
सोधैं सांधि पावै नर कौंन। मनौं आटे माहि मिलि गयौ लौंन ॥

भावार्थ–उनकी गति ऐसी हो गई कि उनके ऊपर सौ-सौ मन खेह पड़ गई। खोजने पर उनकी पहचान (खोज) तक नहीं मिल पा रही हैं। वे मिट्टी में ऐसे मिल गए जैसे आटे में नमक मिल जाता है।

20. तिनहि देखि मन धरते न धीर। वोलै ज्यौं गलि गयौ सरीर ॥
गोर अंधारी जंगलि बास। जि़न कैं उपरि जांम्यौं घास ॥

भावार्थ–जिनको देखकर मन में धैर्य धारण नहीं होता था। उनके शरीर ओले की तरह गल गए थे। वे जंगल में अन्धेरी कब्र के नीचे दबा दिए गए। उनकी कब्र पर घास उग आई थी।

21. जन बाजीद कहै रे लोई। जग हटवारा है दिन दोई ॥
दया माया मुख मीठा बोलहु, लख चौरासी कबहु न डोलहु ॥

भावार्थ–वाजिद कह रहे हैं कि लोगो! यह संसार दो दिन का हटवारा (अस्थायी बाज़ार) है। यहाँ अपनी वाणी को मधुर बनाकर, हृदय में दया-करुणा रखनी चाहिए। ऐसा व्यक्ति चौरासी लाख योनियों में नहीं भटकता है।

22. नांव निरंजन निसदिन लीजै। तन मन सब साहिब कौं दीजै ॥
सुख-दुख सिर पर दोऊ कबूल। डारहि छाडि गहौ तुम मूल ॥

भावार्थ–माया रहित ब्रह्म अर्थात् निरंजन का नाम रोज लेना चाहिए। तन, मन यहाँ तक कि सर्वस्व उन प्रभु को सौंप देना चाहिए। सुख और दुःख को समान रूप से स्वीकार करना चाहिए। डाल (अन्य देवी-देवताओं) को छोड़कर मूल (अर्थात्

जगत् के मूल-परमेश्वर) का आश्रय ग्रहण करना चाहिए।

23. बाजीद कहै तिसनां करि दूरि। रिजकु रहे साहिब भरपूर ॥
जठुर अगिनि महि की प्रतिपाल। तहाँ नर पहियाँ मुलक न माल ॥

भावार्थ—वाजिद कहते हैं—भोग-विलास और माया-जन्य सुखों की तृष्णा को अपने से दूर करना चाहिए। स्वामी ने पहले ही पर्याप्त मात्रा में जीविका का प्रबन्ध कर दिया है। उन प्रभु ने जठराग्नि से बचाकर तुम्हें पाला है। तब तेरा न राज-पाट था और न सम्पत्ति थी।

24. नांव निरंतर निस दिन लेहि। एक जीव बहुतनि जिनि देह।
सकहि तो नर मेरी सिखु मांनि। जब तब है है खैंचा तांनि ॥

भावार्थ—मेरी सीख मानो-जीव की जान को हजारों झंझटें होती हैं इसलिए प्रभु का नाम निरन्तर लेना चाहिए। अन्यथा प्राणी जीवन में खींचा-तानी (ऐंचा-तानी या नोक-झोंक) से मुक्त नहीं हो पाओगे।

25. जन बाजीद बहुत का कहिये। मन कैं मतैं न कबहूँ बहिये।
सो फैरै ऐक्कै यहु गांठि। दीनहि पकरि दुनी तैं नाठि ॥

भावार्थ—वाजिद कहते हैं कि मैं अधिक क्या कहूँ? मन (मतवाला हाथी है) के कहे में नहीं आना चाहिए (उसके साथ बहना नहीं चाहिए)। सौ बातों की एक बात गाँठ में बाँध लो। दरिद्र की सहायता करो और सांसारिक प्रपंचों से सम्बन्ध विच्छेद कर लो।

26. बाजीदा बबेकी होई सु बूझैं। दुनिया वोल्हैं दीन न सूझै।
दांनां सोई जु सब स्यौं तोरे। प्रीति ऐक साहिब सौं जोरै ॥*

भावार्थ—जो विवेकी होता है, वही ब्रह्म के स्वरूप को जान सकता है। संसारी को दीन (निर्धन, धर्म) नहीं दिखाई पड़ते। समझदार वही है जो सबसे प्रीति तोड़कर, केवल एक (परम ब्रह्म) से नाता जोड़ता है।

टिप्पणी—*इस चौपाई के पश्चात् निम्न अरिल्ल आया है—

तौ करि साहिब स्यौ प्रीति रीति तजि जीय की।
जरत अगिनि जिनि देहि अबही पुट घीव की ॥
घर बाहिर सब ठाँऊ, नाऊँ जप लीजिये।
परि हाँ आवागमन न होइ राम रस पीजिये ॥

॥ गुन निरंजन नांमां ॥

दोहा

1. सुर नर मुनि जोगी जती, संकर लहै न भेव।
आदि अंति मधि मूल बिन, नमो निरंजन देव ॥

2. तात न मात बंध न भ्रित, स्याम पीत नहीं सेत।
अंजन रहित निरंजन हि, निगम कहत पुनि नेत ॥

भावार्थ—1. जितने देवता, मनुष्य, मुनि, योगी और यती हैं, वे सब यहाँ तक कि शंकर (महादेव) भी जिनका भेद नहीं जान सके हैं। जिनका न आदि है, न अन्त है, न कोई मध्य और मूल है, ऐसे निरंजन देव को मैं नमस्कार करता हूँ।

2. जिनके न पिता हैं और न माता हैं, न बन्धु हैं न मित्र हैं। (पाठांतर से बांधव हैं) और न सेवक हैं। वे न श्याम हैं, न पीत हैं और न श्वेत हैं। जो माया रहित निरंजन हैं। वेद उनके बारे में नेति-नेति (न इति) कहते हैं।

चौपई

3. तौ अंजन रहित निरंजन देवा। कहा कोऊ रूप बखानै जू ॥
खोजत खोजत कलप बीति गये। स्यौं बिरंचि नहीं जानै जू ॥

भावार्थ—उन अंजन (माया) रहित निरंजन देव के स्वरूप का कोई वर्णन नहीं कर सकता है। उन्हें खोजते-खोजते युग बीत गए। यहाँ तक कि शिव और ब्रह्मा भी उनका रहस्य नहीं जान सके।

4. मन बुधि मनसा अगम अगोचर। मूँदि रहे मुख लोई जू ॥
दिष्टि न मुष्टि दूरि नहीं नेरा। कहा बरनैं गति कोई जू ॥

भावार्थ—मन, बुद्धि और मानस से वे अगम्य और अलख हैं। उनके स्वरूप के बारे में लोग स्तब्ध और मौन हैं। न वे दिखाई पड़ते हैं, न पकड़ में आते हैं। वे दूर नहीं हैं, पास में हैं (हृदय में हैं)। उनकी गति का कोई भी वर्णन नहीं कर सकता है।

5. झोरी डंडा काषु अधारी। अंग बिभूति लगाई जू ॥
जोगी जती तपी सन्यासी। तुव गति किनहुँ न पाई जू ॥

भावार्थ—जिन्होंने झोली, डण्डा, काँख में अधारी (साधुओं की भुजा को सहारा देने वाली लकड़ी) धारण की और अंगों में भभूत रमाकर योगी बने, वे उनके स्वरूप को तलाशते रहे। आपकी गति को योगी, यती, तपस्वी और संन्यासी भी नहीं पा सके हैं।

6. सेस महेस गणेस चंडिका। सुर नर मुंनी सब ध्यावैं जू ॥
मन बुद्धि मनसा अगम अगोचर। परमिति कोऊ न पावैं जू ॥

भावार्थ—शेष, महेश, गणेश, चंडी, देवता, मनुष्य और मुनि—ये सभी उन निरंजन देव का ध्यान करते हैं। वे मन, बुद्धि और मानस से अगम्य और अलख हैं। उनकी सीमा और मर्यादा को कोई नहीं जान सका है।

7. सुरग लोग पाताल पंहुम पर। स्यौ बिरंचि से को हैं जू ॥
जोगी जती तपी सन्यासी। नांवहि सुनें सब मोहे जू ॥

भावार्थ—स्वर्ग, पाताल और पृथ्वी पर शिव और ब्रह्मा के समान कोई नहीं हैं, वे तथा योगी, यती, तपस्वी और संन्यासी; उन निरंजन देव का नाम सुनते ही उन पर मोहित हो जाते हैं।

8. कर मीडैं पचिताहि रैंनि दिन। कहाँ जांहि कत धावै जू ॥
कुतब गौस पीर पैगंमर। द्रोस दोस बिललावैं जू ॥

भावार्थ—जितने कुत्ब (मुसलमान ऋषि) गौस (मुसलमान महात्मा) पीर (मुसलमानों के धर्म गुरु) और देवदूत हैं वे हाथ मलकर पछताते रहते हैं। उनकी समझ में नहीं आता कि उन परम ब्रह्म (निरंजन) को खोजने कहाँ और किस दिशा में जाएँ।

9. सरबस जाकौ लीयौ चुराई। सो कैसैं सुख सोवै जू ॥
आतुर अधिक चैंनु चित नांहीं। निसु बासुरि उठि रोवै जू ॥

भावार्थ—जिनका प्रभु ने सर्वस्व हर लिया, वे कैसे सुख से सो सकते हैं? वे बहुत व्याकुल हो जाते हैं और उनके हृदय को चैन नहीं मिलता है। उनके विरह में रात-दिन रुदन करते रहते हैं।

10. नारद सारद सेस सहस मुखि। गुन गौब्यंद के गाँवैं जू ॥
भटकत फिरैं त्रिषांवंत मिग्र लौ। पीव दरसन नहीं पावैं जू ॥

भावार्थ—नारद, सरस्वती और सहस्रमुखी शेष नाग, उन गोविन्द (निरंजन) के गुणों का गान करते रहते हैं। वे मृग-तृष्णा की तरह भटकते फिरते हैं फिर भी प्रिय (निरंजन) के दर्शन प्राप्त नहीं कर पाते हैं।

11. जटा जूट कर क्यं नर लीनीं। अंग विभूति लगाई जू ॥
अलख निरंजन अहि निसि धावैं। पूत पिता तजि माई जू ॥

भावार्थ—जिन योगियों ने पुत्र, माता-पिता अर्थात् समस्त परिवार को त्यागकर सिर पर जटा-जूट और हाथ में किंगरी (छोटी सारंगी) धारण करके, सारे शरीर में भस्म रमा ली, वे 'अलख निरंजन' का जाप करते हुए उनका रात और दिन ध्यान करते रहते हैं।

दोहा

12. अंगि बिभूति लगाई कै, जटा ब कीनीं सीस।
निसु बासुरि मारग बहैं लहैं न ब्रह्म ईस ॥

भावार्थ—जिन योगियों ने अपने अंगों में भस्म लगाई। सिर पर जटाएँ बढ़ाईं। रात-दिन योग-मार्ग की कठोर साधना की, वे भी परम ब्रह्म या निरंजन देव को नहीं पा सके।

छन्द

13. तौ ब्रह्म ईस जटा करि सीस।
लगाइ बिभूति, फिरैहि इहि सूति ॥

भावार्थ—जिन योगियों ने सिर पर जटाएँ बढ़ाईं। वे अंगों में भभूत रमाकर परम ब्रह्म की खोज में भटक रहे हैं।

14. लहैं नहीं भेव, निरंजन देव।
महा सुर मुनि, गये सिर धुनि ॥

भावार्थ—महान देवता, मुनि लोग अपना सिर पीटकर रह गए किन्तु वे भी निरंजन देव के भेद (रहस्य) को नहीं जान सके।

15. धरैं नहीं धीर, पैंकैंबर पीर।
पुकारै तुझ, गहै न गुझ ॥

भावार्थ—जितने पीर (मुसलमानों के धर्म गुरु) और पैगम्बर (देवदूत) हैं वे अल्लाह-अल्लाह पुकारते रहे। उनका धैर्य भी साथ छोड़ गया। वे भी आपके छिपे हुए रहस्य को नहीं जान सके।

16. गहैं कैसें पाइ, निरंजनु राइ।
रहे कर जोरि, ब बतीस कोरि ॥

भावार्थ—बत्तीस करोड़ देवता हाथ जोड़कर कह रहे हैं—हे निरंजन देव! बताइये, हम आपके चरणों का स्पर्श कैसे करें?

17. ना हारै हि मग, खरे ऐक पग।
महामुनि सेष, कीयैं बहु भेष ॥

भावार्थ–बड़े-बड़े मुनि (वाल्मीकि) और शेष नाग अनेक रूप धारण करके एक पग पर खड़े होकर ध्यान करते रहे किन्तु आप तक पहुँचने का मार्ग तलाश नहीं सके।

18. भये लैलीन, तजे गुंन तीन।
त्रिकुटीय टट, निहारैंहि बट ॥

भावार्थ–तीनों गुणों (सत्व, रज, तम) को त्यागकर साधक आपके ध्यान में तल्लीन होकर त्रिवेणी-तट (गंगा, यमुना व सरस्वती का संगम या इड़ा, पिंगला और सुषुम्ना के संगम-त्रिकुटी–तट) पर आपकी तलाश में बाट निहारते रह गए।

19. रहै मुख मौंन पलटहि पौंन।
महा मन मस्त, गये करि कस्त ॥

भावार्थ–जिन्होंने मौन धारण करके, प्राण-वायु को उल्टा बहाकर, ब्रह्म-रंध्र में केन्द्रित किया और प्रभु ध्यान में मस्त (तल्लीन) हो गए, वे इतना कष्ट उठाकर भी हार गए या पाने में असफल हो गए।

21. परै नहीं हाथ, निरंजन नांथ।
तपै दिन रैंन, न देखै, नैंन ॥

भावार्थ–जो नेत्र बन्द कर रात-दिन तपस्या में तल्लीन रहे, निरंजन देव उनके हाथ भी नहीं आए।

22. चलै नहीं चितु, निहारै नितु।
सहै बहु सूल, लहै नहीं मूल ॥

भावार्थ–जिन्होंने सहज-साधना में चित्त को स्थिर किया। रोज ब्रह्म के स्वरूप का ध्यान करते रहे। अपनी कठोर साधना में अनेक कष्ट उठाए, वे भी मूल (परमेश्वर) को नहीं प्राप्त कर सके।

23. निरंजन देव, लहै नहीं भेव।
सके न बिचारि, गये पचि हारि ॥

भावार्थ–साधक, मुनि, तपस्वी, आदि विचार करते-करते थक गए लेकिन वे निरंजन देव का भेद (रहस्य) नहीं प्राप्त कर सके।

दोहा

24. तौ पचि हारे परमिति बिनां, पार न पावहि लोइ।
अकल सकल गुंन थै रहित, ध्यांन धरै कहा कोइ ॥

भावार्थ—लोग उन असीम को पाने के प्रयत्न करते-करते थक गए, लेकिन कोई उनका पार नहीं पा सका। वे अखण्ड (निराकार) और गुणातीत हैं। अतः उनका ध्यान करना कठिन है।

25. सुर नर मुनि खोजत खपे, पार न पावै तोर।
जन बाजीद कहा कहै, मन बुधि पैली वोर ॥

भावार्थ—देवता, मनुष्य और मुनि उन प्रभु का रहस्य खोजते-खोजते थककर मृत्यु को प्राप्त हो गए। हे प्रभु! वे आपका पार नहीं पा सके। फिर भक्त वाजिद की क्या बिसात है? उसके तो मन और बुद्धि से आप परे हैं।

26. चित हरन चेटक बरंन। त तरुन बिरध नहीं सोइ।
जन बाजीद निरंजनहि, दिसि न देखै कोई ॥

भावार्थ—वे प्रभु चित्त को हरनेवाले, इन्द्रजालिक वर्ण वाले हैं। न वे युवा है, न वृद्ध हैं। उनको पाने के लिए कोई दिशा (उपाय) भी नहीं दिखाई दे रही है।

27. बाजीद जदिपि द्रिस्टि न देखिये, तदिपि कीजै नेह।
नांव न कबहूँ बिसारिए, परम सयानप ऐह ॥

भावार्थ—यद्यपि निरंजन अगोचर हैं, फिर भी उनसे प्रेम करते रहना चाहिए। परम बुद्धिमत्ता यही है कि उनके नाम-स्मरण को कभी नहीं भुलाना चाहिए।

28. बाजीद जाति बरन को कहि सकत, मन बुधि अगम अलेख।
नावहि लगि जगि निस्तरें, जोगी जंगम सेख ॥

भावार्थ—उन परम ब्रह्म (निरंजन) की जाति और वर्ण का कोई वर्णन नहीं कर सकता। वे मन और बुद्धि से अगम्य और अगोचर हैं। योगी, जंगम और शेख उनके नाम का स्मरण करके ही इस संसार से पार हो गए थे।

दोहा

29. परमिति पखैं पार कौंण पाबैं, नांऊ उजल भरि जे आभ।
अहनिसि रांम रसांइण पीजै, आपहिं उतरौं ही लाभ ॥

भावार्थ—उन असीम की सीमा (मर्यादा) को कोई नहीं पा सकता। उनके नाम-स्मरण में भी अद्‌भुत आभा है। रात-दिन राम-भक्ति रूपी रसायन को पीते रहना चाहिए। उससे पार उतरने (संसार-सागर से) का लाभ स्वयं मिल जाता है।

॥ गुन संम्रथ नांमौ ॥

दोहा

1. बाजीद संम्रथ मेरा सांईया, बुधि बल कछू न समाइ।
बंदा आगैं अनुसरैं, त्यौं त्यौं धके खाइ ॥

भावार्थ—मेरे स्वामी समर्थ हैं। उनके समक्ष किसी की बुद्धि और शक्ति काम नहीं देती। यदि कोई सेवक उनसे आगे चलने का प्रयास करता है अर्थात् होड़ करता है तो उसे धक्के खाने पड़ते हैं।

2. बाजीद दरिगहि बड़ी दिवांन की, मिहरि न कोऊ लैहि।
राजा रांनां छत्रपति, सब कौं धके दैहि ॥

भावार्थ—उन परमेश्वर का दरबार पद, प्रतिष्ठा और अधिकार में विशाल है। वहाँ किसी भी अपराधी को दया नहीं मिलती। राजा हो या राणा या छत्रपति (महाराज) सबको उस दरबार में धक्के खाने पड़ते हैं।

3. बाजीद मुनिजन महल न पांवही, जे पलटैंहि निति पौंन।
राजा रांनां छत्रपति, ते ब गिनेहि कहि कौंन ॥

भावार्थ—प्राण-वायु को उलटकर सहज-साधना करने वाले मुनि-गण भी उनके सामीप्य का लाभ (अवसर) नहीं पा सके हैं। फिर राजाओं, राणाओं और महाराणाओं की क्या बिसात है? वे तो गिनती में भी नहीं आते हैं।

4. बाजीद मार मार दह दिसि करैं, लकुटी लीयैं हाथ।
क्रिपा बिना को लावई, चरन कंवल कौं माथ ॥

भावार्थ—वे पापियों-अपराधियों को दसों दिशाओं से घेर कर, दण्ड हाथ में लिए प्रहार करते रहते हैं। उनकी कृपा के बगैर कोई भी प्राणी उनके चरण-कमलों पर अपने सिर का स्पर्श नहीं करा सकता है। अर्थात् चरण-वन्दना के लिए भी उनकी कृपा अनिवार्य है।

5. बाजीद द्वारि खरे खिजमति करैं, जोगी जंगम सेख।
दया बिना दीवांन की, दरिस सकै को देखि ॥

भावार्थ—योगी, ज़ंगम (लिंगायत सम्प्रदाय का धर्म गुरु) और शेख़ (खलीफ़ा या महंत) जिनके द्वार पर खड़े होकर ख़िदमत करते रहते हैं। लेकिन परमेश्वर की कृपा के बिना वे उनकी झलकी भी नहीं पा सकते हैं।

6. बाजीद मुरीदहि को गनत, संकु समांनीं पीरि।
मैंटि चलै मरजाद जौं, बिचि तैं डारै चीरि ॥

भावार्थ—मुरीदों (शिष्यों) की तो क्या गिनती, पीरों (धर्म गुरुओं) के मन भी सशंकित (भयभीत) रहते हैं। जिन्होंने संसार और प्रभु की मर्यादा का अतिक्रमण किया उन्हें बीच में से चीर दिया गया।

7. बाजीद धरती अंबर आदि दै, रवि ससि पानी पौंन।
जोति समेटहि प्रभू जौ, जग महि रहै सु कौन ॥

भावार्थ—उन प्रभु ने पृथ्वी, आकाश, सूर्य, चन्द्रमा, पानी और पवन की सर्जना की है। जब वे अपनी कला (ज्योति) को समेटते हैं तो इस जगत् में कोई भी जीवित नहीं रह सकता है।

8. बाजीद रुई के पहल ज्यौ, परबतहु उडि जांहि।
कोप करहि करतार जौ, कौंन रहैं कलि मांहि ॥

भावार्थ—प्रभु यदि कुपित हो जाएँ तो इस कलियुग में कोई जीवित नहीं रह सकता है। उनके क्रोध के समक्ष पर्वत भी रुई की हल्की परत के समान उड़ जाते हैं।

9. बाजीद जीवहि क्रिपा कटाछि तैं, जग के जेते लोई।
नजरि फिरावहि नैंक जौ, पिरथी परलै होई ॥

भावार्थ—इस संसार के जितने लोग हैं, वे प्रभु की कृपा-कटाक्ष से जीते हैं। वे तनिक भी अपनी नज़र फिरा लें तो इस पृथ्वी पर प्रलय हो जाती है।

10. बाजीद कौपैं केवल काल है खलक मुलक कौं खाइ।
आपैं आप विराजई, मैं तैं सब मिटि जाइ ॥

भावार्थ—उनका कोप काल के समान भयंकर होता है। यह सारा जगत् और समस्त देश विनष्ट हो जाते हैं। केवल प्रभु ही बचे रहते हैं। बाकी सभी लोग समाप्त हो जाते हैं।

11. बाजीद अनाथ नाथैं महाबली, कोऊ धरै न धीर।
दरिगह के ब गुलाम सब, कुतब गौस कहा पीर ॥

भावार्थ—वे प्रभु अनाथों के नाथ हैं। प्रबल पराक्रमी हैं। उनके सामने बड़े-बड़ों का धैर्य छूट जाता है। उनके दरबार के सभी दास हैं चाहे वे कुत्ब हो या बली से

बड़ा महात्मा या धर्म गुरु हो। 'कुत्ब = मुसलमान ऋषि जिनके सुपुर्द कोई बड़ा इलाका होता है।

12. बाजीद मरजाद को मैटई, तीनि लोक को ईस।
सुर नर मुनि जोगी जती, पाइनि नांवहि सीस ॥

भावार्थ–प्रभु तीनों लोकों के स्वामी हैं। उनकी मर्यादा को कोई भी भंग नहीं कर सकता है। जितने देवता, मनुष्य, मुनि, योगी और यती हैं, वे सब उनके चरणों में अपना शीश नवाते हैं।

13. बाजीद पाप जांहि सब बिलै है, प्रापति होइये पुंनि।
चरन कंवल रज बाछंई, सिव बिरंचि महा मुनि ॥

भावार्थ–उनकी कृपा से व्यक्ति के सब पाप दूर हो जाते हैं। वह पुण्यवान् हो जाता है। शिव, ब्रह्मा और बड़े-बड़े मुनि उनके चरण-कमलों की धूलि की याचना करते रहते हैं।

14. बाजीद अति ही बेहद साहिबी, कोधौं पहुँचै अब।
दसौ दिसा पिय पिय करैहि, जीव जगत के सब ॥

भावार्थ–प्रभु की साहिबी (ईश्वरत्व, मालिकी) अत्यन्त असीम है। कोई उस तक पहुँच भी नहीं सकता है। संसार के दसों दिशाओं के समस्त प्राणी 'प्रिय-प्रिय' कह करके उन्हें टेरते रहते हैं।

15. बाजीद बेद पुरांन कुरांन पढ़ि, पंडित बैसे हारि।
द्रुलभ है पुनि पहुचिबौ, मन बुधि पैली पारि ॥

भावार्थ–पंडित और मौलवी वेदों, पुराणों और कुरानों को पढ़-पढ़कर थक गए। वे प्रभु मन और बुद्धि से परे हैं। उन तक पहुँचना अत्यन्त दुर्लभ है।

16. बाजीद मारगु खंडे धार है, कहि कहाँ धरिये हि याइ।
मिहरि उनहु कीतै मिलैहि, जीव जगत के जाइ ॥

भावार्थ–उन तक पहुँचने का मार्ग खड्ग की धार पर चलने के समान कष्टदायी और प्राणांतक है। उस मार्ग पर चलने के लिए हृदय को अत्यन्त मजबूत करना पड़ता है। उनकी कृपा हो जाए तो उन संसार के प्रभु का साक्षात्कार हो सकता है।

17. बाजीद अपनैं बलि कोऊ नां मिलै, मन बुधि पैली वोर।
लीनैं चरन लगाइ कैं, चितै क्रिपा की कोर ॥

भावार्थ–अपने बल पर कोई उनका साक्षात्कार नहीं कर पाता है। वे मन और बुद्धि से परे हैं। उनके चरणों में चित्त लगाकर ही उनकी कृपा की कोर (किनारा) पाई जा सकती है।

18. बाजीद मन बुधि मंझ न आवई, ध्यान धरहि कहीं लोइ।
तीनि लोक ता मुख महैं, जा पटतरि नहीं कोइ ॥

भावार्थ—लोगों के ध्यान लगाने पर भी वे मन और बुद्धि के घेरे में नहीं समाते हैं। तीनों लोकों के लोग उनकी कृपा पाने के लिए उनका मुँह ताकते रहते हैं। इस संसार में उनके समान और कोई नहीं है।

19. बाजीद जाति पाँति कुल बरन बिन, स्याम पीत नहीं सेत।
पार न कोऊ पावई, निगम कहत तिहि नेत ॥

भावार्थ—वे जाति-पाँति, कुल और वर्ण से रहित हैं। वे न श्याम हैं, न पीत और श्वेत हैं। उनका कोई पार नहीं पा सकता है। वेद उन्हें नेति-नेति (न इति) कहते हैं।

20. बाजीद पटतरि देइ कौंन की, सुनहु सयानैं लोइ।
वै नहीं काहू सारिखे, न तौ बवौ सौ कोइ ॥

भावार्थ—हे बुद्धिमान लोगों! उनकी उपमा किसी से नहीं दी जा सकती है। वे किसी के समान हैं भी नहीं। आज तक उन जैसा कोई पैदा भी नहीं हुआ।

21. बाजीद सात समुद नौ सै नदी, गगन धरनि स्यौ सेख।
आडम्बर ऐतौ रच्यौ, ऐक सबद स्यौ देख ॥

भावार्थ—सात समुद्रों और नौ सौ नदियों के अलावा धरती से आकाश तक जितनी भी वस्तुएँ हैं वे सभी उनकी रचनाएँ हैं। इतने आडम्बरों को उन्होंने एक ही शब्द ओम से रचा है।

22. बाजीद यहु सब खेल सकेलि कैं, रहि है आपैं आप।
गुंन अतीत गौब्यंद हैं, पुनि लिपै न पाप ॥

भावार्थ—वे प्रभु इस सब कौतुक को समेटकर, अपने आप में खोये-समाए रहते हैं। वे गोविन्द गुणातीत हैं। पाप और पुण्य से परे हैं। अर्थात् दोनों में ही लिप्त नहीं होते।

23. बाजीद नां पैदा हू पैदा करै, पैदा तैं नापैद।
सुरपुर नरपुर, नागपुर तिहुँ लोक तिहि कैद ॥

भावार्थ—वे प्रभु न तो पैदा हुए हैं न पैदा करते हैं। जितने पैदा होते हैं उनसे अलग अजन्मा हैं। स्वर्ग, पृथ्वी और पाताल इन तीनों लोकों में उनका अस्तित्व रहता है।

24. बाजीद जित भेजैं तित जांहि उठि, ऊतर करहिं न कोइ।
अग्याकारी सब कोऊ, महि मंडल के लोइ ॥

भावार्थ—वे जिसको चाहें, इधर-उधर भेज देते हैं। कोई उनके आदेश की अवहेलना नहीं कर सकता है। इस पृथ्वी के समस्त लोग उनके आज्ञाकारी हैं।

25. बाजीद संम्रथ मेरा सांईंयां, कौन सकै तिस लोप।
इंद्रु डरै आसनु डिगै, करै कबहु जौ कोप ॥

भावार्थ—मेरे प्रभु (अत्यन्त) सामर्थ्यवान हैं। किसी का साहस नहीं कि उनके अस्तित्व का लोप कर दे। यदि कभी कुपित हो जाएँ तो इन्द्र का आसन भी डोलने लगता है।

26. बाजीद अति ही अद्‌भुत साहिबी, संकहि सुर मुनि लोइ।
गहि करि गरदनि मारई, पला न पकरै कोइ ॥

भावार्थ—उनकी साहिबी (ईश्वरत्व या मालिकी) अद्‌भुत है। देवता और मुनि भी सशंकित (भयभीत) बने रहते हैं। कोई उनका पल्ला तक नहीं पकड़ सकता। वे गर्दन पकड़कर सभी को मार सकते हैं।

27. बाजीद सपत दीप चौदह भुवन, उप्यम कौं नहीं आंन।
बंदी जन जस बोलई, बेद पुरान कुरांन ॥

भावार्थ—सप्त दीपों और चौदह भुवनों में उनकी कोई उपमा नहीं है। चारण-भाट, वेद, पुराण और कुरान उनके यश का गान करते रहते हैं।

28. बाजीद महिमां वार न पार कहू, मरदनि कौं ब मरद।
तनहां कैं सिरि छत्र दे, छत्रपती करै गरद ॥

भावार्थ—उनकी महिमा का कोई ओर-छोर नहीं है। वे मर्दों के भी मर्द हैं। फ़कतदम (निर्धन) को महाराजा और महाराजा को धूल (अपदार्थ) बनाने का सामर्थ्य रखते हैं।

29. बाजीद दरिगहि देखि दिवान की, आबै हाक न बाक।
जिमीं दुलीचा गगन घर, चंद सूर चिराक ॥

भावार्थ—परमेश्वर के दरबार की भव्यता को देखकर व्यक्ति हक्का-बक्का रह जाता है। न उसमें पुकारने या ललकारने की शक्ति रहती है और न वक्रता। पृथ्वी उनका गलीचा है, आकाश उनका घर है। सूर्य और चन्द्रमा उनके चिराग़ (दीपक) हैं।

30. बाजीद राजा अपनैं रंगु का छाजा यहु ब्रह्मंड।
करन मतै सोई करै, भाव भगति पाखंड ॥

भावार्थ—वे अपने ढंग के राजा हैं। सारा ब्रह्माण्ड उनका राज्य है जिसमें वे

शोभायमान हैं। उनके समक्ष कोई भी पाखण्डपूर्ण भाव-भक्ति नहीं कर सकता है।

31. बाजीद जीय कै सारै नहि कछु, डोरी पिय कैं हाथि।
कहा जानूँ कंत मोकलै, किहि मारग को साथ ॥

भावार्थ—वाजिद कहते हैं जीव के वश में कुछ नहीं है। उसकी डोरी प्रिय (ब्रह्म) के हाथों में है। मुझे पता नहीं है कि प्रिय मुझे त्याग देंगे या किसी मार्ग में साथ देंगे।

32. बाजीद मन बच क्रम जन गोई भौ, पाप पुंनि दोऊ हाल।
कौ जानैं कत लाई है, जीवन जगत गुपाल ॥

भावार्थ—जो साधक या भक्त मन, कर्म और वचन से एकनिष्ठ होकर, पाप और पुण्य से निर्लिप्त होकर उनका ध्यान करता है, न जाने कब उस पर जीवन और जगत् के स्वामी प्रसन्न हो जाएँ।

33. बाजीद गुंन[1] काटे निगुंन[2] कीये, बहे धार मैं जांहि।
घटि औघटि कहाँ लाइ है, मोहि भरौसौ नांहि ॥*1

पाठा—1. गुंण (ग), 2. त्रिगुण (ग)।

*1. इसके तुरन्त बाद निम्न अरिल्ल आया है—

मोहि भरोसौ नांहिं सति सुनि बीर रे।
गहि कैं करैंहि गरक कि लावैं तीर रे।
ग्यांनीं गुनी ब सूर सु गोता खात है।
परिहाँ बाजीद बिचारौ कौन किती एक बात है ॥34॥

भावार्थ—वाजिद कहते हैं—गुणों को छोड़कर निर्गुणी बनकर इस संसार सागर में बहे चले जा रहे हैं। मुझे यह भरोसा नहीं है कि मुझे सुघाट पर पहुँचाएँगे या बीहड़ घाट पर।

दोहा

प्रिथी डोलै दसौ दिसि, कोप करैंहि जौं नाथ।
जल थल महि के जीव जे, ते सब पीय के साथ ॥*2

2. इससे पूर्व निम्न अरिल्ल और आया है—

तो महिमां वार न पार लोक त्रिय नाथ हैं।
जल थल महि के जीव पीय के हाथि हैं।

कोऊ ब धरै न धीर कोपि जौ बोलई।
परि हाँ बाजीद बिचारौं कौन प्रिथी सब डोलई ॥35॥

भावार्थ–यदि प्रभु क्रोध करने लगें तो पृथ्वी दसों दिशाओं में काँपने लगती है। जल, थल और पृथ्वी के जितने भी जीव हैं, वे सभी प्रिय के साथ जुड़े होते हैं। अर्थात् उनका जीवन प्रिय (ब्रह्म) के हाथों में ही होता है।

॥ गुन श्री मुखनामा ॥

दोहा

1. साधनि संगि सदा रहौं, सुनहु सयांनै लोइ।
मन बच क्रम मोकौं भजै, गंजि न सकई कोइ ॥

भावार्थ—हे बुद्धिमान साधकों! सदैव सत्संग करना चाहिए। जो भक्त या साधक मुझे वन, वचन और कर्मों से भजता है, उसकी कोई अवज्ञा (तिरस्कार) नहीं कर सकता है। दूसरे शब्दों में उसका कोई बाल भी बाँका नहीं कर सकता है।

2. खंभ मांझ नरस्यंघ ह्वै प्रगट्यौ जन ही काज।
हरनकसिब कौं लै गयो, ज्यौं तीतर कौं बाज ॥

भावार्थ—अपने भक्त के हित में, मैं नृसिंह रूप धारण करके खंभ से प्रगट हुआ और हिरण्यकशिपु को उसी प्रकार दबोच लिया जैसे बाज तीतर को दबोच लेता है।

3. भगत सु मेरी आतमा, जाकौ जाइ बिरोध।
सुरपुर नरपुर नागपुर, जहाँ जहाँ मारौं सोधि ॥

भावार्थ—भक्त ही मेरी आत्मा हैं। उनका विरोध करनेवाला या सतानेवाला वैरी यदि स्वर्ग, पाताल या पृथ्वी पर जहाँ भी छिपा होगा, वहीं उसे खोजकर मार डालूँगा।

4. आंन देव की सेवा तजि, मोहि नवायो माथ।
मेरे दिसि अंगुरी करै, ताकौ काटौं हाथ ॥

भावार्थ—जो दूसरे देवी-देवताओं की सेवा छोड़कर, मुझे सिर नवाता है, वही मेरा सच्चा भक्त है। जो मेरी ओर अँगुली उठाता है, मैं उसके हाथों को काट देता हूँ।

5. सौंह कीये तासों कहत, यहु जांनीं जिय मांहि।
बाधी मेरे दास की, मोपैं छूटति नांहि ॥

भावार्थ—तुमने शपथ खिलाई है इसलिए रहस्य की बात बताता हूँ—यह मन में अच्छी तरह समझ लो कि भक्त मुझे अपनी भाव-भक्ति से प्रेम-बन्धन में बाँध लेता है, वह बन्धन मुझसे तोड़ा या छोड़ा नहीं जाता।

6. साखी बेद पुरान सब, राखी जन की रेख।
ऊदर बिदारयौ असुर कौ, नारस्यंघ कै देख ॥

भावार्थ—वेद और पुरान सभी साक्षी हैं कि मैंने सदैव भक्तों की रक्षा की है। देखो, नृसिंह बनकर प्रह्लाद को सताने वाले हिरण्यकशिपु के हृदय को मैंने चीर कर रख दिया था।

7. भगति करी लैलीन है, तंजि ब लोक की लाज।
देवल फेर्यो देखि मैं, केवल नांमा काज ॥

भावार्थ—लोक की झूठी मर्यादा छोड़कर जिसने एकाग्र भाव से मेरी भक्ति की, उसका मैंने प्रण निभाया है। भक्त नामदेव के हित में मैंने मन्दिर के दरवाज़े को पीछे की ओर मोड़ दिया था।

8. छत्रपति कोप्यौ काल है, करि न सक्यौ कछू अंत।
राख्यौ दास कबीर मैं, गहि गैंवर के दन्त ॥

भावार्थ—जब काल स्वरूप शाह (क़ाज़ी) कबीर पर क्रोधित होकर उन्हें मरवाना चाह रहा था, तब वह उसका कुछ भी बिगाड़ नहीं सका था। मैंने ही भक्त कबीर की हाथी के दाँतों से रक्षा की थी।

9. द्रुबासा जीय भेष धरि, गयौ बदे न सराप।
भयौ अंबरीष उबारि कैं, मन बच क्रम मैं आप ॥

भावार्थ—द्वादशी के पारण में दुर्वासा के लौटने में विलम्ब जान कर अम्बरीष द्वारा भगवान के चरणामृत लेने को अपनी अवज्ञा समझकर कुपित हुए दुर्वासा के शाप के फलस्वरूप, जटा के एक बाल से उत्पन्न कृत्या राक्षसी से मैंने ही अम्बरीष की रक्षा की थी। मैं भक्तों के मन, वचन और कर्मों में समाया रहता हूँ।

10. देखी अनदेखी करौ, जन की दैव न दादि।
भगति मांझ भांगो परै, करै सु मोहि को यादि ॥

भावार्थ—संसार मेरे भक्तों की देखी-अनदेखी कर रहा हो या उन्हें पूर्व जन्म के उपार्जित कर्मों का न्यायोचित फल न मिल रहा हो या भक्ति में व्यवधान पड़ रहा हो तो इन स्थितियों में भक्त मुझे ही स्मरण करते हैं।

11. यहु दुख साचो सोना परै, साध सतावे कोइ।
लोही पीवौ पछारि कै, त्रिपति सु तऊ न होइ ॥

भावार्थ—कोई सन्तों-साधुओं को सताये, यह मुझसे नहीं देखा जाता। मैं सताने वाले दुष्टों को पछाड़कर उनका लोहू पी जाता हूँ। फिर भी इस सजा से मुझे तृप्ति (सन्तोष) नहीं होता है।

12. मेरे जन तन जौ कोऊ, चितवै कररी दीठि।
चाबुक तोरौं चौहटें, गुनाहगार की पीठि ॥

भावार्थ—मेरे भक्त के शरीर को यदि कोई कर्री (कठोर) दृष्टि से देखता है तो मैं उसे चौराहे पर खड़ा करके चाबुक मार-मार कर उस पापी (दोषी) की पीठ को उधेड़ देता हूँ।

13. ज्रो ब संतावै साध कौं, सो दोषी है मोरि।
गहि करि गरदनि मारि हौ, कबहूँ न बकसौं चोर ॥

भावार्थ—जो साधु-सन्त को सताता है, वह मेरा दोषी होता है। मैं उस दुष्ट को कभी क्षमा नहीं करता हूँ। उसकी गर्दन पकड़कर मरोड़ देता हूँ।

14. मोही तै डरपत है, मोही मांझ समाहिं।
मो बिन मेरे दास कौ, ठौर लोक त्रिय नांहि ॥

मेरे भक्त मुझसे ही डरते हैं और अन्त में मुझमें ही लीन हो जाते हैं। (अभेद और अद्वैत स्थिति में आ जाते हैं)। मेरे बिना मेरे भक्त को त्रिलोक में कोई ठौर (आश्रय) नहीं है।

15. पसहु कौं प्यारौ लगै, न्यारौ कीयो न जाइ।
आगैं आगैं बछरा, पीछैं पीछैं गाइ ॥

भावार्थ—पशुओं को भी अपनी सन्तान प्रिय लगती है। वे उन्हें अपने से अलग नहीं करते हैं। आगे-आगे बछड़ा चलता है पीछे-पीछे गाय चलती है। उसी प्रकार मैं अपने भक्तों से असीम प्रेम करता हूँ। उनसे कभी पृथक् नहीं होता हूँ।

16. हौं ही माता हौं पिता, मो बिन और न कोइ।
साहिब सेवग बिसरई, पिरथी परलैं होइ ॥

भावार्थ—मैं ही भक्तों का माता-पिता हूँ मेरे अलावा उनका और कोई नहीं है। यदि स्वामी अपने सेवक को भूल जाए तो पृथ्वी पर प्रलय आ जाएगी।

17. गुन अतीत निरधार हौं, निगम कहत मोहि नेत।
छूट्यौ अबहि सु ना परैं, बंध्यौ साध कैं हेत ॥

भावार्थ—मैं गुणातीत (निर्गुण) और निराधार (निराकार, अज्ञेय और अलख) हूँ। वेद मुझे नेति-नेति (न इति) कहते हैं। मैं सन्तों और भक्तों से बँधा हुआ हूँ। मेरा और उनका सम्बन्ध कभी छूट नहीं सकता है।

18. धरती अंबर आदि दैं, रवि ससि पानीं पौंन।
साधनि लगि ऐ तौ रच्यौ, न तौं ब कारिज कौंन ॥

भावार्थ—मैंने धरती, आकाश, सूर्य, चन्द्रमा, जल और पवन की रचना साधु-सन्तों

के हितों के लिए की है। अन्यथा इन्हें रचने का मेरा कोई प्रयोजन नहीं था।

19. निहि स्वाद निरबैरता, न्रिलोभी निहिकांम।
अनंत न मोकौं जानि यहु, साध मेरौ निज धांम ॥

भावार्थ–मैं निरास्वाद, निर्वैरी, निर्लोभी, निष्कामी, अनन्त व अज्ञेय हूँ लेकिन साधु और सन्त मेरे आश्रय-स्थल हैं।

20. जल थल महियल सोधि सब, अब सु रह्यौ इहि ठांऊँ।
मोहि समरपै जो कोऊँ, साधनि मुखि है खांऊँ ॥

भावार्थ–मुझे लोग जल और थल में खोजते हैं लेकिन मैं केवल भक्तों, साधकों और सन्तों के हृदय में निवास करता हूँ। जो पदार्थ मुझे भोग के रूप में समर्पित किए जाते हैं, मैं उन्हें साधु-सन्तों के माध्यम से ग्रहण करता हूँ।

21. हमहि इनहि अन्तर नहीं, सति कहत सुनि तोहि।
साध सुखी तौ हौं सुखी साध दुखी दुख मोहि ॥

भावार्थ–मैं तुमसे सत्य कहता हूँ कि मुझमें और मेरे भक्तों और सन्तों में कोई अन्तर नहीं है। भक्त और सन्त सुखी होते हैं तो मैं सुखी होता हूँ और वे दुःखी होते हैं तो मैं भी दुःखी होता हूँ।

22. साध सु मेरौ सरीरू है, हौं संतनि कौ जीव।
स्वांमी सेवग यू मिलैं, ज्यूँ ब दूध अरु घीव ॥

भावार्थ–साधु ही मेरा शरीर है। मैं सन्तों का प्राण हूँ। स्वामी (मैं) और सेवक (भक्त) ऐसे मिले होते हैं जैसे दूध में घी समाहित रहता है।

23. जनमि न जूये जांनियहु, मैं तैं मेरे दास।
मन बच क्रम अब यै मिलै, ज्यौं ब फूल अरु बास ॥

भावार्थ–मेरे भक्त अपने जन्म को जुए (संशय, अनिश्चितता) में नहीं गँवाते हैं। मेरे भक्त मुझसे ही संलग्न रहते हैं। मन, वचन और कर्मों से मुझसे ऐसे अभेद-अद्वैत रहते हैं जैसे पुष्पों में सुगन्ध समाहित रहती है।

24. निसि बासुरि सुमिरत रहै, महा न्रिमल करि मन।
सो ब बस्त कहि कौंन है, लै गुदराऊँ जन ॥

भावार्थ–मेरे भक्त (सन्त) रात-दिन मेरे नाम का निर्विकार मन से स्मरण करते रहते हैं। मैं इसी सोच-विचार में रहता हूँ कि ऐसी कौन-सी बहुमूल्य वस्तु है जिसे मैं भक्तों और सन्तों को देने के लिए गुज़ारिश (निवेदन) करूँ।

25. अबहि सु आसगु नां परति, सोचत हौ दिन राति।
कहा दै भलौ भलाइये, भगत हमारी जाति ॥

भावार्थ—यद्यपि ऊहापोह बनी रहती है, फिर भी रात-दिन यही सोचा करता हूँ कि भक्तों और सन्तों को ऐसी कौन-सी अच्छी और श्रेष्ठ वस्तु प्रदान कर दूँ जिससे उनका भला (कल्याण) हो जाए।

26. जोई जोई आवै सरन तकि, सोई अपनौं करि लैऊँ।
भगत बछल यहु विरद मन, कर तै छाड़ि न देऊँ ॥

भावार्थ—जो भक्त मेरी शरण में आते हैं, मैं उन्हें अपना लेता हूँ। भक्त-वत्सल होने का जो मेरा यश है, उसे हाथ से छोड़ना नहीं चाहता हूँ।

27. सनमुखि आवो चाहिए, हौं क्यौं छाड़ौं हाथ।
सुरपुर नरपुर नागपुर, तीनि लोक कौं नाथ ॥

भावार्थ—जो भक्त साधना और भक्ति के माध्यम से मेरे समीप आ जाते हैं। मैं उनका कभी हाथ (साथ) नहीं छोड़ता हूँ। स्वर्ग, पृथ्वी और पाताल इन तीनों लोकों में मेरा यही विरुद फैला हुआ है।

28. जोगी जंगम तपसी, सिव बिरंचि महा मुनि।
हस्त कंवल की छाँह मैं, राखे जुगनि जुगनि ॥

भावार्थ—योगी, जंगम (लिंगायत सम्प्रदाय के धर्म-गुरु), तपस्वी, शिव, ब्रह्मा और बड़े-बड़े मुनियों (महामुनि वाल्मीकि की भी उपाधि है) को मैंने युगों तक अपने हस्त-कमलों की छाया में रखा है।

29. आप सरीखे करि लीये, धरि मस्तिक पर हाथ।
संगि बिराजौं साध कै, कबहूँ न छाड़ौ साथ ॥

भावार्थ—उनके मस्तक पर हाथ रखकर मैंने उन्हें अपने जैसा बना लिया है। मैं अपने भक्तों और सन्तों के साथ बैठकर ही शोभा पाता हूँ। उनका हाथ (साथ) कभी नहीं छोड़ता।

30. दुरी बस्त यहु जीव की, प्रगट कहत हौं तुझ।
धू धरती ज्यौं अटल है, जे बल गेहैं मुझ ॥

भावार्थ—मैं तुम्हें प्राणी के गोपनीय रहस्य को खोलकर बताता हूँ कि जैसे ध्रुव (तारा) और धरती अटल बने हुए हैं, ये मुझसे ही शक्ति पाकर अटल बने हैं। अतः भक्त भी मेरा सहारा पाकर स्थिर चित्त हो जाते हैं।

अरिल्ल

31. जे बल गेहैं मुझ, ते मेरा प्रांन है।
जन बाजीद बिचारि, न अैसे आंन है ॥

अष्ट सिधि नव निधि, न राखौं दासतै।
परिहाँ मुख देखत सुख मोहि, ऊठौ नहीं पास तैं ॥*

टिप्पणी–*इस अरिल्ल को अरिल्लों के अन्तर्गत व्याख्या सहित दे दिया गया है।

दोहा

32. पास न छाडूं दास को, मुख देखत सुख मोहि।
बाजीद विवेकी जीव है, बहुत कहा कहौं तोहि ॥

प्रभु कह रहे हैं–मैं अपने भक्तों का सामीप्य नहीं छोड़ सकता हूँ। उनका मुख देखकर मुझे सुख होता है। मेरा भक्त विवेकशील होता है। अतः मैं तुमसे अधिक क्या कहूँ?

॥ गुन नाम माला ॥

दोहा

1. भेद भरम जाइ जिनि धरौ, हा हा हौं बलि जांव।
रसना कै सुख कारनै, लीजत बहु बिधि नांव ॥

भावार्थ—जिनके नाम-स्मरण करने से भेद और भ्रम दूर हो जाते हैं, मैं उन पर बलिहारी जाता हूँ। जिह्वा-सुख के कारण मैं अनेक विधि से प्रभु का नाम लेता रहता हूँ।

2. जाकैं रंग राचे सब, जोगी जंगम सेखु।
करता कहौ करीम को, अलहु कहौ अलेखु ॥

भावार्थ—जिन प्रभु के रंग में योगी, जंगम और शेख़ आदि सभी रंगे हुए हैं। उन्हें कर्त्ता कहो या करीम (दयालु, ईश्वर), अल्लाह कहो या अगोचर (परमेश्वर)। ये सभी नाम एक ही प्रभु के हैं।

3. अंतरजामी जगतगुर, जन के पुरवन कांम।
भौ जल भ्रम निवारि तू, खेवट राजा रांम ॥

भावार्थ—वे प्रभु अन्तर्यामी और जगत्गुरु हैं। वे भक्तों की समस्त इच्छाओं को पूरे करने वाले हैं। इस संसार-सागर के मझधार में पड़कर तू सभी भ्रमों को दूर करके राजा राम की शरण ग्रहण कर ले। वे ही सच्चे खेवनहार हैं।

चौपाई

4. तौ रांम नाम जपि त्रिभुवनसार। भौ सागर तैं उतरौ पार ॥
सुर नर मुनि जन जाकी सेव, सुमिरहु क्यूँ न निरंजन देव ॥

भावार्थ—त्रिलोक के सार-तत्त्व राम के नाम का जाप कर ले। तभी तुम भवसागर से पार उतर सकोगे। तुम उन निरंजन देव का स्मरण क्यों नहीं करते हो जिनकी देवता, मनुष्य और मुनिगण सेवा करते हैं।

5. माया ममिता तजि झकझोर। सुमिरौ क्यूँ न स्यांम सिरि मौर ॥
दूंरि करन भ्रम भै जंजालु। सुमिरहु न कहिन दीनदयाल ॥

भावार्थ–सांसारिक माया-मोह को तेजी से छिटककर, संसार के शिरोमणि श्याम का स्मरण क्यों नहीं करते हो? वे दीनदयाल स्मरण करने पर समस्त भ्रमों, भयों और जंजालों को दूर करने वाले हैं।

6. दीनी चरन कंवल कर सीस। सुमिरौ जांन राई जगदीस ॥
जाकी जोति जगत प्रगास। संतौ कहिन सुमिरौ तास ॥

भावार्थ–प्रभु के चरण-कमलों पर अपना शीश रखकर, सर्वज्ञ और जगत् के स्वामी का स्मरण करना चाहिए। उनके नूर (प्रकाश) से सारा संसार प्रकाशित हो रहा है। सन्तों का भी यही कहना है कि उन्हीं का स्मरण करना चाहिए।

7. ताकी तिहि लोक मैं आंनु। भाव सहित सुमिरौ भगवांनु ॥
जै सुख चाहौ सकल सरीर। सुमिरौहु माधौ मनु करि धीरु ॥

भावार्थ–जिनकी तीनों लोकों में दुहाई दी जाती है। उन प्रभु को भाव-भक्ति के साथ स्मरण करना चाहिए। यदि शरीर के समस्त सुख पाना चाहते हो तो मन में धैर्य और दृढ़ता करके माधव का स्मरण करना चाहिए।

8. जीव जंतु सबके प्रतिपाल। ग्यांन इहै सुमिरहु गोपाल ॥
भ्रम जिनि भूलहु रे उतिम नरू। सुमिरहु करुनामैं किनि कंन्हरू ॥

भावार्थ–वे संसार के सभी जीव-जन्तुओं का पालन करने वाले हैं। बुद्धिमत्ता इसी में है कि उन गोपाल का स्मरण करते रहना चाहिए। श्रेष्ठ मनुष्य भी भ्रमवश जिन्हें कभी-कभी भूल जाते हैं, उनको करुणामय प्रभु का स्मरण करते रहना चाहिए।

9. जरत अगनि क तप लवंग हौ। सुमिरहु पार ब्रह्म सुख लाहौ ॥
काल करम की काटन पासी। सुमिरहु क्यूँ न अकल अबिनासी ॥

भावार्थ–जैसे अग्नि में लवंग (लौंग) भुनकर लाभप्रद हो जाती है उसी प्रकार सुख व लाभ पाने के लिए परम ब्रह्म का स्मरण कर लेना चाहिए। काल और कर्मों के बन्धन काटकर उन अकल (अखण्ड, निराकार) और अविनाशी प्रभु का स्मरण करना चाहिए।

10. तिसनां तजहु होइ चितु चैंनु। साहिब कौं सुमिरहु दिन रैंनु ॥
जाकैं रूप सकल जगु राता। सुमिरहु मनमोहन सुख दाता ॥

भावार्थ–जैसे तृष्णाएँ त्यागने पर चित्त को आराम मिलता है, वैसे ही प्रभु का रात और दिन स्मरण, करने से चित्त विश्रान्ति पाता है। जिनके सौन्दर्य पर समस्त संसार अनुरक्त रहता है, उन सुखदायक मनमोहन का स्मरण करना चाहिए।

11. रिधि सिधि बपुरी जनु की चेरी। मदसूदन भजि सुनि सिख मेरी ॥
कहा आंनि कीनौ संसारी। भजहु दमोदर गरब निवारी ॥

भावार्थ–ऋद्धियाँ और सिद्धियाँ जिनकी दासी हैं उन मधुसूदन का स्मरण

करते रहना चाहिए। संसारी व्यक्ति सांसारिक-जंजालों और मायिक-प्रपंचों में फँस कर क्या पाता है? अर्थात् अपने को नष्ट करने के अलावा कुछ नहीं पाता है। इसलिए गर्व-विनाशी दामोदर का स्मरण करना चाहिए।

12. छाड़हु क्यौं न मलिन मति मंदु। सुमिरहु केसौ करहु अंनदु ॥
काकौ मूल कौंन कौं मालु। मनमोहन भजि तजि जंजालु ॥

भावार्थ—हे साधको! अपनी मलिन और मंद-बुद्धि को त्यागकर, केशव का स्मरण करके आनन्द प्राप्त करना चाहिए। किसका मूल है, किसका माल (धन-सम्पत्ति) है, इन सब प्रपंचों को छोड़कर मनमोहन का भजन करना चाहिए।

13. धरती अंबर ऊतिम छाजा। सुमिरहु क्यूँ न रामचंद राजा ॥
सोहत हैं जाकौ रजधांनी। धरनींधर सुमिरहु किनि पांनी ॥

भावार्थ—जो धरती और आकाश के राजा के रूप में अत्यन्त शोभायमान हैं, उन रामचन्द्र का स्मरण करना चाहिए। जिनकी राजधानी अत्यन्त शोभा दे रही है, उन धरणीधर का स्मरण करना चाहिए।

14. अति अनूप आदि नहीं अंतु। निसि बासुरि सुमिरहु भगवंतु ॥
काया काल करम जिनि लावहु। सकहु तौ गुन गोब्यंद के गावहु ॥

भावार्थ—जो अनुपम हैं, जिनका न आदि है न अन्त है। उन भगवंत का रात-दिन स्मरण करना चाहिए। जिनके द्वारा काया और काल के कर्मों का सुफल प्राप्त होता है, ऐसे गोविंद के गुणों का गान करते रहना चाहिए।

15. जौ लहु जनम पदारथ हाथु। साध संगति सुमिरहु जगनांथ।
भूलि न करिबी पुनि बहु कला। प्रीति सहित सुमिरहु बीठला ॥

भावार्थ—यदि तुम अपने जन्म की सार्थकता पाना चाहते हो तो सत्संग में रहकर जगन्नाथ का स्मरण करना चाहिए। अनेक कलाओं से युक्त विट्ठल प्रभु को प्रेम सहित याद करना चाहिए।

16. अंध कूप कोउ काहे परै। चत्रभुज चितु की च्यंता हरै ॥
आनन्द होई जुगहि जुग जीजै। श्रीपति सुमिर सुधा रस पीजै ॥

भावार्थ—यदि संसार रूपी अंधे कुएँ से बचना चाहते हो तो चित्त की समस्त चिन्ताओं को हरने वाले चतुर्भुज का स्मरण करना चाहिए। इससे भक्तों और साधकों को आनन्द प्राप्त होगा और युगों तक वे अमर रहेंगे। अतः श्रीपति का स्मरण करके उनके प्रेम रूपी अमृत का पान करते रहना चाहिए।

17. बेद चतुरमुखि कीरति गाई। भूधर भजहु भरम तजि भाई ॥
त्रिगुंन निराकार निहिकांमी। सारंगधर सुमिरहु अंतरजांमी ॥

भावार्थ—जिन प्रभु का वेदों और ब्रह्मा ने यशगान किया है, समस्त भ्रमों को

त्यागकर उन भूधर (प्रभु) का भजन करना चाहिए। जो निर्गुण, निराकार और निष्कामी हैं, उन अन्तर्यामी सारंगधर प्रभु का स्मरण करते रहना चाहिए।

18. घर बन पुर पटंन सब ठांऊँ। सुमिरहु क्यौं नराइन ताऊँ ॥
कौंन सयांन आंन चित लावहु। सुमिरहु रषी सेस सुखं पावहु ॥

भावार्थ—घर, वन, नगर, पत्तन आदि सभी स्थानों पर नारायण प्रभु का स्मरण करना चाहिए। कौन ऐसा मूर्ख है जो अन्य देवता को अपने हृदय में स्थान देगा! अर्थात् ऐसा कोई भी मूर्ख नहीं है। समस्त ऋषि और शेषनाग उनका स्मरण करके सुख पाते हैं।

19. संतहु सब जीवनि कौ जीव। सुमिरहु प्रांन सनेही पीव ॥
भेद अभेद भरम तैं न्यारे। सुमिरहु परभु जगत उजियारे ॥

भावार्थ—सन्तों तथा सभी जीवों के वे प्राण हैं। उन प्राणों के स्नेही प्रिय का स्मरण कर लेना चाहिए। जो भेद-अभेद और भ्रम से परे हैं, उन संसार के प्रकाश प्रभु का स्मरण करना चाहिए।

20. लालिच लोभ मोह मन मारि। परसोतम भजि उतरहु पारि ॥
पुनरपि आवागवन न होइ। नरहरि कौं सुमिरहु रे लोइ ॥

भावार्थ—लालच, लोभ और मोह से युक्त मन को मारकर (वश में करके) पुरुषोत्तम प्रभु का स्मरण करके इस संसार-सागर से पार हो जाना चाहिए। इससे प्राणी (भक्त) आवागमन से मुक्त हो जाता है। इसलिए लोगो नरहरि का स्मरण करते रहना चाहिए।

21. जौ पैं अंत बसहुगे रांनु। सुमिरहु काहै नहीं कल्यांनु ॥
दुबिधा दूरि भये सुख भारी। सुमिरहु जीवनि जगत मुरारी ॥

भावार्थ—जिनको अंत में याद करना पड़ता है (उनके अस्तित्व को स्वीकार करना पड़ता है), उन कल्याण (कारी) प्रभु को प्रारंभ से ही क्यों नहीं स्मरण कर लेते हो? इससे सारी दुविधाएँ दूर हो जाएँगी और साधकों-भक्तों को भारी सुख प्राप्त होगा। इसलिए संसार के जीवन मुरारी का स्मरण कर लेना चाहिए।

22. बहुरि कहाँ कहि धौं यहु बारू। सुमिरहु सबकौ सिरजनु हारू ॥
राव रंक बसि कीनैं कालु। सुमिरहु भगत बछल भोवालु ॥

भावार्थ—फिर से मानव-योनि प्राप्त नहीं होनी है। अतः समस्त सृष्टि के रचनाकार प्रभु का स्मरण कर लेना चाहिए। काल ने राजा और रंक सभी को अपने वश में कर रखा है। इसलिए भगवतवत्सल भूपाल प्रभु का स्मरण करना चाहिए।

23. अनभै पद दीनौं जन कौं जिनि। सुमिरहु कहे न जगत सिरोंवनि ॥
कीनौं कोप लंक परजारी। सुमिरहु बांके राइ बिहारी ॥

भावार्थ–जिन्होंने भक्तों को अनुभूति करने की क्षमता दी है, उन जगत् शिरोमणि ब्रह्म का स्मरण करना चाहिए। जिन्होंने लंका को जलाकर ख़ाक कर डाला, उन बाँके बिहारी की आराधना करनी चाहिए।

24. है कोऊँ करिबे कूँ तिहि होड़। सुमिरहु काहे नहीं रनछोड़ ॥
सायर मथ्यौ नथ्यौ जिहि काली। सुमिरहु काहे नहीं बनमाली ॥

भावार्थ–उनकी प्रतिस्पर्धा करने वाला कोई नहीं है। उन रणछोड़ प्रभु का स्मरण करना चाहिए। जिन्होंने सागर को मथ डाला, कालिय नाग को नथ डाला, उन समर्थ प्रभु वनमाली का स्मरण क्यों नहीं कर लेते हो?

25. जौ लहु लागै न जंम के हाथ। समझि सोचि सुमिरहु नघुनांथ ॥
जन कै संगि मिल्यौ गुन गांवन। सुमिरहु क्यौं न पतित कौं पांवन ॥

भावार्थ–जब तक यमराज तुम्हारे दामन तक पहुँचे–सोच-समझकर रघुनाथ का स्मरण कर लेना चाहिए। जो अपने भक्त के साथ पूरी तरह तादात्म्य कर लेते हैं, उन पतित पावन ब्रह्म का स्मरण करना चाहिए।

26. त्रिबिधि ताप पाप कौ हरता। सुमिरहु क्रिश्न सबनि कौ करता ॥
ग्रीध ब्याध गनिका कौ तारनु। परमेसुर भजि पाप निवारन, ॥

भावार्थ–तीनों प्रकार के तापों (दैहिक, दैविक और भौतिक) और पापों को दूर करने वाले कृष्ण का स्मरण करना चाहिए। जटायु, अजामिल और गणिका का उद्धार करने वाले, पापों को नष्ट करने वाले परमेश्वर को भजना चाहिए।

27. दूरि करन जंन कौ दुख दंद। सुमिरहु काहे न परमांनंद ॥
संतहु इहै तत निज सारू। हरि कौ भजहु न बहु बारू ॥

भावार्थ–भक्तों के दुःखों और द्वन्द्वों को दूर करने वाले परमानंद की स्तुति करनी चाहिए। सन्तों का कहना और मानना है कि वे निज सार-तत्त्व हैं, उन हरि को बार-बार भज लेना चाहिए।

28. माता पिता पूत नहीं साथु। सकहु तौ सुमिरौ त्रिभुवन नाथु।
मारग मुसिकिलि खडै धार। सकहु त सुमरिहु अलख अपारू ॥

भावार्थ–जिनके न माता-पिता हैं, न कोई पुत्र है, उन त्रिभुवन का स्मरण कर लेना चाहिए। उन तक पहुँचने का मार्ग दुर्गम है, खाँडे की धार के समान तीक्ष्ण और कठिन है। ऐसे अगोचर और असीम प्रभु का स्मरण कर लेना चाहिए।

29. जब तौं आंनि लगे जंमदूत। काकौ पिता कौंन कौ पूत ॥
मूरिख होइ सु मनु पचिताइ। पुनि माटी माटी मिलि जाइ ॥

भावार्थ–जब से यमदूत आने लगते हैं, तब न कोई किसी का पिता रहता है, न कोई किसी का पुत्र। मूर्ख व्यक्ति समय चूक जाने पर पश्चात्ताप करता है।

अन्ततः माटी से उत्पन्न प्राणी माटी में ही मिल जाता है। इसलिए प्रभु का भजन करना चाहिए।

30. रिजक रहे सबकौं भरि पूरि। सुमिरहु स्यांम संजीवनि मूरि ॥
सबके अंतरजांमी आप। सुख दुख लिपै पुंनि नहीं पाप ॥

भावार्थ—प्रभु ने सभी को भरपूर जीविकाएँ उपलब्ध कराई हैं। अतः संजीवनी बूटी के समान श्याम की उपासना करनी चाहिए। वे अन्तर्यामी हैं। सुख-दुःख और पाप-पुण्य से परे हैं।

31. धरती अंबर पान्यौं पौंनं। जल थल सुमिरहि जीया जौंनि ॥
सुमिरै धु दिन धरै धियांन। सुमिरहि ब्रह्म बेद पुरांन ॥

भावार्थ—धरती, आकाश, जल, थल और पवन सभी प्रभु का स्मरण करते हैं। ध्रुव ध्यान लगाकर उनका स्मरण करते हैं। ब्रह्मा, वेद और पुराण भी उनका स्मरण करते रहते हैं।

32. सुमिरहि गोरख करि आदेस, सुमिरहि संकर सुमिरहि सेस ॥
सुमिरहि सूरिज, सुमिरहि चंद, सुमिरहि तेतीसौ सुरयंदु ॥

भावार्थ—शंकर, शेष और गोरखनाथ भी उनका स्मरण करते हैं। सूर्य, चन्द्रमा और तेतीसों करोड़ देवता भी उनका स्मरण करते रहते हैं।

33. रसनां लग्यौं अनूप मंहिं स्वादु। सुमिरहि ऊधौ पुनि पहिलादु ॥
करता दया आपनौं भेव। सुमिरैं अमरीष सुखदेव ॥

भावार्थ—उनका जाप करने में अनोखा आस्वाद मिलता है। उद्धव और प्रह्लाद भी उनका स्मरण करते रहते हैं। बारी-बारी से वे सभी पर दया करते हैं। अम्बरीष और सुखदेव भी उनका स्मरण करते रहते हैं।

34. नारद सारद तूंबर गाइन। सुमिरहि ब्यास क्रिश्न दीपाइन ॥
अष्ट सिद्धि मनौं नौ निधि पाई। सुमिरैं सु तौ बसष्टि गुंसाई ॥

भावार्थ—नारद और सरस्वती अपनी वीणा पर उनका यश गान करते रहते हैं। वेद व्यास और कृष्ण द्वैपायन भी उनका स्मरण करते रहते हैं। मुनि वशिष्ठ भी उनका स्मरण करके ऐसा अनुभव करते हैं मानो उन्होंने आठों सिद्धियाँ और नौ निधियाँ पा ली हों।

35. पारब्रह्म सौं परचौ भयौ। सुमिरैं भ्रथरी भेद भ्रम गयौ।
मन बुद्धि मनसा अस्थिर राखी। सुमिरहि अरिजन गीता साखी ॥

भावार्थ—परम ब्रह्म से जैसे ही परिचय हुआ तो उनका स्मरण करके भरथरी के समस्त भेद और भ्रम दूर हो गए। मन, बुद्धि और चित्त को स्थिर करके अर्जुन ने उनका स्मरण किया था, इसकी साक्षी श्रीमद्भागवत गीता है।

36. सुर की क्रिपा सही एक सूर। सुमिरहि बिल मंगल अंकूर ॥
भाव भगति दासनि कौ दास। सुमिरैहि बिरद धरी बिसवास ॥

भावार्थ—देवताओं की कृपा से सूरदास ने भगवान का स्मरण किया। विल्व मंगल और अक्रूर ने भी उनका स्मरण किया। भाव-भक्ति के साथ, दासानुदास होकर, बड़े विश्वास के साथ विरुदधारी का स्मरण किया।

37. मन कौ मिट्यौ सकल अहंमेव। जोग जुगति सुमिरहिं जैदेव ॥
माया मगन कहै जिनि कोइ। सुमिरैं जनक बिदेही होइ ॥

भावार्थ—योग और युक्ति से जयदेव ने परमब्रह्म का स्मरण किया जिससे उनके मन के समस्त अहंकार (विकार) नष्ट हो गए। जिनको माया में लिप्त कहा जाता था उन राजा जनक ने विदेह होकर परम-ब्रह्म का स्मरण किया था।

38. जाकै जीय कौ लोभ न रती। सहजैं सुमिरैहि हंणवंत जती ॥
ताजे बिमुख जीवनि कौ साथु। सुमिरहि सु तौ मछयंद्रनाथ ॥

भावार्थ—जिनके मन में जरा भी लोभ या आसक्ति नहीं रही ऐसे हणवंत यती ने सहज-साधना से परम ब्रह्म का स्मरण किया। मत्स्येन्द्र नाथ ने नारी-वासना से विमुख होकर हठयोग के माध्यम से परमब्रह्म का स्मरण किया था।

39. चौंहि दिसि चाहि चमकि चित चेता। सुमिरैं देतात्रि ततबेत ॥
ब्रह्म अगिनि मौ त्रिश्नां जरी। महा मगन सुमिरै भरथरी ॥

भावार्थ—चारों दिशाओं में जिनके सचेतन चित्त का प्रकाश फैला हुआ था, ऐसे तत्त्ववेत्ता दत्तात्रेय ने परम ब्रह्म का स्मरण किया था। ब्रह्म-आराधना की अग्नि में अपनी तृष्णाओं को जलाकर, महा मग्न होकर भरथरी ने परमब्रह्म की आराधना की थी।

40. काम क्रोध भ्रम कीये विभूत। सुमिरहि जोगी अर औधूत ॥
सुमिरहि नांमां अरु कबीर। सुमिरहि कुतब गौस पुनि पीरू ॥

भावार्थ—जिन योगियों और अवधूतों ने काम, क्रोध और भ्रम को नष्ट कर दिया था, उन्होंने परम ब्रह्म का स्मरण किया था। नामदेव, कबीर, मुसलमान महात्माओं, ऋषियों और धर्म गुरुओं ने उन परम ब्रह्म का स्मरण किया था।

41. जिनकैं हिरदैं पैंमु प्रगास, सुमिरहि सैनि धना रैदास ॥
न्रिमल नांव सही अघमोचन। सुमिरहि मेहा ताहि त्रिलोचन ॥

भावार्थ—जिनके हृदय में भगवत्प्रेम का प्रकाश फैला हुआ था ऐसे सेन, धन्ना और रैदास सन्तों ने परम ब्रह्म का स्मरण किया। जिनका निर्मल नाम समस्त पापों का विनाश करने वाला है उन्हें मेघा और त्रिलोचन ने स्मरण किया।

42. सत संगति कौ निस दिन भेहा। सुमिरहि डुगर नरसीहा ॥
बुधि बमेक बहु गुर मुखि ग्यांन। सुमिरहि बिजुरी खांन पठानु ॥

भावार्थ—जिन्हें सत्संगति का रात-दिन चाव था, उन डूंगर नृसिंह ने परम ब्रह्म का स्मरण किया। जो बुद्धि, विवेक और गुरु के उपदेशरूपी ज्ञान से सम्पन्न थे ऐसे बिजली खान पठान ने परम ब्रह्म की आराधना की।

43. काम क्रोध भ्रम संसा खोई। सुमिरैं अंगद आतुर होई ॥
निरबैरी उत्तिम अस्थल। सुमिरैं भुवन भगति कौ मूल ॥

भावार्थ—काम, क्रोध, भ्रम और संशय खोकर, सन्त अंगद ने व्यग्र होकर परम ब्रह्म का स्मरण किया। जो निर्वैरी थे और उत्तम स्थान के अधिकारी थे, ऐसे परम भक्त भुवन ने परम ब्रह्म की आराधना की।

44. सोझा पीपा सुमिरहि सही। जिनकैं दुबिध्या नैकु न रही ॥
चरन कवल चित बितु लै धरिया। सुमिरै क्रिश्नदास कठहरिया ॥

भावार्थ—सोझा और पीपा सन्तों ने व्यवस्थित ढंग से ब्रह्म की आराधना की। उनके मन की समस्त दुविधाएँ दूर हो गईं। कृष्णदास कठहरिया ने प्रभु के चरण कमलों में अपना हृदय और समस्त सम्पत्ति अर्पित करके उनकी आराधना की थी।

45. जंत बुधि बिबेक चित चैंनु। सुमिरहिं रांनां दिन अरू रैंन ॥
माया ममिता मोह उदास। सुमिरैं नित हरि स्यौ हरिदास ॥

भावार्थ—बुद्धि विवेक, यत्न और शान्त चित्त से राणा ने रात और दिन प्रभु को याद किया था। माया, ममता और मोह से उदासीन होकर, हरि को हरिदास ने याद किया था (आराधना की थी)।

46. कनक कांमिनीं जैसी धूलिं सुमिरैं घाली तन मन भूलि ॥
भौ सागर पुनि बहुरि न आंवहि। परमांनद सूर गुन गांवहि ॥

भावार्थ—जिन्होंने कनक और कामिनी को अपदार्थ (तुच्छ) समझा, उन घाली ने तन-मन की सुधि खोकर ब्रह्म को भजा था। परमानंद और सूरदास ने उनका यशगान किया, इसलिए वे पुनः भव-सागर में नहीं आए। अर्थात् आवागमन से मुक्त हो गए।

दोहा

47. तौ रांम नांम जे ऊंचरहि, आत्म स्यौं न बिरुध।
भौ सागर तेई तिरहि, मन बुधि मनसा सुध ॥

भावार्थ—जिन्होंने राम-नाम का स्मरण किया और आत्म-भाव के विरोध में नहीं रहे, वे मन, बुद्धि और मानस से शुद्ध होकर भव-सागर से पार हो गए।

दोहा

48. बाजीदा जे हरि भजहि, गुरमुखि ग्यांन बिचारि।
मांखण त्यांही मथि लीयौ, और सकल छछि हारि ॥

भावार्थ–गुरु के उपदेशों को ध्यान कर जो प्रभु को भजते हैं उन्होंने चेतना रूपी दही को मथ कर, प्रभु-भक्ति रूपी मक्खन को निकाल लिया और मायिक और सांसारिक प्रपंचों रूपी छाछ को छोड़ दिया।

॥ गुन अजब नांमां ॥

1. पानी पवन पुनि तारे, सुरजि ससि अधिक उजियारे।
सजे जिहि सकल ये लोई, सुसहरे अजब है कोई ॥

2. सपत पुनि दीप नव खंडा, सु ससिहर सूर ब्रह्मंडा।
ति अपनी जोति लै जोई, सुसहरे अजब है कोई ॥

3. छत्रपति राव जे राजा, सु मंदिर माल के छाजा।
ति समसरि और नहीं लोई, सुसहरे अजब है कोई ॥

4. अंतरु ये कथा ऐसा, कवल दल देखि तु तैसा।
सु नीदम गुफा तहाँ गोई, सुसहरे अजब है कोई ॥

5. भई मोहि बरषु बरु रजनी, कहौं किस पासि सुंनि सजनीं।
दुखी बहु दरस बिनि रोई, सुसहरे अजब है कोई ॥

6. सु नैंनौं नींद नहीं आवै, बिरह की बिथा को पावै।
कहौं क्यूँ जीवनां होई, सुसहरे अजब है कोई ॥

7. मुद्रा मेखली डंडा, भ्रमौं तहि लगि नव खंडा।
तजौंगी पाप पुंनि दोई, सुसहरे अजब है कोई ॥

8. कसौंगी आपनी काया, बसौंगी ब्रिख की छाया।
सखी मन सबनि सौं फेरा, सुसहरे अजब है मेरा ॥

9. भौ जल अधिक असरारा, न सझसिवार तिहि पारा।
सजौंगी बिरहु का भेरा, सुसहरे अजब है तेरा ॥

10. तजौंगी मोह पुनि माया, भजौंगी आपनां भाया।
हसौं किन लोग बहुतेरा, सुसहरे अजब है मेरा ॥

11. जल थल जीव रे जेते, कहसि को नांव कहु तेते।
सु जिसका जगत सब चेरा, सुसहरे अजब है मेरा ॥

12. श्रवनहुँ सुजस मैं सुनियां, सु तब तैं सीस लै धुनियां।
कबहुँ जै निरखिहूँ नेरा, सुसहरे अजब है मेरा ॥

13. मुनि जन रूप तिहि राते, फिरैं दिन रैंनि मदु माते।
सु नैनहुं नैंक जौ हेरा, सुसहरे अजब है मेरा ॥

14. तिसका पंथ है चंगा, सुचंदन चरचि ये अंगा।
जुरा भ्रम नांहि जम फेरा, सुसहरे अजब है मेरा ॥

15. मंदिर दिपहि जग मोती, सु हीरा लाल मनि मोती।
संखी सुनि करौंगी केरा, सुसहरे अजब है मेरा ॥

16. गहै जिनि मोर तुम बहियो, सखी सुनि भाव गीत हिया।
सु बिरहैं आंनि घटु घेरा, सुसहरे अजब है मेरा ॥

17. अचिरज एहु क्या कीया, सुर विसास देखितु दीया।
बरैंहि दिनु तेल बिनु बाती, सु अहि गुंनि कंत कै राती ॥

18. जहि सरि और नहिं कोई, सुमेरौ इष्ट है सोई।
पतंगा होइ कैं धाऊँ, सु जोतिहि जोति लै लांऊँ ॥

19. की यूं कंधि म्रिग छाला, लीयौ कर मोह की माला।
जपौं दिन रैंनि तहि नाँऊ दरस जौ देखनैं पाँऊँ॥

20. करै को नेह के दाये, सु जोगी जगत के छाये।
क्रिपा बिन कौंन गुदरावै, सु मुनि जन महल नहीं पावै ॥

21. कबहुं जौ कोपि करि बोलै, तौ धरती सेस पुनि डोलै।
काहू गरद गहि मेलै, सु अग्या कौंन तहि पेलै ॥

22. क्रिपा करि नैंक जौ चाहै, तौ सुख के स्यंध मैं बाहै।
अबिगति नांव है जाकौ, मरम को लहसि कहू ताकौ॥

23. सखी सुनि एहु निज बाता, सु अजे खेनैं रंग कौ राता।
मानौं मीन बिन पांनीं, सखी सुनि ऐहु गति जांनीं ॥

24. साज्यौं जोग जहि कारन, करैंहि सुनि दुरि, दुख दारन।
कहैं पुनि निकटु यहै सोई, सु आनंद मोर जिय होई ॥

25. सखी सुनि खेल यहु खेल्यौं, सु अंगुरी स्रप मुखि मेल्यौं।

26. कहौ सति कौंन सनि राता, न पुछिसि कंत पुनि बाता।
जटा पुनि सीस पैं कीती, सु न्यद्रा भूख पुनि जीती ॥

27. फिरौं दिन रैंनि बिरह बौरांनी, बिथा तिहि एक नहीं जांनी।
सु दरस बन का राजा, सु बाजहि सु जिसके बाजा ॥

28. मिलसि नहि एक अंग जासौ, पिरम क्यौं खोलिये तासौ।
सखी सुनि च्यंत यहु बाढ़ी, कढ़सि नहिं नैंक सौ काढ़ी ॥

29. बिथा हौं बिरह की जीती, कहैं पुनि बाइबौ रीती।
मरौंगी लगि तहि नेहा, करौंगी भसम पुनि देहा ॥

30. अबहि तौ ऐहु बनि आई, तजौं तौ मोर पन जाई।
अैसी कौंन है नारी, सु अचरज ऐहु मोहि भारी ॥

31. अंगिनि पुन जरत ध्यौ नावै, सु पीव बिन आंन चित लावैं।
क्रिपा वै करहि तौ कीज्यौ, दरस सुनि दैंहि तौ दीज्यौं ॥

32. रंग्यौ मन पीव कैं रंगा, न मोरौं जरत पुनि अंगा।
सखी सुनि राह बहु बारीक, चलनां रोज सब तारीक ॥

33. जीय का लोभ क्यूँ कीजैं, सु तन मन पीव कौं दीजैं।
सु जहि सुख जनम दुख होई, सो सुख करै क्या कोई ॥

34. सु हौं बलि जांव इस दुख की, रहै चित च्यंत पीय मुख की।
सखी सुनि रूप रस लोभा, न निरखौं आंन की सोभा ॥

35. भया सुनि धीर मन मोरा, सु जीवन जगत मैं थोरा।
सखी सुनि अंति जौ मरिये, तौ पिय कौं त्यागि क्या करिये ॥

36. सहै को दुख बहु दारन, सु सुपिनां सुख कै कारन।
पिय बिनि भोग नहीं भावै, सु काया करंम कौ लावै ॥

37. भ्रमै क्यों स्वांन की नाई, सु जिसके सीस परि सांईं।
अजब सुनि पीव जौ पाया, तौ लालच लोभ का माया ॥

38. सखी सुनि पियहि क्यौं भावै, कुल छिन रैंनि दिन लावै।
जीवत जीव जौ दीजै, पियाला पिरम तौ पीजै ॥

39. सु पीय की प्रकिति जिन पाई, रहसि सुखि एक रंग माई।
लालच लोभ भ्रम भारी, त्रिबिधि पुन ताप तिनि जारी ॥

40. सु पीय की प्रकीति लै रहिये, कसौटी कनक ज्यौं सहिये।
मंगलचार ग्रिहि गावै, सु जब तब कंत सौ रांवै ॥

41. सखी सुनि पीयहि जे भाई, कसी तेई कनक की नांई।
करवत सीस लै फेरै, सु तात न नैंक नहि हेरै ॥

42. रहसि जब एक रंग जासूँ, पिरम तब खोलिये तासौं।
अजहुँ तौं तरल बुधि नारी, न बूझसि प्रकति पीय प्यारी ॥

43. सुख दुख सीस परि सहिये, अजब सौं अजब ह्वै रहिये।
न कबहूँ नैंक मन डोलै, सु पीय की प्रकति लै बोलै ॥

44. सखी बाजीद बलि ताकी, रहिसि बुधि एक रस जाकी ॥

॥ गुन घड़िया नांमौ ॥

चौपई

1. घरी खरी कहै सुनि लोई। मुझ सी दुखी न कलि महि कोई ॥
मुलि सु मेरा नावै माटी। किस ही सेती करौं न आंटी ॥

2. ममिता मन की मिटि गई मूरि। हौं सबहिन पांइन की धूरि ॥
मेरौ सिर सब जगु के पाइ। जौ न पतीजहु देखहु आइ ॥

3. खोदै खलक न आउ छेह। हौं सबु कै पांइनि की खेह ॥
भली बुरी सब परि झाली। बीच कलप नइ तत हाली ॥

4. एक द्यौस आयौ सु कुलाल। धरम नीति की फोरी पाल ॥
बिन ही औगुन बिसवा बीस। आंनि कुदारी मारी सीस ॥

5. खोदि खादि लै कीनी गंज। नैंक न जांनीं मेरी रंज ॥
यातै बिपति और नहीं कोइ। एक सरीरू की खोलै दोइ ॥

6. लै जाइ घर के आंगनि कूढ़ी। आनि कुभारी बैठी बूढ़ी ॥
दोऊँ हाथ मौंगरी लीनीं। मूडहि मूडि भरा भरि दींनी ॥

7. ज्यूँ ज्यूँ मोमही आपौं जांनैं। त्यों त्यों पकरि भली करि भांनैं ॥
मारत मारत जब मनि मांनी। तब ले उपरि छछक्यौ पांनीं ॥

8. तिल एक तौ हौं भीजन दीनीं। तब लौं ग टहल और कछू कीनीं ॥
लागै पवन सूकि जिनि जाई। ढिंग कुभरा ठाडौ भया आई ॥

9. बांधि गरगंदी खुंदन लाग्यौ। मन कौ मोर सबायौ भाग्यौ ॥
जिती एक वाके जिय भाई। तिती एक लातैं गनि गनि लाई ॥

10. मारत मुख तैं चुंख न बोली। पग लग रही न इत उत डोली ॥
जाव कहा प्याइन तर चोटी। भली बुरी सब सिर परि वोटी ॥

11. भई बिकल मति कहूँ न भागी। बिलखी है करि पाइन लागी ॥
पांइ परौं त्यौं त्यौं मोहि मोड़ै। आपौ सी कहु बस्त न छोड़ै ॥

12. अजहू स बाहरि भीतर न्हावै। ढिंग बैठ्यौ गिलटैं सब टालैं ॥
ज्यौं ज्यौं जीय महि कसर बिचारै। लौंदे स्यौं लौंदौं दै मारै ॥

13. ज्यौं जांनी त्यौं मोरी तोरी। लौदौं करि कैं चाक चहोरी ॥
चाक चहोरि चहुँ दिसि फेरी। सुधि बुधि सकल गई सुनि मेरी ॥

14. मोहि सु ऐक्कैं दिसि न सूझै। कहा करि है यहु कोऊ न बूझै ॥
तब तिहि घाट घरी कौ कीनौं। बाहरि भीतरि पांनीं दींनौं ॥

15. जब जांनीं यह सुघट संवारी। डौरै लै करि काटि उतारी ॥
गीली माटी हाथि न लींनीं। घरी पहर हौं ठिर कर न दीनी ॥

16. पुनि ढिंग बैठौ आंनि कुभार। एक मांटी अरु मेलै छार ॥
कर सु दांहिनै थापी लीनीं। मारत मन मोहि संक न आंनीं ॥

17. परतखि दुनियां देखै सारी। ज्यौं ज्यौं परी त्यौं ही त्यौं मारी ॥
बाहरि भीतरि कसर न राखी। तब लैं घर कैं खोनैं नाखी ॥

18. दिन द्वै नांव न लींनौं मेरौ। पुनि कुंभरैं उठि कीनौ केरौ ॥
लै अवां हमैं दीनौं बास। उंपरे लकरी लायो घास ॥

19. आगैं पीछै कोऊ नबेली। लै कुंभरै जौहर महि मेली ॥
परपकि भई जबहि हौं जानी। पकरि किनारे गहि पानी ॥

20. जब हौं सहि निकसी सिरि आगा। तब सौं लै मोहि बेमन लागा ॥
मन के मोर सबाये भागे। दह दिसि तैं गाहक तब लागे ॥

साखी

21. जठुर अगिनि महि जब गहि मेली, जरतैं मोह न फेरा।
नख सिख लौं सब साजी निकसी, तब गाहक टुक हेरा ॥

22. जो आवे वो पकरि बजावै, पूछै सारी फूटी।
मुझ मोहि मेरा कछुव न छोड्या रही सही तब लूटी ॥

23. मीर मलिक रावत कहा राजा, खलिक खोट न भावै।
झूठ नहीं यहु सांची जानी, काची कांमि न आवै ॥

24. जब हौं कब, जस की जांनी, तब सु गांठि तिहि खोली।
खलक सबाई कौतिग देखैगा कोई, ले गयो मोली ॥

25. बाहरि भीतरि मल मल धोई, बिचि सही सु ऐरी बांसा।
तब तिहि नांव घरी लै पाया, देखै लोग तमासा ॥

26. जन बाजीद कहै रे संतहु, बिपति सही जब औसी।
हार हमेल सीस सेहरा, चढ़ि त्रिकुटी परि बैसी ॥

27. कंगहीं सह के केसौह पहुँची, जब सिरि सह्या सुआरा।
दुख बिन सुख कबहूँ नहीं पइये, सुख दुख पैली पारा ॥

28. मूल फूल साख सब छोड़ी, भै तैं नैंक न भागी।
मिहिदि है सिल माँहि पिसाई, पीव कै पग तब लागी ॥

29. काजर देखि कौंन तप कीया, जरि बरि ह्वै रह्या कारा।
सखी सहेली सब मिलि आईं, तब नैंननि मैं सारा ॥

दोहा

30. तौ कठिन कसौटी पीव की, सुख जिनि जांनौं कोई।
पहल जहिर जो जीवै, अंम्रित पीवै सोई ॥

॥ गुन चौपई : अतीत के अंग की ॥

1. बाजीद अस्थिर आसनु आवै न जाई। अनबंछित बैठा फल खाई ॥
अतीत की दुनिया सब बारी। कूबा बाइन सीचै क्यारी ॥

2. बाजीद अतीत सोई, जो इति बिचारैं। मन की कलपना मारैं ॥
मुकति होई तब मानैं रली। फल लागहि फूल बिन कली ॥

3. बाजीद अतीत सोई जिसकी यहु चालि। मुख तैं कबहूँ न बोलै गालि ॥
पहलै ये पाँचौं परमोधै। पीछे बस्त अगोचर सोधै ॥

4. बाजीद बस्त अगोचर तब तिनि पाई। माया मोह न करै बड़ाई ॥
कांम क्रोध भ्रम भै तैं न्यारा। सो अतीत सांई कौं प्यारा ॥

5. बाजीद जीवत जग महि खाइ रोटी। तिस अतीत की मति है मोटी ॥
जिसके घर मैं गाइ न बाछी। निसदिन निद्रा आवै आछी ॥

6. जन बाजीद लगै तिस पाइ। सलिल मोह महि बहि नहीं जाइ ॥
उदै भयो पूरिबलौ भागि। निरबंध रहै संगु सब त्यागि ॥

7. काया कोट दसौं दरवाजा। अहिनिसि अनहद बाजहि बाजा ॥
जन बाजीद न आवै जाइ। सुंनि मंडल महि रह्यौ समाइ ॥

8. बाजीद अतीत उहै जो ऊनमनि रहै। पंच प्रपंच पचीसनि गहै ॥
ऊपजै ग्यांन होइ मन सूध। गुपत गाइ का पीवै दूध ॥

9. बाजीद अतीत अहिनिसि रहै उदास। रूख बिरखि गिरि कि नारि वास ॥
मन जो गौटा तनु मेखरी। ब्रह्म अगिनि मैं त्रिस्नां जरी ॥

10. बाजीद अतीत भया तजी तन ऐते। जूवा कूवा बरु धर न खेती ॥
लीहा टोटा जीती न हारि, सबद गुर का रह्या बिचारि ॥

11. भंगि न पोस्त पीवैं पांणी। उलटि जस जमुन मैं आंणीं।
त्रिकुटी कै घरि भय उजारा। जन बाजीद मिल गया किनारा ॥

12. अरध छांडि उरध जे धावैं। खांडा फरी न व क्र च पावैं ॥
दसु रहै अकेला। ग्यान गरु चित ही चेला ॥

13. संत सता भज धीरा। काल न कबहुँ गुसै सरीरा ॥
पाप ताप तीन्यौं भई दूरि। सो सांई सदा हजूरि ॥

14. सुरा पांन न पीवै सोई। परआत्म सौं परदा होई ॥
परहरि पोस्त आफू भांग। त्रिवेणी तटि धोवै अंग ॥

15. धतूरा करै धाम का नास। सूकै कंठ न आवै सास ॥
जन बाजीद कहै क्यों जीवै। अंम्रित तजै हलाहल पीवै ॥

16. अतीत होई करि आफू खाई। तिसका जनम ब्रिथा जाई ॥
जन बाजीद बूझै राड। तूटै संध बंध फूटा ह हाड ॥

17. जिस घट पोस्त आफू भंग। सांईं सौं क्यौं राचै रंग ॥
जन बाजीद बुरा तिस कीया। एक जीव बहुतनि कौं दीया ॥

18. काम क्रोध जरावै काठी। जन बाजीद चिकावै भांठी ॥
प्रेम पियाला भरि भरि पीवै। जन बाजीद जुगे जुगि जीवै ॥

19. पर दारा देखि तहै अंध। रवि ससि राखै पवनां बंध ॥
राग दोष न मांनि बडाई। सो अतीत अमरापुरि जाई ॥

20. जनं बाजीद लगावै पूजा। सतगुर सौ है बैठे दूजा ॥
बिन परचे की भिख्या खाइ। पुट की आवै मरि मरि जाई ॥

21. काया अपनी निरमल गावै। दीनहि तजै दुनी कौं धावैं ॥
जन बाजीद बिगारे जोग। कहि बहसैं बटाउवा लोग ॥

22. माया मैं दांन सुनहुँ सब कोइ। चंचल चित फिरै ज्यौ गोइ ॥
काम क्रोध का लागै बेला। सतगुर स्यौं कहि क्यूँ होई मेला ॥

23. अतीत अहि निसि मांजै काया। कबहुँ काट न लागै माया ॥
सम करि राखै ससि अरु सूर। दिल दरपन मैं हि निरखैं नूर ॥

24. जे इबि दांम सब सौं दे पीठि। निरबिकार निरमली डीठि ॥
जन बाजीद नेधै दांम। तिस अतीत कौं सही सलाम ॥

25. इन संखिनी सकल जगु खाया। जोगी जतन बंचे माया ॥
जन बाजीद जुगति स्यौं जकरी। डर भागा जब डाकनि पकरी ॥

साखी

26. बाजीद अैराकी कीजा...न्यारी। मोल न घटहि समावै ॥
सुसा सबनि सौं दौरै आगैं। ताऊ सु छतों ही पावै ॥

॥ चौपई : अनभै के अंग की ॥

1. हरिजन जीवन म्रितक समान। तर धरती उपरि असमान ॥
आयें अनंद गये ने रोवै। निरभै पांइ पसारै सोवै ॥

भावार्थ—प्रभु का सच्चा भक्त जीवन्मृतक के समान होता है। अर्थात् जीते हुए भी सांसारिकता से अनासक्त रहता है। उसके नीचे धरती और ऊपर आसमान होता है। सुख आने पर न तो आनन्दित होता है और न उसके जाने पर दुखी होकर रोता है। सब ओर से निश्चिन्त होकर पैर पसार कर सोता है।

2. बाजीद उसकैं ऐकै अघ जैसा... की। तैसा बाध ॥
ह्यूंद मुसलमांन क्या लोई। दूजी द्रिष्टि न आवै कोई ॥

(अपूर्ण)

3. ...भूख दुख जाकै जिय नांहीं। जप पंहि जोरि छुडावै बांही ॥
...मलू अबीह। हरिजन किधौ यहु बन का सींह ॥

(अपूर्ण)

4. पिया संग प्रीति निरंतर जोरै। कांम क्रोध तकि तरवर तौरे ॥
पंच प्रपंच न पूजहि बाथी। हरिजन किधौं यहु मैगल हाथी ॥

भावार्थ—जो अपने प्रिय के प्रेम में सदा पगा रहता है। विषय-वासना और क्रोध में वृक्षों को भी उखाड़ देता है अर्थात् काम-क्रोध रूपी वृक्षों को नष्ट कर देता है। जो किसी प्रकार के प्रपंचों में नहीं पड़ता। पाँचों ज्ञानेन्द्रियों के बहकाने में नहीं आता। वह मदमस्त हाथी है या सच्चा प्रभु भक्त है।

5. जौ कोऊ चरन कंवल चित धरै, त्रिबिधि ताप पाप सोई हरै ॥
गुन गंभीर लि को कर गरु। हरिजन किधौ यहु सुख कौ सागरु ॥

भावार्थ—जो कोई प्रभु के चरण-कमलों पर ध्यान केन्द्रित करता है (विष्णु शेष शय्या पर समुद्र में शयन करते हैं) तथा तीनों प्रकार के तापों और पापों का विनाश करता है। प्रकृति में गम्भीर बना रहता है। वह सुख का सागर है या ईश्वर का सच्चा भक्त है।

6. मूल न तिनिकै मस्तिक भाग। माया मगन सोई नर काग ॥
कांम क्रोध भ्रम भै तैं जूवा। हरिजन किधौं प्यंजरै सूवा ॥

भावार्थ—जिनके मस्तिष्क में प्रभु का स्थान नहीं होता, ऐसे मायिक-प्रपंचों में लिप्त व्यक्ति कौए के समान होते हैं। जो काम, क्रोध, भम और भ्रम से मुक्त होता है वह ईश भक्त है या पिंजड़े में बद्ध तोता।

7. क्रिपा करी करु लीनौं लाल। पैंमु पंजरा पर्‌यौ रसाल ॥
माया मोह न खाई बिलाई। देखहु सुवट की अधिकाई ॥

भावार्थ—प्रभु ने जिसे कृपा करके अपने आश्रय में लेकर प्रेम के पिंजड़े में आबद्ध कर दिया है उस जीव रूपी तोते को अब (प्रभु का आश्रय पाकर) माया-मोह रूपी बिल्ली नहीं खा सकती है।

8. तौ यहु मन सुवटा राम कौं। माया मिनौ न खाइ ॥
देखौ पूरब भाग कोऊ। कैसौ कीयौ पढ़ाइ ॥

भावार्थ—मेरा यह मन राम का तोता है। इसे अब माया रूपी बिल्ली नहीं खा सकती है। इसके पूर्व जन्म के संस्कार हैं जो सद्‌गुरु के उपदेशों ने उसे ऐसा पढ़ा दिया है।

॥ गुन निसांणीं ॥

करीमां रहीमां। सतारी अपारी। नूरी हजूरी। हलका न भारी।
उपजै न बिनसै। आवै न जाई। बाला न बूढ़ा। तुझ बाप न माई।
नियरै न दूरी। औघट न तू घाट। मोमिन न काफिर।
मुसाफिर न तुझ बाट। देई न देवा। सेवा सू क्यूँ होई।
ज्वांनीं न जुरहा। एकै न तू दोई। बाहरि न भीतरि।
पीछे न आगैं। भूख न धापा[1]। सोवै न जागै। दीवांनां न दांनां।
दुसमन न महबूब। लेबै न देबै। बुरा न तू खूब।
ताता[2] न ठंडा। कड़वा[3] न तू मीठ। प्यासा न पीवै। पेटै न तुझ पीठ।
अस्तै न दस्तै। रुहिरै न तुझ मांस। बैनीं[4] न चसमैं।
सबदै न तुझ सांस। छोटा न लंबा। काइर न तू धीर। चौड़ा न चकला।
निराला न तूं सीर। मोलै न तोलै। कमतर न तू बाध। मुरीदै न पीरै।
चोरै न तू साध। भीजै न छीजै। असुधै न तू सार। खित्री न क्षत्री।
कीनी न कै बार। बराहै न नरस्यंघ। अस्थिर[6] न डोलै। स्वामी न सेवक।
स्वामी न सेवग। बंधै न खोलै। मगजै न पुस्तै।
मस्तै न हुसियार। सालिक न मालिक। करीमैं न करतार।
कसीफी लतीफी। नीरै न तू नूर। बासुर न रजनी।
चंदै न तू सूर। दोजक न भिस्ती। रीता न तू भरा।
साचा न झूठा। खोटा न तू खरा। काच न कंचन।
हीरा न तू लाल। मथुरा न गंगा। गोपी न तू ग्वाल।
जाती न पाती। नांतीं न बलि जांव। धरती न अंबर।
अरसै न तुझ ठांव। रंकै न राजा। जीतै न हारै।
बंधै न मुक्तै[7], मूलै न डालैं। नांवैं न गावैं। सहजै न तुझ सून्य[8]।
गाफिल न ग्यांनी। पापै न तुझ पुंनि। बेद्दै न भेद्दै।
भगतै न तुझ भाव। रूपै न रसनां। सीसै न तुझ पाव।
बैठा न ठाढ़ा। गाढ़ा न तूं खींन। सुखी न दुखी। दुनिया न तुझ दीन।
आबी न खाकी। खूबै न तू ख्वार। मैला न उजला। वारै न तुझ पार।

ज़ोग न भोगी। भाई न तुझ बंध। आदे न अंति। मधि सदा निरसंध।
आसा न बासा। तमासा सु यहु कौन। द्रिष्टि न द्रिष्टा। बोलै न मुख मौन।
उदासी न असथिर[9]। काबै न कासी। सेसै न रोजै।
हेत्वै न हाँसी। घर बन न बासी। क्रोधै न तुझ काम।
नीला न पीला। सेत्वै न तुझ स्याम। क्रिस्नै न कंसै।
रांमैं न रांवन। दाता न भुगता। पतितै न पांवन।
माया न छाया। कांया न तुझ क्रम। जीवै न सीवै।
भेद्वै न तुझ भ्रम। बाजीदा निरमोह का।
धरै कौन विधि ध्यान। जल थल
मैं व्यापक सबै। हैरांन हैरांन हैरांन हैरांन ॥

पाठा—1. धाप्या (ग), 2. तता (ख), 3. करवा, 4. बेनी (घ), 5. कायर (ग), 6. असथीर (ख), 7. मूंकवै (ख), 8. सुंनि (घ), 9. अस्थिर (ग)।

॥ गुन तत न्रिबाण जोग ॥

1. तन तिलं कीज्यू पेलिये, दूर हूहि खलि पाप।
बिरह अगिनि औटाइये, तेल ततु हरि आप ॥

2. तौ साखा सिष न बधाईबा बेल। तनु तिलु पेलि तत काढ़िबा तेल ॥
भूलि हीन भगवौं न करिबा भेस। पूजा पसारा अति बहु कलेस ॥

3. संख नहीं पूरि सुनाइबा लोग। घंटा और नाद नहीं जगति जोग ॥
कहु आइबा न जाइबा, भै बान देस। भरम बिभूति लैकर बीन केस ॥

4. गाइबा न जाइबा, तोरि बान पवन। गगन महि मगन मुख राखिबा मौंन ॥
छक पौऐ सब छाडिबी चेला। नांदीदू बन खेलिबा खेल॥

5. हारिबा न जीतिबा बादि बान बाद। फुरि तौ खाइबा छोडिबा स्वाद ॥
कलपनां कैं घरि काल का बासा। भाव और भगति की मेटिबी आसा ॥

6. अचंत मैं पूरसी परम गुर आपं। सो भेषिबा भोजन पुनि नहीं पाप ॥
कोई निदिबान ब्यंदि बा घरिबान। दोउ निरबंध खेलिबा करिबा न मोह ॥

7. तब सहजि ही होइगा सुरति मैं मेला। श्रब गुंन त्यागि रहिबा अकेला ॥
अनहद रस पीवना अगम ते लाई। तहां जुरा नहीं ब्यापैं काल न पाई ॥

8. अरधै उरधै सकत जो पाई बा, अकहु कहिबा रहिबा रहिबा संमाई ॥
सोई बान जागिबा चलिबा न चितं। उनमनी रहिबा अहि निस नित ॥

9. तहाँ मरिबा न जीबा हरिष नहीं सोग। स्यौपुरी परसिबा जोग नहीं भोग ॥
साखा सज सोधिबी पकरिबा मूल। द्रिष्टि धरि देखि बात तु बिनि धूल ॥

10. तौ गुरमुखी होई रहिबा बिचारं। पूछै न भखिबा हलवा न भार ॥
जोग की जुगति यहु मुकति का द्वार। भौ जल न बूड़वा उतरिबा पार ॥

11. तौ कायर कंपिला धरसि नहीं धीर। क्यौं पैरिबा परम गुर ग्यांन गंभीर ॥

12. हुता डर मरद्यं भली यें डिफांणं। सो चमकिया चेला लोपि कांणं ॥

13. हुती रिधि और सिधि नौ निधि की आसा। सो चमकिया चेला परहर्या पासा ॥

14. हुता मन मुखी जो महा आप साथं। सो चमकिया चेला मेल्निया नांथं ॥

15. हुता ग्यांन औ ध्यांन बहु बिधि बमेक। सो क्यौं चलै चेला रांम रेख ॥

16. हुता सहज औ सील सुमिरन संतोषी। सो क्यौं चलै चेला तजै मुखी ॥
तो अनहद बांणीं बजाई लै तूरं। ग्यांन की गरद गहि लोपिबा सूरं ।

17. भ्रमै भाजिबा धरसि नहीं धीरं। परम गुर कथिसि यहु ग्यानं गंभीर ॥
तौ औ हिनि साखत है बास ग्रामं। सूरिबां जूझिबा स्वांमी कैं कांम ॥

18. जौ मरसि तौ मोखि लहसि द्वार। स्वांमि कैं कांम जहि सीस वारं ॥
जौ जीसि तौ फिरि नहीं जुझ कीबा। अमर अवधू भया जुगहि जीबा ॥

19. तौ पांच परपंच पचीस लै, सहजैं ई सब बंध।
तब निरभै भया नरपती, कलि अजरावर कंध ॥

20. ग्यांन ध्यांन धीरज धरैं, सहजैं सुरति लै लाइ।
जन बाजीद पीव कौं मिले, पेम निसांन बजाइ ॥

॥ गुन गंभीर जोग ॥

1. सिव सनकादिक मुनि जन हारं। द्रुर्लभ जोग खडग की धारं ॥
ग्यांन ध्यांन धरि देखि बिचारं। गुर प्रसादि उतरिबा पारं ॥

2. तौ रंमिबा ऐकंकारं अकेला। संग न साथी गुरु नहीं चेला ॥
सम द्रिष्टि सब स्यौ सम भाई। जैसा नाहर तैसी गाई ॥

3. काया कसै कलपनां मारै। ऐसा औधू तत बिचारै ॥
जनम जनम का मिटै जंजालू। ल्यौ लगै तौ भगै कालु ॥

4. जीवत मरिबा एक समांनु। जैसी आत्म तैसा आंनु ॥
भिख्या भोजन परम उदास। कोउ निंदहु कोई बंदहु तास ॥

5. जैसा दिन तैसी ही राती। रहै अंधेरै दीवा बाती ॥
जागै जोति होइ परगास। ऐसा औधू पुरवै आस ॥

6. नां किस ही सौं करै सनेहु। जैसाजंगल तैसा ग्रेहु ॥
कनक कांमिनी त्यागै दोइ। ऐसा औधू बिरला कोइ ॥

7. जैसा पांनी तैसी पाल। जैसा कंकर तैसा लाल ॥
तब परचा पूजै मिटै जंजालु। ऐसा औधू पुरवै आस ॥

8. जौ धरै निरंतर उनमनि ध्यानुं। ऐसा औधू बंचै कालु ॥
करनी कायर कथनीं सूर। सो प्रांनीं परहरिऐ दूरि ॥

9. अस्थिर आसन रंग न रोस। अति गति रंमिबा ऐक्कै कोस ॥
भेदु अभेदु भरंम थैं न्यारा। ऐसा औधू जगत पियारा ॥

10. करनीं पूरा कथनीं हीन। सबदैं सांचा काया खीन ॥
ताका मरम न कोऊ पावै। ऐसा औधू अलखु लखावै ॥

11. निहिचल करबा चंचल चितु। अरध उरध लै धरिबा नितु ॥
सहजै उलटि सुधा रस पीवै। ऐसा औधू जुगि जुगि जीवै ॥

12. आसा तिसनां तत बिनांस। कहा ग्रेह कहा बन खंडि बास ॥
पंचौ इन्द्री जो बसि करै। ऐसा औधू कबहू न मरै ॥

13. ग्यांन ध्यांन धीरज एक सूर। सुंनि मंडल महि बावै तूर ॥
काया करमं न लागै कोइ। जौ प्रांनी पवन अहारी होइ ॥

14. माया मोहन कौं...काथ। चेला चाटी संग न साथ ॥
घर घर द्वार न खपर हाथु। सहजैं पुजैं त्रिभुवन नाथु ॥

15. निरधन रहिबा कंथा। अहि निसि चलि बागों रख पंथा ॥
परहरि पुर पटण ये हाटु। आसन करिबा औघट घाटु॥

16. परहरि प्रांनी भरम बिभूति। परहरि ग्यांन बिना औधूत ॥
परहरि औधू अति गति हांसी। परहरि प्रीति बिनां अबिनासी ॥

17. परिहरि नग्री लंपट लोगु। परहिर परैं जुगति बिन जोगु ॥
परहरि औधू बाद बिबाद। परहरि षट रस यंद्री स्वाद ॥

18. परहरिये पर निंद्या पापु। परहरि पाखंड अनु संतापु ॥
सुख दुख परिहरिये ये दोइ। तब पारस परसैं कंचन होइ ॥

19. करता जांनि कसैं जो काया। लालच लोभ मोह तजि माया ॥
तब कंवल मधें होई जोति प्रगासु। मन पतंग यहु परसै तासु ॥

20. बारी बागन करीबा कूबा। गुपती चक्र न सारौं सूवा ॥
तत मंत तजि भैरूं जाप। उनमनि रहै तो आपैं आप ॥

21. जोग जुगति जौ जांनैं रीति। पलटै पवन होइ परतीति ॥
अलख निरंजन अहि निसि धावै। अगमहु तासो निगमहि पावै ॥

22. सहज सु नित सुषमन लै बाटु। गगन गुफा के खोलि कपाटु ॥
तहाँ अनहद सबद उठैहिं झनुकारू। गुरमुखि रहिबा तत बिचारू ॥

23. गगन गुफा जौ गुरु लखावै। चित चेला चेतनि ह्वै धावै ॥
तहाँ न ब्यापै पाप न पुनि। पलटै पवन समावै सुंनि ॥

24. तब भंवर गुफा बहु नीझर झरहि। इला प्यंगुला सुषमन भरहि ॥
पीवै पै कछू कहत न आवै। मगन होइ मन मनहि समावै ॥

25. तौ यहु निज तत बिचारी प्रांनी। आत्मा बोध सतगुरु की बांनीं ॥
पवन कौं पलटिबा लाईबा बंधु। काल तब मरिबा अखै है कंधु ॥

26. मनसा बाचा करमनां, उनमनि धरिये ध्यांनु।
बाजीद बिनसै नहीं, भगत सोई भगवानु ॥

॥ गुन जगत्र जोग ॥

1. सहज सील संतोष संलिलता। जुगति जोग तै प्यारी ॥
पावक जरई न जलहि डुबै। यहु घर बात हमारी ॥

2. तौ क्रोध करि धंणी। खिमां गहि खपरू।
सुनि मै लाई लै छांह बिन छपरू ॥
ग्यांन की गूदड़ी पीरम का प्याला।
सुरति महि सोखिबा सहजि मतिवाला ॥

3. जोग भला जौ जुगति पाइयै। सूरा है पग मंडै ॥
सुंनि मंडल महि सुरति समावै। आसा जियै न मांडै ॥

4. पहलैं आपा परन पिछान्यां उलटि भला चित चेता ॥
बहु...उ दाब बहु खेचर भूचर। बिरला कोउ ततबेता ॥

5. जोगी जती तपी सन्यासी। बहु बिधि भेष बनाया ॥
बिन आसा तिश्नां मन मारै। कहुँ संते-हन पाया ॥

6. हरत परत देखत दोऊ हारे। भोंडी कंचन काया ॥
औधू...लखि मलिन मति जीय की। तऊ न छूटी माया ॥

7. धीरज ध्यांन न आवत गुरु का। सुरति समांनीं रोटी ॥
बाजीदा कहि धोखा कीजै। इहौ फक...खोटी ॥

8. पर घर द्वार न आसन कीया। सुनि औधूत सयानैं ॥
सुर नर मुनि संकर से जोगी। माया मोह बंधानैं ॥

9. रूखे बिरखे औघट घाट। न्रिबंध रहिबा भाई ॥
काया नगरी पहरि दीबा। चोर न भीत न अगनि जराई ॥

10. सहज सुरति उनमनि भावै। दूरि करै मैं मेरी ॥
तब अंतरगति अविनासी आछै। रिधि सिधि बपुरी चेरी ॥

11. सुमिरन सेल सहै औंधू। ग्यांन गुरु का खेरा ॥
निरभै होई निसंक भजै जौ। कहा करै जप तप रखा ॥

12. दूधाधारी होइ न रहिबा। यहु भी मोटी माया ॥
जोई क...फुरै सहज मै टूका। लै आतमां चढ़ाया ॥

13. पै जोगी भये जुगति नहीं पाई। आसा तिसनां अजहुँ न जाई ॥
चेटक नांटिक लंपट लोग। खसम बिना बिगारहि जोग ॥

14. कांम क्रोध गलि कंथा भारी। आसा तिसनां काख अधारी ॥
जटा जंजार केस अरंझावैं। संसै सींगी सब दब जावैं ॥

15. ममिता मुद्रा कांन माँहि। पाखंड अधिक अपार ॥
भरंम बिभूति चढाइ करि, हंढहि घर घर बार ॥

16. आसन ध्यांन धरैं मन माया। डिभ बिरख न बैठहि छाया ॥
अहंकार डंड कर गहै। कुमति पावरी पाई न माँहै ॥

17. भाव भगति महि बन बैसै। बाव तिहारौ जोग ॥
इतके भये न उतकी। बादि हँसायो लोग ॥

सिखोवाच

18. तौ सतगुर कहु कब कंवल बिगासै। कहु कब मिटै जंजाल ॥
कहु कब धीवर बांधिये। मंछा डालै जाल ॥

गुरुवाच

19. जब रवि ससि दोऊ समि करै। उपजै एक अनंदु ॥
तब सहजैं ही कंवल बिगास ले। पेखै परमानंदु ॥

सिखोवाच

20. तौ रवि ससि दोऊ। धरि क्यौं न करहु गुरदेव ॥
चित चेला है पूछन लागौ। ग्यांन गुर कहि भेव ॥

गुरुवाच

21. जब सुरति सुंदरी साजि आपनापौ। उनमनि जाइ समावै ॥
तब सहजैं ई मुख जांनि आपनौं। रवि ससि कैं धरि आवै ॥

22. तौ जतन जतन करि राखिये। दीये अनत न जांन ॥
मन ही कौ बसि कीजिये। औधू इहै सयांन ॥

23. बहुत कहा कहि बोलिये। यहु सब जोग जुगति ॥
पवन पलटै मन थकै। मन कैं थकै मुकति ॥

24. मन पवन जब...है। जां महि जोति प्रगास ॥
ता जोति हु आगैं अकहु कछू। तहाँ निरंजन बास ॥

25. तौ जत सत रहिबा, अगहै गहिबा। कहिबा गुरमुखि ग्यांन ॥
सुनि समैबा बहुरि न अईबा। पाइबा परम निधांन ॥

27. मन ही बसि...नां, कलपि न मरना। भवजलि तिरीनां पारं ॥
जय द्रीटवणां, अगमे गढते जोगी ततसारं ॥

28. जो प्रथम बाई ऊपरि बुधु दे चेला। ज्यौं...र मंडल फिरहि अकेला ॥
गगन गुफा ऊ स मरद का थांन। तहाँ। ब...ना रूपी लेहु पहिचान ॥

29. तहाँ द्रष्टि बिन देखिबा अरूप वे पेखिवा। ससिहर कैं घर आंणि सूर ॥
तहाँ अभख कौं भखणां, प्रांण वे...रखणां। अनहत बांनीं बजाहि बहु तूर ॥

30. जहाँ जोग नहीं, जुगति नहीं, दिसा नहीं देसु।
तहां उदै नहीं, अस्त नहीं, धरनि नहीं सेसु ॥
काल नहीं करम नहीं, भरम नहीं भेसु।
तहाँ मिलै सतगुरु, तू कैसे देसु ॥

31. तौ रांम ति करहु धरहु चितु चेतनि। रन बन कहुँ न डोलहु ॥
बाजीदा मन न्रिमल राखहु। सुरति निरति लै बोलहु ॥

॥ गुन निग्रल जोग ॥

1. तिसनां तरल तरंगनी, बह्यौ सकल संसारू।
दुर्लभ जोगी जगतगुर, क्यू...॥

2. है जौ मरमु तौर तन त्रिमोल। नहीं तौ कंचन काच सम तोल ॥
करंम की काती सिंध का बोल। ग्यांन क गांठि सधिक लै खोल ॥
यहु त्रिमल जोग जगत उपदेसु। कहा भसम बहु कीये केसु ॥

3. काया करसनु बिरह की आगि। फूकि दै औधू अहि निसा जागि ॥
गुर के सबद की सोधि यहु संधि। मन पवन कौं लाइलै बंधि ॥
यहु त्रिमल जोग जगत उपदेसु। कहा भसम बहु कीये केसु ॥

4. जोगी सो जोग जुगति ही पावै। पार ब्रह्म सन तारी लावै ॥
कांम क्रोध भ्रम देई जराइ। तब सो जोगी सहजि समाइ ॥
यहु त्रिमल जोग जगत उपदेस। कहा भसम कीये केसु ॥

5. चितु चेला चैतनि घरि बैठे। ग्यांन गरू परमोधै ॥
ब्रह्म जोति तन बाती बारै। बस्त अगोचर सोधै ॥
यहु त्रिमल जोग जुगत उपदेसु। कहा भसम कीये बहु केसु ॥

6. आकासां आसंण करै। भिख्या पवन अहार ॥
सींगी बावैं सुरति महि। तब चेला संसार ॥
यहु त्रिमल जोग जगत उपदेसु। कहा भसम कीये बहु केसु ॥

7. सुरति की सींगी...जन लै पूर। ज्यौं उदय है एक घरि चंद अरु सूर ॥
भजै भै भरमु तन तिमर हा ग्रास। तब खिलै बहु कंवल जहाँ भंवर का बास ॥
यहु त्रिमल जोग जगत उपदेसु। कहा भसम बहु कीये केसु ॥

8. जोगी सो जो सुंनि समावै। इला प्यंगुला सुषमन लावै ॥
बंक नालि रस पीवै सोइ। तब सो जोगी अजरावर होइ ॥
यहु त्रिमल जोग जगत उपदेसु। कहा भसम कीये बहु केसु ॥

9. तहाँ नेह बिनु नेह, रोग बिनु भांमिनी। बिनि सुख हीं सुख पावै ॥
तहाँ जाई मन मगन होइ। तौ बहुरि न भौजलि आवै ॥
यहु न्रिमल जोग जगत उपदेसु। कहा भसम कीये बहु केसु ॥

10. तहाँ नीर बिन नीर नांव बिन नौका। खेवटि बिनि खेवनहारा ॥
पार बिनु पार, आप बिन उतरिबा। अैसा दुर्लभ पंथ हमारा ॥
यहु न्रिमल जोग जगत उपदेसु। कहा भसम बहु कीये केसु ॥

11. नैंन बिन नैंन तहां बैंन बिन बोलिबा। श्रवन बिन श्रवन सुनि सदु जीजे ॥
आप बिन आप कौ परखिबा परख बिन। पैमु बिनु पैमु तहाँ प्रेम पीजे ॥
यहु न्रिमल जोग जगत उपदेसु। कहा भसम कीये केसु ॥

12. तौ जन बाजीद जुगति जब जांनीं। जुरा मरन भ्रमु भागा।
अनिल पंखि जिम उलटि अपूठी। जहाँ का था तहाँ लागा ॥

परिशिष्ट

सोरठा

1. नैंनन मोटि खोड़ि, अपनी गिने न और की।
लोक लाज सब बोड़ि, तरणि को तन देखही ॥

2. नारि पराई निरखतैं, नयना किये न हाथ।
रावण के दस सीस गये, इन अँखियन के साथ ॥

3. आखी पाँखी एक है, सब काहू पै जाहि।
मनसा नीकी चाहिए, देख्या दूषण नांहि ॥
('नयननामा' से)

सोरठा

4. पपीहा कूके नित्त, जलद एक नहिं सुनत है।
पाहन का सा चित्त, क्यों पिघले बाजीद हो ॥
('एकांग प्रीति' से)

5. राजस तज राजा कियो, देह धरी को लाहो लियो।
बाजीद ब्रह्म सुमिरण करही, नवधा भक्ति प्रेम न धरही।।
('राजकृत' ग्रंथ से)

□□